Julius von Hartmann

Lebenserinnerungen, Briefe und Aufsätze

Julius von Hartmann

Lebenserinnerungen, Briefe und Aufsätze

ISBN/EAN: 9783743639423

Hergestellt in Europa, USA, Kanada, Australien, Japan

Cover: Foto ©ninafisch / pixelio.de

Weitere Bücher finden Sie auf **www.hansebooks.com**

Lebenserinnerungen,

Briefe und Aufsätze

des Generals der Cavallerie

Julius von Hartmann

(† 1878).

———

I. Theil.

Berlin.

Verlag von Gebrüder Paetel.

1882.

Einleitung.

Theile des vorliegenden Buches sind den Lesern der „Deutschen Rundschau" schon bekannt. Die erste Abtheilung desselben ist hier unverändert wiedergegeben. Sie bildet den Grundstein meiner Veröffentlichungen.

Die Fortsetzung dieser, aus dem Gedächtniß nieder=geschriebenen, Arbeit vertagte der theure Verewigte, sich im lebendigen Interesse für die Gegenwart den zuerst in der „Deutschen Rundschau", sodann in Buchform erschie=nenen „Kritischen Versuchen" widmend.

Vertraut mit der Absicht des Verfassers, später, an der Hand eines umfangreichen Materials, die Autobiographie weiter zu führen, auf's Genaueste bekannt mit den vor=handenen Briefen und Aufsätzen, erscheint es mir als Auf=gabe und dem Sinne des Verstorbenen entsprechend, das in denselben enthaltene historisch und allgemein Interessante in chronologischer Reihenfolge zur Veröffentlichung zu bringen.

Das bisher Erschienene hat mir durch die ihm er=wiesene Theilnahme die nothwendige Ermunterung zu meiner Arbeit gegeben. Wenn Urtheilsfähige es mir als „Photographieen vergangener Zustände" bezeichneten, so erschien mir dieses genau als das, was der zu früh seiner irdischen Wirksamkeit Entrissene mit der beabsichtigten Darstellung seiner Erlebnisse zu erzielen wünschte. —

Ich widme dieses Buch unseren Kindern und Enkeln. Ihnen zu Liebe bin ich bedacht gewesen, so viel der privaten Beziehungen in den Briefen zu erhalten, daß es dem liebevoll Forschenden möglich sein wird, den inneren wie den äußeren Lebensgang des Verklärten zu erkennen, und sich ihm dann ein Charakterbild entfaltet, welches werth ist, unseren Nachkommen ein Licht auf ihren Wegen zu sein.

Cassel, Januar 1882.

Louise von Hartmann
geb. Hartmann.

Erste Abtheilung.

Autobiographische Blätter

1817—1842.

Erinnerungen aus seinem Leben niederzuschreiben, nicht ausschließlich für Diejenigen bestimmt, die dem Schreiber unmittelbar nahe standen, sondern ausdrücklich mit der Absicht, das Interesse größerer Kreise für sie in Anspruch zu nehmen — wer ist dazu berechtigt? Muß es nicht als Ueberschätzung und Anmaßung erscheinen, wenn Lebenswege, die nicht außergewöhnlich geführt, kaum bemerkenswerth wurden, in eingehender Weise besprochen und aus der allgemeinen Entwickelung der Zeit hervorgehoben werden? Und doch ist gerade diese Entwickelung, ist dies allgemeine Werden nicht zu verstehen, wenn es nicht an den Lebensläufen Einzelner anschaulich wird, mögen diese Einzelnen nun zu den Führern ihrer Mitwelt gehören oder nur im großen Getriebe des immer Neugestaltens mitempfunden, mitgedacht, mitgestritten und mitgenossen haben. Jene, die Repräsentanten ihrer Zeit, die typischen Merkzeichen ihres Zeitmoments, überragen ihre Umgebung derartig, daß nur zu oft vergessen wird, sie als Kinder ihrer Zeit anzuerkennen. Und doch ist ihre Eigenthümlichkeit, ist ihre Bedeutung nur als hervorgewachsen zu denken aus den Gestaltungen, an deren Inhalt und Färbung unbemerkt und unscheinbar die große Menge arbeitete und schuf.

Wenn ich auf die Lebensjahre zurückblicke, die hinter

mir liegen, auf die Zustände und Lebensweisen, in denen meine Kindheit und Jugend sich entwickelten, ja noch auf die Zeit, in der ich zum Manne reifte, so ist es mir kaum erklärlich, wie die mich gegenwärtig umgebende Welt sich in jener Vergangenheit zurecht zu finden im Stande sein soll. Für eine größere Menge von Verhältnissen fehlen fast die Berührungspunkte; Anschauungen und Empfindungs= weisen sind verändert; für Wissen und Können sind andere Maßstäbe gewonnen; aus einer stetig seßhaften Bevölkerung mit abgegrenzten Berufsclassen und Ständen ist eine in steter Bewegung treibende geworden, der jede feste Glie= derung fehlt; Heimath und Familie sind in ihrer sittlichen Bedeutung verschoben; Gesichtskreise und Interessen sind in ihrer Erweiterung größeren Lebenskreisen zugänglich ge= worden; eine allgemeine Verflachung ist Hand in Hand damit gegangen; Arbeit und Concurrenz, Handel und Erwerb, Besitz und Verbrauch sind zu Dimensionen heran= gewachsen, von denen man sich vor einem halben Jahr= hundert Nichts träumen ließ; an die Stelle der dem Ein= zelnen fest vorgezeichneten Lebensziele ist Jedermann unbe= stimmt und unbegrenzt ein unersättliches Streben eingeimpft, vorerst sich selbst zur Geltung zu bringen, sich Thätigkeit und Genuß zu verschaffen. Kurz, alle Factoren, welche die socialen Verhältnisse und Beziehungen beeinflussen und bestimmen, sind andere geworden, und ebenso sind die sich bekämpfenden Gegensätze vollständig umgestaltet. Das ist aber, was der Rückschau auf mein Leben Interesse zu geben vermag, daß es mit seiner Jugend dem ersten De= cennium nach den Freiheitskriegen angehörte, und daß es mir somit gestattet war, nicht allein den Entwickelungen,

die mit den vierziger Jahren des Jahrhunderts begannen,
mit Bewußtsein und Verständniß zu folgen, sondern jetzt
auch Vergleiche anzustellen und am Vergleiche die Eigen=
thümlichkeiten der Vergangenheit zu charakterisiren und zu
würdigen. Zugleich hat das Leben mich mit einer sehr
großen Zahl von Persönlichkeiten zusammengeführt, deren
charakteristische Bedeutung gewichtiger wog, als die All=
täglichkeit. Konnten sie in ihrer Eigenthümlichkeit gezeichnet
werden, so wurde damit auch ein Anhalt für die Dar=
stellung der Zeit gewonnen, der sie halfen Signatur und
Färbung zu geben. — Wenn ich dann später selbst in
Verhältnisse gelangte, die mir Aufgaben größerer Tragweite
stellten, so erwuchs mir damit die Berechtigung, die eigene
Arbeit in ihrem Antheil an dem gestaltenden Werden der
Geschichte zu schildern. Mochte sie auch nur in kurzen
Momenten weitgreifender werden, immerhin gestattete sie
mir Einblicke und Eindrücke, die niederzulegen nicht uner=
sprießlich sein möchte. —

Mein Elternhaus, wie es meinen frühesten Erinnerungen
vorschwebt, war in Döhren, einem Kirchdorfe ohnweit
Hannover gelegen. Mein Vater hatte dort ein bäuerliches
Freigut erworben, mit geräumigem, wohlausgebautem Wohn=
hause, großem Garten und ansehnlichen Wirthschaftsge=
bäuden. Den Garten begrenzte die Leine, von der sich
gerade unmittelbar unter den Fenstern des Wohnhauses
ein wasserreicher Mühlengraben abzweigte; breites Wehr,
Mühlengehöft, schöne alte Bäume, Wiesenflächen gaben
dem Vordergrunde mannigfaches Leben; darüber hinaus
lag ein wohlangebautes Land mit Dörfern und Kirch=
thürmen, mit Feld und bewaldeten Höhen; jenseits begrenzten

den Ausblick die schön gezeichneten Berglinien des Deister und Süntel. Noch immer gedenke ich mit lebendigster Vorliebe der überaus freundlichen und anmuthigen Land= schaft, die wir vom Hause und von dem höher gelegenen Theile des Gartens, dem Berggarten, der als eigentlicher Blumengarten besonders abgezweigt war, übersahen. Dazu war uns Kindern mannigfachster Spielraum für unser Schauen und Treiben geboten. Auf der Leine wurde Holz geflößt; große Fischteiche gaben für Netz und Angel reiche Ausbeute; die kleine, mit dem Gute verbundene Land= wirthschaft füllte Stall und Scheuer; Hühnerhof und Tauben= schlag waren stets belebt. Das größte Fest für uns Kinder bot aber die Obsternte; der Garten war reich besetzt mit Bäumen, und Nichts glich dem Vergnügen, das wir empfanden, wenn wir beim Abnehmen und Einbringen der verschiedenen Sorten mit thätig sein konnten.

Mein Vater war damals Obrist, von 1818 an General= major in der hannoverschen Artillerie. Er hatte ein reiches militärisches Leben hinter sich. Wesentlich unter Scharnhorst's Einfluß gebildet, bewahrte er für diesen eine enthusiastische Erinnerung. Mit ihm und zum Theil unter ihm war er als junger Officier 1793 in den Krieg gezogen, hatte den Schlachten bei Famars und der Belagerung von Valen= ciennes, sodann den dreitägigen unglücklichen Affairen von Hondskotten beigewohnt und hatte 1794 als ältester Subalternofficier von der Artillerie beim Ausfall von Menin in der Festung zurückbleiben müssen, um, nachdem der größere Theil der Besatzung sich durchgeschlagen hatte, im Auftrage des Commandanten mit dem General Van= damme die Capitulation des Platzes abzuschließen. Eine im Innern Frankreichs verbrachte längere Gefangenschaft hatte ihm, trotz mannigfacher Gefahren, Mühseligkeiten und Entbehrungen, doch die Gelegenheit gegeben, Land und Leute kennen zu lernen und sich ihre Sprache anzueignen. Erst nach Eintritt der Bedingungen des Baseler Friedens auch für Hannover, 1795, war er ausgeliefert worden.

Scharnhorst, dessen Interesse ihm zugewandt geblieben war, hatte ihn dann auf dem Generalquartiermeisterstabe beschäftigt; der Dienst bei den Truppen, die mit einem preußischen Corps die Demarcationslinie besetzt hatten, brachte ihn mit preußischen Verhältnissen und Officieren, mit Müffling und Lecoq in Berührung, und als für Hannover und die hannoverschen Truppen die Katastrophe von 1803 eingetreten war, hatte er als einer der hoffnungsvollsten und tüchtigsten jüngern Hauptleute der Artillerie in weitern Kreisen sich Geltung und Anerkennung zu verschaffen gewußt.

Es war daher natürlich, daß bei den Anfängen der in England betriebenen und vom Könige Georg sehr begünstigten Errichtung einer deutschen Legion aus den Elementen der aufgelösten Truppen die Augen auf meinen Vater gelenkt wurden. Ein Werbebrief, der ihm nach Hannover hin zugestellt wurde und ihn autorisirte, eine Compagnie Artillerie unter seinem demnächstigen Commando zu formiren, fand willkommene Aufnahme. Unter Fährlichkeiten verschiedenster Art schickte er die von ihm gewonnene Mannschaft über's Meer und folgte nach England, als sein Bleiben und Werben in der Heimath den französischen Nachstellungen gegenüber nicht mehr durchzuführen war.

Noch vor Jahresschluß war er wohlbestallter Chef der ersten
reitenden Batterie innerhalb der nun officiell anerkannten
„Kings german legion". Als einer der ausgezeichnetsten
und anerkanntesten Officiere dieses Truppencorps war in
ihm der Geist, der dasselbe sich zwölf schwere Jahre hin=
durch unverändert und unwandelbar unter den schwierigsten
Verhältnissen bewähren ließ, unvergleichlich verkörpert.
Loyal, voll lebendiger Liebe für Heimath und Fürsten=
haus, eifersüchtig die fleckenlose Ehre des Corps und seiner
Officiere überwachend, hingebend thätig für seine innere
Tüchtigkeit und Ausbildung, war dann seine persönliche
Leistungsfähigkeit bald auch in weitern Kreisen anerkannt
worden. Er war einer von jenen Vertretern der Legion
geworden, die den Engländern jene hohe Achtung abge=
wonnen hatten, welche in officiellen Documenten, wie in
der allgemeinen Landesstimme während des langen Krieges
auf der spanischen Halbinsel und nach der Schlacht bei
Waterloo weit über das militärische Publikum hinaus sich
zu Gunsten der deutschen Truppe kundthat. Zum Major
avancirt, hatte mein Vater an verschiedenen Expeditionen
1805 nach Norddeutschland, 1808 nach Schweden theil=
genommen; Ende des letztgenannten Jahres erfolgte seine
Einschiffung mit drei deutschen Batterien nach Portugal.
Damit war er denn unter die Befehle Wellington's getreten.
Er verblieb bei dessen Armee der „Peninsula" bis zum
Abschluß des Friedens 1814. An zahlreichen Affairen hatte
er in den verschiedensten Dienstverhältnissen theilgenommen,
bei Talavera, Albuera, Salamanca, Vittoria, bei St. Se=
bastian und bei den Gefechten in den Pyrenäen war sein
Name mit Auszeichnung genannt worden, und als nach

Beendigung des Krieges England seine Kriegsehren in sparsamster Weise austheilte, hatte er zu den fünf oder sieben Ausländern gehört, denen der Bath=Orden zuerkannt wurde. Als „Commander of the Bath" führte er den englischen persönlichen Adel. Die Rückkehr Napoleon's von Elba hatte von Neuem dazu geführt, eine englische Armee in den Niederlanden unter des Herzogs von Wellington Befehle zu stellen; meinem Vater war das Commando der gesammten deutschen Artillerie zugefallen. In der Umgebung des Herzogs focht er bei Waterloo, und mit ihm machte er den Einzug in die feindliche Hauptstadt.

Anfangs 1816 war die Legion aufgelöst worden. Mein Vater trat mit dem größern Theile ihrer Officiere in die neuformirten hannoverschen Truppen. Jetzt war er, in schärfstem Gegensatz zu den einflußreichen Stellungen, in die ihn der Krieg gebracht hatte, unter der Ungunst des Friedens=Etats Bataillons=Commandeur, während zwei ältere Kameraden, die mit ihm in England dienten, außer= halb der Legion und außerhalb Englands aber so gut wie keine Verwendung gefunden hatten, als Regiments=Comman= deur und Feldzeugmeister seine Vorgesetzten waren.

Nach dem Friedensschlusse 1814 war mit vielen Legions= officieren auch mein Vater nach der Heimath geeilt. Hier hatte er meine Mutter kennen und lieben gelernt; die Unsicherheit aller politischen Verhältnisse hatte ihm Zurückhaltung ge= boten. Aber als 1815 Napoleon zum zweiten Male gänz= lich niedergeworfen war, warb er von Paris aus um ihre Hand. Lange Tage mußte er auf die freudig ertheilte Zusage warten; sechzehn Tage war damals ein Brief von Hannover bis Paris unterwegs. Wie aber der Enthusias=

uns für die Heimkehrenden, die Leben und Lebenskraft im
vieljährigen Kampfe für die Befreiung des heimathlichen
Bodens eingesetzt hatten, meiner Mutter Zuneigung einen
erhöhten Reiz gegeben hatte, so gewann das Verhältniß
meiner Eltern zu einander überhaupt aus jener Zeit pa-
triotischer Erhebung einen ganz eigenthümlichen Reiz an
Innigkeit und Wärme. Meine Mutter war die Tochter
des frühverstorbenen „Hofkrämers und Hoffabrikanten"
Hausmann in Hannover. Das altererbte Geschäft, das
im vorigen Jahrhundert sehr blühend und einträglich gewesen,
war jetzt in den Händen ihres Bruders Bernhard. Ebenso
thätig, wie energisch hatte dieser seiner Gold= und Silber=
manufactur mit der politischen Restauration einen erneuten
Aufschwung gegeben, zugleich aber geschickt die sich damals
günstig bietenden Conjuncturen benutzt und, ein Schüler
und Freund Rumohr's, seine später in weiten Kreisen be=
kannt gewordenen werthvollen Sammlungen von Kunst=
werken begründet. Ein anderer Bruder bekleidete in der
Westphälischen Zeit bei der Verwaltung des Harzes eine
einflußreiche Stellung, hatte eben jetzt aber eine Professur
an der Universität Göttingen als Docent der Mineralogie,
Geologie und Technologie übernommen. Von zwei Schwestern
war die ältere Marie an einen Oberappellationsrath Wede=
meyer in Celle verheirathet; bei ihr hatten während der
letzten Jahre meine Mutter und die jüngere Schwester
Caroline gelebt. Alle drei Schwestern vereinte das innigste
Band der Liebe und Freundschaft mit einander. In weiten
Freundeskreisen waren sie gefeiert, und wenn der älteren
der Preis eines überlegenen Verstandes zugesprochen wurde,
so gewann sich das überaus zart empfindende Herz meiner

Mutter Zuneigung und fast schwärmerische Anhänglichkeit, während anmuthige Heiterkeit der jüngsten ihren eigenthümlichen Reiz zutheilte. Mein Vater war, als er sich verheirathete, 43 Jahr alt, also im Vollgenuß und Vollgefühl seiner ganzen ungewöhnlich großen männlichen Kraft. Rasch und leicht erregt, heftig auffahrend und streng gebietend, bedurfte es der ganzen Sanftmuth und Milde meiner Mutter, um dem Hause stetig das Gleichgewicht zu bewahren. Ich erinnere mich eines Zwiegesprächs der Eltern, etwa aus dem Jahre 1823, in dem mein Vater immer heftiger und lebhafter werdend, den ruhigen, sanften Widerspruch meiner Mutter nicht zu beschwichtigen im Stande war. Am andern Tage fragte ich ziemlich naseweis meine Mutter: „Wer hatte denn gestern Recht von Euch Beiden?" Im ersten Augenblicke stutzte sie, dann erwiderte sie ebenso ernst, als milde, wie sie des Tags vorher ihre Ansicht vertreten hatte: „Dein Vater hat immer Recht." Diese selbstlose Liebe vergalt dann aber auch der offene, treue, nie lange grollende Charakter meines Vaters mit der zärtlichsten Verehrung und Zuneigung.

Meine Eltern lebten in Mitten eines großen Verwandtenkreises; alle Familienbeziehungen wurden mit großer Vorliebe gepflegt. Von fünf Brüdern meines Vaters gehörten vier der höhern „Staatsdienerschaft" an. Der eine war Oberappellationsrath, der zweite Amtmann; zwei hatten Stellungen als Ministerialräthe inne, auch die einzige Schwester meines Vaters war an einen höhern Beamten verheirathet. Nur ein Bruder, der meinem Vater besonders nahe stand, (seit 1849 mein Schwiegervater) war Officier, hatte ebenfalls in der Legion gedient und commandirte

jetzt ein hannoversches Infanterie=Bataillon. — Aber auch über
den stetig aufrechterhaltenen Verkehr mit allen den Familien
der Geschwister väterlicher und mütterlicher Seits, die in
unserem Hause gern ihren Vereinigungspunkt fanden, hinaus,
wurden die Beziehungen zur Jacobi'schen Familie, nament=
lich von meiner Mutter, werth und theuer gehalten. Ihr
Großvater mütterlicher Seits war der im Lande vielverehrte
und einflußreiche General=Superintendent Johann Friedrich
Jacobi gewesen, ebenso bekannt als Kanzelredner und theo=
logischer Schriftsteller, wie, charakteristisch für seine Zeit,
als Director der neu errichteten Landwirthschaftsgesellschaft
zu Celle. Ihm erwuchsen zwölf Kinder, von denen ein=
zelne nicht minder zahlreiche Familien begründet hatten.
Ganz besonders nahe stand meiner Mutter Caroline, Vice=
domina des Klosters Heiligenrode. Sie war lange Jahre
hindurch Vorleserin der Königin Charlotte, der Gemahlin
Georg's III., gewesen und ergötzte uns Kinder durch ihre
Erzählungen vom englischen Königshause und von ihren
Reisen nach England und zurück in ihre Heimath. Sie
starb hochbetagt, lange Jahre nach dem Tode meiner Mutter.
Wenig verkehrten meine Eltern mit der Umgegend; bisweilen
besuchten wir Wilkenburg, das einem alten Hauptmann v. A.
mit seiner nicht sehr anziehenden und nicht minder betagten
Frau zugehörig war. Mein Vater pflegte gern von ihr
zu erzählen, daß sie jeden Tag, wenn sie ihre altmodische
Kutsche bestieg, ihren gleichfalls alten Kutscher fragte:
„Johann, wird's heute regnen?" Und ganz regelmäßig
erfolgte die Antwort: „Kann sien, oder ok nich sien, gnä=
dige Fru."
Mehr als in Wilkenburg fand ich meine Rechnung

in einer Familie von Bülow, die auf dem „rothen Hahn" zwischen Döhren und Hannover Wohnung hatte. Hier waren erwachsene Töchter und Söhne, die in der Armee dienten; da fehlte es denn nicht an den belustigendsten Unterhaltungen. Ganz besondere Freude gaben aber immer die Sommerreisen nach dem etwa vier Meilen entfernten Eldagsen, einem kleinen Kalenbergischen Landstädtchen. Dort hatte mein Onkel Wedemeyer ein sehr schönes Gut, ein Familien-Seniorat; er brachte gern den Sommer mit seiner Frau dort zu, richtete auch daselbst der jüngeren Schwester meiner Mutter die Hochzeit zu, als sie sich 1821 mit dem eben aus Italien heimkehrenden Dr. Brandis verheirathete. Als Legationssecretär war dieser Niebuhr nach Rom gefolgt und hatte dort im innigsten freundschaftlichen, wie wissenschaftlichen Verkehre mit seinem Gesandten gelebt. Jetzt einem Rufe als Professor an der neubegründeten Universität Bonn Folge leistend, wollte er zugleich seinem jungen Hause die Herrin geben. Die Trauung fand im Garten unter prachtvollen alten Bäumen statt. Der gute Pastor war so benommen von der Aufgabe, einen bekannten, vielgereisten Gelehrten mit der Schwägerin eines Generals zu trauen, daß er seine Rede in die schönsten Jamben gebracht hatte, die mit dem ungeheuerlichsten Bombast überlastet waren. Unendlich oft hörte ich davon erzählen.

Der Lebenszuschnitt in allen den genannten Familien war, wie auch in unserem Hause, ein sehr reichlicher und vollständiger, freilich ohne Luxus und Pracht. Der viel bedeutendere Werth des Geldes im Vergleich mit jetzt gestattete den Berufsclassen, welchen unsere Verwandten und Freunde ebenso wie wir selbst angehörten, eine viel weniger

besorgliche Eintheilung ihrer Mittel, als sie jetzt aufge=
zwungen ist. Eine Menge von Lebensannehmlichkeiten,
die sich jetzt nur bevorzugt situirte Familien gönnen, galten
damals in den entsprechenden Kreisen als selbstverständlich
dazugehörig. Die Ausstattung der Zimmer hatte weder
so viel Zierlichkeit noch so viel Eleganz als heutzutage,
dagegen aber weit mehr Behaglichkeit und Gediegenheit.
Die Beengung des Raumes in den Wohnungen, wie sie
uns jetzt selbst in kleinen Städten und auf dem Lande
entgegentritt, hätte als etwas Unerhörtes gegolten. Große
Dielen, Vorplätze, Böden, besetzt mit wohlgefüllten Schränken,
großen Pendülen und Tischen, erleichterten die Bewegung
in den Häusern, gaben Luft und Licht. In unserem Döh=
rener Wohnhause waren zwei vollständig eingerichtete „corps
de logis", wie man jetzt sagen würde; das eine zu ebener
Erde wurde im Sommer, das andere im ersten Stocke im
Winter bewohnt. Die erheblichen Einnahmen, welche mein
Vater als englischer Obristlieutenant im Halbsold und im
Genuß einer außerordentlichen Pension für gut geleistete
Dienste bezog, erleichterte es ihm um so mehr, diesen sehr
behaglichen Zuschnitt des Lebens durchzuführen.

Tageseintheilung, Küche und Keller waren damals in
meinem Elternhause ganz nach englischer Weise geregelt.
Ueberhaupt hing mein Vater mit großer Vorliebe an seinen
englischen Gewöhnungen und Beziehungen. Mit besonderer
Genugthuung führte er ausschließlich seinen englischen Titel
„Sir Julius"; unsere Zimmer schmückten englische Kupfer=
stiche, die Porträts der Königsfamilie, des Herzogs von
Wellington, Lord Hill's und anderer englischer Generale
und Staatsmänner, Darstellungen aus den letzten Kriegen

und Genrebilder aus dem englischen Leben. Er sprach sehr
gern englisch, auch mit meiner Mutter und mit mir, und
correspondirte sehr eifrig mit seinen englischen Freunden.

Wenn so schon meine kindliche Phantasie auf das Leb=
hafteste angeregt wurde zu Gunsten jenes ritterlichen Kampfes,
der von England als Hauptträger unablässig und unermüd=
lich gegen Frankreich und seinen Kaiser geführt worden
war, bis Beide endlich besiegt wurden, so fügte meine
Mutter das Ihrige aus ihrem deutschen Herzen hinzu, um
mein erstes Denken und Empfinden gegen französisches
Thun und Wesen auf das Entschiedenste einzunehmen.
Ihre Erzählungen von dem Drucke, unter dem das Land
gelitten; von dem Uebermuth, mit dem Franzosen und
Westphälinger aufgetreten waren; von dem Jubel, den das
erste Erscheinen der Kosaken in Celle hervorgerufen hatte;
von einem leichten Gefecht, das sie wieder vertrieben, und
in das meine Mutter mit ihrer Schwester fast mitten hin=
ein gerathen war; von einem verwundeten Kosaken, der
dann Tage lang im Wedemeyer'schen Hause verborgen ge=
halten wurde, beschäftigten mich mehr wie Märchen und
Sagen. Eine französische Kugel, die meinen Vater getroffen,
an einem Etui, das er getragen, plattgedrückt war, wurde
uns wie eine Reliquie gezeigt. Ein Pferd im Stalle führte
den Namen „Waterloo"; es war unter meinem Vater
während der Schlacht von einer Musketenkugel hinter den
kurzen Rippen vollständig durchschossen und trug die Narben
davon sichtbar und fühlbar. Ein alter Kutscher hatte meinen
Vater in seinen Feldzügen begleitet und wußte zu berichten;
die vieljährige Ordonnanz, jetzt anderweitig placirt, war,
wenn sie erschien, der Liebling und Verzug des ganzen

Hauses; alte invalide gewordene Soldaten, die unter meinem
Vater gedient hatten, holten sich bei meiner Mutter ihre
regelmäßige Unterstützung. Der beträchtlichste Theil aller
Freunde wurde mit dem großen, vor wenig Jahren beendeten
Kampfe in Beziehung gebracht. Da war ein Herr von
Dachenhausen*), der, als der Oberst von H. mit dem neu-
errichteten hannoverschen Husaren-Regimente unbegreiflicher
Weise vom Schlachtfelde von Waterloo abgerückt war, mit
noch einem Kameraden allein ausgehalten und treu und
brav mitgefochten hatte. Ein Vetter Jacobi hatte Studien
und Amt verlassen und war 1813 unter Wagnissen und
Gefahren als Freiwilliger zur Armee gegangen. Da waren
die alten Kameraden meines Vaters, die mit ihm der Heimath Lebewohl gesagt hatten, ein Major Gesenius, ein
Hauptmann Sympfer und ein Hauptmann Michman. Kurz
alle Luft, die ich athmete, trug mir Eindrücke derselben
Art zu und so lebendig und warm, daß sie bleibend für's
Leben wurden. Die ersten Gedichte, die ich lernte, hatten
einen patriotischen Klang; die ersten Lieder, die ich
sang, waren Spottlieder auf Napoleon und die flüchtigen
Franzosen.

Mein Vater konnte unschwer seinen Dienst von Döhren
aus verrichten. Das „Stadthaus“, welches meine Eltern
in Hannover besaßen, war vermiethet, dagegen ein Absteige-
quartier mit Stallung der Aegidien-Kirche gegenüber zur
Verfügung, von dem aus Geschäfte besorgt, Theater und
Gesellschaften besucht wurden. Auch wenn mein Vater
allein sich nach der Stadt begab, und dann immer zu

---

*) Gestorben als Landdrost in Hannover.

Pferde, nahm er mich gern mit, mich vor sich auf den Sattel setzend. Er überließ mich dann den freundlichen Wirthsleuten, die mir Alles zeigten, was das städtische und militärische Leben auf dem sehr belebten Platze vor ihrem Hause nur für ein Kind Sehenswerthes darbot. —

Zur Zeit residirte in Hannover als General-Gouverneur der Herzog von Cambridge, jüngster Sohn Georg's III. Er war noch nicht lange vermählt und seine Hofhaltung belebte die damals noch auf verhältnißmäßig geringe Hilfs= mittel angewiesene Stadt. Im Winter wurden meine Eltern zu den Hoffesten eingeladen, gingen auch gern hin, besuchten indessen noch lieber Concerte und Theater; der Herzog war leidenschaftlich musikalisch und begünstigte deshalb Beides, spielte selbst in Quartetten, zu denen er meinen Onkel Hausmann, der ein bekannter Geigenspieler war und sehr werthvolle Instrumente besaß, mit heranzog. Gerade damals hatten der „Freischütz" und „Preciosa" von Carl Maria von Weber alle Welt begeistert. Die Melodien, die mir zuerst in's Ohr klangen und sich mir einprägten, waren die aus jenen beiden Opern; meine Mutter sang sie mir, sich auf dem Clavier begleitend, vor, und es war ihre ganze Freude, wenn ich sie richtig festhielt. Eine sehr lebhafte Erinnerung habe ich von dem Besuche Georg's IV. in Hannover behalten. Der alte blinde und gemüthskranke Georg III. war 1820 gestorben. Der Prinz-Regent hatte endlich definitiv den Thron bestiegen. Zum ersten Male seit länger als sechzig Jahren sahen die hannoverschen Lande ihren Souverän wieder. Unendlich viel Bewegung kam in mein elterliches Haus; Besuche von auswärts trafen ein, mein Vater war außerordentlich in Anspruch genommen.

Auch ich sollte, damals vier Jahr alt, den König sehen.
Er hielt seinen Einzug in Herrenhausen durch's Steinthor.
Meine Mutter hatte mich mit nach dem Garten ihres
Bruders genommen, der nahe dem Thore an der Straße
gelegen war, welche der Zug passiren mußte, und in dem
ein sogenannter „Berg" den Ueberblick über die Garten=
mauer hinaus trefflich ermöglichte. Eine unendlich zahl=
reiche, ziemlich unruhige Menge wogte hin und her, bis
der lange Zeit erwartete König eintraf; eine enorme Suite
begleitete ihn; ihre bunten und glänzenden Uniformen
interessirten mich um so mehr, als ich in ihr meinen Vater
wußte; auch mein Onkel an der Spitze einer berittenen
bürgerlichen Ehrengarde war im Zuge. Wir sollten sämmt=
lich die Hüte abnehmen, sie schwenken und Hurrah rufen,
aber, ich weiß nicht wie es kam, ob es mir unbequem
war, den leichten, immerhin auf meinem Kopfe befestigten
Strohhut eiligst herabzuziehen, oder ob mich die Sonne
incommodirte, kurz ich wurde mit dem Geschäft nicht fertig
und zugleich eigensinnig. Meine sanfte Mutter kam darüber
so außer sich, daß sie mir einen Backenstreich versetzte. Und
nun mußte der schreiende Junge eiligst entfernt werden,
so daß ich von dem größten Theile der Herrlichkeit Nichts
zu sehen bekam. Der Kummer darüber hat mich lange
beschäftigt.

In unserm Dorfe genossen sowohl mein Vater wie
unser ganzes Haus einer großen Popularität; wo er sich
zeigte, wurde er auf das Zuvorkommendste gegrüßt; er
verstand es, sich mit den Bauern zu unterhalten, sprach
plattdeutsch mit ihnen, wie er es denn auch gerne mit seinen
Altersgenossen that, wenn er mit ihnen allein war; er

interessirte sich für die Verhältnisse des Dorfes, wie für
die Einzelnen und half mit Rath und That, wo er es
vermochte. Da fehlte es dann auch nicht an Ehrenbezeugungen, die ihm wurden. Bei dem alljährlich abgehaltenen Freischießen zog die gesammte Bauernschaft, den
Schützenkönig zu Pferde an der Spitze, mit Musik vor
unser Haus und paradirte; beim Erntefest erfolgten ähnliche
Aufmerksamkeiten; schon lange vorher freuten wir uns auf
diese Aufzüge. Wenn wir dann auf dem Freischießen vor
dem Dorfe erschienen, so kostete es immer große Mühe,
uns den Gunstbezeugungen der Bauern zu entziehen.

Es war nun auch Zeit geworden, an einen geregelten
Unterricht für mich zu denken. Das, was mich die Bonne
meiner Schwester lehren konnte, genügte nicht mehr; ich
war sechs Jahre alt geworden. Da mußte ich denn täglich
nach Wülfel, einem benachbarten Dorfe, wandern, wo ein
Herr Wehner ein großes Pensionat für junge Engländer,
gleichzeitig aber eine Privatschule unterhielt. Mein Weg
betrug nahezu eine halbe Stunde und stets machte ich ihn,
den kleinen Tornister mit Büchern und Frühstück auf dem
Rücken, bei allem Wetter zu Fuß, hin und zurück. Man
fand eben nichts Besonderes darin, weder in der Anstrengung für den nicht vorherrschend kräftigen Knaben, noch
daß man meinte, mir könne unterwegs eine Fährlichkeit
begegnen. Selten begleitete mich ein Diener, dagegen
nahmen mich oft die Bauern des Dorfes in ihre Obhut,
wenn sie gleichen Weges gingen. Der Unterricht, den ich
genoß, war übrigens wenig geregelt und entsprach meinem
Alter nicht durchgehends. Meine Mutter klagte, daß ich
Gedichte lernen müsse, deren Inhalt ich nicht verstünde;

man trieb mit mir Lateinisch und Französisch weit über
meine Kräfte, so daß ich, als ich später in bessere Hände
kam, mit den Anfängen wiederum von Neuem beginnen
mußte.

Die Döhrener Idylle sollte indessen ein rasches und
überaus schmerzliches Ende finden. Die Kräfte meiner
Mutter waren seit längerer Zeit sehr geschwächt; ein Fall,
den ich that, und dessen Folgen die Erhaltung meines
einen Auges gefährdeten; der Selbstmord eines verheiratheten
Dieners, der sich Veruntreuungen hatte zu Schulden kommen
lassen, hatten sie außerordentlich in Anspruch genommen.
Am 19. August Morgens wurde mir gesagt, ich könne meine
Mutter, bevor ich zur Schule gehe, nicht sehen, sie sei un=
wohl. Sorglos hatte ich den Tag verbracht, als mir der
Herr Wehner ankündigte, ich solle für die nächsten Tage
bei ihm bleiben, meine Mutter sei kränker geworden. Doch
bald kam unser alter Kutscher, um mich abzuholen. Meine
Fragen nach dem Ergehen meiner Mutter wurden einsilbig
beantwortet; ich trat in's auffallend stille Haus, in's Zimmer
meines Vaters; mein Onkel Hausmann aus Hannover und
die älteste Schwester meiner Mutter waren eingetroffen.
Mein Vater schloß mich in seine Arme, ohne etwas zu sagen,
ich brach in Thränen aus, kaum wissend, was mir geschehen
war. Dann führten mich alle Drei an die bleiche entseelte
Hülle; mich überkam eine entsetzliche Bangigkeit, als mein
Vater sich auf dieselbe niederbeugte und sie küßte, aber erst
nach und nach wurde es mir klar, daß ihre Augen sich
nie mehr öffnen würden, und daß mir ein unersetzlicher
Schatz an Liebe, Zärtlichkeit und Güte für immer verloren
war. — Sie hatte am Morgen ihrem sechsten Kinde

das Leben gegeben und war dann in vollständiger Er=
schöpfung verschieden.

Es begann nun eine überaus trübe Zeit für unser
Haus; meine Tante blieb freilich vorläufig, aber Alles schien
zerstört und auseinander gerissen. Dazu kam, daß wir
Kinder, vier hatten meine Mutter überlebt, sämmtlich er=
krankten und zum Theil andauernd Sorge machten. Mein
Vater war ganz zusammengebrochen und konnte nicht zum
Entschluß gelangen, wie er sein Haus nunmehr gestalten
sollte. Man überredete ihn, seiner jüngsten Schwägerin,
der Professorin Brandis in Bonn, einen Besuch abzustatten.
Sie verlangte auf's Innigste danach; er entschloß sich, mich
mitzunehmen und reiste Mitte September dahin ab.

Es war die erste wirkliche Reise, die mir Erinnerungen
zurückgelassen hat, diese aber außerordentlich lebhaft und
unvergeßlich. Wir reisten nun, wie man eben damals
reiste — mit eignem Wagen, Extrapost=Pferden und dem
Bedienten auf dem Bocke. In der einen Wagentasche
steckten die Terzerole meines Vaters, in der andern reich=
licher Proviant; ein Laufzettel war vorausgeschickt, damit
die Pferde auf den Stationen rasch zur Hand waren. So ge=
langten wir mit vier Nachtquartieren über Göttingen, Cassel,
Arolsen, Brilon, Arnsberg, Iserlohn, Cöln am fünften
Tage nach Bonn. Mein Vater war in all den Gegenden,
die wir passirten, sehr bekannt und hatte mir Viel zu er=
zählen; Cöln erreichten wir spät Abends; bei herrlichem
Mondenschein fuhren wir über die Rheinbrücke; die Mäch=
tigkeit des Eindrucks war für mein kindliches Gemüth fast
überwältigend. Bonn und der Rhein oberhalb dieser Stadt
waren meinem Vater neu. Die Schönheit der Natur, die

Zuneigung meiner Tante, der Eintritt in einen belebten
Kreis bedeutender Männer, die die junge Hochschule vereinigt hatte, belebten ihn und ließen ihn seine Spannkraft
wiedergewinnen. Unsre Verwandten wohnten damals hinter
dem Münster bei einem alten Canonikus, einem originellen
Ueberrest der alten churcölnischen Zeit. Auf dem Münsterplatz sah ich zuerst preußische Soldaten einexerciren, es waren
Ulanen. Dort lag auch das Postgebäude, und die neu
eingerichtete preußische Schnellpost interessirte mich auf's
Lebhafteste. Das Thor, welches jetzt Münsterplatz und
Bahnhof mit einander verbindet, existirte nicht; den einzigen
Ausgang, den Bonn außer dem Leinpfade am Rhein nach
dem Süden hin besaß, bildete das Coblenzer Thor; der
„alte Zoll" lag ziemlich vernachlässigt als eine alte Bastei
da, von ihm herab übersah man nur Weingärten und Feld;
der gesammte, sehr große und geschmackvolle Stadttheil,
der jetzt zu beiden Seiten der Coblenzer Straße sich weithin ausdehnt, fehlte vollständig. Außer einzelnen Garten-
häuschen lagen dort nur ganz vereinzelt die vinea domini
und das Haus von Ernst Moritz Arndt. Zu dem letztern
ging ich Tag für Tag; der weite Garten auf der Terrasse
über'm Rhein mit dem vollen Blicke auf's Siebengebirge
war mir als Spielplatz angewiesen, die Söhne des Hauses
waren meine Spielgenossen. Man sagte mir von dem
deutschen Manne in blauer Blouse und mit weit über-
geschlagenem weißen Hemdskragen, wie er für Deutschlands
Befreiung mit Wort und Schrift gestritten und wie er jetzt
verfolgt und verleumdet leide; ich las seine glühend warmen
patriotischen Gedichte und hatte ein unendliches Gefallen
an seinem festen Gange, seiner lauten Stimme und seinem

kräftigen Händedrucke. Er begegnete sich mit meinem Vater
in außerordentlich vielen Anschauungen, und beide Männer
blieben bis zu ihrem Tode in nahen freundschaftlichen Beziehungen. Nur ein Gegenstand des Gesprächs entzweite
sie jedes Mal, wenn er berührt wurde: über England und
englische Politik konnten sie sich nie einigen; der eine war
ein ebenso lebhafter Verurtheiler, wie der andere ein Ver-
ehrer Beider. Es war auch in spätern Jahren oft peinlich,
oft auch höchst ergötzlich für die Zuhörer, wenn die beiden
lebhaften Männer immer heftiger und lauter auf einander
losredeten, ohne sich gegenseitig zu verstehen, noch verstehen zu wollen. Gleich darauf waren sie wieder die
besten Freunde.

Auch im Niebuhr'schen Hause fand ich Altersgenossen;
ich fühlte mich dort aber nicht so heimisch wie im Arndt'schen
Garten, wohl aber folgte ich mit Aufmerksamkeit alle dem,
was man mir von Niebuhr und von seinem Vater, dem
berühmten Reisenden, erzählte.

Ein besonderes Ergötzen bot mir Poppelsdorf mit
seinem zoologischen Museum. Ich benutzte jede Gelegenheit,
selbst ohne Wissen und Willen der Meinigen, mich dorthin mitnehmen zu lassen. Die ausgestopften Thiere verwirklichten mir das, was bis dahin nur meiner Phantasie
vorgeschwebt hatte.

Dann wurden kleinere und größere Excursionen gemacht;
Godesberg, Rolandseck, das Siebengebirge wurden besucht;
die fliegende Brücke, die uns von einem Rheinufer zum
andern brachte, belustigte mich; die alten Burgen und
Ruinen, das Kloster Nonnenwerth und das Hohekreuz gaben
zu tausend Fragen Veranlassung. Wir hatten mehrere

Wochen in Bonn zugebracht. Die Rückreise ging über Neuwied, wo wir nächtigten, das fürstliche Schloß mit seinen Sammlungen und die Herrenhuter besuchten, und von wo aus wir dann nach Ehrenbreitstein fuhren. Mein Vater wünschte den General Aster, der damals dort baute, die neuen preußischen Befestigungen und die Sayner Hütte, wo die Regierung Geschütze gießen ließ, kennen zu lernen. Ich war daher fast während des ganzen Tages mir selbst überlassen und genoß noch einmal in vollen Zügen die Freude am Rhein und an dem Leben, das ihn umgab. Mein Vater eilte jedoch zu Haus, das jüngste Kind, das den Namen meiner Mutter, Sophie, erhalten hatte, war ernstlich erkrankt. Ueber Limburg, Wetzlar, Marburg, Cassel fuhren wir nach Hannoversch Münden, wo der zweite Bruder meines Vaters im alten herzoglichen Schlosse Amtswohnung hatte. Dort sollten neue Nachrichten darüber entscheiden, ob wir länger verweilen konnten oder nicht. Indessen hatte ich mich kaum im alten Schlosse orientirt und die langen Gänge und weiten Treppen mir herrlich als Tummelplätze mit dem gleichaltrigen Sohne meines Onkels auserkoren, als die Kunde vom Tode des Kindes meinen Vater zur sofortigen Abreise bestimmte. Doppelt trübe war die Heimkehr.

Ein außerordentlich trauriger Winter folgte; Stille und Trauer lagerten über dem sonst so froh bewegten Hause. Mein Vater wollte nicht in Döhren bleiben, suchte die Besitzung zu verkaufen; die Erziehung meiner Schwestern wünschte die älteste Schwester meiner Mutter, deren Gatte mittlerweile als Canzlei-Direktor (Obergerichts-Präsident) nach Göttingen versetzt worden war, in ihrem Hause zu leiten; für mich wurde ein Pensionat auf dem Lande gesucht.

Nach langen Mühen wurde ein, wie es schien, passendes
Haus gefunden. Ein Pastor Stephan in Bischhausen, drei
Stunden jenseits Göttingen, war meiner Tante von dem
sehr geachteten und ausgezeichneten Superintendenten Ruperti
in Göttingen auf's Entschiedenste empfohlen. Er hatte drei
Söhne im Hause und unterrichtete sie selbst, zwei Pen=
sionäre nahmen Theil an diesem Unterricht. Mein Vater
stimmte schnell zu, und um Ostern 1825 verließ ich das
geliebte Elternhaus und wurde von meiner Tante in die
neue Heimath geleitet. Man hatte gefürchtet, die Trennung
mit ihrem ganzen Weh werde mich außerordentlich erregen.
Als ich mich aber durchaus ruhig in's Unvermeidliche schickte,
ohne Thränen und Ausbrüche von Zärtlichkeit von meiner
Tante schied, die erste Nacht unter dem neuen Dache vor=
züglich schlief, wurde mir großes Lob zu Theil, was mich
um so mehr überraschte, als ich nichts Besonderes in dem
Allen sah.

Der „Herr Pastor" und die „Frau Pastorin", wie
meine Pflegeeltern von uns genannt wurden, waren übrigens
sehr liebe und verständige Leute. Er bekleidete sein Amt
bereits seit 1800, hatte in demselben Viel erlebt und genoß
Achtung und Zuneigung sowohl in seinem Dorfe, wie in
weiteren Kreisen. Mit seiner Frau war er in dritter Ehe
verbunden, sie war die Tochter eines sehr bekannten Hildes=
heimer Arztes, Hasenbalg mit Namen, und that sich darauf
um so mehr zu Gute, als ihr Mann der Sohn eines
dortigen Handwerkers war. In Allem, was sie that, sehr
manierirt und affectirt, gab sie uns vielfach Veranlassung
zu übermüthigen Scherzen und Nachahmungen hinter ihrem
Rücken, stand aber ihrem Hausstande mit großer Umsicht

und Thätigkeit vor und wußte sich auch bei uns Autorität
zu verschaffen. Es waren drei Töchter im Hause, davon
die eine aus einer früheren Ehe ihres Mannes, also
ihr Stiefkind, und das in entschiedenster Bedeutung des
Wortes. Die beiden andern hatten eine sehr gute Erziehung
genossen, hatten mehrere Jahre lang die höhere Töchter=
schule in Magdeburg besucht, an der eine Schwester der
Mutter Lehrerin war, und die von dem zu jener Zeit sehr
bekannten Director Heyse*), dem Bearbeiter der damals
anerkanntesten deutschen Grammatik, geleitet wurde. Von
den drei Söhnen verließen die beiden älteren etwa ein
Jahr, nachdem ich eingetroffen war, das Haus, um auf
dem Gymnasium zu Nordhausen sich für die Universität
vorzubereiten; an ihre Stelle traten Pensionäre. Die Zahl
derselben wuchs bald auf sieben bis neun. Es waren aus=
schließlich Söhne gebildeter und geachteter Familien. Den
Unterricht in den alten Sprachen, im Deutschen, der Ge=
schichte und Mathematik ertheilte der Pastor, anderweitig
unterrichteten die Töchter, denen wir sehr zugethan waren.
Um einen Maßstab dafür zu haben, wie gering damals
die Beträge waren, welche man für ähnliche Pensionen
zahlte, will ich erwähnen, daß man sich hier, wo man die
Knaben ganz besonders gut untergebracht glaubte, über
die Summe von 32 Pistolen (Louisd'or) für's Jahr, und
zwar für Wohnung und Kost, Unterricht und Wäsche,
geeinigt hatte. Ganz besonders ausbedungen war, daß
wir täglich Fleisch erhalten sollten.

Der Pastor hatte in Göttingen studirt, war dann

---

*) Vater von Paul Heyse.

während längerer Zeit Hofmeister und Erzieher im Gräf=
lich Wrisberg'schen Hause gewesen, hatte mit seinen Zög=
lingen Reisen nach Süddeutschland und der Schweiz
gemacht und dann von dem Vater derselben die recht
einträgliche Pfarre, deren Patron er war, erhalten. Er
erzählte gern, mit großem Geschick sich unserm Ver=
ständniß und unserm Interesse anpassend, von den alten
Hildesheimer Zuständen, von der Stadt, die reichsunmittel=
bar mit dem Bischof in beständiger Fehde lag, vom letzten
Fürstbischof, dem wohlwollenden Egon von Fürstenberg,
von den Domherren, die, da der Hildesheimische Adel pro=
testantisch war, meistens westphälischen und münsterschen
Familien angehörten. Auch an Humor fehlte es seinen
Berichten nicht. So führte er uns die alte Stadtmiliz
vor, die die Stadt stetig unterhielt, schon um ihrem Hoheits=
recht dem Bischof gegenüber Ausdruck zu geben, und die
sie aus altgedienten preußischen oder churhannoverschen
Soldaten recrutirte. Ein solcher Stadtsoldat war so alt
und krüppelhaft gewesen, daß er nur sitzend seinen Posten
am Stadtthore einnehmen konnte und dann selbst von sich
sagte: „Ick sitte hier und stahe Schildwache". Einem
andern hatten, kurz nach dem Tode Friedrich's des Großen,
in die Stadt einreitende und von ihm angehaltene preußische
Cavallerie=Officiere sich als „der hochselige König von
Preußen mit Gefolge" kundgegeben, worauf er dann gerufen:
„Wach' heraus! Der hochselige König von Preußen kann
passiren". Auch von dem gräflichen Hause und seinen
Figuren, den Perrücken und Zöpfen, den armen Vettern,
und dann auch wieder von den guten gesellschaftlichen
Formen, die in demselben geherrscht hätten, erzählte derselbe

gern. Am liebsten verweilte er bei seiner Universitätszeit. Alle die berühmten Lehrer der Hochschule, die die Träger ihres Ruhmes in den letzten Decennien des vorigen Jahr= hunderts gewesen waren, Lichtenberg und Kaestner, Gatterer und der ältere Eichhorn, Schlözer, die Dichter des Hain= bundes wurden uns genannt. Dann berichtete er von dem enormen Einflusse, den Kant und seine Schriften auf alle Kreise der Studirenden geübt, wie geradezu befreiend seine Lehren gewirkt hätten. Noch fesselnder für uns waren die Erzählungen von den Calamitäten der französischen Zeit; der preußische Rückzug 1806 hatte das Göttingische mit bedeutenden Kräften gestreift, die westphälische Regierung hatte manches Wohlthätige und Fördernde gebracht, die dissolute Wirthschaft in Cassel aber jede Achtung verscherzt; während der spätern Jahre hatte das Pfarrhaus die Be= kanntschaft von Truppen jeder Nationalität gemacht, selbst die Spanier vom Corps Romanac waren einquartiert ge= wesen; bei dem Vorrücken der verbündeten Heere nach der Schlacht bei Leipzig hatte General York beim Pastor wäh= rend einer Nacht gewohnt. Kurz, die mannigfaltigsten Bilder entfalteten sich vor unseren Augen, die die Stille unseres Dorfes um so lebensvoller werden ließ.

Auch hatte der Pastor mannigfache Verbindungen mit bedeutenden Kreisen und Persönlichkeiten sich zu erhalten gewußt. Eine derselben, die mich vorzugsweise interessirte, war die mit Gronau, dem Schwiegersohn des preußischen Staatsmannes Dohm, der nach des Letzteren Tode auf dem ererbten Gute Pustleben wohnte und der Herausgeber des Dohm'schen Nachlasses war. Alljährlich wurden längere Besuche ausgetauscht, die man damals bei dem Mangel

aller guten Wege, zu Pferde bewerkstelligte. Mit großer
Aufmerksamkeit folgte ich den Gesprächen der beiden Männer,
einzelne Capitel aus den Dohm'schen Denkwürdigkeiten
wurden gemeinsame Lectüre; vornehmlich erinnere ich mich,
daß die Darstellung der Lütticher Revolution und des
Rastadter Gesandten-Mordes immer von Neuem anregten
und spannten.

Auch der bekannte Historiker Wachsmuth in Leipzig
stand in sehr nahen Beziehungen zum Pastor und besuchte
das Pfarrhaus mehrere Male. Ich besitze jetzt noch ein
von ihm gelegentlich eines solchen Besuches geschenktes Buch.

Der Unterricht, den uns der Pastor ertheilte, war
wie der ganze Mann klar, bestimmt, sehr geregelt, das
Unwesentliche bei Seite lassend und sehr anregend. Im
Besitze von einer verhältnißmäßig nicht unansehnlichen
Bibliothek, verstand er es, uns eine große Freude am
Lernen zu geben; unsere Spiele standen im engsten Zusammenhange mit demselben; der Trojanische Krieg lieferte
uns die Helden, deren Namen wir trugen, die Denkwürdigkeiten des Cäsar die Muster für unsere Befestigungen und
Lager, die wir zu bauen versuchten, und unsere Ersparnisse
vom kärglich zugemessenen Taschengelde fanden zum großen
Theile ihre Verwendung beim Ankauf von hübschen Aus-
gaben lateinischer Classiker und bei der Beschaffung ge-
schmackvoller Einbände für dieselben.

Das Schwächste, was uns geboten wurde, war wohl
der Religionsunterricht. Alle eingehende Erklärung des
Dogma's der lutherischen Kirche, der wir angehörten, blieb
fern; wir hatten einfach den kleinen Katechismus auswen-
dig zu lernen und uns mit diesem hausbackenen Brod zu

begnügen; auch beschränkte sich unser Unterricht meistens auf die Theilnahme an dem der Confirmanden im Winter. Die Bauernkinder marschirten dann in unserer Schulstube auf, die Knaben links, die Mädchen rechts; wir stellten uns auf den linken Flügel der ersteren und hatten in der sehr heißen Stube stehend eine Stunde lang auszuharren. Auch die Kanzelreden des Pastors waren wesentlich nur moralisirend, Gottvertrauen, thätige Liebe und Selbstzucht predigend. Auf eine Verherrlichung des Glaubens an sich und seiner Kraft ließ er sich nicht ein. Wir Knaben hörten ihn aber, ebenso wie die Bauern, gern. Wir mußten im Allgemeinen jeden Sonntag zwei Mal in die Kirche, Morgens zum eigentlichen Gottesdienst, Nachmittags zur Kinderlehre, die der Schulmeister abhielt. Nur zu oft läutete es zur letzteren gerade, wenn der Sonntagsbraten auf den Tisch gesetzt wurde und uns freundlich anlachte. — Bei Haus= andachten, die ausnahmsweise abgehalten wurden, las die Pastorin sehr gespreizt aus den Zschokke'schen Stunden der Andacht vor. Die gesunde sittliche Nahrung, die wir anderweitig bekamen und die ihren Einfluß in durch= greifendster Weise auf den ganzen Ton unter der jungen Welt geltend machte, war hiernach in keiner Weise von irgend welchem besonders angeregten Glaubensleben ge= tragen.

Zur Pfarre gehörte noch eine Filiale, Weißenborn, etwa dreiviertel Stunden von Bischhausen gelegen. Der Pastor besuchte dieselbe ein um den andern Sonntag zu Fuß; wenn der Weg zu schlecht oder es zu heiß war, zu Pferde. Es gehörte zu unseren besonderen Freuden, wenn wir ihn im ersteren Falle sehr früh am Tage begleiten konnten.

Unser Dorf lag an den beiderseitigen Hängen eines gegen einen ziemlich wasserreichen Bach sich absetzenden Höhenlandes. Die Kirche, der sich anschließende Kirchhof und das in unmittelbarster Nachbarschaft gelegene Pfarr= haus waren als am höchsten gelegen weithin sichtbar. Auf dem Kirchhofe, dicht unter unseren Fenstern, wurde noch begraben; er war mit zahlreichen Zwetschen= (Pflaumen=) Bäumen besetzt; den Ertrag derselben theilten sich Pastor und Schulmeister; weil aber die Pastorin behauptete, sie könne die prachtvollen Zwetschen, die den Gräbern ent= wuchsen, nicht essen, so wurden sie zu Mus verkocht und mundeten dann dem ganzen Hause während des langen Winters ganz vortrefflich.

Die Kirche war alt, ein Altar stammte noch aus katholischer Zeit, er trug viele, in Holzschnitzwerk, aller= dings sehr roh, ausgeführte Gestalten der heiligen Familie, einzelner katholischer Heiliger und Kirchenväter; Spuren von guten Farben und reichlicher Vergoldung waren erhalten. Im Innern der Prieche des Pastors hingen eine Anzahl Porträts seiner Vorgänger mit sehr sprechen= den Gesichtern. Auch die alten Kirchenbücher waren bis auf den dreißigjährigen Krieg herauf wohl erhalten. Ge= rade während eines Theils desselben hatte sie ein Pastor mit vielem Humor geführt und mancherlei geschichtliche Notizen eingeflochten. An Winterabenden Sonntags be= kamen wir wohl die alten Folianten in die Hände und belustigten uns an Schreibweise und Ausdruck. Mir ist noch eine Notiz erinnerlich, wo der gute Pastor von seiner Einquartierung berichtete, „die spanischen Fliegen hätten ihm den ganzen Keller aufgezogen".

Wir waren in der Kirche natürlich vollständig zu
Hause. Das Läuten der Glocken und das Anschlagen der
Betglocke, Morgens, Mittags und Abends, gehörte zu
unseren besonderen Freuden. Der Pastor pflegte uns aber
auch wohl bei tiefer Dunkelheit und ohne Licht, allerdings
immer wenigstens zu Zweien, nach seiner Prieche zu schicken,
um von dort Bücher oder andere Gegenstände, die liegen
geblieben waren, zu holen. Er benahm uns so jede Be=
fangenheit, Nachts Kirche und Kirchhof zu betreten. Den
Hilfsdienst beim Gottesdienst besorgten zwei geachtete
Bauern, Altaristen genannt. Kirchenstrafen und Kirchen=
bußen, namentlich für gefallene Mädchen, waren noch in
voller Geltung. Ganz besonders wurde unser Interesse in
Anspruch genommen, wenn junge Candidaten kamen, um
sich auf der Dorfkanzel die Sporen zu verdienen und sich
auf ihr Sicherheit und Zutrauen zu gewinnen. Der Pastor
ließ gern derartige Predigten zu, besprach nachher mit den
jungen Leuten die gehaltene Rede und belehrte in freund=
licher Weise. In der Regel ging die Sache auch recht gut.
Einmal jedoch blieb der arme Candidat stecken, konnte nicht
weiter, und die Orgel mußte einsetzen, um den Unglücklichen
aus seiner entsetzlichen Lage zu befreien. Es war der Sohn
einer benachbarten und befreundeten Pächterfamilie; Eltern,
Geschwister, ja sogar die Braut waren gegenwärtig. Er
hat nie die Kanzel wieder bestiegen, sagte der Theologie
Lebewohl und wurde Landwirth.

Der große Garten, der zum Pfarrhause gehörte und
sich in einer größeren Anzahl von Terrassen zum Bache
hinab erstreckte, bot Alles, was sich nur Kinderherzen
wünschen können. Dichtes Bosquet, Grasplätze, Obst= und

andere Bäume in großer Fülle, Lauben und Felder, auf
denen wir unsere eigene kleine Gartenwirthschaft treiben
konnten. Beengter waren wir im Hause, indem unsere
Schulstube zugleich als Arbeits= und gemeinsames Eßzimmer
diente. Da dasselbe nun auch unmittelbar neben der
„Studirstube" des Pastors lag, und ein sehr primitiv ein=
geschnittenes Loch in der Thüre ihm gestattete, uns jeder
Zeit zu beobachten, so waren wir auf große Stille und
Ordnung im Zimmer angewiesen. Im Uebrigen führte
der Pastor ein mildes Regiment; körperliche Strafen wurden
nie angewandt.

Die höchste Pünktlichkeit herrschte. Der Tag begann
früh, um 11 Uhr wurde zu Mittag gegessen, um 9 Uhr
Abends war das ganze Haus in Ruhe. Wir mußten uns
ohne Licht an= und auskleiden, waren ganz darauf ange=
wiesen, uns selbst zu bedienen. Wir lernten dadurch mit
allen möglichen Dingen hantieren; z. B. Holz kleinmachen
und Feuer anmachen; und wie primitiv ging man dabei
zu Werke! Mit Stahl und Stein wurden Funken geschlagen,
die von leicht brennbaren Zeuglappen aufgefangen, mit
Schwefelfäden und Schwefelhölzern auf Talglichte über=
tragen wurden. Jedes Licht hatte seine Lichtschere. Die
Fabrikation von Papierfidibussen füllte manchen Winter=
abend aus. Erst in späteren Jahren kamen chemische Feuer=
zeuge und Astrallampen in Gebrauch. Wachslichter zu
brennen galt als Luxus.

Der Pastor bewirthschaftete den Pfarracker selbst, und
lebten wir in Mitten einer vollständigen Landwirthschaft
mit allem Zubehör. Bedeutende Erträge gewann er aus
den ihm zustehenden Zehnten. Wenn die Ernte sehr „hille"

(eilig) ging und der bestellte Zehntner nicht überall sein
konnte, wurden die älteren Knaben zum Abzehnten der
Bauernfelder abgeschickt und auch willig als berechtigt aner=
kannt. Wir wurden auf alle die kleinen Kunstgriffe aufmerksam
gemacht, die angewandt wurden, den Zehnten möglichst
knapp ausfallen zu lassen. Auch Naturalabgaben an
Hühnern, Gänsen und Eiern wanderten in unseren Haus=
halt. Ich erinnere mich nicht, daß Unfriede und Streit
zwischen dem Pastor und seinen Bauern geherrscht hätte.
Er war ihr Rathgeber und Helfer in allen Nöthen. Selbst
wenn das Vieh erkrankte, wurde seine Ansicht eingeholt;
ich sehe ihn noch, wie er mit dem Trokar eigenhändig die
Operation ausführte, um Kühen, die durch den übermäßigen
Genuß von frischem Futter aufgebläht waren und die ihm
zugebracht wurden, die Luft zu entziehen. Ein Arzt ließ
sich erst in späterer Zeit in der Nachbarschaft nieder; die
Hausmittel des Pastors wurden ihm vorgezogen. Es
machte mir einen eigenthümlichen Eindruck, wenn bei plötz=
lichen Todesfällen als Ursache derselben angegeben wurde,
entweder: „Dat Hart is em afestött" oder „der Magen is
em umekippet" *).

Das Dorf hatte eine große Ausdehnung; es mußte
in alter Zeit von ganz besonderer Bedeutung im Gau
gewesen sein. Die Ausgänge hießen noch Thore, vor dem
einen, dem „Dübelsthore", wurden Reste eines heidnischen
Opferplatzes gezeigt. Köstlich war in Mitten des Dorfes
zunächst dem Kirchhofe eine Anzahl mächtiger Linden, die

---

*) „Das Herz ist ihm abgestoßen," oder „der Magen ist ihm
umgelippt".

die alte Dingstätte umstanden, auf welcher auch damals noch die Besprechungen der Bauern und ihre Belustigungen statthatten. Wir hießen im ganzen Dorf: „Den Pastor siene Stadenten" und waren wohl gelitten. Wir kannten jeden Bauernhof und mußten über seine bäuerliche Qualität Auskunft zu geben. Arme im eigentlichen Sinne waren nicht vorhanden, selbst die Tagelöhner hatten ein Häuschen und ein Stück Vieh, das mit ausgetrieben wurde. Eine Anzahl junger Bauernburschen dienten als Freiwillige in den hannoverschen Cavallerie=Regimentern und waren dann während eines größeren Theils des Jahres nach dem ob= waltenden System mit ihren Pferden auf die Höfe ihrer Verwandten beurlaubt; mit ihnen hielten wir die beste Freundschaft. An Handwerkern waren der Schmied, Stell= macher, Tischler und Schuster, Schneider und Seiler des Dorfes vorhanden; Bäcker und Fleischer fehlten. Nur ein Mal wöchentlich brachte eine alte Frau Weißbrot, nur ein Mal wöchentlich ging ein alter weißköpfiger Bote mit breitkrämpigem Hut, Elend mit Namen, nach Göttingen, um Briefe und Packete fortzubringen und zu holen. Die Wege nach allen Richtungen waren, wenn die nasse Jahreszeit eintrat, in einem geradezu entsetzlichen Zustande; man konnte sich dann für den Verkehr zu Wagen fast als abgeschnitten von der auf eine halbe Wegstunde Entfernung am Dorfe vor= beiführenden Göttingen=Heiligenstädter Chaussee ansehen. —

Das Dorf gehörte mit vier andern Dörfern zum Ge= richt Garte. Das Wrisberg'sche Patrimonial=Amt war in Rithmarshausen, wo auch im gräflichen Schlosse der Pächter und Bevollmächtigte des zeitigen Besitzers, den Titel „Con= ductor" führend, sehr behaglich wohnte. Die Bauern des

Gerichtsbezirkes hielten sich in strenger Abgeschiedenheit von
den Nachbarn; am schroffsten von dem unmittelbar an-
grenzenden, früher churmainzischen, jetzt preußischen Eichsfelde. Hier trennte die Verschiedenheit des Volksstammes,
des Idioms, der Confession und der staatlichen Zugehörig-
keit; es läßt sich zur Bezeichnung der Entschiedenheit des
Hasses, der hier obwaltete, der Ausdruck nicht stark genug
wählen. Mit der größten Nichtachtung sahen unsere Bauern
auf das Eichsfeld herab. Von dort kamen die Bettler,
die Hackebrettspieler*), die Flachskämmer, die Tatern (wie
man die Zigeuner nannte, welche im Eichsfelde angesiedelt
waren). In einem Gasthause, das auf der Grenze an der
Chaussee lag, fanden die blutigsten, mehrfach mit Todtschlag
endenden Kämpfe zwischen hannoverschen und preußischen
Burschen statt. Derselbe Haß und Gegensatz war aber
auch in den gebildeten Ständen lebendig. Der hannoversche
Particularismus, wie man es jetzt nennen würde, war so
urwüchsig gegen Preußen gewandt, daß er sich jedem Verkehre über die Grenze feindlich entgegenstellte. Man schmähte
die preußischen Einrichtungen, man wollte kein preußisches
Geld als vollgültig anerkennen; es hieß, der König von
Preußen schäme sich der Münze, die er schlüge, er werde
roth auf dem Silbergroschen. Beim Volke war die Feindschaft localer Natur; das lutherische, niedersächsische, alt-
welfische Land dem katholischen, thüringischen, churmainzischen
gegenüber; bei den Gebildeten waren locale und allgemein
politische Gegensätze, durch die Begebenheiten der Jahre
1803 und 1806 geschürt, mit einander zusammengewachsen.

---

*) Ein eigenthümliches Seiteninstrument, das geschlagen wird.

Auch von den andern Nachbarn hielt man sich fern. Da waren früher hessische reformirte Dörfer, die erst 1815 bei der allgemeinen Gebietsregulirung an Hannover abgetreten waren, unsern Bauern gänzlich fremd. Aber auch die Geistlichen verkehrten nicht mit einander. Nach einer andern Seite lagen Dorfschaften und Güter, die der Familie Uslar-Gleichen angehörten; auch mit ihnen wollte man nicht viel zu thun haben. Ein schlecht wirthschaftender Herr von Uslar hatte in einem der Dörfer Juden zuge= lassen. Sie waren Fleischer, Pferde= und Schnittwaaren= händler und trieben Wuchergeschäfte, ließen sich aber immer nur mit Vorsicht bei uns blicken, und mehr als einmal habe ich es mit angesehen, wenn die Burschen und Jungen einen alten Juden aus dem Dorfe hetzten, ja, habe den alten Judenruf: „Hep, Hep!"*) mitgerufen, um damit den Gehetzten zu verhöhnen und zu verscheuchen. Die Lage unseres Dorfes nahe der preußischen und nahe der hessischen Grenze gab uns dann auch eine Anschauung von der all= gemeinen Verwirrung von Geld, Maß und Gewicht im lieben Deutschland. Nirgends bestand eine allgemein gültige Regelung, ja im Hannoverschen selbst hatte man die ver= schiedensten Münzen: Mariengroschen zu 8 guten Pfennigen, gute Groschen zu 12 guten Pfennigen, Conventions=, An= dreas= und Cassen=Gulden, alle mit verschiedenem Silber= gehalt geprägt, dazu preußische Thaler und Silbergroschen zu 12 leichten Pfennigen, hessische Albus, Kupfer=Heller, Friedrichsd'ors, Ducaten, Pistolen; die wunderbarsten Ver= schiedenheiten traten zu Tage.

---

*) Hierosolyma est perdita.

Unser Pastor hielt darauf, daß wir Knaben von allen diesen Erscheinungen, wie sie uns entgegentraten, ange= messene, möglichst genaue Anschauung gewännen. Unab= lässig ging sein Streben dahin, bei uns das Verlangen zu nähren, sich in dem, was uns umgab, genau und gründ= lich zu orientiren. Wir mußten die Namen kennen von allen den Ortschaften, Kirchthürmen und Bergen, die man übersah; wir mußten Auskunft geben können, wohin die Wege führten, die wir bei unseren Spaziergängen beschritten, wir mußten Bäume, Sträuche, Fruchtarten, die um uns herum wuchsen, mit ihren Benennungen bezeichnen können. Ich bin gerade für die Richtung, die in dieser Beziehung unserer Erziehung gegeben wurde, später sehr dankbar gewesen.

Es wurden dann auch Ausflüge in großer Zahl auf geringere und weitere Entfernung gemacht. Die schön gelegenen Ruinen des Gleichen, des Hansteins, des Kuste= bergs, die Städte Heiligenstadt und Witzenhausen, ferner Scharzfeld und Herzberg wurden besucht; am häufigsten aber wanderte speciell ich nach Göttingen. Dort standen mir die Häuser meiner Verwandten offen, das meines Onkels Hausmann, des Mineralogen, in dem gleichaltrige Knaben mir befreundet waren, namentlich aber das meiner Tante Wedemeyer, in welchem ich mein zweites Elternhaus fand. Letzteres, als Eigenthum erworben, reichlich und mit Geschmack ausgestattet, war Mittelpunkt einer ange= nehmen Gastlichkeit sowohl für einen größeren Freundeskreis, als auch namentlich für die gelehrte Welt Göttingens geworden. Die Universität war gerade in jenen Jahren in vollster Blüthe, eine große Zahl der ersten Koryphäen der Wissenschaft fand sich dort vereinigt, die Hörsäle wurden von 1500 und mehr Studenten besucht. Alle Nationen, die unserer Culturwelt angehören, waren vertreten und die freundliche Musenstadt war belebter als früher und auch wie jemals später. Das Haus meiner Tante war ein sehr gesuchtes. Eine größere Zahl der Professoren fanden dort einen zusagenden Austausch ihrer geistigen Interessen, Studirende wurden ihnen näher gebracht. Unter den letzteren erinnere ich mich wiederholt den damaligen Kronprinzen, nachherigen König Maximilian II. von Baiern gesehen zu haben. Mit der angeregtesten Neugierde forschte ich den Persönlichkeiten nach, denen ich begegnete. Das Leben der Universität und ihrer Facultäten, die verschiedenen Lehrfächer und ihre Bedeutung, Alles das trat mit in meinen Ideenkreis und beschäftigte mich. Einzelne der zur Universität gehörenden Familien standen meinen Verwandten besonders nahe. Sehr häufig war ich beim alten Professor B., der Gefallen an mir hatte und mir seine schönen zoologischen Sammlungen zeigte. Er hatte so wunderbar scharfe Züge und verzog dieselben zu so entstellenden Grimassen, daß ein Bauer, der in seinem Hause zu thun hatte, ihn nicht kannte, wohl aber davon gehört hatte, daß er einen Affen besitze, ihn für diesen nahm und mit seinem Stocke zu reizen und zu necken begann, bis die zornigen Worte des alten Herrn ihn eines Besseren belehrten. Ebenso war ich bei Sartorius, dem Vater des jetzt an derselben Universität wirkenden Gelehrten; bei Gauß, dem großen Astronomen; bei Langenbeck, dem berühmten Onkel des Berliner Arztes und Chirurgen; bei Stromeyer, dem Mediziner, und andern. Zu den Freunden des Hauses gehörten aber vor Allen ein Herr von Laffert,

Curator der Universität, der vordem hannoversches Mit=
glied der auf Veranlassung der demagogischen Umtriebe
in Mainz niedergesetzten Central=Untersuchungs=Commission
gewesen war, sodann der frühere württembergische Staats=
minister Graf von Wintzingerode. Von großer geistiger
Bedeutung, hatte er als Vertreter liberaler Grundsätze in
den ersten Regierungsjahren Wilhelm's I. großen Einfluß
geübt, war dann aus räthselhaft gebliebenen Gründen
plötzlich in Ungnade gefallen und unter schärfster Bezeugung
derselben entlassen. Er lebte in Göttingen und später auf
seinem Gute Bodenstein im Eichsfelde. Allen Staatsge=
schäften fern, unterhielt er ein angenehmes Haus. Auch
die Künstler, die nach Göttingen kamen, wurden an meine
Tante adressirt. So habe ich in ihren Abendkreisen die
berühmte Sängerin Catalani und den Violinspieler Pa=
ganini gesehen und gehört. Ueberall sammelte ich unwill=
kürlich ein und fand Anregung der verschiedensten Art.

Die Besuche in Göttingen wurden häufiger, als man
in den späteren Jahren bemüht war, uns Zeichen=Unterricht
durch Lehrer zu verschaffen, die Sonnabends nach Bisch=
hausen herauskamen, uns Morgens mehrere Stunden lang
beschäftigten und Nachmittags nach der Stadt zurückkehrten.
Ihnen schlossen sich dann häufig die älteren Knaben an,
insoweit sie in Göttingen Verwandte hatten und bei diesen
den Sonntag oder die Festtage zubringen konnten. Es
gelang zunächst nicht, die richtigen Leute für diesen Unter=
richt zu finden. Der erste Lehrer, den wir hatten, war
ein verdorbener Student. In Jena war er mit Sand,
dem Mörder Kotzebue's, Mitglied jener Studenten=Ver=
bindungen gewesen, auf welche besonders gefahndet wurde,

und war so jeder Aussicht auf eine Zukunft in der Heimath
verlustig gegangen. Er führte, wie wir glaubten, unter
angenommenem Namen ein sehr kümmerliches Leben, war
einsilbig und in sich gekehrt. Nur zuweilen erzählte er
von Sand und dessen Tode, den er mit angesehen. Er
verstand es nicht, uns an sich zu ziehen oder uns zu för=
dern. Sein Nachfolger entpuppte sich als Anhänger einer
Secte von Mystikern, die damals in Göttingen ihr Wesen
trieb. Er vertheilte unter uns Knaben Traktätchen und
versuchte in ganz anderem Sinne auf uns einzuwirken, als
er angewiesen war. Erst der Dritte paßte für uns. Er
hieß Schaefer, war voll Frische und Lebenslust und
gewann unsere ganze Zuneigung. Die prachtvollsten Wege
kannte er innerhalb der reizenden Landschaft, die wir auf
unseren Wegen nach Göttingen zu durchziehen hatten; er
belebte sie mit seinen Erzählungen; das eine Mal wan=
derten wir über die Gleichen; das andere Mal über Gellie=
hausen, wo Bürger Gerichtsamtmann gewesen war; er
wußte uns Dichter und Dichtung vorzuführen. Niemals
aber hatte er mich so gefesselt, als an einem Tage, wo er
mir versprochen, mich bei dem göttingschen Scharfrichter
einzuführen. Wir mußten regelmäßig an der Wohnung
desselben, die etwa eine halbe Wegstunde von der Stadt
abgelegen war, vorübergehen. Das Amt war ein erbliches
und schon seit langer Zeit in der Familie. Der Vater
des jetzigen Inhabers war weit und breit berühmt gewesen
durch seine Geschicklichkeit und die Sicherheit, mit der er
das Schwert führte. Denn im Hannoverschen wie im
Hessischen wurde nicht mit dem Beile, sondern mit dem
Schwerte gerichtet, und es bedurfte einer großen Kunst=

fertigkeit, um mit Einem Streiche das Haupt des Misse=
thäters vom Rumpfe zu trennen. Er hatte zwei Söhne
hinterlassen und beide wohl geschult. Der ältere war in
seine Stelle getreten und hatte zum ersten Male seines
Amtes gewartet bei der Hinrichtung zweier Mordbrenner.
Wir kannten den noch erhaltenen kleinen Hügel im schönen
Bremker Thale an der Heiligenstädter Chaussee, wo die
Execution vor einigen Jahren stattgefunden hatte. Der
erste Streich war glücklich geführt und hatte den Uebel=
thäter sofort vom Leben zum Tode gefördert; beim zweiten
Verurtheilten aber hatte er gefehlt, ihn nur verwundet,
ein zweiter und dritter Streich war nothwendig geworden,
um den Kopf in den Sand zu werfen; die zahllos herbei=
geströmte Zuschauermenge tobte und wüthete; der Aermste
hatte alles Selbstvertrauen verloren und sich kurze Zeit
darauf das Leben genommen. Nun war der jüngere Sohn
Erbe geworden, ein schlanker, freundlich blickender, wenig
redender Mann. Mich ergriff eine wunderbare Scheu, als
er uns Thor und Thür öffnete; das verlor sich aber, als
er uns unbefangen herumführte und von seinen anato=
mischen Studien erzählte, deren er bedurfte, um genau zu
erkennen, welche Stelle des Halses getroffen werden müsse;
als er uns zeigte, wie er Tag für Tag seine Uebungen
anstellte, um Auge, Arm und Hand zu befähigen, das
schwere Richtschwert mit Zuverlässigkeit zu führen, und er
uns endlich in ein großes Zimmer brachte, in dem wohl=
geordnet die Schwerter aufgehängt waren, mit denen seine
Väter und er selbst gerichtet hatten. Bei jedem Schwert
war verzeichnet, wer damit vom Leben zum Tode gebracht
worden war.

Ich athmete doch freier auf, als ich das Haus hinter
mir hatte, und erzählte meiner Tante ganz benommen
von alle dem, was ich gesehen. Sie war aber nichts
weniger als erbaut davon und voll Unwillen, daß man
mir einen so kräftigen Trunk praktischer Romantik ge=
reicht hatte.

Unser guter Herr Schaefer spielte dann auch eine nicht
unerhebliche Rolle bei einem Vorgange, der während des
letzten Jahres meines Bischhäuser Aufenthalts Göttingen
und selbst unser friedliches Dorf in die größte Aufregung
bringen sollte, bei der Göttinger Revolution. Wir
hörten wenig von den Welthändeln, eine eigentliche Zeitung
wurde nicht gehalten; in's Haus kamen nur die in Thü=
ringen wöchentlich einmal erscheinende und dann nur ein
Blättchen bringende „Dorfzeitung", welche, in kurzen Sätzen
satyrisch gefärbt und für die ländliche Bevölkerung berechnet,
eines Freibriefs für ihre Aeußerung genoß und in diesem
Sinne über Geschehenes berichtete, ferner das „Hanno=
versche Magazin", das Landwirthschaftliches und Geschicht=
liches in längeren Artikeln besprach. Der Ausbruch der
Juli=Revolution und die großen Bewegungen, die im An=
schluß daran ganz Europa erschüttert hatten, waren ziemlich
spurlos an uns vorübergegangen. Da hatte in unserer
Nachbarschaft in Braunschweig der Herzog dem Aufstande
weichen müssen; wir hörten, daß er seine Flucht nicht allzu
weit von uns über Osterode bewerkstelligt hatte. Alles
war daher aufmerksamer und gespannter wie gewöhnlich,
als plötzlich Anfang Januar 1831 die Nachricht eintraf,
Göttingen sei in vollstem Aufruhr, das Bataillon Jäger,
das dort garnisonirte, sei nicht eingeschritten, sondern ab=

marſchirt, Studenten hielten die Wache, ein Gemeinderath, Dr. Rauſchenplatt an der Spitze, regiere und die Behörden ſeien vollſtändig bei Seite geſchoben. Es dauerte nicht lange, ſo wurde es auch im Dorfe lebendig, die Bauern traten zuſammen, man ſprach von Aufhebung der Zehnten, Herabſetzung der Steuern; gedruckte Aufforderungen zum Umſturz des Miniſteriums Münſter, die von Göttingen verbreitet wurden, circulirten und regten auf, ſo wenig ſie verſtanden wurden. Zwei Abgeſandte der Bauernſchaft tagten mit in der Stadt, fünfzig Piken wurden beſtellt und der Zuzug vorbereitet. An den Paſtor war noch nichts Beunruhigendes herangetreten, da erſchien unſer Herr Schaeſer, diesmal als Emiſſär des Gemeinderaths, mit der dreifarbigen Binde um den Arm, mit langem Säbel be= waffnet, voll Feuer und Flamme für die heilige Sache der Freiheit, die ihren Hort in Göttingen, dem Mittel= punkte der Wiſſenſchaft, gefunden habe. Er ſollte eine große Verſammlung der Bauern des ganzen Amtes abhalten und ihnen auseinanderſetzen, daß es jetzt gelte, den letzten Blutstropfen an die Vertheidigung Göttingens zu ſetzen, gegen das ein Truppencorps von Hannover aus unter General Louis von dem Buſche vorrücke. Er erzählte uns, wie Alles Begeiſterung und Aufopferung in der Stadt ſei, wie auch die Schüler der höheren Claſſen mit den Studenten wetteiferten, wie man den Wall zur Vertheidigung herrichte, und Bürger und Studenten ein Herz und eine Seele wären. Wir flammten natürlich hoch auf und vermeinten, wir müßten mitziehen, um zu rathen und zu thaten.

Unſer guter Paſtor lud den Freiheitsapoſtel zunächſt zum Mittagseſſen ein; dann bei Tiſche begann er ganz leise sich erzählen zu lassen, warf kurze Fragen ein, nahm dann bald selbst das Gespräch in die Hand und zerpflückte in Kurzem alle die Ideale unseres Freundes, die die unseren geworden waren, zugleich so ruhig und so freundlich und doch so erbarmungslos, daß zuletzt Nichts übrig blieb, als daß Herr Schaefer die dreifarbige Binde ablegte und den Zeichnenunterricht mit uns aufnahm. Seine Mission blieb gänzlich unerfüllt; er kehrte am Abend vollständig ernüchtert nach Göttingen zurück. Für das Dorf folgte eine noch bessere Ernüchterung sehr bald, als eine Abtheilung von nur zehn hannoverschen Husaren einrückte und beim Schulzen Quartier nahm. Unser Herr Schaefer aber kam zwei Tage darauf flüchtig an. Die Stadt hatte ohne Widerstand kapitulirt, die Mitglieder des Gemeinderaths entzogen sich der Verfolgung, wie sie nur konnten; die Universität war geschlossen, und die Studenten eilten auf allen Straßen von dannen. Auch Schaefer konnte bei uns nicht bleiben; der Pastor gab ihm, da das flotte Leben der Revolutionswoche alle Mittel aufgezehrt hatte, eine kleine Summe und er zog weiter, muthlos und geschlagen. Ich habe nie wieder von ihm gehört.

Nicht lange nach dieser Episode gelangten zu uns Nachrichten, die anhaltender beschäftigten und aufregten. Die Cholera näherte sich zum ersten Male der deutschen Grenze, die polnische Insurrection drohte sie hinüber zu fördern, und alle Welt steckte die Köpfe zusammen, wie ihr zu begegnen sei. Die Hausapotheke wurde vervollständigt; die Eltern der Pensionäre schickten von allen Seiten Verhaltungsanweisungen: man legte uns herzförmig geschnittene Pflaster auf die Magengegend, die wir monate-

lang tragen mußten; die Diät wurde geregelt, schon als
die Cholera Berlin noch nicht erreicht hatte. Der allge=
meine Schrecken war so groß, daß das Gymnasium in
Nordhausen auf die Nachricht, daß in Berlin die ersten
Fälle der Cholera vorgekommen, sofort geschlossen wurde;
die Söhne des Pastors trafen bei uns ein; das Land
Hannover zog aber um seine Grenzen gegen Preußen einen
Militärcordon, der Niemanden durchlassen sollte, er sei
denn geräuchert und desinficirt. Das war denn auch das,
was uns am meisten bei der Sache interessirte, die Sol=
daten, die in unserer Nähe erschienen, und die Räucher=
buden, in welche die Reisenden eingeführt wurden, die
aber bei der unzureichenden Stärke der Grenzbewachung
überaus leicht zu umgehen waren. —

So war ich denn sechs und ein halbes Jahr in außer=
ordentlich gedeihlichen, gesunden und zusagenden Verhält=
nissen und hatte wie ein Kind des Hauses mit lebendiger
Zuneigung und Dankbarkeit mit der Familie unseres Pastors
gelebt. Ich hatte Theil genommen an dem großen Familien=
drama, das mit der Verheirathung der ältesten Tochter,
des Stiefkindes, mit dem Schulmeister des Dorfes seinen
Abschluß fand; an der Glück versprechenden Verbindung
der dritten Tochter mit einem geachteten Arzt, der sich in
der Nachbarschaft niedergelassen; an allen den Sorgen und
Freuden, die über unser gemeinsames Leben hinwegge=
gangen. Ich war um Ostern 1831 confirmirt worden
und es wurde nun Zeit, sowohl darüber Entschluß zu fassen,
„was ich lernen sollte", als auch mich einer anderweitigen
Lehranstalt zuzuführen. Die allgemeine Richtung, die mein
Sinnen und Trachten genommen, wandte sich entschieden

„dem Studium" zu. Das Pfarrhaus, in dem ich mich
so wohl gefühlt, regte den Wunsch an, mich dem geistlichen
Stande zu widmen. Es fehlte auch nicht an Personen,
die diese eben auftauchende Neigung begünstigten; mein
Vater aber, als er davon hörte, schnitt scharf ab; „dummes
Zeug", hieß es, „der Junge wird Soldat", und damit
war von etwas Anderem nicht mehr die Rede. Ich hörte
die mit den noch immer obwaltenden Ansichten jener Zeit
in Zusammenhang stehende Aeußerung: „es ist Schade
um ihn, daß er die bunte Jacke anziehen soll"; eine wirk=
liche Gegenrede von irgend welcher Seite, ein Widerspruch
der getroffenen Entscheidung fand nicht statt. Auf meines
Vaters Bitte war ich bereits von Graf Carl v. Alten beim
Garde=Jäger=Bataillon als Aspirant zum Cadet eingeschrieben
worden, und es kam nun darauf an, mir mit Rücksicht
hierauf eine weitere körperliche und wissenschaftliche Aus=
bildung zu geben.

Im Herbst 1831 kehrte ich in's Elternhaus zurück.
Mein Vater hatte schon 1825 sein Stadthaus in Hannover
bezogen und sich ein Jahr darauf wieder verheirathet.
Seine zweite Gattin hatte meiner Mutter von Jugend
auf sehr nahe gestanden und sah in uns die Kinder einer
theuren Freundin. Sie gehörte durch Geburt, wie durch
ihre erste Ehe den vorerwähnten höheren Beamtenkreisen
an, war in demselben Jahre, in dem meine Mutter ver=
starb, Wittwe geworden und brachte drei Kinder mit in
mein väterliches Haus. Der neuen Verbindung waren
zwei Kinder geboren, so daß unsere gemeinsame Familie
sehr zahlreich und zugleich aus recht verschiedenen Elementen
zusammengesetzt erschien. Ein eigenthümlich glückliches

Geschick waltete darüber, daß Alle ein festes, sich treu bewährendes Band innigster Zuneigung umschlang. Ausgehend von dem Gefühle gleich lebendiger Achtung und Verehrung den Eltern gegenüber, haben wir uns nie anders als gleichberechtigt gewußt und sind in steter freundschaftlichster Verbindung mit einander durch's Leben gegangen. Beide Eltern begünstigten dies auf's Lebhafteste. Mein Vater schrieb mir schon, ehe ich in's Elternhaus zurückkehrte: „Die Liebe und Freundschaft, die Du Deinen Stief- und Halb-Geschwistern wie Deinen rechten Schwestern zeigst, die erzeigst Du immer auch mir und Deiner Mutter. Diese feineren Gefühle unserer menschlichen Natur werden Dir einst, selbst wenn Deine Laufbahn Dich von Deiner Familie trennen sollte, zur Erheiterung und zur Beförderung des Frohsinns dienen. Pflege sie wie eine zarte Pflanze, mein Junge, sie tragen reiche Früchte." Es hat sich das vollständig bewährt.

Immerhin war der Wechsel, dem ich augenblicklich unterstellt wurde, ein ganz außerordentlich fühlbarer. Aus der größten Einförmigkeit eines sehr abgeschlossenen Landlebens, in dem uns eine verhältnißmäßig große Ungebundenheit belassen war, trat ich plötzlich einmal in die sehr feste Regelung eines großen städtischen Hausstandes, sodann aber in eine Welt geistiger Bewegung, für die ich alle Anregung, aber sehr wenig Gewöhnung mitbrachte. In unserem Hause wurden die Fragen und Interessen des Tages auf das Lebendigste besprochen, eine größere Zahl bedeutender, mitten in der Gegenwart stehender Männer ging bei uns ein und aus und trug die divergirendsten Ansichten und Meinungen mit. Die Tagesblätter wurden

mir zugänglich); Theater und Concerte erschlossen sich mir;
das Leben der Straße trug mir fort und fort neue Bilder
zu; im Hause meines Onkels Hausmann fand ich ein reges
Kunstleben und Sammlungen, die mich weit über Ver=
ständniß fesselten; ich erhielt Lehrer, die, jugendlicher und
belebter, mir alle geistige Kost viel pikanter und aufregen=
der reichten, als es der gute alternde Pastor im Stande
gewesen war. Aber über alles Das, ich erhielt jetzt zum
ersten Male unsere deutschen Classiker, vor Allem Schiller
und Goethe in die Hände, die ich denn auch mit einem
sich immer steigernden Hunger verschlang. Wir waren in
Bischhausen von aller Lectüre fern gehalten, die irgend
über rein geschichtliche Darstellungen hinausging. Mit
einem Male that sich mir eine Welt auf, in der Phantasie
und Gefühlsleben die verwirrendsten Eindrücke erhielten
und ohne jedes Gleichgewicht von dem Einen zum Andern
taumelten. Mir ward in meinem väterlichen Hause hoch
oben eine Erkerstube als Wohnung angewiesen. Ich war
da so ziemlich mein eigener Herr. Bis tief in die Nacht
hinein saß ich über den Dichtungen Schiller's, deren Reiz
mich ganz bestrickte und denen ich mich nicht entziehen
konnte, bis daß wohl eine Nachteule, von meinem späten
Lichte angelockt, ihren Ruf erschallen ließ und mich Hals
über Kopf in's Bett scheuchte.

Es begann sehr wirr in meinem Kopfe und auch in
meinem Herzen auszusehen, und es wäre mir gerade da=
mals überaus wohlthätig gewesen, wenn man mich darauf
angewiesen hätte, einen an meinen früheren Bildungsgang
sich anreihenden, systematisch geleiteten Unterricht in mich
aufzunehmen. Es war gewiß Thorheit, wenn man sagte,

„es ist Schade um den Jungen, daß er Soldat wird", aber ich habe es, je älter ich wurde, desto mehr beklagt, daß ich, nachdem ich das ländliche Pensionat verlassen, nicht einer Lehranstalt übergeben wurde, die einheitlich und systematisch meine weitere geistige Entwickelung regelte. Meine Kenntnisse blieben lückenhaft und entzogen sich deshalb nach kurzer Zeit meinem Gedächtniß und einer fruchtbringenden Verwerthung; mein Urtheil und mein Geschmack gelangten nicht zum Reifen und ich empfinde es noch heute, daß damals für mich Unersetzliches sowohl in Bezug auf den nicht ausgenutzten Lebensmoment wie auf die Zeit, die verfügbar war, versäumt wurde.

Mein Vater hatte, so ausgezeichnet er war, für das, was hier Noth that, kein Verständniß. Er ließ mich auf der neu errichteten polytechnischen Schule Vorträge über Mathematik, Geometrie und in dem darauf folgenden Jahre außerdem noch über Technologie und Physik hören; ich trieb bei Privatlehrern alte und neue Sprachen, hatte Musik- und Zeichnen-Unterricht, ohne daß das Alles mit einander unter Hinblick auf ein einheitlich zu verfolgendes Ziel in Einklang gebracht worden wäre. Dazu wurde ich auch körperlich angestrengt und ermüdet. Ich erhielt Reit- und Tanz-Unterricht, wurde gleichzeitig Mitglied eines Turnvereins, in dem man „frisch, fromm, fröhlich, frei" übermäßig Gymnastik trieb, nebenher aber ziemlich verfängliche politische Lieder sang und sich für Ideen enthusiasmirte, deren Verständniß weit über meinen Horizont ging. Auch war die Wahl meiner Lehrer nicht durchweg glücklich; mein Vater wollte gutherzig das Nützlichste mit einem Acte wohlwollender Mildthätigkeit verbinden. In

Hannover lebte damals ein Officier a. D., des Namens Nagel; das Leben hatte ihm sehr übel mitgespielt; von Geburt Sachse, hatte er Heimath und Familie verlassen, war in den ersten Jahren des Jahrhunderts nach England gegangen und hatte dort Dienste, nicht in der deutschen Legion, sondern in einem Fremden=Regimente genommen. Er hatte es nicht über den Lieutenant hinaus gebracht und war 1814 bei Auflösung seiner Truppe mit doppeltem Jahresgehalt ein für alle Male abgefunden worden. Er fristete sein Dasein kümmerlich durch Ertheilen von Unter= richt in englischer und französischer Sprache und durch Uebersetzen aus dem Englischen in's Deutsche für ver= schiedene Verlagsbuchhandlungen. Beides aber wurde zu jener Zeit sehr schlecht bezahlt. Der beste Sprachunterricht erschwang ein Honorar von einer Pistole für zwölf Stunden; der weniger gesuchte ein solches von einer Pistole für sechzehn Stunden. Die Verleger aber zahlten dem armen Herrn nur fünf Thaler für den Druckbogen, und doch waren seine Arbeiten recht tüchtig, wie z. B. die Uebersetzung der „Geschichte der königlich deutschen Legion" von Beamish, die allgemein sehr anerkannt wurde. Mit ihm trieb ich Englisch, Französisch und Musik, lernte aber entsetzlich wenig. Es fehlte ihm an Autorität und Ernst, ich wurde sein jugendlicher Freund, dem er alle seine Leiden klagte und der ihm Theilnahme bezeugte, wenn hier oder dort das Stundengeld nicht einging, oder der Verleger sich als anmaßend oder grob erwies. Indessen wurde mir zu jener Zeit der Einfluß einer Persönlichkeit zu Theil, die in Bezug auf geistige Capacität zu den bedeutendsten gehörte, die mir begegnet sind. Wilhelm Glünder war seit einer Reihe

von Jahren Adjutant meines Vaters, hatte dessen ganzes
Vertrauen genossen und sich als Officier sowohl, wie als
Lehrer an der Militär-Ecole hervorgethan. Auch als militärischer Schriftsteller hatte sein Name einen guten Klang.
Das hannover'sche militärische Journal, das wesentlich
unter seiner Redaction erschien, gehörte zu den besten
deutschen Zeitschriften seiner Art; das von ihm verfaßte
Werk: „Einrichtung und Gebrauch des kleinen Gewehrs"
ward für epochemachend in der militärischen Welt gehalten.
Als man daran ging, die polytechnische Schule in Hannover zu begründen, hatte man neben Dr. Karmarsch aus
Wien W. Glünder zum zweiten Director ausersehen. Er
hatte als Hauptmann den Abschied erhalten, war dem an
ihn ergangenen Rufe gefolgt und hatte zugleich den hervorragendsten Theil der mathematischen Vorträge übernommen. Unvergleichlich verstand er es, junge Männer
anzuregen, zu bestimmen und zu enthusiasmiren. Genial
und rasch in seiner Auffassung, scharf und unabhängig in
seinem Urtheil, energisch im Denken und in der logischen
Verfolgung des Gedachten, weit ausblickend in seinen
Anschauungen, voll Tact in der Behandlung schwieriger
Verhältnisse, besaß er eine wunderbare Fähigkeit, Dasjenige,
was er sich geistig zu eigen gemacht hatte, auch darzulegen
und Anderen mitzutheilen. Er war in seiner Bestimmtheit
und Gründlichkeit als Lehrer unübertroffen. Dabei war
er vollständig Herr des mündlichen und schriftlichen Aus-
druckes. Auf das Genaueste bewandert in der deutschen
Literatur, glühte er für Dichtung und Poesie. Die Prosa,
die er selbst schrieb, war die gewähltetste. Der heiterste,
beliebteste Zechgenosse während der ganzen Nacht, war er

am frühen Morgen im Stande, ohne jeden schriftlichen
Anhalt die verwickeltsten Theorien anschaulich zu .erörtern.
Ein schöner, stattlicher Mann, hatte er als Schwimmer
wiederholt sein Leben für die Rettung Anderer eingesetzt.
Mir war er mit einer großen Zuneigung zugewandt und
ich hing an ihm mit lebendigster Bewunderung. Er hei=
rathete die schöne und überaus anmuthige älteste Tochter
meiner Stiefmutter. Er starb früh, kaum 49 Jahre alt,
und trotzdem daß er lange nicht mehr war, was er ge=
wesen, doch auf's Tiefste betrauert. Ich verdanke ihm
zum großen Theile die Directiven, denen mein inneres Leben
gefolgt ist.

Hannover war zu jener Zeit eine wenig belebte Stadt
von vergleichsweise geringer Ausdehnung. Im weiteren
Umkreise waren wohl hier und da einzelne Häuser gebaut
und aneinander gereiht, die eigentliche Stadt war noch
von den Linien der alten Umwallung, die auch zu einem
erheblichen Theile noch bestand, eng begrenzt. An der
Georgenstraße war nur eine Seite und diese noch lücken=
haft gebaut. Da, wo jetzt das Theater gelegen ist, trug
ein wohl erhaltener Cavalier der Stadtbefestigung eine
Windmühle. Wenn man dort seinen Standort nahm,
übersah man bis zum Stadtwalde hin, da, wo jetzt der
Bahnhof liegt, Straße an Straße sich reiht und viele
Tausende von Menschen Wohnung finden, nichts als Gärten,
Bult*) und Feld. Auf der anderen Seite der Stadt und
der Leine war man eben dabei, die kleine Esplanade, deren
Mittellinie das Leibniz=Denkmal als point de vue nahm,

---

*) Provinzialausdruck für Weideland.

zum Waterloo=Platze zu erweitern, die Waterloo=Säule zu
errichten, die kleinen Casernen zu beiden Seiten der Säule
zu erbauen und den Wall zwischen Leibniz=Monument
und Calenberger Thor niederzulegen. Das Schützenhaus
war im Jahre 1827 erbaut. Im Innern der Stadt
waren noch einzelne sehr schöne alte Giebelhäuser erhalten,
wie „das Haus der Väter" an der Leinstraße; man fand
aber auch noch enge Gassen, wie den großen und kleinen
Wulveshorn, die an Schmutz und Dunkelheit Nichts zu
wünschen übrig ließen. Die Stadt hatte mit ihren Vor=
städten höchstens 29,000 Einwohner. Das Theater war
in einem Flügel des Schlosses an der Leinstraße, der
längst niedergerissen ist; die Concerte fanden im Ballhof=
saale in der Burgstraße statt. Beide Locale waren schmutzig
und dunkel. In der im Fachwerk nicht massiv aufgeführten
Aegidien=Neustadt wohnten vorherrschend die königlichen
Beamten; auf dem linken Leine=Ufer lag das Judenviertel.
Ein strenger Innungs= und Zunftzwang sicherte dem Kauf=
mann wie dem Meister in dem vom Vater übernommenen
Geschäft reichlichen Verdienst, auch ohne große Betrieb=
samkeit. Den einzelnen Häusern standen Berechtigungen
zur Seite; das eine war ein Brauhaus, in dem anderen
durfte „bürgerliche Nahrung" (Kleinverkauf) betrieben
werden. Größere Fabriken fehlten vollständig. Die ge=
ringen vorhandenen waren ausschließlich mit dem Absatz
ihrer Waaren auf die nächste Nachbarschaft angewiesen.
Ebenso hatte Hannover als Handelsstadt gar keine Bedeu=
tung; Braunschweig überragte dasselbe an Unternehmungs=
geist und Capital. Die Hansestädte versorgten das Land
mit englischen Waaren. Eine englische Compagnie be=

leuchtete seit Kurzem die Straßen mit Gas; man prophe=
zeihte ihr das schmählichste Fiasco. Die Polizei war nur
durch wenige Beamte vertreten und schritt, wenn sie sich
sehen ließ, langsam und gemüthlich einher. Die Sicherheit
des Eigenthums war selten gefährdet, und der Betrunkene
fand bereits seine Strafe, wenn ihm die Schar der Jungen
ihr: „Haarbühl, Haarsack!" nachrief. Auf den Straßen
sah man noch „Portechaisen", in denen sich ältere Damen
in Gesellschaft und in's Theater tragen ließen; die Träger
waren meistens Originale, deren unbesiegbare Langsamkeit
an ihre Collegen in der Thierwelt erinnerte. Nirgends
bemerkte man Hast oder Unruhe. Reichthum trat nirgends
zu Tage, aber überall nahm man Wohlstand und Behäbig=
keit wahr.

Das Militär trug wesentlich die Uniform und die
Bewaffnung der deutschen Legion; man hatte wenig daran
geändert. Man sah viele alte Soldaten. Von Zeit zu
Zeit rief die Trommel Alles an's Fenster; ein Soldat
war desertirt, nach alter Weise wurde das Signal zu
seiner Verfolgung gegeben. Auf den Casernenhöfen sah
man nicht selten bestrafte Mannschaften unter Aufsicht das
Gewehr oder den Sattel oder den Geschütz=Wischer bis
zur Erschöpfung über den Kopf gehoben einhertragen.
Die in dieser Weise zur Ausführung gebrachte Disciplinar=
strafe belegte man mit dem Namen „Drillen". Alle Stadt=
thore waren mit Wachen besetzt, die vor auspassirenden
Leichenzügen in's Gewehr traten und dafür ein Geld=
Douceur erhielten. Einpassirende Holz= und Torfwagen
hatten gleichfalls ein bestimmtes Deputat an die Wachen
abzugeben.

Der frühere General=Gouverneur, Herzog v. Cambridge, war nach den Bewegungen des Jahres 1831 von seinem Bruder, dem Könige Wilhelm IV., zum Vicekönig bestellt worden. In seiner Hofhaltung hatte sich dadurch wenig geändert; sie wurde ohne erheblichen Aufwand und ohne vorwiegende Etikette geführt. Die beim hannover'schen Hofe accreditirten Diplomaten waren meistens zugleich mit noch anderen Missionen betraut und residirten dann da, wo Souveräne gegenwärtig waren. So hatte der preußische Gesandte seinen Wohnort in Cassel. Damit fehlte denn der Stadt ein wesentliches Kriterium einer königlichen Re=sidenz. Besonderer Glanz wurde nirgends entfaltet.

Der Herzog residirte während des Winters im Palais an der Leinstraße, dem alten Schlosse, dessen Umbau man projectirte, gegenüber. Während des Sommers zog er nach Monbrillant, einem nichts weniger als geschmackvollen kleinen Schlosse, da gelegen, wo später das Welfenschloß gebaut ist; im Herbst pflegte er mit seiner Familie auf einige Wochen nach dem Jagdschloß Rothenkirchen bei Einbeck zu gehen. Er war ein sehr stattlicher Herr, dabei wohlwollend, herablassend, oder, wie es der Volksmund nannte, „niederträchtig" und gütig nach allen Seiten hin. Seine Gemahlin war eine hessische Prinzeß aus dem Rumpenheimer Hause; sie galt mehr für klug, als für gut=herzig. Zu den Bällen, die sie für ihre herzoglichen Kinder, Prinz Georg und Prinzessin Auguste (die Prinzessin Marie wurde erst 1833 geboren), veranstaltete, wurden auch meine Geschwister eingeladen. Der Herzog war ein Mäcen der schönen Künste. Unter seinem Schutze kam 1832 nach schweren Wehen der noch jetzt bestehende han=

noversche Kunstverein zu Stande. Bis auf den heutigen
Tag eröffnet derselbe regelmäßig am 24. Februar, dem
herzoglichen Geburtstage, seine Gemälde=Ausstellung.

Besonders stolz war der Hannoveraner auf Herren=
hausen mit seinen Fontainen und seiner Allee, und auf den
Marstall. Die im Stile des Versailler Parks hergerichteten
Gartenanlagen lockten im Sommer jeden Sonntag zahl=
reiche Scharen Spaziergänger aus den Thoren. Die
Herrenhäuser Allee hatte im Sommer 1831 durch eine
Windhose große Einbußen erlitten; sie konnten nur unter
Schwierigkeiten ergänzt werden. An die Vereinigung von
Walmoden's und Decken's Garten mit Herrenhausen, wo=
durch der jetzige schöne Parkcomplex geschaffen ist, wurde
damals noch nicht gedacht; Decken's Garten war in
Wangenheim'schem Besitz. Im Marstalle paradirten die
verschiedensten Pferde=Racen und =Farben; Weißgeborene,
Isabellen, Mausefahle, gelbbraune, sogenannte Celler=Pferde
und andere. Die Hengste wurden im Frühjahr als Be=
schäler auf's Land geschickt; im Uebrigen wurden die herr=
lichen Gespanne wenig benutzt. Die Manége war berühmt
durch ihre Größe; die Schulpferde durch die Stallmeister
Detmering und Quentin; dieselben leisteten Ungewöhnliches.
Der Armee=Bereiter und Stallmeister Mayer war der vor=
züglichste Campagne=Reiter und hatte stets eine größere
Zahl von Schülern aus Hannover wie von auswärts um
sich versammelt; ich selbst habe anderthalb Jahr lang
seinen Unterricht genossen.

Unzweifelhaft waren der Stadt Hannover viele Vor=
theile und viel Anregung dadurch entgangen, daß das
Fürstenhaus länger als hundert Jahre nicht in seiner

deutschen Hauptstadt residirt hatte. Es bedurfte ja nur
eines Blickes nach anderen deutschen Residenzstädten, um
sich hiervon zu überzeugen. Andererseits war diese Ab=
wesenheit der Churfürsten und Könige nicht ohne vortheil=
haften Einfluß auf die Entwickelung verschiedener socialer
Verhältnisse geblieben. Beamtenthum und Bürgerthum
waren zu einer viel größeren Unabhängigkeit der Gesinnung,
auch zu größerer Gesittung und Bildung gediehen, als das
gegenüber von Höfen möglich gewesen wäre, die in erster
Linie den Adel bevorzugten und an sich zogen, und deren
Gunstbezeugungen nur zu oft als Ziel der Eitelkeit und
des falschen Ehrgeizes zu entwürdigendem Aufgeben aller
Selbständigkeit und allen Standesgefühls führten. Dem
Hofe fern hatte sich Alles anspruchsloser und unscheinbarer,
aber auch innerlich tüchtiger gestaltet. Seit Generationen
in Wohlstand, hatten innerhalb der Familien des Landes,
aus denen vorherrschend der Beamtenstand sich ergänzte,
gediegene Kenntnisse, Interesse für Kunst und Wissenschaft,
gute gesellschaftliche Formen und ehrenhafte, tüchtige Ge=
sinnung feste Wurzel gefaßt. Man konnte diese gesellschaft=
lichen Kreise auf geistigem und sittlichem Gebiete dem Adel
als durchaus ebenbürtig erachten. Ihre dem Fürstenhause
zugewandte Loyalität ging aber Hand in Hand mit der
Abweisung von Ansprüchen, die der adlige Beamte dem
bürgerlichen gegenüber geltend machte. Auch der Bürger
in der Stadt fühlte sich und hielt auf seine Ehrenhaftigkeit
und Unabhängigkeit. In den Verfassungskämpfen der
späteren Jahre trat dies sehr charakteristisch zu Tage. Die
Scheidung zwischen Adel und Bürgerthum war eine sehr
entschiedene; nur innerhalb der Armee machte sie sich

weniger geltend. Die Zahl der bürgerlichen Officiere
überwog. Die Frau des bürgerlichen Beamten hieß „Ma=
dame", mochte ihr Gatte auch die höchst erreichbare Stel=
lung im Lande einnehmen; ihre Tochter wurde „Mamsell"
angeredet. In demselben Dienstverhältniß hieß der Bürger=
liche: Amtmann, der Adlige: Drost; der Bürgerliche:
Oberamtmann, der Adlige: Oberhauptmann. In der
Forstverwaltung bestanden zwei vollständig von einander
gesonderte Carrièren für den Adligen und den Bürgerlichen.
Das Oberappellationsgericht in Celle hatte eine „gelahrte
Bank", auf die der König die von ihm erkorenen Richter,
die allerdings auch adlig sein konnten, schickte, und eine
„adlige Bank", der die Ritterschaft ihre Vertreter überwies.
Aehnliches bestand bei den Justiz=Canzleien (Obergerichten).

Meine Eltern lebten fast ausschließlich in Mitten jener
bürgerlichen Kreise, deren ich erwähnte. Fast alle ihre
verwandtschaftlichen und freundschaftlichen Beziehungen ver=
wiesen sie auf dieselben. Da waren die Familien der
Numann's, Hoppenstedt's, die der Kestner's (Sohn von
Werther's Lotte), die Blumenbach'sche Familie, dann der
alte Freund und Hausarzt, der Hofmedicus Stieglitz. Er
gehörte mit zu der auffallend großen Zahl von bedeutenden
Männern, die die kleine Stadt Arolsen Deutschland ge=
geben; er war jung und unbemittelt nach Hannover
gekommen, seine nachherige Gattin hatte ihm die Fort=
setzung seiner Studien ermöglicht. Er war als Jude
geboren, Protestant geworden und hatte sich schon Anfangs
des Jahrhunderts durch sein Geschick und seine Zuverlässig=
keit einen großen Ruhm erworben. Er war einer von
jenen Aerzten, wie sie die Gegenwart, die Alles in „Spe=

cialitäten" zerfädelt, nicht mehr erzeugt; ebenso wissen=
schaftlich wie tief innerlich human gebildet, wußte sein
überaus feiner Tact und seine wahre Herzensgüte der
Individualität des Kranken in allen seinen Beziehungen ein
Verständniß abzugewinnen und ihm so mit Rath und That
beizustehen. Bei großem Freimuthe war er der freund=
lichste, gehaltenste Mann ohne viel Worte. Sein Auftreten
hatte etwas überaus Beruhigendes. Er war der Bruder
des Begründers des großen Banquierhauses in Petersburg,
das seinen Namen noch heute trägt, und stand mit dem=
selben in steter Verbindung.

Jene Jahre von 1831 bis 1834 brachten aber auch
eine größere Zahl von Männern in unser Haus, die den
Eltern an sich ferner stehend, ihnen durch das Tagesinteresse
zugeführt wurden. Dazu gehörte in erster Linie Dahl=
mann, der von Göttingen berufen war, den Entwurf für
ein den Ständen vorzulegendes Staatsgrundgesetz auszu=
arbeiten. Der schweigsame, äußerlich schwerfällige Mann,
der in seiner Erscheinung ganz den Typus der Gelehrten
darstellte, konnte mir keine Sympathie abgewinnen, obwohl
man mir sagte, daß er als Secretär der schleswig=holsteinischen
Ritterschaft mit großem Muthe deren Rechte gegen die
dänische Krone vertreten habe. Zusagender war mir der
ein Jahr später als Mitglied der zweiten Kammer nach
Hannover entsendete kleine, scharfe, sehr beredte Stüve.
Er vertrat in hartnäckigster, aber sehr klar dargelegter
Weise seine Ansicht und zeigte sich dabei durch das Maß=
volle seiner Auslassungen nach allen Seiten hin als über=
legen. Mein Vater war sehr wenig einverstanden mit
dem Gange, den die politische Entwickelung im Lande

nahm; er äußerte sehr laut und entschieden seinen Unwillen, daß Professoren und Advocaten die bestimmenden Normen angeben sollten. Es konnte dann zu sehr lauten und heftigen Auseinandersetzungen kommen, wie man sich über= haupt in jener Zeit viel unverhohlener und freimüthiger sowohl gegen einander wie über Staatseinrichtungen und leitende Persönlichkeiten aussprach, ohne daß darum poli= tische Gegensätze dauernd getrennt hätten oder die Loyalität der Gesinnung angezweifelt worden wäre.

Eine andere Persönlichkeit, die damals viel unser Haus besuchte, war der als bayerischer Gesandter in Hannover accreditirte, ebenso durch die hervorragende politische Rolle, die er gespielt hatte, wie durch seine reichen historischen Arbeiten sehr bekannte Freiherr von Hormayr. Der Ueber= tritt des Genossen Hofer's und des Vertrauten des Erz= herzogs Johann, des kaiserlichen Archivdirectors und Historiographen in's bayerische Lager wollte meinem Vater nie in den Sinn, wie ihm denn auch die sich nichts weniger als kräftig darstellende, aber klug lauernde Per= sönlichkeit durchaus unsympathisch erschien; er traute ihm nicht. Hormayr erzählte aber sehr interessant und sehr viel, namentlich von den Verhältnissen des Kaiserhofes und des Metternich'schen Regimes, das ihn vertrieben. Er las gern vor und machte uns zuerst mit Dichtungen von Anastasius Grün und Zedlitz bekannt. Er beschäftigte sich mannigfach mit mir, schenkte mir die Geschichten „Schweizerischer Eidgenossenschaft" von Johannes von Müller und schrieb eigenhändig vor das Titelblatt des ersten Theils:

„So oft er ein lehrreiches Geschichtsbuch zur Hand nimmt,

muß Julius Hartmann sich daran erinnern, daß er selbst einen historischen Namen trage und daß ein gewissenhaft vollführtes: nulla dies sine linea erforderlich sei, um eines solchen Vaters Sohn zu sein und als solcher zu gelten!"

Hannover, den 1. Januar 1833.

Freiherr von Hormayr.

Das machte mir natürlich großen Eindruck. Hormayr blieb noch bis zum Jahre 1839 in Hannover; er verheirathete sich spät und machte zuletzt den Eindruck eines körperlich und geistig zurückgehenden Mannes.

Auch Havemann, ebenfalls Historiker, jedoch vollständig verschiedenen Schlages, gehörte zu den gern gesehenen Bekannten des Hauses. Er war Studiengenosse Glünder's, hatte seine Theilnahme an politischen Studentenverbindungen mit mehrjähriger Haft büßen müssen und unterrichtete jetzt an der Generalstabs=Akademie. Sein stets zum patriotischen Aufflammen bereiter Enthusiasmus und sein überreiches Pathos hatten für jugendliche Gemüther etwas Bestechendes. Er siedelte dann bald nach Ilefeld und später als Professor der Geschichte nach Göttingen über.

Neben diesem mannigfachen Verkehr trug uns die Stellung meines Vaters reiches militärisches Interesse zu. Als ich heimgekehrt war, fand ich ihn mit dem größeren Theile des hannover'schen Contingents auf dem Kriegsfuße. Die der belgischen Revolution entwachsenen politischen Verwickelungen hatten schon im Frühjahr 1831 den Bundestag bestimmt, das 10. Bundescorps zur Besetzung des Großherzogthums Luxemburg zu designiren. Es sollte, bei Göttingen koncentrirt, unter die Befehle des hannover'schen

Generallieutenant von Hinüber treten und sodann nach
seinem Bestimmungsort abrücken. Mein Vater war zum
Commandeur der Artillerie ernannt. Die Mobilmachung
fand statt, aber alle weiteren Ausführungsbefehle für die
geplanten Maßnahmen ließen auf sich warten. Die sehr
vollständige, nach englischen Anschauungen bemessene Kriegs-
ausstattung meines Vaters und seines Stabes interessirten
mich. Auch durfte ich ihn bei einzelnen Inspicirungen
begleiten; die schönen Gespanne der Batterien versprachen
das Beste, aber mein Vater war unzufrieden mit den
schweren Fahrzeugen des Artillerie-Trains und äußerte
sich sehr drastisch über den Mangel an Einsicht und Erfahrung, der sich bei ihrer Construction dargethan habe.
Die Besetzung Luxemburgs verlief sich nach und nach
vollends im Sande. Eine Demobilmachung des hannover'schen Contingents trat erst ein, nachdem verschiedene
Befehle und Gegenbefehle die Unklarheit der politischen
Lage dargethan hatten.

Viel mehr als jene Episode wurde die Dienststellung
meines Vaters zum Mittelpunkte des häuslichen Interesses,
als er 1833 das Commando der Artillerie-Brigade übernahm. Indem ihm die ganz zusagende Aufgabe neue
Frische und Elasticität gab, wurden uns die Beziehungen
zu seinem Corps und zu seinen Officieren überaus lieb
und theuer. All' sein Streben und Denken war mit der
ihm unterstellten Truppe verwachsen, und wir sahen in ihrem
Gedeihen und in der Anerkennung, die ihm wurde, seinen
Erfolg und sein Verdienst. —

Mittlerweile war ich dem Lebensalter näher gerückt,
mit dem die bis dahin nur in den Listen geführten Cadetten

zum Dienst bei der Truppe herangezogen zu werden pflegten. Mein Verhältniß zum Garde-Jäger-Bataillon war freilich gelöst worden; eine General-Ordre hatte schon im Jahre 1831 alle Notirungen, die vor dem fünfzehnten Lebensjahre erfolgt waren, cassirt; als ich dies Alter indeß erreicht hatte, war ich als Cadet beim 3. Regimente Herzog-von-Cambridge-Husaren angesetzt worden. Bevor ich nunmehr bei demselben eingekleidet und verpflichtet wurde, sollte ich das Officier-Examen ablegen, und, um in dieser Richtung die geeignete Vorbereitung zu gewinnen, wurde ich zum Besuch der Militär-Ecole angemeldet.

Der Jahres-Cursus auf der polytechnischen Schule hatte nur die Dauer von neun Monaten und schloß regelmäßig mit dem 30. Juni. Die Ferien wurden zu größeren und kleineren Ausflügen benutzt. So war 1832 mein Vater mit mir und meinem Stiefbruder nach dem Harz gereist. Goslar mit seinen Bauten wurde besichtigt, in den Rammelsberg eingefahren, dann ein längerer Aufenthalt in Clausthal genommen. Wir besuchten die durch ihren Erzreichthum wie ihren Tiefbau berühmten Gruben „Dorothea" und „Carolina" und sahen die verschiedensten Hüttenwerke im Detail. Dann ging's über Osterode nach Herzberg, wo ein Bruder meiner Stiefmutter als Rittmeister beim Cambridge-Husarenregimente ein eigenes, schön gelegenes Besitzthum bewirthschaftete und bewohnte. Hier erkrankte mein Vater sehr ernstlich; wir Brüder konnten seine Herstellung nicht abwarten und zogen allein heimwärts, quer durch den Harz, der damals auch nicht annähernd so wegbar, noch so besucht wie heut zu Tage war. Wir hatten allerhand Abenteuer zu überstehen, erreichten aber glücklich unser Ziel.

Im Jahre darauf durfte ich meine Eltern nach Pyr=
mont begleiten, das zu jener Zeit zu den blühendsten und
belebtesten Bädern gehörte. Bei der Schwierigkeit des
Reisens war es dem ganzen Norden Deutschlands sehr
günstig gelegen. Wir fanden eine überaus bunte Welt
und reichliche Zerstreuung. Kaum von dort zurückgekehrt,
im October, begann nun der Unterricht auf der „Ecole".
Die diesen Namen führende Militärschule verfolgte die
verschiedensten Zwecke. Voran stand die militär=wissen=
schaftliche Ausbildung der Cadetten und Lieutenants der
Artillerie und der Ingenieure. Daran schloß sich eine
Unterofficierschule für dieselben Waffen, so daß die älteren
Unterofficiere, die den Chargennamen der „Feuerwerker"
führten, an dem Unterrichte der Cadetten Theil nahmen.
Endlich aber sollten auch die Cadetten und Lieutenants
der Infanterie und die Cadetten der Cavallerie auf der
Ecole das für sie unerläßlich erachtete Maß militärisch=
wissenschaftlichen Unterrichts finden. Die Cavallerie=Offi=
ciere hatten ihre besondere Lehranstalt in Stade. Prüfungen
waren abzulegen, einmal vor der Beförderung zum Officier,
sodann vor der Beförderung zum Premier=Lieutenant.
Das erste Examen entsprach etwa dem preußischen Fähn=
richs=, das zweite dem Officiers=Examen. Andere Lehr=
gegenstände als mathematische und streng militär=wissen=
schaftliche wurden nicht vorgetragen. Die Anstalt litt an
der Unklarheit, unter der sie ganz verschiedene Ziele mit
einem möglichst beschränkten Aufwande von Mitteln ver=
folgte. Wenn auch die einzelnen Fächer mit Geschick be=
handelt wurden, so konnten die erreichbaren Resultate doch
nur dem Hauptzwecke der Anstalt, der Ausbildung von

Artillerie-Officieren zu Gute kommen; alles Andere trat in den Hintergrund. Am wenigsten glücklich war es, die jungen Infanterie-Officiere mit auf die Schulbank zu setzen. Das geringe Interesse für die Lehrgegenstände, welches ihr Verhalten charakterisirte, wirkte epidemisch auch auf die Cadetten, die zum Theil ihre Unterrichtsgenossen waren. Der Cursus dauerte sechs Monate. Für mich persönlich war er in den Hauptsachen nur ein Repetitions-Cursus und als solcher mit Rücksicht auf das Officier-Examen, das ich ablegen sollte, sehr willkommen.

Unterdessen gingen in der Armee große Veränderungen vor sich. Die nach dem neuen Staatsgrundgesetz gewählten Stände hatten von der Regierung auf das Entschiedenste erhebliche Reductionen verlangt. Nach einigem Sträuben war man dem Andringen gewichen. Bei der Infanterie wurde der Regimentsverband aufgegeben, es verblieben nur Einzel-bataillone, deren Anzahl weniger betrug als die Gesammtzahl der vorher zu je zwei in Regimenter zusammen gestellten; bei der Cavallerie traten an Stelle von zwei Cürassier-, vier Husaren- und zwei Ulanenregimenter zu je vier Escadrons*), also in Summa 32 Escadrons, vier Regimenter Dragoner zu je sechs Escadrons, demnach in Summa nur 24 Escadrons. Damit war dann auch der Etat des Officiercorps der Armee bedeutend eingeengt; eine größere Zahl der vor-handenen Officiere wurde innerhalb der verschiedenen Chargen überzählig. Am härtesten erschien das Loos der Cadetten; eine Verwirklichung der Aussicht, im Etat

---

*) Eine Wortbildung, die eigentlich wohl das englische „squadron" verdeutschte.

Officier zu werden, war auf ganz unbestimmte Zeit ver=
tagt. Sie sahen sich in großer Zahl danach um, in andere
Dienste zu gehen, wie ja denn Hannoveraner gern sowohl
in der österreichischen wie in der preußischen Armee dienten.
Namentlich in der ersteren hatten verschiedene Vertreter des
hannover'schen Adels ihr Glück gemacht und dann die Söhne
ihrer Verwandtschaft und ihrer Clientel nach sich gezogen.

Ich war mit dem Stamme des 3. Husarenregiments
zum 3. Regiment Herzog=von=Cambridge=Dragoner „über=
setzt" worden.

Noch mit den Erwägungen beschäftigt, was mit mir
anzufangen sei, hatte mein Vater in Celle im Hause meiner
Tante Wedemeyer, deren Gatte kurz vorher von Göttingen
dorthin als Vicepräsident des Oberappellationsgerichts ver=
setzt worden war, den Grafen Carl Groeben, damals Oberst
und Adjutant des Kronprinzen von Preußen, kennen ge=
lernt. Er war der Schwiegersohn des viel genannten und
berühmten Generals von Doernberg, der, nachdem er aus
russischen Diensten in englische übergetreten war, mit dem
Frieden als Divisionär in die hannover'sche Cavallerie
gelangte. Doernberg hatte zuletzt als Gesandter Hannover
in Petersburg vertreten und dem Großfürsten Nicolaus
zur Zeit seiner Thronbesteigung in sehr hervorragender
Weise zur Seite gestanden. Jetzt lebte er in Celle als
verabschiedeter General. Zwischen seinem Hause und dem
Wedemeyer'schen bestanden enge freundschaftliche Beziehungen.
Der Gedanke lag nahe, mit dem Grafen Groeben meine Zu=
kunft und die Möglichkeit meines Uebertritts in preußische
Dienste zu besprechen. Mit großer Bereitwilligkeit gab er
die erbetenen Aufschlüsse und versprach nach Kräften för=

derlich zu sein. Somit richtete dann mein Vater im
Januar 1834, nachdem zuvor die Einwilligung des Her-
zogs von Cambridge eingeholt war, direct an den König
Friedrich Wilhelm III. das Gesuch, seinem Sohne die
Aufnahme in die preußische Armee genehmigen und ihm
gestatten zu wollen:

„in einer Armee von so hohen und bewährten Eigenschaften
durch Treue und Eifer die anvertraute Stellung mit dem
Aufgebote seiner ganzen Thätigkeit dem Allerhöchsten König-
lichen Willen gemäß zu versehen, um dadurch die ihm zu
Theil gewordene Gnade lebenslänglich und in ehrerbietigster
Unterthänigkeit zu verehren.“

Die Antwort erfolgte bald, unter dem 27. Januar
und in sehr gnädiger Form:

„Da ich hoffen darf, werthgeschätzter Herr General-Major,
daß Ihr ältester Sohn Sie in seiner militärischen Laufbahn
stets zum Vorbilde nehmen wird, so wird es Mir zum Vergnügen gereichen, denselben in Meine Armee aufzunehmen,
und will Ich es Ihnen auf Ihr Ansuchen gern anheimgeben,
ein Cavallerie-Regiment zu ermitteln, welches sich zu seiner
Annahme bereit erklärt.

Friedrich Wilhelm.“

Die Entscheidung, bei welchem Regimente die weiteren
Schritte zu thun wären, wurde dadurch erleichtert, daß in
unserer nächsten Nachbarschaft, in Magdeburg, der Oberst
Wilhelm v. Scharnhorst als Commandeur der Artillerie-
brigade garnisonirte. Er hatte, von seinem berühmten
Vater im Jahre 1810 nach England gesandt, in der deutschen Legion und speciell unter meines Vaters Befehlen
in Spanien gedient. Die alten Beziehungen waren auf

den Sohn übertragen worden, beide Männer bewahrten
sich eine lebhafte Zuneigung. Scharnhorst's Rath verwies
auf das 10. Husarenregiment und seinen ausgezeichneten
Commandeur, den Obersten Roth v. Schreckenstein. Auch
hier erfolgte rasch die Annahme. Ende April sollte ich
mich in Magdeburg, dem Stabsquartier der 7. Division,
zur Ablegung der Eintrittsprüfung einfinden, um dann,
wenn ich sie bestand, am 1. Mai in's Regiment eingestellt
zu werden.

In meinen hannover'schen Verhältnissen machte dies
zunächst keine Aenderung. Ich besuchte die Ecole bis
zum Abschluß des Cursus und wurde dann zum Officier
examinirt. Es gereichte mir, und noch mehr meinem
Vater zu größter Genugthuung, daß man mir ein beson=
ders gutes Zeugniß bewilligte. Nun wurden die „dimis-
soriales“ aus dem hannover'schen Unterthanenverbande
und die Entlassung vom Dragonerregimente beantragt und
bewilligt. Dann brachte mich mein Vater zum Herzog
von Cambridge. Ich hatte zu jener Zeit mit einer ganz
außerordentlich großen Blödigkeit zu kämpfen; erst in
späteren Jahren ist es mir gelungen, dieselbe zu über=
winden. Jetzt klopfte mir das Herz ganz gewaltig. Der
Herzog war sehr freundlich und sprach meinem Vater sein
Bedauern aus, daß die Verhältnisse ihn dazu bestimmt
hätten, seinen Sohn einem Dienste zu entziehen, in welchem
sein Name einen so guten Klang habe; er gab mir die
Hand; meinte, ich würde wohl der Heimath nicht vergessen,
weil ich ein zu gutes hannover'sches Kind sei, und wünschte
mir Glück auf den Weg. Wenige Tage darauf fuhr mein
Vater mit mir von dannen.

Wir reisten über Hildesheim und Braunschweig nach
Helmstedt, wo wir nächtigten. Bis dahin hatten wir auch
Chaussee. Als wir anderen Tags durch die reiche Magde-
burger Ebene fuhren, empfanden wir es unangenehm nur
auf Landwege angewiesen zu sein; auch hörten die freundlichen, niedersächsischen Dörfer auf, an ihre Stelle traten
große massiv zusammengebaute Ortschaften ohne Gärten.
Die baumlose Ebene mit ihren Steinbauten erinnerte meinen
Vater an die Hochebene Castiliens.

Man hatte zu jener Zeit im Hannover'schen ganz
außerordentlich wenig Beziehungen mit den östlichen
Provinzen Preußens; wen nicht Geschäfte oder Studien nach Berlin riefen, reiste nicht hin. Mein Vater
hatte nie den Fuß über die Elbe, soweit sie preußisch
war, gesetzt. Er war gespannt darauf, Magdeburg kennen
zu lernen.

Mich interessirte bei der Einfahrt zunächst die Festung
mit ihren mehrfach hinter einander geschobenen Um-
wallungen; dann am Thor ein Gebälk, das wie ein Gal-
gen aussah, an dem eine Anzahl von gemalten Bildnissen
von Männerköpfen hingen, Porträts konnte man's wohl
kaum nennen. Mein Vater wußte mir keine Auskunft
über ihre Bedeutung zu geben. Wir fragten am Thor
und erfuhren, daß in ihnen desertirte Officiere dargestellt
sein sollten, die laut kriegsrechtlichen Spruchs in effigie
gehängt wären. Der Zufall wollte, daß wir, nachdem
wir uns am Thore legitimirt hatten und glücklich eingefahren waren, einer Abtheilung „Baugefangener" begegneten,
schweren militärischen Verbrechern, halb grau und halb
gelb gekleidet, schwer und verschieden gefesselt und von

ſtarker Eskorte begleitet. Es waren keine freundlichen Bilder, die uns entgegen traten.

Der Eindruck verlor ſich indeſſen bald, als wir im Hauſe des Oberſten von Scharnhorſt auf's Herzlichſte empfangen wurden. Alles war unſeren Wünſchen zuvor=kommend eingeleitet. Meinem Vater wurden die größten Aufmerkſamkeiten Seitens des Generalſtabs und der Gar=niſon zu Theil. Man ſchien es ſich recht gefliſſentlich an=gelegen ſein zu laſſen, den hannover'ſchen General in jed=möglicher Weiſe zu ehren. Zu einem Diner, das der commandirende General des vierten Armee=Corps, General von Jagow gab, ward ich ausdrücklich mit befohlen, ein Act auszeichnender Güte für meinen Vater, der ganz unerhört erſchien und der mir ſehr viel mehr Plage als Freude machte.

Je mehr Berückſichtigung nun der Anweſenheit meines Vaters in Magdeburg zu Theil wurde, als deſto wünſchens=werther mußte es ſich herausſtellen, daß ich ein Examen ablegte. Ganz ſeinem Charakter gemäß, ignorirte mein Vater vollſtändig, daß ich in Hannover bereits der Officier=prüfung genügt hatte. Er verlangte von mir, daß ich, abgeſehen von allem Anderen, den von Neuem an mich geſtellten Anſprüchen gerecht würde. Er war dann aber auch ſehr zufrieden, als ihm mitgetheilt wurde, daß dies in allen Beziehungen erreicht wäre. Meinem Vater wurden viele Artigkeiten geſagt, und mein Lebensſchiff ſchien mit vollen Segeln ſeine Fahrt antreten zu ſollen. Mit Zu=verſicht konnten wir nach Aſchersleben, der Stabsgarniſon des Regiments, weiter reiſen. Auch hier empfing uns die freundlichſte Begrüßung; der Oberſt brachte meinem Vater

das Officiercorps; es fehlte nicht an Morgenmusik, an
Diners und Soupers. Mit dem Eindrucke, mich dem
warmen, persönlichen Interesse meiner neuen Vorgesetzten
und durchaus günstigen Aussichten zugeführt zu haben,
überließ mich mein Vater der beschrittenen Laufbahn.
Als er mir Lebewohl gesagt hatte, kam es mir vor, als
wenn ich plötzlich von einem Rausche ernüchtert erwachte.
Die Mannigfaltigkeit der Eindrücke, die ich empfangen,
die auszeichnenden Aufmerksamkeiten, die meinem Vater
zu Theil geworden, hatten mich zu einem Besinnen nicht
kommen lassen. Plötzlich blickte mich Alles vollständig
fremd an. Ich erinnere mich, daß ich, ganz überwältigt,
nichts Besseres zu thun wußte, als, obgleich es noch früh
am Tage war, mich in's Bett zu werfen und bis zum
anderen Morgen auszuschlafen.

Meine Einkleidung und Vereidigung erfolgten sofort;
ich wurde möglichst rasch einigermaßen instruirt, und dann,
da ich zu Pferde ganz in meinem Elemente war, zum
Exerciren in der Escadron und demnächst im Regiment
mit herangezogen. Bei der Besichtigung des letzteren durch
den General von Jagow schon in Reih' und Glied zu
reiten, war mir eine große Freude. Ich beging aber den
Verstoß, als mich derselbe vorrufen ließ und mich nach
meinem Ergehen fragte, ihm mit einem „Herr General"
statt mit einer „Excellenz" zu antworten. Die entschiedensten
Vorwürfe, die mein Selbstgefühl gründlich niederbeugten,
wurden mir zu Theil. Ueberhaupt fühlte ich manche Ent=
täuschung. Zuvörderst war die Uniform, die ich angelegt
hatte, und mit der sich doch ein jugendliches Gemüth so
gern beschäftigt, in ihrer Farbenzusammenstellung eine über=

aus geschmacklose. Als ich meiner Eitelkeit vordem damit geschmeichelt hatte, daß ich demnächst als Husar einher stolziren würde, hatte ich an die sehr reich und sehr geschmackvoll bekleideten alten hannover'schen Husaren gedacht. Jetzt trug ich einen grünen Dolman mit gelben Schnüren, hellblauem Kragen und Aufschlägen von gleicher Farbe, dazu graue Beinkleider und einen hellblauen Tschako. Es war kaum möglich, weniger glücklich hellblau und grün einander nahe zu bringen. Am schrecklichsten war der hellblaue Tschako, der außerdem nie recht passend war, vermittelst der messingenen Schuppenketten dem Kopfe aufgeschnallt wurde und mit seinen scharfen Kanten entsetzlich drückte. Der gute Geschmack hatte durchaus dem Schematismus weichen müssen. Sämmtliche Husaren, deren Regimentsnummer eine ungerade Zahl war, trugen schwarze Tschakos, die mit gerader Nummerzahl dagegen hellblaue. So zierte eines der schwarzen Husarenregimenter, welches, wie auch das erste, den alten, historischen Todtenkopf führte, ein hellblauer Tschako; mit blauen Augen blickte der Todtenkopf auf den Feind. Beim zehnten Husarenregiment kam aber zu der unglücklichen Farbenzusammenstellung der Umstand, daß das Grün des Tuches, welches die Mannschaft trug, außerordentlich rasch verschoß, sowohl in der Sonne, wie vom Regen. Ein alter getragener Dolman wies die mannigfachsten Farbenspiele auf. Auch die Dolmans und Pelze der Officiere entbehrten mit ihrem Schnürenbesatz von Kameelgarn des Schmuckes, den sie später, 1837, erhielten, als man ihnen Metallschnüre gab.

Wie der Rock, den ich trug, mir nicht gefiel, so noch viel weniger die Garnison. Als ich zuerst von Aschersleben

hörte, schlug ich im Lehrbuche der Geographie von Kanna=
bich nach und fand dort die Stadt mit einer Einwohner=
zahl von 10,000 Seelen verzeichnet. Dem entsprechend
hatte ich mir von meinem demnächstigen Wohnorte die
Vorstellung gebildet, daß es etwa Hildesheim oder Lüne=
burg an die Seite zu setzen sei. Aber was fand ich!
Eine Ackerbaustadt, in der auch einige zurückgekommene
Tuchmacher wohnten, im Innern durchweg schlecht gebaut
und rings umgeben mit weiten Vorstädten, die geradezu
ärmliche Wohnstätten aufwiesen; keine alten Baudenkmale,
kein Verkehr; nirgends sah man einigermaßen gepflegte
Gärten; kein Holz in der Nähe; keine Promenaden, nur
kahle Anhöhen, die weiter nichts Anziehendes darboten,
als die Aussicht auf den Harz. Jedes landschaftlichen
Reizes entbehrend, in seinem Innern den ausgeprägtesten
Typus philisterhaften Verkommens tragend, dabei nur
vermittelst einer einzigen Chaussee, der von Magdeburg
nach Erfurt, mit der übrigen Welt verbunden, keine
Möglichkeit gebend häufiger als zwei Mal in der Woche
Nachrichten von den Meinigen zu erhalten, so gehörte wirk=
lich einiges Entsagen dazu, sich hier heimisch zu fühlen.

Auch mit meinem Umgange wollte es nicht recht
glücken. Den Officieren gegenüber, an deren Tisch im
Gasthause ich Theil nahm, fühlte ich mich befangen,
obgleich sie sich mir andauernd freundlich bezeigten. Bei
Gelegenheit eines geselligen Vergnügens hatten mich beim
Tanze alle meine erlernten Künste in Stich gelassen, ich
war recht herzlich ausgelacht, bei einer anderen Veran=
lassung war mir stark zugetrunken worden; ich hatte, vom
Wein erregt, thörichte Reden vorgebracht; mein Rittmeister

machte mir die ernsthaftesten Vorhaltungen. Die Fähnriche
waren noch zur Divisionsschule abcommandirt; ein Avan=
tageur des Regiments hatte mich bei seiner Mutter ein=
geführt, die in der Nachbarschaft auf einem hoch und
herrlich gelegenen Schlosse am Fuße des Harzes wohnte.
Das war allerdings sehr anziehend, aber die Mutter war
eine mehr als originelle alte Dame, die ihrem Sohne
gegenüber die wunderlichsten Erziehungsprincipien befolgt
hatte. Indessen, vornehmer Familie entsprossen, hielt sie
den Schein des alten Hauses aufrecht, das Schloß war
aber vollständig in Verfall; so war sie Feindin aller
Sauberkeit, und untergeordnete Persönlichkeiten führten
die Herrschaft. Der älteste Sohn hatte sich in demagogische
Umtriebe eingelassen, lebte auf der Insel Helgoland und
hatte dort die schöne Tochter eines Lootsen geheirathet.
Der zweite Sohn, mein Kamerad, war ziemlich ungezügelt
groß gewachsen, die Mutter hatte ihm eingeprägt, er müsse
sich an viel Weintrinken gewöhnen, damit er im Kreise
der Officiere viel vertragen könne. Er hatte sich das nur
zu sehr zur Lebensregel genommen, und erlag später den
Folgen seiner unglücklichen Gewöhnung. Einen zusagenden
Umgang fand ich auch bei ihm nicht. Der Sommer 1834
war ganz außerordentlich heiß; die ungewohnten körper=
lichen Anstrengungen ermüdeten mich um so mehr, als ich
überhaupt nicht kräftig war. So fühlte ich denn den
Gegensatz von Wirklichkeit und hochgespannten Hoffnungen
recht empfindlich.

Eine um so erwünschtere Freude brachte mir die
Nachricht, daß, als Nachklang meines guten Eintritts=
examens, die Anordnung getroffen sei, ich solle nicht erst

zum regelmäßigen Termin im October, sondern zu einem
eigens für mich angesetzten, Anfangs August, mein Fähn=
richsexamen ablegen. Zu dem Ende mußte ich mich der
Direction der Schule bei der achten Division in Erfurt
vorstellen. Eigenthümlicher Weise tauschten nämlich zum
Zwecke dieser Prüfungen die beiden Divisionen jedes Armee=
corps ihre Avantageure mit einander aus. Es scheint,
daß dies der Rest einer früheren Einrichtung war, die
auch junge Leute auf den Divisionsschulen zum Fähnrichs=
examen ausbildete, und daß man es so vermeiden wollte,
sie von ihren Lehrern geprüft zu sehen. Nachdem nur
noch Fähnriche die Divisionsschulen besuchten, hatte die
Einrichtung keinen Sinn mehr.

Reise und Prüfung gingen, was den Hauptzweck
anbetraf, gut von Statten; weniger glücklich war es, daß
ich auf der Hinreise in Eisleben zwei jungen Leuten in
die Hände fiel, die, wie es sich später herausstellte, Halle
wegen Schulden eiligst hatten verlassen müssen, und die
meine Unerfahrenheit und Gutmüthigkeit so ausbeuteten,
daß ich, obgleich meine Casse sehr wohl bestellt gewesen
war, mit nur wenigen Groschen die Rückreise antrat. Für
die Post hatte ich nun freilich einen Freipaß, aber ich
mußte, weil kein Postanschluß bestand, in Eisleben Nacht=
quartier nehmen und so, um dies bestreiten zu können,
Uhr und Petschaft als Pfand zurücklassen.

Mittlerweile war der Befehl eingegangen, das Regi=
ment solle am Herbstmanöver des Gardecorps bei Berlin
Theil nehmen. Alle Thätigkeit wurde darauf verwendet,
die Truppe zu befähigen, mit der Garde in die Schranken
treten zu können. Jeder Einzelne fühlte sich angeregt.

Mich aber beglückte es, daß man mir ein auffallend schönes
Pferd überwies und mich Unterofficierdienste thun ließ.
Nach recht fatiguanten Märschen erreichten wir Charlotten=
burg. Der König Friedrich Wilhelm III. nahm die Parade
des Regiments ab und dann rückten wir, ohnweit des
Städtchens, beim sogenannten Knie, mit sehr kunstvollen
und lange vorher eingeübten Evolutionen im Galopp unter
Trompetenschall in ein für uns abgestecktes Lager. Neben
uns war das 7. Cürassier=Regiment und eine reitende
Batterie eingetroffen. Die Officiere und Mannschaften
lagen unter Zelten. Es hatte mich ganz außerordentlich
interessirt, den König in seiner ernst gemessenen Haltung
in großer Nähe zu sehen; die allgemeine Freude am Ein=
treffen bei Berlin wurde jedoch dadurch gestört, daß der
hohe Herr sehr ungnädig gewesen war. Der Oberst hatte
die Schnüre auf den Dolmans der Unterofficiere neu auf=
färben lassen; es war nicht geglückt, die Farbe der Mann=
schafts=Dolmans genau zu treffen, und so war das an
vollständigste Gleichmäßigkeit innerhalb der Truppe ge=
wöhnte Auge unangenehm berührt worden.

Die Fatigue, welche das Manöver an sich schon mit
sich brachte, wurde dadurch noch gesteigert, daß uns gegen
die Sonnenstrahlen, die unverwandt in jenem Jahre, so
berühmt durch seinen unvergleichlichen Wein, auch noch
im September auf den märkischen Sand brannten, nirgend
Schutz und Schirm geboten war. Unter den Zelten war
es zum Ersticken heiß; selbst in der Nacht trat keine Ab=
kühlung ein; plötzlich schlug dann das Wetter um und am
Morgen des letzten Bivouaks, mit dem das Feldmanöver
schloß, hatte ein weißer Reif die gesammte, lagernde Truppe

überzogen. Ich hatte indessen Alles gut ausgehalten und
war überaus belebt von all' dem Neuen, was mir das
militärische Leben auf den Märschen und in den Quartieren,
im Lager und beim Manövriren entgegengebracht hatte.
Auch nach Berlin hinein hatte ich einen Blick gethan;
hatte Fanny Elsler tanzen sehen und hatte, vom Wein
erhitzt, im Uebermuthe mit Officieren und Kameraden einen
nächtlichen Ritt an der Freitreppe des Schauspielhauses
versucht, von dem die wachsamen Nachtwächter uns noch
rechtzeitig vertrieben. So läßt der Genius der Jugend
ihr Leben auf= und abschwanken. Noch eben tief verstimmt,
schien mir jetzt Nichts köstlicher als das Soldatenleben.

Anfangs October ging's zur Divisionsschule nach
Magdeburg. Die Cavallerie=Brigade schickte zehn Fähn=
riche, von denen sieben in eine besondere Abtheilung ein=
traten, die schon im Januar ihr Officier=Examen ablegen
sollte, während wir Anderen den vollen Cursus von neun
Monaten durchzumachen hatten. Unter jenen waren ein=
zelne Cürassiere, die schon fünf bis sechs Jahre dienten,
ehe sie sich hatten dazu aufschwingen können, die Barriere
des Examens hinter sich zu legen. Gestalten von imposanter
Figur und dabei entsetzlich rohe Gesellen, waren sie in
Magdeburg viel gekannt und nichts weniger als wohl=
gelitten. Es war ein entschiedener Vortheil für die Schule
und für uns jüngeren Leute, daß sie bald von dannen
gingen. Uebrigens gehörten solche veraltete Fähnriche
damals nicht zu den Seltenheiten in der Armee; ich er=
innere mich eines Officiers in dem damals auch beim
4. Armeecorps eingetheilten 8. Cürassier=Regimente, der
die sogenannte „Schnalle" trug, das heißt das Abzeichen,

welches nach neunjähriger Dienstzeit als Gemeiner resp. als Unterofficier bewilligt wird; er war von Adel und von vornherein als „Avantageur" eingetreten. Unser Oberst war seit längerer Zeit solchen Verschleppungen auf das Entschiedenste entgegen getreten. Er schrieb sehr charakteristisch darüber an den Oberst Scharnhorst: „Leider ist es häufig der Fall, daß die jungen Leute auf der Schule nur sehr langsamen Schrittes der Reife zum Officier entgegen schlendern, und ich bilde mir ein, daß das üble Beispiel dort wie das ansteckende Fieber wirkt; daher ich mich immer sehr freue, wenn ein Jüngerer im Sturmschritt das Ziel erreicht. Ich bilde mir zwar nicht ein, daß ein Husaren-Officier mit dem, was er auf der Schule lernt, absonderlich viel ausrichten werde; allein ich bin der Meinung, daß nur junge Leute, die von der Natur oder von ihren Eltern vernachlässigt sind, lange Zeit brauchen können, um das zu erlernen, was gefordert wird, und daß den Uebrigen das eigentliche Zeug zum Officier der leichten Cavallerie, eine gewisse Lebhaftigkeit des Geistes, Entschluß und kräftiger Wille, richtige Ambition ꝛc. abgeht, sobald sie lange auf der Schule zubringen. In den sogenannten Exceßmachern möchte allenfalls noch ein Seydlitz, Murat oder ein Blücher verborgen liegen. Diejenigen dagegen, die sich nebenher noch ziemlich gut aufführen, taugen für unser Handwerk sicher Nichts und werden im glücklichsten Falle, wenn sich die Cavallerie im Parademarsch auszeichnet und ihre Richtung erprobt wird, nachträglich als sehr brauchbare Cavallerie-Officiere von Vorgesetzten ähnlichen Schlages gerühmt werden."

Der Director unserer Divisionsschule war ein Oberst von Uechtritz, den man im Jahre 1814 mit einem Theile der sächsischen Truppen in preußischen Dienst übernommen hatte. Er war ein sehr gebildeter und wohlwollender Officier, aber überaus ungeduldig, heftig und auffahrend. Er konnte vor Unwillen, wenn er bei uns erschien, mit dem Fuße gegen die Wand treten und uns die stärksten Sachen sagen, um sehr bald darauf wieder den heitersten Himmel einer guten Laune zu zeigen. Er führte ein sehr strenges Regiment, hielt auf ehrenwerthe Gesinnung und wohlanständigen Ton. Auch unsere Lehrer waren im Allgemeinen tüchtige Leute, namentlich zwei, deren Namen später viel genannt wurden, ein Lieutenant von Bennigsen-Förder, der früh wegen Kränklichkeit den Abschied nahm, dann aber als Geograph und Geologe in Bezug auf die niederdeutsche Tiefebene sehr ausgezeichnete, wissenschaftliche Arbeiten lieferte, und ein Lieutenant Koehlau, ein vorzüglicher Mathematiker, der, zuletzt im Kriegsministerium verwendet, als General-Lieutenant aus der Armee schied. Er hatte ein sehr großes Lehrtalent, dabei den köstlichsten Humor und war viele Jahre lang am Berliner Cadettenhause der wohlwollendste und gütigste Berather der jungen Leute, deren Erziehung ihm anvertraut war. Wir sind uns sehr oft im Leben wieder begegnet und stets bewährte er sich auch mir als der unwandelbar treue und liebenswürdige Freund.

Die Divisionsschule brachte mit uns ein ganz vorzügliches Resultat zu Wege. Sie schickte beim Abschluß des Cursus im Juli 1835 elf Fähnriche zur Ober-Militär-Examinations-Commission nach Berlin und sämmtliche Elf

bestanden unbedingt. Ein solches Ergebniß war fast nie
zuvor erreicht. Sonst pflegte wenigstens die Hälfte der
zur Prüfung Zugelassenen entweder überhaupt nicht zu
bestehen oder doch nur mit Probearbeiten, die, je nachdem,
nach Verlauf von drei oder von sechs Monaten erledigt
werden mußten, durch's Examen zu schlüpfen. In weiteren
Kreisen wurde der Erfolg der Schule besprochen und an=
erkannt.

Ich hatte nun auch Zeit gehabt, mich in der mili=
tärischen Welt Magdeburgs, mit der unser Regiment in
nächsten Beziehungen stand, umzusehen und zu orientiren.
Unser Armeecorps, das vierte, commandirte, wie erwähnt,
der General der Infanterie von Jagow. Ihn umgab der
Nimbus eines großen militärischen Rufs von den Freiheits=
kriegen her. Er hatte nicht immer Glück gehabt, aber in
den schwierigsten Lagen, zuletzt 1815 als Chef der 3. Bri=
gade, im Zieten'schen Armeecorps mit Auszeichnung comman=
dirt. Von Mittelstatur und fein geschnittenen Gesichtszügen
erschien er unnahbar durch seinen Ernst und seine Strenge.
Er war unverheirathet, aber sein Hausstand untadelhaft.
Jeden Morgen erhielten die Herren seines Stabes eine
formelle Einladung zum Diner. Er sah überhaupt viel
Gesellschaft bei sich, konnte dabei aber so einsilbig und
stumm sein und damit auch seine Gäste derartig zum
Schweigen bestimmen, daß bei einem seiner Diners, bei
welchem er die Geladenen nur mit einer Handbewegung
empfangen, überhaupt kein Wort gehört wurde, bis eine
ähnliche Handbewegung die Gesellschaft wieder entließ.
Im Winter auf seinen Bällen mußten auch wir Fähnriche
erscheinen, aber im sogenannten Commis=Anzuge mit Leder=

besaß auf den Beinkleidern, so daß wir recht eigentlich nur die Statisten bei den sonst glänzenden Festen abgaben. Gegen das Kriegsministerium, ja selbst dem Könige gegen= über, wahrte er sich eine außerordentliche Selbständigkeit. Man erzählte von einem schwarzen Sopha, in dessen Falten die Verfügungen und Cabinetsordres verschwunden wären, die ihm nicht gefielen. Die Truppe blickte auf ihn mit großem Vertrauen, aber mehr mit Achtung als vorherrschend mit Zuneigung. Im Jahre 1835 bat er den König um den Consens zu seiner Verheirathung mit einer Verwandten desselben Namens, zugleich aber um seine Verabschiedung. Beides wurde, die letztere mit einigem Sträuben gewährt.

Zunächst neben ihm war ein General=Lieutenant Graf H. erster Commandant von Magdeburg. Er war früher Brigade= und später auch Divisions=Commandeur meines Regiments gewesen, hatte bei bedeutender Größe einen erstaunlichen Schmerbauch zu tragen und verdankte es wohl nur seinem Namen und dem Umstande, daß seine Gemahlin Hofdame bei der Königin Louise gewesen war, wenn er noch dem Dienste erhalten wurde. Im Jahre 1813 hatte er als Commandeur das Regiment Garde du Corps geführt und war in der Großgörschener Schlacht bei der Abendattaque der preußischen Reserve=Cavallerie in dem bekannten Hohlwege zu Sturz unter sein Pferd zu liegen gekommen. Man erzählte, sein gewaltiges Rufen: „Garde du Corps, rette deinen Führer!" habe das wilde Gewühl der hin= und wiederjagenden Reiter übertönt. Er war der von Fritz Reuter in seiner „Festungstid" erwähnte Commandant; von Standesvorurtheilen beherrscht, mochte ihm ein rebellischer Student als eine seiner Beachtung vollständig unwürdige Creatur erscheinen; aber im Grunde war er wohlwollend; dabei leidenschaftlich musikalisch; bei den Concerten, die die Freimaurer-Loge gab, konnte man den starken Mann im höchsten Eifer und im Schweiße des Angesichts sein Violoncelle streichen sehen. Uns Fähnrichen drohte er mit allen Strafen militärischer Disciplin, weil sich einige von uns, die Hunde besaßen, mit diesen gegen alles Verbot auf den Festungswällen hatten antreffen lassen; die von ihm gern frequentirte Festungsjagd erschien gefährdet. Der Graf starb noch als Commandant im Jahre 1837.

Eine bedeutende, innerlich gereifte und militärisch sehr unterrichtete Persönlichkeit war der Divisions-Commandeur, General-Lieutenant von Thile. Er hatte seine Carriere durch den Generalstab gemacht, besaß eine besonders reiche Kriegserfahrung aus den Feldzügen 1812 bis 1815 und theilte gern davon mit; auch wußte er Kenntnisse und Bildung bei Anderen zu schätzen und zu fördern. Er hing mit ritterlichster Liebe am Königshause und an der Armee. Er war eine sehr stattliche Erscheinung, damals in voller Manneskraft. Sein Haus war eins der wenigen in Magdeburg, in dem eine positivere Auffassung christlichen Glaubens lebendig war und unbekümmert um die zu jener Zeit außerordentlich gleichgültige und einer entschiedenen religiösen Färbung abholde Menge zu Tage trat. Der General wurde später commandirender General, erst des 3., dann des 8. Armeecorps, und nahm im Jahre 1848, tief bekümmert über die politische Wendung unserer vaterländischen Angelegenheiten, den Abschied.

Unser Brigade-Commandeur, General-Major von Z.,

war ein sehr schöner Mann, weiter aber auch sehr wenig.
Seine Toilette war das Muster der damaligen militärischen
Sitte, im Anzuge geschnürt und ohne Fältchen, in Bart
und Haar gesteift und gedreht, wie es eine Puppe nur
zugelassen hätte. Er nahm später als Gouverneur von
Breslau den Abschied.

Auch des Obersten von Scharnhorst will ich hier
nochmals erwähnen. Mit weitem Gesichtskreis, lebendigem,
über das Militärische hinausgehendem Interesse, entschieden
geistreich angelegt und sehr reich an Wissen, hatte eine
große Neigung zum Wohlleben seiner Arbeitskraft und
Arbeitslust Abbruch gethan. Er erzählte höchst unter-
haltend und hatte einen Schatz von Erfahrungen und
Erlebnissen, die immer reichen Stoff zu Mittheilungen
lieferten. Seine englisch-spanische Zeit, das Verhältniß
zu seinem Vater, die Freiheitskriege, zuletzt noch seine
Sendung im Sommer 1831 in's Hauptquartier des Prinzen
von Oranien bei Gelegenheit des kurzen Feldzugs Hollands
gegen Belgien boten nie versiegende Fundgruben. Er
besaß eine sehr ausgedehnte und merkwürdige Karten-
sammlung, die aber — charakteristisch für den Eigenthümer — ohne Katalog und ohne rechte Anordnung
blieb. Im Jahre 1834 war er schon Wittwer. Seine
verstorbene Gattin war eine Tochter Gneisenau's und die
Verbindung von Scharnhorst's Sohn mit Gneisenau's
Tochter hatte zur Zeit die größte Theilnahme gefunden.
Er verließ den Dienst als General-Lieutenant und Artillerie-
Inspecteur in Coblenz.

Außer diesen Persönlichkeiten, welche die Verhältnisse
speciell zu meinem Augenmerk machen mußten, interessirten

mich andere, die, absonderlich genug, einen militärisch=
preußischen Typus vertraten, wie er jetzt vollständig ver=
schwunden ist. Vielfach noch Reste der Elemente, welche
die Kriege über den gewöhnlichen Ersatz hinaus in die
Officiercorps gebracht hatten, waren sie vornehmlich die
Träger jenes hohlen, gespreizten Wesens manierirter Unnatur,
das eine durchaus fehlende Originalität ersetzen und eine
entsetzliche sittliche und intellectuelle Leere verdecken mußte.
Das waren die Leute, die jenen jetzt verklungenen militärisch=
preußischen Jargon führten, die den Accusativ mit dem
Dativ verwechselten, das Hilfszeitwort „sein" stets in „sind"
umwandelten, mit dem „auf meiner Ehre" ununterbrochen
Versicherungen gleichgültigsten Inhalts bekräftigten, Fremd=
wörter mit falschem Accent, unter Verkennung ihrer Be=
deutung und entstellt im Munde führten und mit der
Cultur von Bart und Haar den größten Theil ihres Tages
ausfüllten. Kriechend gegen Oben, brutal gegen Unten,
waren sie der Spielball der Scherze und Witze der jüngeren
Officiere und fühlten sich in diesem Verhältniß glücklich.
Das Unglaublichste und Ungeheuerlichste erschien ihnen
glaubhaft, und sie hatten kein Arg daraus, daß man sie
lächerlich machte. Es waren aber auch einzelne wirkliche
Originale vorhanden, denen denn auch das Vorrecht der=
selben zur Seite stand, überall Duldung zu finden, wenn
dieselbe sonst versagt gewesen wäre. So war der Vater
eines meiner Kameraden, ein Obristlieutenant v. H. Er
war im Füsilier=Bataillon des 15. Infanterie=Regiments
nach der Schlacht bei Belle=Alliance an der Erbeutung
des kaiserlichen Wagens in Gemappes betheiligt gewesen,
war mit diesem in Gemeinschaft einzelner seiner Kameraden

nach) London gegangen und hatte sich vom englischen
Publikum für das Hindurchsteigen durch den Wagen
à Person einen Schilling bezahlen lassen; er war somit
sehr schnell in den Besitz ganz überraschend großer Mittel
gelangt, hatte sie aber ebenso rasch in schrankenlosester
Weise wieder verthan. Jetzt lebte er in bedrängten Ver=
hältnissen, sprudelte aber von Witz und Humor.

Auch als wir in Berlin unser Officiers=Examen ab=
legten, lernten wir ebenfalls ein solches Original kennen,
das als Directions=Officier bei der Ober=Militär=Exami=
nations=Commission dem gesammten Nachwuchs der Officier=
corps der Armee nahe trat, und deshalb sehr bekannt war,
einen Major Hannemann. Von geringer Körpergröße, in
Folge einer schweren Verwundung im Rückgrat verkrüppelt,
stellte er sich innerhalb des Locals, in dem die Fähnriche
während ihrer Anwesenheit in Berlin kasernirt waren, als
der rücksichtsloseste, bösartigste und peinlichste Tyrann
dar, war aber in Wirklichkeit ein durchaus wohlwollender
Ehrenmann. In seinen Anweisungen, die er sämmtlich
in jenem bereits erwähnten preußischen Armeejargon vor=
brachte, mißhandelte er unsere liebe deutsche Sprache auf's
Unbarmherzigste. Wie ein Kobold saß er auf hohem
Katheder, wenn wir arbeiteten, und spähete nun, ob nicht
Einer abschriebe oder verbotene Hilfsmittel benützte. Gleich
einem Habicht stieß er nieder, wenn er glaubte, einen
Schuldigen ertappt zu haben: „Was haben Sie mich da?
Was machen Sie mich da?" 2c. Wehe dem Unglückseligen,
der eine eigene Halsbinde statt einer „Commisbinde" um=
gelegt hatte! Rücksichtslos entfernte er eigenhändig das
corpus delicti. „Machen Sie mich nachher Parade, große

Parade". Wenn man dann kam, im vollsten Ordonnanz=
Anzuge, war der Zorn vergessen und man fand den freund=
lichsten Mann. Als mein sogenanntes „National" noch=
mals mit mir durchgegangen wurde, fragte er mich nach
meiner „Religion". Ich antwortete, als guter Han=
noveraner: „lutherisch". „Ach was!" herrschte er mich
an, „Sie sind evangelisch und damit Punktum". Dabei
gelang es der peinlichen Strenge des Mannes doch nicht,
da, wo er nicht persönlich sah, Mißbrauch und Aus=
schreitung zu hemmen; im Gegentheil, das Verbotene hatte
hier wie überall den größeren Reiz, da es nur mit List
und Verschlagenheit zu erreichen war. —

Kaum vom Examen zurückgekehrt, marschirte ich mit
dem Regimente zu den Herbstübungen; wir beneideten
das mit uns derselben Brigade angehörige 7. Cürassier=
Regiment, weil es zwei combinirte Escadrons zu dem
großen, bei Kalisch in Polen etablirten russisch=preußischen
Heerlager detachirt hatte. Der Chef des Regiments war
der russische Großfürst Michael, Bruder des Kaisers, und
so war ihm dies in unseren Augen außerordentliche Glück
zu Theil geworden. Die seltsamsten Erzählungen, reichlich
ausgeschmückt, drangen von jenem wunderbaren, militärischen
Verbrüderungsfeste zu uns; der Austrag an Sympathie für
russische Truppen und russische Einrichtungen schien unend=
lich gering zu sein.

Im October 1835 wurde ich dann Officier; das
große, sehnlich erstrebte Ziel war erreicht; mit mir zu=
sammen wurde ein Lieutenant Heinichen zu dieser Charge
ernannt. Geborener Hannoveraner wie ich, waren wir
von vornherein ganz besonders auf einander angewiesen;

er war hervorragend geistig befähigt und voller Talente,
aber leichter Sinn der Jugend und ein seinen Jahren
angemessenes fröhliches Temperament waren ihm nicht
gegeben. In sich abgeschlossen, verfolgte er Ideale, die
sich nicht verwirklichten. Wir blieben uns befreundet, obwohl
unsere Wege sich nach wenigen Jahren trennten. Später
noch vertiefte er sich mit ganzer Energie in das Studium
der englischen Sprache und übersetzte unter der Leitung
von Professor Delius in Bonn eine Reihe Shakespeare'scher
Dramen, die auch in größeren Kreisen günstig beurtheilt
wurden. Er starb den Reitertod als Commandeur des
2. Dragoner=Regiments in der Königgrätzer Schlacht bei
einer Attacke gegen österreichische Infanterie.

Befreundeter noch war mir ein Lieutenant von Uslar,
auch ein Hannoveraner, etwas älter als ich; liebenswürdig,
leichtlebig und ritterlich wie er sich gab, war ich ihm mit
jugendlicher Innigkeit zugethan. Er starb früh, nachdem
er bei einem Sturz mit dem Pferde schwer geschädigt
worden war und an den Folgen des doppelten Beinbruchs
Jahre lang gelitten hatte.

Wir waren fünf junge Leute, die im Verlauf eines
Jahres beim Regiment zu Officieren befördert waren.
Vier davon sind in den besten Lebensjahren verstorben! —

Die inneren Zustände eines Cavallerieregiments zu
jener Zeit unterschieden sich wesentlich von denen, wie sie
jetzt zu Tage treten. Die neue Ordnung, welche das
Jahr 1833 für den Ersatz der Armee gebracht hatte, und
welche darauf hinaus ging, die Truppen zu nöthigen, alle
Jahre eine bestimmt abgemessene Zahl Rekruten einzustellen,
um demnächst zahlreichere Altersklassen im Bestand der

Reserve und Landwehr zu bringen, war noch nicht durch=
greifend geworden. Die Regimenter hatten eine große
Anzahl von Capitulanten, wodurch die Zahl der ein=
gestellten Rekruten sich in den ersten Jahren meiner Dienst=
zeit auf 18 bis 25 pro Escadron beschränkte. Niemand wurde
zum Unterofficier befördert, der nicht wenigstens sechs bis
sieben Dienstjahre zurückgelegt hatte. Viele Capitulanten
dienten als Gefreite, ohne jemals Unterofficiere zu werden.
Die allgemeinen socialen Zustände, denen gegenüber die
Arbeitskraft des Einzelnen einen viel geringeren, das Geld
einen viel höheren Werth als jetzt hatte, ließen die Be=
treffenden in dem gewohnten Verhältnisse alt werden, ohne
daß in ihnen der Wunsch rege geworden wäre, bessere
Lebensbedingungen zu suchen. Die sämmtlichen Wacht=
meister, welche das Regiment damals besaß, hatten schon
während der Feldzüge, die doch nun zwanzig Jahre hinter
ihnen lagen, gedient. Es waren Männer, denen eine ganz
außerordentliche Autorität beiwohnte; man ließ sie auch
außer Dienst den Officier=Interimsrock tragen, natürlich
ohne Officier=Abzeichen; ihnen zur Seite standen sehr alte
Unterofficiere, denen die junge Mannschaft den Gehorsam
als selbstverständlich nie versagte. Es waren unter den=
selben manche rohe und unlautere Elemente, und nament=
lich waren die alten, nicht zu Unterofficieren beförderten
Capitulanten fast sämmtlich dem Trunke ergeben; aber
die, auch dem Subalternen=Personal der Vorgesetzten, un=
weigerlich zugebilligte Unterordnung und die strenge, alt=
hergebrachte Gewöhnung, deren Träger die alten Soldaten
waren, verbürgten für den Haushalt der Truppe Regel=
mäßigkeit und Ordnung ohne viel Eingreifen und Controle.

Alles war viel stereotyper, entbehrte damit aber auch des
geistigen Impulses und jener Spannkraft, die nach dem
Besseren strebt. Dem sittlichen und intellectuellen Fort=
schritt waren jene lange Zeit dienenden, in der Gewohnheit
stumpf werdenden Elemente nichts weniger wie förderlich.
Die Berechtigung zur Civilversorgung durch den Dienst
zu erwerben, war nicht das ausschließliche Streben der
Mannschaften, die sich zum Capituliren entschlossen. Wurden
sie nicht Unterofficiere, gelang es den Unterofficieren nicht,
das Examen zum Gensd'armen oder Steueraufseher zu
bestehen, was häufig vorkam, oder als Bote beim Gericht
oder dergleichen versorgt zu werden, und der Betreffende
war dienstunfähig geworden, so wurde er zu einer Garnison=
Compagnie versetzt. Diese, in die Festungen dislocirten,
Garnison=Compagnien waren nun allerdings die denkbar
übelsten Institute. Der Bestand an alten, mit der Zeit
jeden sittlichen Halts verlustig gewordenen Soldaten aller
Waffen, der sich in ihnen vorfand, repräsentirte eine
militärische Verkommenheit traurigster Art. Die Garnison=
Compagnien verschwanden später; an ihre Stelle traten
die combinirten Reserve=Bataillone, die eine viel gesundere
Formation aufwiesen, aber auch noch Manches zu wünschen
übrig ließen; jener Typus alter halbinvalider Gefreiten rc.
findet sich aber überhaupt nicht mehr vor.

Die Mannschaft war in Aschersleben bei den Bürgern
einquartiert. Da die Stadt seit einem Jahrhundert an=
dauernd Cavallerie=Garnison gewesen war, so hatte das
Verhältniß gewissermaßen eine historische Begründung ge=
wonnen. Es war ein ganz bestimmt gefaßtes Princip,
welches Friedrich Wilhelm I. und Friedrich II. verfolgt

hatten, wenn sie ihre zahlreichen Cavallerie=Regimenter
nach den kleinen Landstädtchen mehr in Quartierstand als
in Garnison verlegten. Die Truppe fand dort personell
wie materiell am besten ihre Rechnung, ihr Ersatz aus
entsprechenden Elementen war erleichtert und dem gemäß
war das Wohlergehen der Mannschaft gesichert; andererseits
aber kamen zugleich der in erster Linie Ackerbau treibenden
Stadt die verschiedensten Verhältnisse, namentlich auch die
Arbeitskraft der Mannschaft zu Gute. Die Wirkung dieses
Princips war in den Jahren, von denen ich rede, noch
vollständig erkennbar und ist in manchen altpreußischen
Garnisonen noch, wenn auch abgeschwächt, wahrzunehmen.
Die Mannschaft erhielt von ihren Quartiergebern, durch=
gängig ohne Entschädigung, drei Mal in der Woche
warme Kost. Es war dies Herkommen, aber durchaus
nicht Berechtigung, verschwand demnach auch, als ein
häufigerer Wechsel des Hausbesitzes eintrat. Als Gegen=
leistung half der Einquartierte, wo er im Hausstande
behilflich sein konnte, bildete auch ein Mitglied dieses
Hausstandes und genoß die Vortheile desselben im geheizten
Zimmer, während seine „Kammer" unheizbar war. Die
Verheiratheten und diejenigen, die „Naturalquartier" auf=
gebend sich selbst einmietheten, erhielten von der Stadt
einen Zuschuß zu dem Servis, den der Staat zahlte. Die
Unterofficiere waren angesehene Leute in der Bürgerschaft
und fanden in derselben ihren geselligen Verkehr. Dem
Commandeur war ein der Stadt gehöriges Haus über=
wiesen, das stetig eigens für ihn in Stand gehalten
wurde. Wir hatten den Exercierplatz im „Brachfelde",
also, der damals noch festgehaltenen Dreifelder=Wirthschaft

entsprechend, jedes Jahr an anderer Stelle. Vergütigungen
dafür wurden erst seit wenigen Jahren gezahlt. Bei dem
Wechsel, den man während der letzten Decennien in den
Garnisonen hat eintreten lassen, hat man oft vergessen,
wenn man der einen Stadt die Garnison nahm, sie nach
einer anderen verlegte, daß man geschichtlich gewordene
Verhältnisse aufgab, ohne das Entsprechende immer wieder
zu finden. In Aschersleben lag das 10. Husaren-Regiment
mit dem Stabe und drei Escadrons seit seiner Rückkehr
aus dem Felde. Als das 4. Armeecorps und mit ihm
das Regiment im Jahre 1831 nach der Rheinprovinz
abrückte, war ein Truppentheil des 3. Armeecorps an seine
Stelle getreten, ohne daß damit in den gegenseitigen Verhältnissen der Stadt zum Regiment eine dauernde Aenderung eingetreten wäre. Mit der Rückkehr des Armeecorps nach der Provinz, Ende 1832, hatte auch das
Regiment seine alte Garnison wieder eingenommen. Die
Truppe an sich befand sich in dieser traditionell festgehaltenen Verbindung sehr wohl; für das Officier-Corps
blieb freilich Manches zu wünschen übrig.

Den erwähnten inneren Verhältnissen der Truppe
gegenüber gestaltete sich der Dienstbetrieb abweichend von
dem, was jetzt unerläßlich geworden. Mein Rittmeister
sah seine Escadron eigentlich nur auf dem Exercierplatze;
der Wachtmeister rangirte sie, ein Officier holte sie vom
Sammelplatze ab und führte sie dem Rittmeister zu. Dieser
exercirte sie und übergab sie wieder dem Officier, der sie
ihm gebracht hatte. In den gemeinsamen Stallungen der
Escadron oder beim Appell erschien der Rittmeister sehr
selten; wenn er kam, dann wetterte er nach allen Seiten,

schalt und bestrafte und glaubte damit das Seinige für längere Zeit gethan zu haben. Die Remonten dressirte der älteste Officier der Escadron ganz selbständig; bei der größeren Zahl altgedienter Reiter war dies sehr erleichtert. An Seconde=Lieutenants hatten die Regimenter immer mehr, wie der Etat Stellen auswarf. Ich wurde bei einem Etat von dreizehn Seconde=Lieutenants=Stellen der neunzehnte. Allerdings waren stets eine Anzahl Officiere, sei es als Escadronführer in die Stabsquartiere der Landwehr=Bataillons, sei es als Adjutanten zu den hohen Stäben, abcommandirt und dafür jüngere über den Etat einrangirt. Bei dem stockenden Avancement konnte man aber dennoch Jahre lang dienen, bevor man in eine etats=mäßige Stelle rückte. Man bezog dann statt des Gehalts eines Lieutenants nur das des Fähnrichs, erhielt auch kein Chargenpferd. Da aber auf diese Weise immer eine Ueberzahl von Officieren vorhanden war, so traf auf den Einzelnen nur wenig Dienst. Urlaub wurde gern gewährt.

Seine Remonten bezog das Regiment seit vielen Jahren aus Litthauen; es waren nur noch einzelne moldauer und ukrainische Pferde übrig geblieben. Aber in der Tradition lebten jene noch, ebenso wie die Schwierigkeit ihrer Dressur. Einer der Officiere des Regiments war im Jahre 1815 von Frankreich aus nach der Moldau zum Remonte=Ankauf und Empfang entsendet gewesen. Der Transport der Pferde wurde in Heerden, die getrieben wurden, bewirkt. Man brachte sie nach Schlesien in Depots, von denen aus die Vertheilung an die Regimenter erfolgte.

Als Waffen führten die Husaren kleine, sehr schwere Säbel ohne Handkorb, eine Pistole und einen Carabiner,

beide mit Steinschloß. Wir hatten noch viele englische
Säbel, die im Jahre 1813 bei den Rüstungen und Neu=
formationen von der englischen Regierung geliefert worden
waren; man zog sie den anderen vor. Die Pistolen waren
entsetzlich; nicht allein, daß man stets mit Versagen zu
kämpfen hatte, an Treffen eines einigermaßen beschränkten
Ziels war kaum zu denken. Mit den Carabinern wurde
auf 80 und 120 Schritt nach der Scheibe geschossen, ohne
nennenswerthe Resultate. In der Zahl der Carabiner
hatte jede Escadron sechzehn gezogene Büchsen; aber auch
mit diesen war bei dem unglücklichen Schloß wenig zu
effectuiren. Die Ausbildung des Mannes im Schießen
wurde vollständig über's Knie gebrochen.

Das Reglement, welches in seinen Anordnungen für
die Truppe wesentlich unverändert geblieben ist, unterschied
sich dagegen in allen Bestimmungen, welche ihre Bewegung
regelten, von dem jetzt gültigen auf das Bestimmteste.
Einerseits fehlten principielle Entscheidungen, wie für das
Verhältniß zwischen Gangart und der mit ihr in dem
einheitlichen Zeitmomente zurückzulegenden Raumabmessung,
andererseits hatte man sich noch nicht losmachen können
von einer Menge sehr künstlicher Evolutionen, wie Achs=
schwenkungen und Frontveränderungen, deren Einübung viel
Mühe und Zeit kostete. Es waren dieselben namentlich be=
rechnet auf die Manöver=Tableaux, die, mit gemischten Waffen
auf Exercierplätzen ausgeführt, vom Terrain absahen, dagegen
sehr raffinirt mit verschiedenen Treffen und nach verschiedenen
Fronten wie auf dem Schachbrett die einzelnen Figuren
nach einander in Thätigkeit brachten. Da spielte dann
das Platzmachen für die Artillerie eine hervorragende Rolle,

namentlich) aber das Durchziehen der Treffen durch ein=
ander. Letztere zuzulassen oder zu bewirken, war für die
Cavallerie eine Formation erfunden worden, die von einigen
Taktikern für das non plus ultra glücklicher Conception
erachtet wurde, die aber in Wirklichkeit die verwickeltsten
Verhältnisse zu Wege brachte. Die „Divisions=Colonne"
eines Regiments bestand aus zwei Colonnen, in die je
zwei Escadrons nach der Mitte abmarschirt waren. Jede
der beiden Colonnen stand unter einheitlichem Befehl; sie
unter steter Festhaltung der entsprechenden Intervallen zu
dirigiren, war Sache des Regiments=Commandeurs. Da=
durch daß man hierbei den Grundgedanken des Reglements,
welcher die Escadron zur taktischen Einheit der Cavallerie
machte, verließ und zu einer analogen Formation überging,
wie sie die Infanterie für ihre taktische Einheit, für das
Bataillon als zweckmäßig erkannt hatte, hemmte man die
freie Verfügung über diejenigen Elemente, die im Regiments=
Verbande als selbständig gedacht für dessen Verwendbarkeit
die organischen Glieder abgeben sollten; man band zugleich
die einzelnen Escadrons in Bezug auf Abmarsch und
Front an ein Verhältniß, dem für das Gefecht der Cavallerie
gar kein besonderer Werth innewohnte. Dabei aber forderte
die stete Aufrechthaltung der richtigen Intervalle zwischen
den beiden Colonnen eine so große Aufmerksamkeit und
Peinlichkeit, daß sie eigentlich nie gelang. Es war eine
der Beweglichkeit und Manövrirfähigkeit des in vier
Escadrons zerfallenden Regiments in keiner Weise ent=
sprechende Formation. Dennoch fiel sie erst im Jahre
1843 dem glücklichen Einflusse des Generals von Wrangel
zum Opfer, nachdem ein langer Federkrieg in Bezug auf

7*

das Für und Wider geführt worden war. Ihr Haupt=
vertheidiger war der spätere Feldmarschall Graf zu Dohna.

Das 10. Husaren=Regiment genoß zu jener Zeit in
der ganzen Armee eines ganz besonders guten Rufs,
namentlich auch in Bezug auf die in ihm gepflegte
Reiterei. Es verdankte dies vornehmlich seinem früheren
Commandeur, dem Obersten von Ledebur, der bald nach
der Errichtung des Regiments, Ende 1813, an seine Spitze
gestellt worden war, es 1814 bei der Belagerung von
Magdeburg, 1815 während der Campagne in den Nieder=
landen und Frankreich mit Auszeichnung geführt und
sich dann während einer langen Friedenszeit bis zum
Jahre 1830 mit leidenschaftlicher Hingebung den Interessen
seiner Truppe gewidmet hatte. Sein Nachfolger war nicht
die hervortretende Reiternatur wie Ledebur, hatte es aber
vortrefflich verstanden, das Vorgefundene zu erhalten, zu
beleben und den ritterlichen Geist im Officier=Corps zu
fördern. Das Regiment besaß eine Anzahl sehr tüchtiger
und ausgebildeter Reiter, die zu dressiren verstanden,
niemals vor der Ueberwindung eines Terrainhindernisses
zurückschreckten und als vortreffliche Lehrer einen großen
Einfluß auf Kameraden und Untergebene ausübten. Dabei
war aber die Tendenz der Reiterei eine wesentlich andere,
als die jetzt verfolgte. Eine sehr scharfe Zäumung, vor=
zugsweise Beanspruchung der Hinterhand, möglichst starke
Versammlung und hohe Aufrichtung des Pferdes führten zu
kurzen Tempo's in den Gangarten. Man legte alles Ge=
wicht auf eine mehr oder weniger gewaltsame Dressur des
Pferdes und vernachlässigte eine schonendere und, nament=
lich in rohen Händen, weniger gefährliche Gewöhnung

desselben. Einzelne übertrieben diese Gewaltsamkeit bis zur Carricatur. Der Reiterei entsprechend erstrebte man in der Truppe Präcision im Evolutioniren, Richtung und Gleichmäßigkeit bei den Bewegungen, dagegen wurde schnelles Zurücklegen großer Entfernungen gänzlich vernachlässigt; man war dazu nicht im Stande.

Unser Officier-Corps bestand zu jener Zeit in den Chargen bis zu den Premier-Lieutenants, die noch sämmtlich die Campagne mitgemacht hatten, aus den verschiedensten Elementen. Der Commandeur, Oberst Roth von Schreckenstein, war aus sächsischem Dienst übernommen. Er gehörte einem oberdeutschen Rittergeschlechte an, war katholisch und hatte, zum Geistlichen bestimmt, eine dem entsprechende Erziehung genossen. Dann in der sächsischen Cavallerie, war er dem bekannten General von Thielmann sehr nahe getreten, hatte als dessen Adjutant die berühmte Attacke auf die russischen Schanzen bei Borodino mitgeritten und war vom Kaiser Napoleon nach der Einnahme von Moskau mit der Nachricht von diesem Ereignisse an den König von Sachsen entsandt worden. Auch in unserem Dienste mehrfach als Adjutant verwendet, commandirte er das Regiment seit 1830. Er war ein außerordentlich schöner Mann; der General von Thile nannte ihn bei einer besonderen Veranlassung den Repräsentanten aller Ritterlichkeit; und so war er auch eine durchaus adlige Natur, in bester Bedeutung des Worts; dabei unterrichtet und selbständig denkend. Schon sein Auftreten an sich übte einen günstigen Einfluß auf seine Umgebung, dabei machte er es sich zur Aufgabe, geistig anzuregen, einzelnen roheren Elementen, die im Officier-Corps waren, den

Einfluß zu verschließen und Gesittung, guten Ton und
kameradschaftlichen Sinn allerseits zu fördern. Er wurde
1838 zum Commandeur der Cavallerie=Brigade in Münster
ernannt. Er ging nicht gern dahin. Seine in Aschersleben
verstorbene Gattin war eine Gräfin Hatzfeldt und er da=
durch mit mehreren der katholischen Adelsgeschlechter in
Westphalen in nahe Beziehungen gebracht. Jene Kreise
waren aber, wie auch jetzt wieder, durch den Conflict mit
der Kirche und speciell mit dem Erzbischof von Cöln, in
erregtester Stimmung gegen Preußen. Auch Schreckenstein
billigte die Art des Vorgehens unserer Regierung gegen
den Erzbischof Droste von Vischering nicht vollständig
und wünschte sich der Berührung mit den streitenden
Gegensätzen entzogen. Indessen folgte er der ihm ge=
wordenen Bestimmung, wurde später Divisions=Comman=
deur in Trier, war 1848 eine Zeit lang Kriegsminister,
commandirte dann 1850 das im Großherzogthum Baden
zurückgelassene Besatzungscorps und starb hochverehrt als
commandirender General des 7. Armeecorps.

Ein Mann vollständig anderen Schlages war der
etatsmäßige Stabsofficier, ein Major K. Er hatte in
der Armee des Königs Jérome von Westphalen gedient
und war mit seinem Regimente mehrere Jahre in Spanien
verwendet worden. Seine Hünengestalt nahm sich in der
knappen Husarenuniform ziemlich wunderbar aus. Seine
Stimme entsprach an Gewalt und Tiefe seinem Aeußeren.
Massiv in seinem Auftreten, war er ein guter Soldat,
ohne an Bildung und Gesichtskreis die Mittelmäßigkeit
zu überragen. Interessant machte ihn der Roman seiner
ehelichen Verbindung. In einem spanischen Cantonnement

hatte ihn des Wirthes Tochter lieb gewonnen; sie hatte
ihm den Anschlag von Vater und Bruder, ihn und sein
Detachement mit Hilfe einer spanischen Guerrillabande
aufzuheben, verrathen, ihm Freiheit und Leben gerettet,
war dann aber selbst heimathlos geworden und ihm auf
allen Kreuz= und Querzügen gefolgt, von einem Maulthier
getragen, erst nur allein, dann mit einem schönen Knaben
im Arm, die treue Gefährtin ihres dankbaren Helden.
So war sie auch nach Deutschland gekommen, wo die
priesterliche Hand ihren Bund gesegnet hatte. Der schöne
spanische Knabe war beim Baden in der Elbe ertrunken,
zwei andere, deutsche Kinder waren ihr wieder gegeben.
Sie war früh verblüht, wie die meisten Töchter des
Südens, hatte sich aber noch die ganze Gluth der Eifer=
sucht bewahrt und erzählte selbst, daß sie einst ihrem Gatten
bei seiner Heimkehr zwei Pistolen dargereicht habe, die eine
für ihn, die andere für sich selbst.

Noch drei andere unserer Officiere hatten in west=
phälischen Diensten gestanden; · der eine von ihnen hatte
mit K. den letzten Feldzügen in Spanien beigewohnt, der
andere aber den Zug nach Rußland 1812 und den Ueber=
gang über die Beresina als einer der wenigen seines
Regiments überdauert, der dritte hatte nur kurze Zeit
gedient, als die westphälische Herrlichkeit zusammenbrach.
Ein anderer war Eleve der westphälischen Militärschule in
Braunschweig, als, im September 1813, der preußische
Major von der Marwitz mit seinem Detachement vor der
Stadt erschien; noch nicht sechszehnjährig, war er mit
zwei Kameraden entwichen und hatte sich Marwitz gestellt;
von diesem freundlich aufgenommen, war er dem 3. Chur=

märkischen Landwehr - Cavallerie - Regimente überwiesen
worden, von dem er später als Officier zu einem anderen
Landwehr-Cavallerie-Regimente versetzt wurde; in diesem
machte er die Campagne 1815 mit. Noch ein zweiter der
älteren Officiere war nach dem Frieden aus der Land=
wehr zur Linie übergetreten. Zwei hatten in der russisch=
deutschen Legion gedient, und nur drei waren seit Beginn
ihrer militärischen Laufbahn preußische Linien - Officiere
gewesen.

Die Erwähnung dieses Verhältnisses mag darauf
hinweisen, wie sehr man einem Irrthum anheimfällt, wenn
man die alten preußischen Officier=Corps von einem so
einheitlichen Geiste getragen wähnt, wie sie es fünfund=
zwanzig Jahre später waren. Im Gegentheil bargen sie
manche Gegensätze, wie ja unter jenen älteren Elementen
viele bürgerliche Officiere waren, während unter dem
Nachwuchs, den die Friedensjahre gebracht hatten, die
adligen Namen bei Weitem die Mehrzahl bildeten. Zudem
fand man damals viele ältere Officiere, die Freimaurer
waren und dadurch, namentlich in den kleineren Garnisonen,
Gesellschaftskreisen zugeführt wurden, die denen, aus welchen
die jüngeren Officiere hervorgegangen, sehr fern standen.
Wenn man nun zugleich erwägt, daß der Unterschied des
Lebensalters zwischen den älteren und jüngeren Officieren
ein außerordentlich viel größerer war, als jetzt, daß das
langsame Avancement die Einzelnen vier, fünf und mehr
Jahre auf derselben Stelle im Etat festhielt, daß es keine
Seltenheit war, Seconde=Lieutenants mit zwanzig Dienst=
jahren zu finden und daneben andere, deren Lebensjahre
jene Zahl nicht erreichten, so wird es verständlich, daß

Lebensanschauungen und Lebensrichtungen der Einzelnen weit auseinander gingen. Allerdings war damals, wo der Wechsel überaus selten, Alles mehr mit einander eingelebt als jetzt, fühlte sich mehr an einander gebunden, sah im Regiment mehr die Heimath und hing an ihm mit mehr Vorliebe und Pietät. Auch hatten die älteren Officiere eine viel bedeutendere Autorität den jüngeren gegenüber.

Als ich eintrat, war der älteste Seconde=Lieutenant Officier seit dem Jahre 1817; ihm folgten drei andere mit einem Patent vom Jahre 1819. Alle vier hatten schon seit zwei Jahren die nämliche Stelle im Etat inne und verblieben auf derselben bis zum Jahre 1836, um dann einen Schritt vorwärts zu thun. Man erzählte von einem Premier=Lieutenant im 12. Husaren=Regimente, einem Herrn von Poncet, daß er siebenzehn Jahre lang ältester Premier=Lieutenant in seinem Officier=Corps gewesen sei. Die jüngere Generation hat von diesen Zuständen der Avancements=Stockung gar keine Anschauung. Alles gerieth in Aufregung, wenn sich der 31. März, der Jahrestag des Einzuges der Verbündeten in Paris, nahete, als der Tag, an dem der König das große Armee=Avancement vollzog. Die Besetzung der größeren Zahl freigewordener Stellen wurde bis auf diesen Tag verschoben, einzelne Verabschiedungen vermehrten die Vacanzen. Mit der größten Ungeduld wurde dem Eingange der betreffenden Listen entgegengesehen, ob vielleicht das Regiment berücksichtigt wäre. Wenn dies erfolgte, war große Freude; wenn nicht, eine Zeitlang Verstimmung, bis dann bald die Stille der Gewohnheit wieder Platz griff. Das Fieber der Avancements-Sucht, wie es jetzt epidemisch geworden, gehörte nicht zu den Krankheiten jener Zeit.

Unsere außerdienstliche Existenz war in der Regel eine sehr einförmige. Der Stadt an sich fehlte geradezu Alles, was Wechsel oder anregendere Unterhaltung hätte bringen können. Unsere Umgangskreise in ihr boten sehr wenig Geselligkeit, und wo sich uns dieselbe aufthat, da wurde der nicht immer mit Geschmack aufgetischte materielle Genuß zur Hauptsache. Wenn dennoch die Jugend dem Leben mit Freunden und Genossen Reiz abgewann und mit unbeirrter Frische sich das tägliche Einerlei poetisch ausgestaltete, so war dies eben das glückliche Vorrecht der Jugend.

Im Sommer wurden von Zeit zu Zeit Ausflüge nach den nahegelegenen schöneren Punkten des Harzes gemacht, nach dem Falkenstein und dem Selkethal, nach Alexisbad und nach der Roßtrappe. Dann wurde der Verkehr mit den benachbarten Garnisonen und deren Officier-Corps, mit den 7. Cürassieren in Halberstadt und Quedlinburg, mit den 12. Husaren in Eisleben aufrecht erhalten. Eine dauerndere Anziehungskraft übte der Umgang in einzelnen adligen Häusern der Nachbarschaft, deren Gastlichkeit sich uns in unübertroffener Liebenswürdigkeit geöffnet hatte. Hier bot sich mehr als nur Zerstreuung, obwohl die Jagden und Mondscheinfeste im Winter sehr willkommen waren; in ihnen fanden wir häusliche Kreise, dem das Walten edler Frauen das Gepräge gab.

Bestimmend für unser gesellschaftliches Leben war auch der Umstand, daß Aschersleben in Mitten der beiden

Residenzen des Anhalt-Bernburger Hofes, Bernburg und Ballenstedt, gelegen war.

Der Herzog Alexander, der letzte seiner Linie, war 1834 zur Regierung gekommen, und hatte sich kurze Zeit darauf mit einer Holstein-Glücksburg'schen Prinzeß, Schwester des jetzigen Königs von Dänemark, vermählt. Der Herzog, nahezu blödsinnig, dazu stotternd und schielend, war eine sehr unglückliche Persönlichkeit. Sein Vater und Vorgänger hatte seine Unfähigkeit zum Regieren vollständig erkannt und ihm einen Conferenzrath zur Seite gestellt, der aus fünf Mitgliedern, im Volksmunde „die fünf Sinne des Herzogs" genannt, bestand. Es waren gewissenhafte, ernste Männer und das Land befand sich ganz wohl dabei. Alles ersehnte einen Erben, damit der Kleinstaat mit der von ihm gebotenen Begünstigung der engsten Kirchthurm-Interessen erhalten bleiben möchte. Die Wünsche blieben unerfüllt. Die Herzogin war eine vortreffliche Frau und trug ihr Loos, einem so überaus kläglichen Gatten nahe geführt zu sein, mit tactvoller Würde. Am Hofe lebte ihre viel schönere Schwester, die Prinzessin Marie; sie verheirathete sich sehr bald mit einem jener Conferenzräthe, dem militärischen Gouverneur und Adjutanten des Herzogs, einem Obersten von Laßberg. Er war Hannoveraner, hatte in der englisch-deutschen Legion gedient, kannte meine Familie und war mir wohlgewogen. Beide fürstliche Schwestern verschmähten die Freuden der Geselligkeit nicht, und die Husaren-Officiere der benachbarten Garnison waren gern gesehene Tänzer auf den Hofbällen. Wir kamen aber um so lieber, als wir dort jene Familien von der Nachbarschaft fanden, in deren Häusern wir vorzugs-

weise gern verkehrten. Es war nicht immer leicht, den
dienstlichen Ansprüchen die Zeit für die Ausflüge abzu=
gewinnen. Bei Tag und bei Nacht mußte mit den Stunden
gegeizt werden. So drangen doch Bewegung und mannig=
faches Interesse zu uns, noch dazu nicht ohne romantische
Färbung.

Auch Köthen war nicht allzufern. Damals regierte
noch der letzte Herzog der Linie Anhalt=Köthen. Er war
preußischer General und uns um so mehr freundlich gesinnt.
Die Höfe Köthen und Bernburg waren befreundet. Der=
selbe Landadel hatte sich der einen wie der andern herzog=
lichen Linie zugewandt. Auch nach dort wurden wir zu
Hoffestlichkeiten geladen. Wir legten die weiten Wege
eigentlich immer zu Pferde zurück. Sich als Cavallerie=
Officiere die Bequemlichkeit eines Wagens zu gestatten,
lag nicht im Sinne jener Zeit; auch widersprach dem die
Unfahrbarkeit der Wege während des größeren Theils des
Winters und noch entschiedener mitredend die Knappheit
unserer Kassen.

Wenn ich nun auch mit großer Vorliebe am Regiment
und an dem Leben in ihm hing, so galten mir doch die
Wochen, welche ich alljährlich beurlaubt in Hannover zu=
bringen durfte, als Festzeiten. Schon die Reisen hin und
zurück waren nie ohne interessante Erlebnisse. Man setzte
sich damals nicht schweigend in einen Eisenbahn=Waggon,
um nach wenigen Stunden, ohne ein Wort gesprochen zu
haben, wieder auszusteigen und am Ziele zu sein. Man
verließ Aschersleben mit der nur zwei Mal wöchentlich
auf unchaussirten Wegen fahrenden Lokalpost und erreichte,
zusammen gestoßen und geworfen, nach sechs Stunden

Halberstadt. Hier hatte man meistens einen halben Tag, oft auch länger zu warten, um mit der täglich fahrenden, großen Berlin=Cölner Eilpost bis Hildesheim befördert zu werden. Dort war unmittelbarer Anschluß, so daß man, von Halberstadt aus, Hannover in etwa 18 Stunden erreichte. Man hatte volle Zeit, sich nach allen Seiten hin zu orientiren, die in Wohlstand und Anbau dem Harz anliegende Landschaft mit dem steten Ausblick auf das schön gezeichnete Gebirge kennen zu lernen, ebenso wie die Poststationen, auf denen das gesammte Personal, der Postmeister und die Postmeisterin, der alte Schirr= meister und die wohlbeleibte Mamsell des Hauses, mit protegirender Freundlichkeit die Insassen des großen zwölf= sitzigen Hauptwagens und seiner oft zahlreichen Beiwagen empfing. Man lernte die Passagierstuben mit ihren alten Kupferstichen liebgewinnen und wußte ganz genau, welches die stereotypen Gerichte waren, die unweigerlich dargereicht wurden. Es verging in ihnen freilich viel Zeit, bevor der stattliche Postillon seine wohlgepflegten Pferde vor den Wagen gelegt und geprüft hatte, ob Geschirr und Gesträuge fest und sicher sei, um dann sein heiseres, zuweilen auch verstimmtes Posthorn erschallen zu lassen. Es war oft unnöthige Zögerung, aber man gewann Interesse an dem gutgekleideten, selbstbewußten Manne, dessen zuverlässiger Hand man sich nun anvertraute, und an seinem Vier= gespann, auf das er mit Wohlgefallen blickte. · Dann kam der Conducteur, ein alter Soldat, der herrlich zu erzählen verstand, gerieben und schlau überall seinen derben Scherz zur Hand hatte, auf seiner Tour Jedermann kannte, der ihm begegnete. Und nun die Mitreisenden. Man war viel zu lange mit einander, um sich nicht näher zu treten. Man machte auch gern Bekanntschaft, denn man fand nur zusagende Berührungen; das Reisen war ein Prärogativ der Wohlhabenden und Gebildeten. Reisen konnte, wenn es ihm nicht Geschäft war, nur derjenige, der Zeit und Geld verfügbar machen konnte. Wer aus der Hand in den Mund lebte, wer jede Stunde ausnutzen mußte, um von einem Tage zum anderen seine Existenz zu sichern, der durfte nicht daran denken, sich Tage abzumüßigen, um zur Zurücklegung geringfügiger Entfernungen eine werth= volle Zeit zu verwenden. Wem nicht Ueberschüsse über den Bedarf für den täglichen Lebensunterhalt zu Gebote standen, der durfte nicht für Reisen Summen verausgaben, die im Vergleich mit den Kosten des Lebensunterhalts ganz unverhältnißmäßig hoch waren. So reisten denn außer denjenigen Personen, deren Beruf das Reisen mit sich brachte, im Allgemeinen nur Mitglieder der bevorzugten Gesellschaftsclassen. Der König Ernst August von Han= nover sagte einst, als man bei ihm die Genehmigung zum Bau der ersten Eisenbahn im Hannover'schen nachsuchte: „Ich will keine Eisenbahnen im Lande; ich will nicht, daß jeder Schuster und Schneider so rasch reisen kann, wie ich." Was der König hier drastisch ausgesprochen, ent= sprang dem richtigen Vorgefühl, daß nichts die sociale Welt so umgestalten würde, als die Beseitigung jenes Prärogativs des Reisens. Für die Vertheidigung anderer Prärogative sind Stände und Regierungen mit Hart= näckigkeit und Leidenschaft eingetreten; jenes hinwegzu= schaffen, sind Alle gleich beflissen gewesen und haben nicht gedacht, daß sie zugleich Freizügigkeit und Gewerbefreiheit

und überhaupt die allgemeine Nivellirung aller Standes-
und Berufsunterschiede wirksamer dadurch förderten als
durch irgend eine andere Maßnahme. Die Eisenbahnen
haben die Demokratisirung der Staaten mehr gefördert als
alle Revolutionen der Neuzeit.

Gewiß liegt es mir fern, die Berechtigung jener Entwickelung anzuzweifeln; sie war nothwendig und heilsam;
sie ist auch längst noch nicht abgeschlossen; aber den Reiz
des Reisens hat sie nicht erhöht. Das Reisen ist
im Allgemeinen zu einem gänzlich farblosen, möglichst
raschen Transport von einem Ruhepunkte zum anderen
geworden; das Charakteristische des „Unterwegs" ist verschwunden.

Auch die Eigenthümlichkeit jener Berufsclassen, die
auf das Reisen angewiesen waren, ist nicht mehr wieder
zu erkennen. Der reisende Handwerksbursche hatte seine
bestimmte Tracht und seine durch das Herkommen ihm
gewährte Berechtigung. Er wanderte nicht, um Arbeit zu
suchen, sondern um nach vollendeter Lehrzeit, nachdem er
freigesprochen, sich im Reiche umzusehen, andere Weisen
und andere Handgriffe kennen zu lernen, bevor er sich
seßhaft machte. Er fand in jeder Stadt seine Herberge,
in der er heimisch war, wo er seinen Spruch sagte und
Unterstützung erhielt, wenn er deren bedurfte.

Der Kärrner (Fuhrmann) trug im ganzen deutschen
Lande die blaue Blouse, sein Gespann und sein Gefährt
hatten überall denselben charakteristischen Typus; ganz
bestimmte Gasthäuser gaben ihm Nachtquartier. Er fuhr
nicht etwa stets dieselbe Strecke hin und zurück. Wenn
das Frühjahr kam, verließ er seinen Wohnort, zog in's

Reich und nahm nun Fracht, wo sie sich ihm bot, um wenn er sie abgeliefert hatte, andere Fracht nach einem dritten und vierten Ort überzuführen. Zu Weihnachten war er, wenn's möglich war, wieder zu Haus.

Der Handlungsreisende fuhr mit eigenen Pferden und in eigenem Wagen oder ritt. Er wurde willkommen ge= heißen, wenn er anlangte; er brachte Neuigkeiten mit und tausend Anekdoten. Er war stets guter Laune. Wer in jener Zeit in kleinen Landstädten seinen Wohnort hatte, der wußte es zu würdigen, wenn durch die Berührung mit weiteren Kreisen Leben aus denselben, sei es auch in humoristischem Kleide, zugetragen wurde. Nach Aschers= leben kam regelmäßig alljährig zwei Mal ein Reisender, der seit vierzig Jahren zu Pferde sein Geschäft versah. Er wurde nun taub und stumpf und konnte sich doch nicht entschließen, sich zum Wagen zu bequemen.

Der Geschäftsreisende war selten auf der Eilpost. Die Begegnungen, die man hier zu erwarten hatte, blieben innerhalb der Gesellschaftskreise, denen man selbst an= gehörte. Jeder trug das Seinige dazu bei, die lange Zeit zu verkürzen, den kleinen oder großen Begebnissen die möglichst beste und heiterste Seite abzugewinnen. Das Reisen wurde zum Vergnügen und hörte auf eine Stra= paze zu sein. Die angenehmsten Erinnerungen blieben zurück.

In meiner Heimath empfing mich das Elternhaus in glücklichster Gestaltung. Stellung und Thätigkeit gaben meinem Vater vollste Befriedigung. Um ihn gruppirte sich ein Kreis angeregten und freudigen Familienlebens. Hier fand ich einen geselligen Verkehr, in dem gediegene

Bildung, Sinn für das Schöne und Edle Hand in Hand
gingen mit Frohsinn, ja mit Uebermuth. Der Hof des
Herzogs von Cambridge förderte Theater und Musik; ich
verkehrte außerordentlich gern mit den nach englischem
Herkommen in guter, festgeregelter Sitte lebenden han=
noverschen Officier=Corps und genoß alles Gebotene in
unbefangener Heiterkeit.

Der Regierungswechsel 1837 brachte dann tiefgreifende
politische Veränderungen, die nicht ohne Einwirkung auf
das sociale und gesellschaftliche Gebiet bleiben konnten.
Jede Familie, ja jeder Einzelne sah sich bald vor die
Frage gestellt, welcher Parteifärbung man sich zugesellen
wolle, und wie alle die Meinigen erregt und bewegt wurden,
so sah ich auch mich persönlich zum ersten Male dahin
geführt, politische Fragen zu erwägen und mir zu be=
antworten.

In der Garnison hatte mich die Entwickelung der
Gegenwart ziemlich unberührt gelassen. Zeitungen waren
wohl vorhanden, brachten aber in ihrem von strenger
Censur überwachten Referat wenig Anregung zum Lesen.
Ich erinnere mich nur eines von den Zeitungen viel be=
sprochenen Vorgangs, der uns lebendiger interessirt hatte.
Es war der Besuch der beiden Söhne des Königs Ludwig
Philipp, der Herzöge von Orleans und von Nemours, in
Berlin während des Monats Mai 1836. Ihre Reise
hatte sie in unsere Nähe geführt, sie passirten die nur drei
Meilen entfernten Poststationen Egeln und Magdeburg.
Die halbe Welt war hingeströmt, um die Prinzen zu
sehen, und Alles war voll von der herablassenden Freund=
lichkeit, mit der sie die Herzen gewannen. Man verglich

sie mit einzelnen heimischen Prinzen und entschied sich für
die französischen; man wurde aber in seiner enthusiastischen
Regung ganz bestärkt, als man von Berlin hörte, wie
der König Friedrich Wilhelm III. seine Gäste ausgezeichnet
und welch' Gefallen er an ihnen gefunden hatte. Das war
lange Zeit Gegenstand des Gesprächs gewesen. Das Mögliche
und Unmögliche wurde als nothwendige Folge jener Berührung des legitimen Hofes mit dem des Volkswillens
besprochen und erwogen. Dann war Alles wieder still.

Jetzt aber trat ich politischen Verwickelungen näher,
die bald die schroffsten Reibungen zu Wege brachten.
Der König Wilhelm IV. war gestorben, die Personal-
union Hannovers mit Großbritannien damit gelöst und
Ernst August hatte den Thron seiner Väter, ausschließlich
als König von Hannover, bestiegen. Er hatte am 28. Juni
1837 seinen Einzug in die so lange verwaist gewesene
Residenz gehalten und war mit offenen Armen empfangen
worden. Aber schon am 5. Juli erschien das berühmte
Patent, welches die Rechtsverbindlichkeit des Staatsgrundgesetzes vom Jahre 1833 für den König negirte. Damit
nahm plötzlich Alles eine andere Färbung an. Mein Vater
schrieb mir schon am 9. Juli:

„Wir erwarten am Mittwoch unsere Königin von Berlin
her. Dann wird eine neue Illumination stattfinden; ob so
glänzend, wie die erste bei ihres Gemahls Einzug wird von
manchen Dingen abhängen. Die Menschen hier sind seit
Erscheinen eines Patents vom 5. d. Mts. vollständig auf's
Maul geschlagen.

Der Herzog von Cambridge ist seit einigen Tagen fort.
Er hatte unsere Liebe, unsere Anhänglichkeit mit auf den

Weg genommen! Er mußte fort, der Zustand der Aufregung
ward für ihn zu viel. Er ist nach Wiesbaden, wohin ihm
die Herzogin in einigen Tagen folgt. Deine Mutter ist heute
Mittag zu ihr beschieden, um Abschieds=Audienz zu haben!
Alles fließt in Thränen, was von Monbrillant kommt."

Ein Gefühl des Unbehagens und der Unsicherheit
war über alle Welt, auch die Ruhigsten gekommen. Es
steigerte sich noch, als der König sofort an die han=
noverschen Heeres=Einrichtungen und Usancen, namentlich
an die alte rothe Farbe der Uniformen die Hand legte
und ohne Weiteres mit Reformen vorging, die sich voll=
ständig an preußische Normen anlehnten. Die Ueber=
stürzung und Hast dieser Maßnahmen beunruhigten fast
noch mehr als sie selbst. Um den Eindruck anschaulich zu
machen, den sie auch auf die überlegtesten und gemäßigtsten
Männer hervorriefen, lasse ich einige Auszüge aus Briefen
meines Vaters folgen. Er schreibt noch am 9. Juli:

„Eine Regierungsveränderung, wie die unsrige hier ge=
wesen ist, bringt mancherlei in Bewegung und veranlaßt
wenigstens im Anfange manche Gemüthsunruhe. Ich fürchte
meines Theils nichts. Meine Stellung im Staate und in
der Armee sind der Art, daß ich ziemlich Alles an mich kommen
lassen kann. Ich habe 48 Jahre treu und redlich und con=
sequent meinem Landesherrn, und zwar schon in der vierten
Person, gedient und gewissenhaft meine Pflichten gegen ihn
und das Vaterland erfüllt — habe mich auch, was auch meine
eignen politischen Ideen sein mögen, stets an Dienst= und
Huldigungseid gehalten, welches für einen Soldaten stets der
sicherste Anker für's Lebensschiff ist. Aber auch mit diesem
Bewußtsein können Verhältnisse eintreten, die mich früher,

als ich dachte, in die Zurückgezogenheit zu treten nöthigen.
Solches zu vermeiden werde ich mich bestreben; man hängt
aber nicht immer von sich selbst ab. Aeußere Beziehungen
sprechen mit, und diejenigen, denen wir entgegen zu gehen
scheinen, flößen mir kein rechtes Vertrauen ein."

Am 30. Juli heißt es dann:

„Tiefgreifende Veränderungen haben noch nicht stattge=
funden und werden meiner Ansicht nach auch nicht sobald
eintreten. Die große Frage bleibt jetzt — das Patent!
Und darüber — über seine gesetzliche Berechtigung sowohl, wie
darüber, ob es weise gehandelt gewesen, es zu erlassen —
walten sehr verschiedene Ansichten; die gewiegtesten Publicisten
und Staatskünstler sind nicht einerlei Meinung in Hinsicht
des erstern, und das zweite hängt lediglich vom Erfolge ab.
Diesen mit Ruhe und Besonnenheit zu erwarten, ist die Auf=
gabe meines Gleichen. Der Zustand unseres constitutionellen
Lebens seit Erlaß des Staatsgrundgesetzes von 1833 war mir
nicht zusagend. Die zweite Kammer war nicht so zusammen=
gesetzt, daß mit ihr eine monarchische Regierung lange in
Frieden und Einigkeit bestehen konnte; es herrschte zu viel
Theorie vor — man schwatzte sehr oft in den Tag hinein und
verlor Zeit, edle Zeit, die jetzt unwiderbringlich verloren ist. —
Und überall kann es nicht im Geschmacke eines alten Militärs
sein von den wirren Ideen einer Versammlung von Bürger=
meistern und Advocaten, die von Localverhältnissen geleitet
werden, abhängig zu sein. — Eine andere Frage aber ist es,
ob etwas Besseres an dessen Stelle gesetzt werden kann —
denn eine gänzliche Abschaffung von Ständen halte ich für
ebenso unmöglich, wie auch nicht beabsichtigt. Zurück kann
man aber nicht mehr; man muß vorwärts, denn man hat
den Abgrund hinter sich gelegt. — Am Ende wird es auf
einen Handel hinauskommen. Das Wort Staatsgrundgesetz

ist im Grunde auch nur ein Schiboleth, für das neun Zehntel unserer niederdeutschen Nationalität nicht viel einsetzen, wenn eine Regierung oder ein Monarch nur populär ist. Aber da liegt der Hund begraben. Unser Bürger, unser Bauer — wir Alle sind im Herzen Hannoveraner und lieben unser Niedersachsen und sind keine Preußen. Der Bauer und Bürger hält große Stücke auf seinen rothen Soldaten, und die schon vorbereiteten Anordnungen in dieser Beziehung sind sehr un= populär!! — und kostspielig dazu. Zu leugnen ist es also nicht, daß es Stoff für Böswillige gibt, um eine Gährung in die Gemüther zu bringen, aus der nichts Gutes ent= stehen kann.

„Halte Dich versichert, daß ich stets meinen Grundsätzen gemäß mit meiner langgewohnten Treue gegen den Landes= herrn und meine Familie handeln werde, so lange meine Thätigkeit gefördert wird. Den heißen Wunsch hege ich jedoch, daß diese Thätigkeit nie gegen meine innere Ueberzeugung in Anspruch genommen werden möge."

In allem Diesen spricht der moralisch gesinnte Mann, er war aber auch der Person des Königs durchaus ohne Vorurtheil zugeneigt. So schreibt er in einem der fol= genden Briefe:

„Ich habe durch das Geschäft der Commandantenschaft, das mir für vierzehn Tage vorübergehend übertragen war, Gelegenheit gehabt, Seiner Majestät näher zu kommen; habe viel mit dem Könige geredet, und muß gestehen, einen durch= dringenden starken Geist, eine wunderbare Gabe zu Geschäften und einen Mann und Fürsten gefunden zu haben, der Argu= mente hören und leiden kann. Von Schwäche und vorgefaßten Meinungen ist niemand frei; dahin gehören Ihro Majestät Preußomanie in Uniformen und Einrichtungen des Militärs.

Wir werden aber solche ertragen lernen, und Höchstsie werden auch nachlassen."

Dennoch wuchs auch seine Verstimmung; die Dinge entwickelten sich in vielen Richtungen anders, als er erwartet hatte. Schon im Januar 1838 schrieb er mir: „Könnte ich mit Ehren aus der mich schmerzenden Schlinge, so setzte ich mich in Ruhe."

Ich war im Sommer ganz unerwartet commandirt worden, als zweiter Officier das Remonte=Commando des Regiments zu begleiten. Wir marschirten im Juli ab, empfingen die jungen Pferde in Ragnit ohnweit Tilsit an der Memel und kehrten erst in der zweiten Hälfte des Novembers nach Aschersleben zurück. Ich hatte die Ge= legenheit gehabt, viel zu sehen und zu lernen; hatte nicht allein Danzig und Königsberg, sondern auch sämmtliche größeren Orte unserer östlichen Provinzen, Frankfurt und Insterburg, Gumbinnen und Tilsit, Thorn und Posen besucht; ich hatte das Meer zum ersten Male erblickt und war in kurzen Tagesmärschen durch weite Landestheile gezogen, in deren Eigenthümlichkeiten mir vollständig Neues entgegentrat. Auch empfand ich es als einen besonders glücklichen Umstand, daß mich der Marsch mitten durch das Großherzogthum Posen führte, ich somit auch ein Bild von ganz national=polnischen Distrikten gewinnen konnte. Zudem hatte mein älterer College gern davon Nutzen gezogen, daß noch ein zweiter Officier beim Commando war, und hatte dasselbe, nachdem wir über die Elbe waren, verlassen, um erst in Lithauen zum Remonte=Empfang sich wieder einzustellen. Ich war daher auch für eine Reihe von Wochen auf selbständiges Handeln angewiesen und hatte

die Genugthuung, Mannschaften und Pferde in guter
Ordnung an Ort und Stelle zu bringen. Es war eines
der Jahre, in denen die Cholera die Provinz Preußen
heimsuchte; in unmittelbarste Berührung traten wir mit
ihr in Quartieren, wo wir Kranke und Sterbende vor-
fanden. Die peinlichste Ueberwachung unserer Leute war
unerläßlich; niemand erkrankte. In jeder Beziehung befriedigt kehrte ich heim und durfte dann umsomehr mich eines
mehrwöchentlichen Urlaubs erfreuen.

Ich fand mit Ausnahme meines Vaters meine ganze
Familie in größter Aufregung. Ein zweites Patent vom
1. November 1837 hatte das Staatsgrundgesetz definitiv
für erloschen erklärt, drohende Worte waren demselben an-
gehängt; die sieben Göttinger Professoren hatten am
18. November ihren Protest eingelegt und wurden am
14. December entlassen. Worte des Königs, ob von ihm
wirklich geäußert oder ihm nur in den Mund gelegt: „Er
glaube, Tänzerinnen, Professoren und H . . . . könne man
überall für Geld haben", wurden von Mund zu Mund
getragen; die städtischen Korporationen rüsteten sich zum
Waffengange für das Staatsgrundgesetz; mein eigener Onkel
Hausmann war Wortführer der Bürgervorsteher von Hannover und stand in Mitten der entschiedensten, aber sehr
ruhig und mannhaft auftretenden Opposition. Die Männer,
deren Rath sich der König zugesellt hatte, die Herren
von Schele, von Lütken und von Wedel, gehörten durchaus
nicht zu solchen, denen ein hervorragendes Vertrauen im
Lande zur Seite stand. Dazu waren die neuen blauen
Uniformen nach preußischem Schnitt befohlen. Viele Stimmen wurden in der Armee laut, die wenigstens die Er-

haltung einzelner der von der Legion herstammenden historischen Uniformen, so die Jägergarde, erbaten. Aeltere Generale hatten versucht, den König zur Gewährung zu bestimmen; der Herzog von Cambridge hatte persönlich geschrieben; um so entschiedener war die Ablehnung des Königs; er hatte gerade im Gegensatz befohlen, er wolle vorzugsweise die Jäger auf der Neujahrscour in neuer Uniform sehen. Die aus dem englischen Dienst herstammenden Embleme und Erinnerungszeichen an den Kopfbedeckungen wurden beseitigt; auch hier war gebeten worden. „Ich liebe keine Reminiscenzen" sollte die Antwort des Königs gelautet haben. Die Rangverhältnisse, denen gemäß die Artillerie vor der Cavallerie und Infanterie nach altem hannoverschen Herkommen rangirte, wurden dahin geändert, daß die Artillerie, wie jetzt, hinter die Infanterie gestellt wurde, die Cavallerie den Vorrang vor Belden erhielt. Die Truppen-Aerzte, bis dahin Mitglieder der Officier-Corps, wurden in das Verhältniß der Militär-Beamten verwiesen. Die Umbildung aller Reglements war in die Hand genommen.

Kurz, wohin man sah, waren Unruhe, Unsicherheit, Mißmuth und Unzufriedenheit ausgesäet, und selbst in den Kreisen, welche sich zum Könige stellten, wie der Adel und ein Theil des Beamtenthums, empfand man die Spannung der Situation. In meiner Familie fühlten sich alle jungen Leute und alle Nichtsoldaten in ihrem Rechtsgefühl auf's Tiefste verletzt, und wenn mein Vater auch auf's Bestimmteste den Standpunkt festhielt, auf den er sich von vorn herein gestellt hatte, so bedauerte er doch manche unnöthige Härte und manche Maßnahme, die Berechtigtes und Zweckmäßiges zugleich mit Veraltetem, ohne Abwägung über den Haufen warf. Wurden doch militärische An= ordnungen in hastiger Kopirung preußischer Normen ohne Weiteres beseitigt, wie die Aufstellung der Infanterie in zwei Gliedern, das Tragen des Bajonetts in der Scheide statt auf dem Gewehr und andere, die viel wichtiger und dem Gefecht der Truppe entsprechender auch in Preußen, aber erst viel später Eingang ge= funden haben.

Wenn nun die Verstimmung, die in den Officier= Corps selbst die Augmentirungen der Armee und die damit verbundenen Beförderungen nicht beseitigen konnten, ihre Spitze wesentlich gegen Preußen und preußisches Militär kehrte, so mußte ich persönlich nicht gerade immer angenehm durch die Aeußerungen, die ich vernahm, berührt werden. Auf der anderen Seite ließ mir der König eine Berücksichtigung zu Theil werden, die weit über mein Alter und meine Stellung hinausging. Ich wurde wieder= holt zur Tafel befohlen, der König unterhielt sich jedes Mal längere Zeit eingehend mit mir und äußerte sich auf's freundlichste. Er hatte verschiedene geborene Han= noveraner, die in preußischen Diensten standen, veranlaßt, nach Hannover zurückzukehren, und der Gedanke lag nahe, daß er auch wünschen würde, daß der Sohn eines seiner geachtetsten Generale in den heimathlichen Dienst Jenen folgen möchte, um so mehr als er im Begriff war, aus den vier Cavallerie=Regimentern, die er vorfand, wiederum deren acht zu formiren. Man hatte im Publikum schon mehrfach davon gesprochen, ohne daß mein Vater und ich davon vernommen hatten, als der König mich mit der

directen Anfrage überraschte: ob ich beabsichtige, in Preußen
den Abschied zu nehmen? man habe ihm dies aus Berlin
geschrieben. Ich verneinte ganz unbefangen, erhielt aber
noch selbigen Tags durch den Stallmeister des Königs
und meinen alten Lehrer, Major Maier, den weiteren
Aufschluß über die Wünsche und Absichten des hohen
Herrn. Es lockte mich Manches in den gebotenen Aussichten; zunächst kehrte ich indessen nach Aschersleben zurück.
Kaum war ich wieder dort, als mir persönlich und anderen
Officieren des Regiments von verschiedenen Seiten aus
Berlin in bestimmter Fassung die unrichtige Nachricht
zuging, daß ich nach Hannover, mit großen Anciennetäts-
Vortheilen, im Begriff stehe überzutreten, oder bereits
übergetreten sei. Bei näherer Nachforschung fand sich,
daß diese Mittheilungen ihren Ausgang von Personen
genommen hatten, die mit dem Hofe in Hannover in
directester Beziehung standen. Ich correspondirte mit
meinem Vater über die Eventualität. Er gab nach verschiedenen Erwägungen mit den kurzen Worten den Aus-
schlag: „Wer A gesagt hat, muß auch B sagen; man muß
den Dienst nicht wechseln wie ein Hemd; du hast Verpflichtungen übernommen, bleibe ihnen treu".

Noch ein anderes Mal in späteren Jahren trat die
Möglichkeit eines Uebertritts in hannoversche Dienste ohne
mein Zuthun mir sehr nahe; ich bin auch dann dem in
jene Worte gefaßten Rathe meines Vaters gefolgt.

Mittlerweile waren in meiner militärischen Heimath
mannigfache Veränderungen eingetreten. Schon Anfangs
1836 war der Prinz Carl, Sohn des Königs Friedrich
Wilhelm III., zum commandirenden General des Armee-

Corps ernannt und, in Verbindung damit, das General=
Commando von Magdeburg nach Berlin verlegt worden.
Zunächst fühlten wir den Wechsel im Commando nur
dadurch, daß auf die Gleichförmigkeit im Anzuge mehr
Werth gelegt wurde, als früher. Eine größere Zahl kleiner
Licenzen, deren wir uns erfreuten, die aber allerdings
willkürliche Abänderungen der Norm waren, verschwanden.
Dann kam der hohe Herr selbst zum Frühjahrs=Exerciren
des Regiments. Es galt zu jener Zeit als ein Ereigniß
von ganz besonderer Bedeutung, wenn ein Mitglied des
Königshauses in der Provinz erschien; es fehlte demnach
auch nicht an Menschen, die zusammen strömten, den
Prinzen zu sehen, und an, meistens sehr dürftig und
geschmacklos ausfallenden, Ehrenbezeugungen, die mit dem
gutherzigsten Willen, loyale Anhänglichkeit darzuthun, in
Scene gesetzt wurden. Der Prinz schien kein besonderes
Gefallen daran zu finden, bezeugte nur dem Commandeur
und uns seine große Zufriedenheit, ohne sein Interesse
anderen Personen und Verhältnissen zuzuwenden. Nicht
gerade erfreut hatte er bemerkt, daß unser Regimentsarzt
die einzige Person im Regimente war, die das eiserne
Kreuz besaß, und daß er noch dazu dies Ehrenzeichen am
schwarzen und nicht am weißen Bande trug, er somit
nicht als Arzt, sondern als Combattant mit der Waffe
decorirt worden war. Die betreffende Persönlichkeit, ein
Original, mehr Chirurg als Arzt, überhaupt mehr einer
practischen als einer wissenschaftlichen Heranbildung, wie
ein sehr beträchtlicher Theil der Militär=Aerzte jener Zeit,
entwachsen, hatte in der That, während des Gefechts seines
ärztlichen Berufs gänzlich vergessend, eine Attacke mit

gezogenem Säbel mitgeritten und war persönlich bei der Wegnahme mehrerer feindlicher Geschütze betheiligt gewesen. Der Prinz fragte ihn: „Wo haben Sie das Kreuz her?" Er antwortete rasch: „Man sagt, ich hätte mich bei Leipzig ausgezeichnet". Der Prinz lächelte und gab ihm freundlich die Hand.

Im Frühjahr 1838 hatten wir auch den General von Thile und unsern Commandeur verloren. An des Ersteren Stelle trat ein General von D., freundlich, wohl= wollend und pflichtgetreu, aber seinen Vorgänger nicht ersetzend. Das Commando des Regiments übernahm ein Major Sch., der bis dahin im 3. Husaren=Regimente, dessen Chef der König Ernst August war, gestanden hatte. Ein sehr verzögertes Avancement hatte ihn in der mili= tärischen Laufbahn zurückgehalten und ausschließlich auf das Leben in kleinen Garnisonen angewiesen. In seiner äußeren Erscheinung und Haltung ganz der Repräsentant einer fast vergessenen, verzopften Schule, einäugig, rücksichts= loser Reiter, war er fast in Allem das Gegentheil des Obersten von Schreckenstein. Mit dem Eifer eines älteren Mannes, der zu einer Zeit, wo er es kaum noch erwartet hatte, in eine Thätigkeit und Stellung gekommen war, die eigentlich über seine Befähigung hinausging, suchte er das zu ergänzen, was uns nach seiner Ansicht fehlte. Er beförderte auch in der That Manches, auf das unter seinem Vorgänger nicht hervorragender Werth gelegt war. Die Gangarten wurden rascher, das Exerciren präciser; er verstand es vortrefflich, das Regiment auf dem Exercir= platze zu tummeln und vorzuführen; die gesammte Aus= stattung von Mann und Pferd wurde bestimmter geregelt;

aber alle geistige Einwirkung, die eine Erweiterung des militärischen Gesichtskreises im Officier=Corps brachte, die sein inneres Leben anzuregen wußte, fehlte; wir mußten in dieser Beziehung vom Capital zehren. Gutherzig und in jeder Weise bemüht, nach Kräften das Wohl der einzelnen Officiere zu fördern, gewann sich der Commandeur trotz seiner Schwächen unsere Zuneigung.

Für den Augenblick war er in die höchste Aufregung durch die Nachricht versetzt, das Armeecorps werde im Herbst zur Abhaltung großer Manöver bei Magdeburg concentrirt werden. Es war überaus komisch wahrzunehmen, wie sich seine Unruhe steigerte, je mehr der Zeitpunkt für den Abmarsch sich näherte. „Alter Freund! habt Ihr Bange?" war seine stete Anrede, wenn er beim Einüben des Parademarsches, im Sattel hochaufgerichtet, an den einzelnen Officieren vorbeiritt. Die Antwort des Einen nicht abwartend, wandte er sich an den Zweiten, ohne daß es ihm gelang, die innere Erregung zu verbergen, die vollständig seiner Herr geworden war. Unzweifelhaft wäre er jeder Gefahr vor dem Feinde mit größerer Zuversicht ent= gegen geritten, als dem Defiliren vor seinem königlichen Herrn.

Die erwarteten Manöver waren in hohem Grade interessant. Das gesammte Armeecorps mit Landwehr= Bataillons und Landwehr=Escadrons war zur Stelle. Da die Landwehr=Escadrons den Bataillons attachirt und demnach in entsprechender Anzahl vorhanden waren, so wurden, um noch vier Cavallerie=Regimenter aus den zwölf Escadrons zu formiren, von jeder Escadron à zwei= hundert Pferden fünfzig abgegeben und innerhalb des Verbandes eines Landwehr=Regiments zu immer vier

Escadrons zusammengestellt. Es waren demnach sowohl
vier Linien-Infanterie- und vier Linien-Cavallerie-Regimenter
zur Stelle. Dazu eine Abtheilung Jäger zu zwei Compagnien, drei Abtheilungen Artillerie, von denen jede aus
drei Fuß- und einer reitenden Batterie bestand, und eine
Abtheilung Pioniere zu zwei Compagnien. Die Infanterie-
Bataillone, die Jäger und Pioniere waren, soweit erstere nicht
in Magdeburg selbst hatten bleiben können, in einem großen
Zeltlager ohnweit des Sudenbergs untergebracht, die Cavallerie und Artillerie in Cantonnements auf die reichen umliegen-
den Dörfer vertheilt. Damals hatte die Rübenzuckerfabri-
kation noch nicht alle bäuerlichen Verhältnisse jener Gegend
umgestaltet. Der reiche Bauer bewirthschaftete als solcher
seinen Hof selbst, seine Frau trug die alte Bauerntracht,
seine Tochter, wenn auch in Gnadau bei den Herrnhutern
während weniger Jahre „erzogen", griff jede Arbeit mit
an und hatte sich der alten Weise noch nicht entwöhnt.
Die großen Bauernhöfe gestatteten die Aufnahme einer
sehr beträchtlichen Zahl von Pferden, so daß für uns in
jeder Beziehung gut gesorgt war. Mein Rittmeister war
zu jener Zeit der vielgenannte Verfasser des in der ganzen
Cavallerie verbreiteten Instructions-Buches, des sogenannten
„kleinen Mertens". So praktisch und entsprechend sein
Büchelchen ausgefallen war und so viel ihm die immer
wieder nothwendig werdenden neuen Auflagen einbrachten,
so wenig leistete er selbst als practischer Soldat. Er war
kein Reiter und verstand auch nicht, bei bäurischem Aeußern
und ohne jede militärische Bestimmtheit, seine Truppe in
Spannung und Disciplin zu erhalten, und wurde bald nach
dem Manöver verabschiedet.

Wir exercirten innerhalb der verschiedensten Combi=
nationen, zuerst im Verbande unserer Brigade gemeinsam
mit dem sehr geschmackvoll bekleideten, aus sächsischem
Dienst übernommenen hellblauen 12. Husaren=Regimente.
Der Commandeur desselben, ein Oberst von Wolff, hatte
das Commando. Zwischen beiden Regimentern bestand
seit längerer Zeit eine lebhafte Eifersucht. Wir bildeten
uns ein, mehr zu leisten; dagegen gaben die ungleich vor=
theilhaftere äußere Erscheinung und der Umstand, daß eine
größere Zahl gräflicher und hocharistokratischer Namen in
dem Officier=Corps des andern Regiments vertreten war,
diesem das Gefühl der Ueberlegenheit. Da hörte man
denn gern, der Brigade=Commandeur habe gesagt: „Was
hilft's, die Zwölfer sehen aus wie die Engel, die Zehner
reiten wie die Teufel, sind mir doch lieber". Und von
dem Obersten von Wolff wurde erzählt, er habe über seine
Grafen im Officier=Corps in seinem sehr prononcirten
Dialect geäußert: „Sie sind mich gut vor die Rangliste,
aber schlecht vor der Front". So fehlte es nicht an
Reibungen in diesem Brigade=Verbande, auch als die
gesammte Cavallerie unter die Befehle des Commandeurs
der 8. Division, Generals von Loebell, gestellt, und dem=
nächst dem Könige vorgeführt wurde.

Der hohe Herr war in Magdeburg mit den Prinzen,
seinen Söhnen, und deren Gemahlinnen eingetroffen;
auch der Kaiser Nikolaus von Rußland, sein Schwieger=
sohn, war angelangt. Obwohl erst im 68. Lebensjahre,
erschien Friedrich Wilhelm III., getragen von der Bedeutung
einer reichen und mannigfach gestalteten Vergangenheit,
als ein Patriarch in Mitten seines edlen hochfürstlichen

Hauses. Man konnte nichts Stattlicheres und Schöneres sehen, als jene hohen Gestalten, die den königlichen Vater in ehrerbietiger Haltung umgaben; strahlten doch Alle gerade damals in der ganzen Frische männlicher Kraft und weiblicher Anmuth. Das Auge wurde immer wieder gefesselt durch die Erscheinung der beiden hohen Schwestern, der Prinzessinnen Wilhelm und Carl, durch die Prinzen selbst, vor Allem aber durch den Kaiser von Rußland, der seinem Verhältnisse zum Könige das Gepräge der aufmerksamsten und verbindlichsten Verehrung zu geben verstand. Auch der König Ernst August war mit einer zahlreichen Suite hannoverscher Generale und Officiere erschienen, gleichsam als ob er dem königlichen Nachbarn und Verwandten seine Huldigung darbringen wollte. Friedrich Wilhelm trat aber als Mittelpunkt dieser Großen der Erde um so frappanter und imponirender sowohl uns Soldaten als den sich aus allen Theilen der Provinz und der anliegenden deutschen Lande ansammelnden Massen entgegen, als seine Haltung so unendlich einfach und schlicht und wenn auch wohlwollend und freundlich, doch knapp und bemessen, ernst und abgeschlossen sich darstellte.

Die Stadt Magdeburg sowohl, wie die Stände der Provinz hatten Alles aufgeboten, um den hohen Herrschaften zu huldigen; die Stadt wurde wiederholt illuminirt, glänzende Feste wurden veranstaltet; bei einem im Dom mit allem officiellen Gepränge abgehaltenen Gottesdienst feierte der bekannte Bischof Draeseke, mit dem ihm eigenen, dem Geschmacke der Zeit entsprechenden, schwülstigen Bombast, die Zusammenkunft der Herrscher. Auch der Himmel lächelte zu dem Allen freundlich herab und die militärischen Schau-

spiele verliefen in zufriedenstellendster Weise. Dabei über=
raschte es mich, daß trotz der anscheinend vorhandenen
Harmonie manche Reminiscenzen laut wurden, die unan=
genehm berührten. Man wollte es den Magdeburgern
noch nicht vergessen haben, daß sie zu „westphälischer Zeit"
allzusehr die preußische Vergangenheit verleugnet hätten;
man behauptete sogar, daß eine Säule, die zum Zwecke
der Illumination N. I. (Nicolaus Imperator) leuchten ließ,
schon früher gedient habe und damals dieselben Anfangs=
Buchstaben, aber mit der Deutung auf Napoleon premier
aufgewiesen habe. Auch wußte man genau die dem früher
sächsischen Theile der Provinz angehörigen Adelsgeschlechter
zu nennen, deren Vertreter wohl erschienen waren, aber in
ihrer Haltung noch die Sympathien für das alte Herrscher=
haus zur Schau trugen.

Bei unseren Vorübungen war nun selbstredend alle
Sorgsamkeit darauf verwendet worden, den Ansprüchen
und Liebhabereien des Königs gerecht zu werden. Es
hatte während seiner letzten Regierungsjahre, namentlich
auch nach der Revue von Kalisch, eine größere Zahl
russischer Weisen sich in die Armee eingeschlichen. Ein
Sohn des früheren Kriegsministers von Witzleben, der als
Russomane besonders viel leistete, war, obwohl damals
noch Artillerist, später Cavallerist und der Garde angehörig,
eigens nach Magdeburg commandirt worden, um das
Schlagen der Tamboure gemäß russischer Norm zu regeln,
die russische Nationalhymne wurde in jenem Jahre zum
ersten Male von unserm Musikcorps geblasen, das Hurrah=
rufen war in verschiedenen Variationen eingeübt. Dabei
trat die alte preußische Uniform, das alte preußische Leder=

zeug der Infanterie noch ein Mal in vollster Herrlichkeit
auf. Der Tschako, die häßlichste Kopfbedeckung, die je
erfunden wurde; die dürftige Uniform, aus einer Jacke
bestehend mit hohem steifen Kragen und mit desto kürzerem,
hinten angesetzten Schoß, der den ganzen Unterleib unbe-
deckt ließ; die weißen Paradehosen, welche mit den Gamaschen
in ein Stück verarbeitet waren; die breiten Riemen, welche,
über Kreuz die Brust bedeckend, die hinten hängende
Patrontasche einerseits, den kleinen Säbel der Infanterie
andererseits trugen; der Tornister, welcher, als Last allein
den Schultern aufgelegt, die Menge der die Brust ein-
engenden Riemen noch vermehrte. Dazu die steife Haltung;
der stehende Schritt mit geraden Knieen; das Gewehr in
der Höhe der Hüfte kunstvoll vom rechten Arm getragen;
die untadelhaft gerichteten Tiraillenrlinien, die Batterien
innerhalb derselben abprotzend; das Feuergefecht der Linie
in drei Gliedern mit Wechseln der Gewehre; die auf das
Raffinirteste zusammengestellten Manöver; kurz in Allem
ein straffer Mechanismus, der in dem Momente, wo der
Exercirplatz verlassen wurde, aufgegeben werden mußte.
Auch das dem Könige vorgeführte Exerciren der acht
Cavallerie = Regimenter wich nicht von der angegebenen
Tendenz ab. Es war, in verschiedene Momente zerlegt,
nach bestimmt vorgezeichneten Alignements und Richtungs-
punkten am Tage vorher eingeübt worden, um mit einem
niemals fehlenden Knalleffect zu enden. Ich war als
Ordonnanzofficier zum General v. L. commandirt. Die
Vorstellung begann mit der Parade; der General ritt
einen schönen, aber sehr lebhaften hellbraunen Hengst. Als
der Parademarsch beendet war, wollte er ein ruhigeres

Pferd besteigen und rief nach dem „Rappen". Der Stabs=
trompeter in der Suite aber verstand „Trapp" und
schmetterte sein Signal, das, gemäß der wohl eingeprägten
Disposition, den Regimentern den Beginn des Exercirens
bezeichnete. Der Sturm brach los, der General war auf
seinen Hengst gebannt. Mit der ganzen Heftigkeit seines
Temperaments eiferte der Gaul danach, Alles zu überholen.
Der General war außer sich; kaum noch Herr seines
Pferdes, war er noch weniger Herr seiner selbst; er wurde
geprellt und geworfen und konnte auf nichts Anderes
achten, als darauf, Sitz und Bügel zu behalten. Das
Exerciren aber spielte sich, unbekümmert um den Führer,
mit vollster Sicherheit weiter ab, die Akteurs setzten bei
den Stichworten gut ein, hielten die Pausen wohl abge=
messen, und das Schlußtableau war da, wie eben der
Rappe dem General sein Gleichgewicht wieder gegeben hatte.
Es fand den lebhaftesten Beifall.

Niemand bezeugte diesen militärischen Schaustellungen
ein größeres Interesse als der Kaiser Nikolaus; er war
immer mitten zwischen den Truppen. So gerieth er auch
in eine von unserem Regimente gerittene Attacke. Der
Regiments=Adjutant, ein sehr großer und überhaupt durch
sein Aeußeres auffallender Officier, der älter, als man es
für einen Lieutenant voraussetzte, aussah, war dem hohen
Herrn nahe geblieben, um ihn vor allen unsanften Be=
rührungen zu schützen. Der Kaiser hielt ihn wahrscheinlich
für den Commandeur, streckte ihm fast noch im Reiten
beide Hände entgegen und rief ihm zu: „Sie glauben nicht,
wie glücklich ich mich unter Ihnen fühle." Der überraschte
Officier war keiner Antwort fähig. Er behielt die Erinne=

rung an diesen glücklichen Augenblick Zeit seines Lebens
in treuem Gedächtniß. —

Nach Beendigung der Manöver konnte ich dazu schreiten,
einen Lieblingswunsch zu verwirklichen; ich erbat und erhielt
einen mehrmonatlichen Urlaub in meine Heimath, um mich
für das Examen zur Kriegsschule (jetzt Kriegsakademie)
vorzubereiten. Mit ganzem Eifer widmete ich mich den
Repetitionen und Sprachstudien, genoß dabei aber auch
die Freuden, die mir Hannover in reichem Maße bot.
Die politische Bewegung hatte freilich einen noch leiden=
schaftlicheren Charakter angenommen, die Verstimmung
weitere Kreise erfaßt; aber auch damals war für mich
die Gelegenheit geboten, Kenntnisse zu sammeln und Ver=
ständniß für staatsrechtliche Fragen zu gewinnen. Ver=
schiedene Vorstellungen waren klagend an die Bundes=
versammlung zu Frankfurt gelangt, die größere Zahl der
Juristenfacultäten an den deutschen Universitäten hatte
sich zur Sache geäußert, die Voten, welche die einzelnen
Regierungen am Bundestage zu jenen Klagen abgegeben
hatten, gelangten in's Publikum. Alles wurde eifrigst
colportirt und besprochen. Der König hatte eine Stände=
versammlung, die auf Grund der Verfassung vom Jahre
1819 von ihm zusammen berufen war, neue Verfassungs=
anträge zu berathen, die sich aber nach verschiedenen Ver=
handlungen am 25. Juni für incompetent erklärt hatte,
wenige Tage darauf vertagt. Man war gespannt darauf,
was nun geschehen würde. In der Armee sah es nicht
beruhigter aus. Zwar fühlte man wohl, daß auch viel
Gutes und Zweckmäßiges gefördert wurde, daß überhaupt
ein Fürst, der, selbst Soldat, sein ganzes Interesse für seine

Truppen einsetzt, auch wenn dabei Härten und Eigenheiten sich empfindlich machen, doch den militärischen Geist beleben wird. Aber man sagte sich zugleich, daß die angebahnten Reformen und Augmentirungen nur durchzuführen sein würden, wenn eine Einigung mit den Geld bewilligenden Ständen zu erzielen wäre. Dazu berührte die Tendenz sehr unangenehm, die mehr und mehr die bürgerlichen Officiere aus der Garde zu beseitigen strebte. Eine General= ordre, welche die Ertheilung des Consenses zur Verheirathung der Officiere von übertrieben strengen Bedingungen abhängig machte und die der König auch gegenüber von allen schon bestehenden Verlöbnissen als maßgebend angesehen haben wollte, brachte in eine größere Zahl von Familien Kummer und Gram. Auch erzählte man sich, der König habe auf die Vorstellung einzelner Generale, die ihn darauf hingewiesen, wie viele Officiere gezwungen würden ein= gegangene Verpflichtungen zu lösen, geäußert: die Be= treffenden sollten froh sein, daß sie auf gute Manier der= selben enthoben würden. Aehnliche Erzählungen gingen von Mund zu Mund und sprachen dem Charakter des Königs jenes Wohlwollen ab, auf das der Niedersachse einen so großen Werth legt. Sie erbitterten und steigerten das allgemeine Unbehagen. Man empfand dies auf das Entschiedenste selbst bei Veranlassungen, die einen officiellen Charakter hatten, wenngleich die loyale Haltung der Officiere immer unverändert blieb.

Mein Urlaub war längst zu Ende, als ich zum General= commando nach Berlin zur Ablegung der geforderten Prüfung einberufen wurde, aber fast wäre mein Vorhaben noch im letzten Augenblicke gescheitert. Ich stürzte auf dem Glatt=

eis mit dem Pferde, mein linker Fuß war derartig zuge=
richtet, daß ich sehr entschiedene Mittel anwenden mußte,
um die lange Postreise machen zu können. Unter den
heftigsten Schmerzen, mit sehr geschwollenem Fuße erledigte
ich Meldungen, Besuche und Prüfung und war froh, als
ich wieder in Aschersleben eingetroffen war und mich von
Neuem den Anordnungen des Arztes unterwerfen konnte.
Es hatte in Wahrheit eines vollen Maßes von Energie
bedurft, meinen Willen durchzusetzen, und dies um so mehr,
da mein Commandeur wie eine Anzahl meiner Cameraden
in der Verletzung beim Sturz eine willkommene Abmahnung
erblickten, die mich von der Kriegsschule fern zu halten
hätte. So wenig Geltung hatte zu jener Zeit in der
Cavallerie wissenschaftliche Bildung, daß der Besuch der
Kriegsschule zum Wenigsten als überflüssig, vielleicht auch
geradezu als die cavalleristische Tüchtigkeit benachtheiligend
erachtet wurde.

Der Sommer verlief dann rasch; meine Einberufung
zur Kriegsschule erfolgte; mit höchster Spannung auf das,
was mich in Berlin erwartete, ging ich dem Herbste ent=
gegen. Vorher noch, schon im Mai, wohnte ich der
Jubiläumsfeier meines Vaters bei. Die kindliche Ver=
ehrung fand ihre vollste Genugthuung in der allgemeinen
Theilnahme, die ihn zu würdigen und zu ehren wußte.
Auch der König Ernst August erwies sich ihm in aner=
kennendster Weise, obwohl gerade in jene Zeit die ersten
Anlässe der Entfremdung fallen, die die späteren Dienst=
jahre meines Vaters vielfach verbitterten. Er brachte die
Verstimmung des Königs gegen ihn wesentlich damit in
Verbindung, daß der politische Kampf mehr und mehr

an Hartnäckigkeit zunahm, den König gegen die Stände
erbitterte, in denen die Opposition wesentlich ihre Vertreter
hatte. Mein Vater schrieb darüber (wiederholt an mich),
so heißt es ein Mal:

„Hier ist Alles beim Alten. Die Ersatzwahlen gehen
nicht und Man soll darüber sehr entrüstet und in Verlegenheit
sein. Wir bürgerlichen Standes leiden jetzt darunter sehr in
der Allerhöchsten Estimation, denn dem Stande wird, gewiß
ungerechter Weise, alle Opposition und selbst Demagogie zu=
geschrieben. Ich, für mein Theil, wünsche sehr Einigkeit hier
und in Deutschland; bin weder aristokratisch noch demokratisch,
aber sehr monarchisch gesinnt ꝛc. ꝛc."

Der König, voll Argwohn und Vorurtheile, erkannte
dies nicht in vollem Maße an, er verletzte durch Vernach=
lässigung und Nichtbeachtung. Mein Vater zog sich mehr
und mehr zurück, um wie er sich ausdrückte, „nicht jedes
Mal den Rücken Dessen gegen sich gekehrt zu sehen, der
den meisten Vortheil seiner Dienste genieße. Um einen
Stein, den er nicht zu heben vermöge, gehe er weg".

Auch ich wurde damit den hannoverschen Verhältnissen
mehr und mehr fremd; ich empfand zu lebhaft mit meinem
Vater. Desto empfänglicher ging ich den Berliner Ein=
drücken entgegen.

Mit außerordentlichen Erwartungen trat ich in das
mir gebotene neue Leben ein. Ich vermeinte die kleine
Stadt, die fast kümmerlich eingeengt in ihren Interessen
und Gesichtskreisen, zu vertauschen mit dem Mittelpunkte
unseres Staats= und Heerwesens, mit der Residenz unseres
Hofes, mit der hervorragendsten Pflegstätte deutscher Wissen=
schaft; die Pforten jener Militär=Akademie sollten sich mir

erschließen, die, von Scharnhorst geschaffen, dazu bestimmt
war, seinen Geist und den seines großen Schülers Clau=
sewitz auf die nachgeborenen Geschlechter zu übertragen;
ich glaubte um sie vereint die tüchtigsten, angeregtesten
jüngeren Officiere aller Heerestheile und aller Waffen zu
finden; ich hoffte, in das regste wissenschaftliche Streben
eingeführt zu werden, begierig, an ihm Theil nehmen zu
dürfen, wenn auch vorerst nur zaghaft zuschauend und
bescheiden zurückhaltend. In dem Allen fühlte ich mich
zunächst enttäuscht und das um so empfindlicher und
niederdrückender, als ich vorher zu sanguinisch mir das
zu Erwartende ausgemalt hatte. An der Spitze der
Kriegsschule stand allerdings noch ein Name von bestem
Klange, der General Rühle von Lilienstern. Nicht allein,
daß ihm als einem der fruchtbarsten und hervorragendsten
Militär=Schriftsteller die volle Berechtigung für seine Stel=
lung beizuwohnen schien, er hatte sich auch practisch
bewährt; es war bekannt, was er schon 1806, dann 1813
bis zum Waffenstillstande, namentlich aber als Beirath
Stein's während der militärischen Organisationen des
Winters 1813 auf 1814 in Deutschland geleistet hatte.
Er empfing uns ernst gemessen, sprach in kurzen, wohl=
gesetzten Worten von der Aufgabe, die uns gestellt sei,
und — sah uns nimmer wieder. Er verschmähte es,
irgend welchen persönlichen Einfluß auf die zusammen=
geführten Officiere zu üben; er entzog sich uns vollständig,
lebte nur seinen wissenschaftlichen Studien und überließ
die Kriegsschule der rein disciplinarischen Aufsicht zweier
alter Obersten, denen ihre Stellungen als die Dienstzeit
verlängernde Sinecuren zugewiesen waren.

Auch die Vorträge lagen nicht in durchweg hervor=
ragenden Händen. Einzelne Koryphäen der Wissenschaft,
wie der Geograph Carl Ritter und der Physiker Paul
Erman, die seit langen Jahren an der Kriegsschule lehrten,
waren alt geworden. Wie der erstere nichts weiter gab,
als das zum neunzehnten Male dictirte Heft, so konnte
die Magerkeit dieser Kost selbst nicht durch die überaus
anziehende und liebenswürdige Persönlichkeit, der wir aber
vollständig fern blieben, aufgewogen werden. Erman war
noch immer geistig belebt, aber so confus, daß kein irgend=
wie positives Resultat dem, was er sprudelnd und sprühend
sprach, abzugewinnen war. Allgemeine Geschichte las der
bekannte Philologe Zumpt; er war ganz zu Hause in
seinem Fach, wenn er römisches Leben, römische Entwicke=
lung und römische Größe zu schildern hatte; man folgte
ihm mit großem Interesse nach Pompeji, in dessen Ruinen
sich der deutsche Professor mit Schlafrock und langer
Pfeife heimisch gefühlt hatte, aber für das Mittelalter und
die Reformation, für die Gestaltung des modernen Staats
fehlte ihm das eigene Verständniß. Es war ihm nicht
möglich, uns gerade da zu orientiren, wo wir die An=
knüpfung für die Beurtheilung der Gegenwart und ihrer
Entwickelung zu suchen hatten. Der Vortrag des Hege=
lianers von Henning besprach Anthropologie und Logik;
die Hegel'sche Terminologie wußte er mit dürren Begriffen
in Verbindung zu bringen, geistige Anregung entwuchs
seinen Darlegungen sehr wenig. Belebender und fördern=
der war ein anderer Schüler Hegel's, Hotho, der Literatur=
geschichte im dritten Jahrescurse las. Er verstand es in
Wirklichkeit, dem Standpunkte und den Zwecken seiner

Zuhörer entsprechend, positive Resultate in eine Form zu
kleiden, die fesselte und zu weiteren Studien aufforderte.
Aber ehe ich zu ihm gelangen sollte, hatte ich noch zwei
Jahre lang mich durch unfruchtbare Lectionen hindurch
zu arbeiten. Auch Dove, dem damals nur ein an Zeit
sehr knapp bemessener Vortrag über physikalische Geographie
zugewiesen war, vermochte hiermit nicht ausreichend zu
beleben. Die rein militärischen Vorträge aber, denen
doch die vornehmlichste Wichtigkeit zugesprochen werden
mußte, entsprachen, einschließlich derjenigen über Mathe=
matik, in so weit sie Officieren überlassen waren, mit
wenigen Ausnahmen auch nicht den billigsten Anforderungen.
Jene Ausnahmen bildeten der Vortrag des Majors von
Griesheim über Taktik und derjenige des Majors von
Höpfner über Kriegsgeschichte, von denen der erstere dem
ersten und zweiten, der letztere dem dritten Jahrescurse
zufiel. Beide vereinigten eingehendes Studium und Wissen
mit gesunder, klarer und ansprechender Darstellung. Sie
hielten sich durchaus fern von einem eitlen Haschen nach
Originalität oder nach jenen Gedankenblitzen, die Gründ=
lichkeit und Ernst ersetzen, ihr Fehlen verdecken sollen.
Den lebendigen Gestaltungen des Krieges gewannen sie wie
reife Früchte die Grundsätze ab, auf welche sie ihre Lehren
bauten. Jeder ihrer Zuhörer wird sich der Vorträge
dankbar erinnern. Wir erhielten durch sie nicht allein
eine Erweiterung unserer Kenntnisse, sondern zugleich die
volle Zuversicht, daß die practische Schule des Studiums,
die sie begründeten, von richtigen Voraussetzungen aus=
gehend, zutreffende Ergebnisse fördern müsse. Indessen
diese Anschauungen gaben doch erst im Laufe der Zeit

ihre Befriedigung. Zunächst, im Beginn des ersten Cursus, trat gegen die Menge anderen, weniger gut angeordneten Stoffes auch der Griesheim'sche Vortrag zurück und war nicht im Stande, die Enttäuschung zu beseitigen. Die letztere erwuchs auch nicht allein aus dem Mangel belebender, in den Vorträgen gebotener Anregung, sie ergab sich namentlich auch aus der Stellung, die uns als Schülern angewiesen wurde und die in ihrer beengenden und controlirenden Weise weder dem Alter der Officiere, noch der ihnen sonst zugestandenen socialen Stellung entsprechend war. Wohl mochten diese Maßnahmen Mißbräuchen entwachsen sein, deren sich die Besucher der Kriegsschule schuldig gemacht hatten. Nicht alle Officiere, ja ich mußte mir bald sagen, nur eine Minderzahl derselben, führte das Verlangen nach wissenschaftlicher Ausbildung nach Berlin. Den verschiedensten Zwecken sollte das betreffende Commando dienstbar sein; die Einen wollten die große Stadt und die von ihr gebotenen Genüsse auskosten; die Anderen hofften ihrer militärischen Laufbahn dadurch nachzuhelfen, daß sie sich in der Residenz des Hofes zeigten, sich „Connexionen" verschafften, die Aufmerksamkeit der über die Beförderung der Officiere entscheidenden Persönlichkeiten auf sich zogen; Einzelne vermeinten mit dem Mephisto im Faust, der Besuch der Kriegsschule sei Nebensache, wie überhaupt die graue Theorie den Mann nicht fördere, es komme darauf an, in's große Leben einzutreten, eigene Anschauungen und Friction mit Anderen zu gewinnen; ja Etliche verhehlten nicht, daß ihnen die Garnison nicht die Gelegenheit geboten, eine reiche Partie zu machen, Berlin eröffne günstigere Chancen. Da schienen denn bindendere

Vorschriften zur Festhaltung des wesentlichen Zweckes des Lehrinstituts nothwendig geworden zu sein, wobei vergessen war, daß derartige Anordnungen, wenn sie gegen junge Männer angewendet werden, die die Kinderschuhe fort= geworfen haben, diejenigen, die sie treffen sollen, nicht bessern, die aber, welche von Innen heraus getrieben werden, verletzen und entfremden. Hier kann nur die Belassung möglichster Freiheit für jede individuelle Ent= wickelung zum erwünschten Ziele führen, und das um so mehr, als es unerreichbar sein wird, alle, die einen bestimmten Studienweg einschlagen, ihn mit Erfolg auch einhalten zu sehen. Es wird immer nur eine verhältniß= mäßig geringe Anzahl sein, die an der Endstation derartig anlangen, daß sie den vollen Austrag des dargebotenen Lehrstoffs sich eigen gemacht haben.

Es verging eine längere Zeit, bevor ich mich in den Hörsälen der Kriegsschule heimisch zu fühlen vermochte. Erst während des zweiten Cursus fand ich einen engeren Umgangskreis mit Officieren, die gleichzeitig mit mir commandirt waren, der dann aber auch fest zusammenhielt und aus dem einzelne dauernde freundschaftliche Ver= bindungen hervorgingen. Ich nenne nur die Namen von Stosch, Lieutenant im 29. Infanterie = Regiment, jetzt General der Infanterie und Marine=Minister; von Kameke, Lieutenant im 11. Infanterie=Regiment, gestorben 1864 als Regiments=Commandeur in Schleswig; von Pannewitz, Lieutenant im 22. Regiment, als Obristlieutenant geblieben bei Königgrätz 1866; von Sandrart, Lieutenant im 2. In= fanterie=Regiment, jetzt Generallieutenant und Commandeur der 10. Division; von François, Lieutenant im 37. In=

fanterie-Regiment, als Generalmajor geblieben bei Spichern 1870; und von Diepenbroick-Grüter, Lieutenant im 8. Hu-saren-Regiment, als Generalmajor schwer verwundet bei Vionville und gestorben 1870.

Wenn aber die Kriegsschule mich das zunächst nicht finden ließ, was ich gesucht hatte, so blieb Berlin noch viel mehr hinter meinen Erwartungen zurück. Man möge sich vergegenwärtigen, daß die letzten Regierungsjahre Friedrich Wilhelm's III. einer absterbenden Zeitperiode angehörten. Jedes öffentliche Leben war dem Erlöschen nahe. Die eigentlichen Träger der Wissenschaft, welche ihr in Berlin den eigenthümlichen Charakter der Periode gegeben hatten, Schleiermacher und Hegel waren gestorben; die Schüler des Letzteren hatten vorherrschend die Leitung übernommen, gewiß mit kritisch zersetzendem Talente, aber ohne erwär-mende, schöpferische Kraft. Die Tagespresse erlag den Kürzungen und Beengungen der Censur; jede politische Discussion war zum Schweigen verurtheilt; ja selbst die Kunst ward gehalten, sich fein säuberlich eng gesteckten Schranken anzubequemen. Mit Aengstlichkeit wurde Alles vermieden, was das Bestehende hätte gefährden können. Alles geistige Streben zog sich in kleine abgeschlossene Kreise zurück, in welche Zutritt zu gewinnen dem Fremden schwierig war. Der König selbst, jeder Störung oder Beirrung der gewohnten Umgebung abgeneigt, jede wich-tigere Entscheidung nach Möglichkeit zurückschiebend, ängst-lich den Rathschlägen Gehör gebend, die von Wien oder Petersburg an ihn gelangten, in seinem äußeren Auftreten zurückhaltender wie je, begünstigte nur die Lethargie, die mehr und mehr Platz griff. Auf militärischem Gebiete

hatte die Russomanie immer größere Fortschritte gemacht;
Petersburg bestimmte den Schnitt der Uniformen, beherrschte
die Mode. Man zehrte überall nur von den Resten einer
glänzenden Zeit, eines gehaltvolleren Lebens.

Die Stadt Berlin hatte allerdings seit dem Frieden
erheblich zugenommen, war mit ihrer Einwohnerzahl bis
auf gegen 300,000 angelangt, aber der Aufschwung, welcher
sie nach der Wiederherstellung Preußens ergriffen, war
bis auf das geringste Maß abgeschwächt. Die großen
Schinkel'schen Bauwerke waren vollendet, es schien damit
ein Abschluß gewonnen, den man froh war erreicht zu
haben, ohne noch Neigung zu empfinden, Weiteres in
Angriff zu nehmen. Man baute in den Straßen der
Friedrich-Wilhelmstadt in einem Casernenstil der traurigsten
Art, ohne Schmuck und ohne Aufwand irgend welcher
Mittel, die über das Nothdürftigste hinausgingen. Die
Stadt machte, wenn man die große Verkehrsader vom
Brandenburger Thor über den Schloßplatz, die Königstraße
nach dem Alexander-Platze und die derselben zunächst anliegenden Plätze davon ausnahm, den Eindruck, ich will
nicht sagen der Armuth, aber doch der Mittellosigkeit.
Die großen Plätze, wie der am Opernhause, die an den
Thoren, der Wilhelmsplatz, lagen ohne Schmuck und Anlagen da und dienten, zum Theil tief sandig, fast ausschließlich als Reitplätze; es fehlte an Verkehr; von Eisenbahnen war die Berlin-Potsdamer Bahn, nur für das
locale Bedürfniß berechnet, 1838 eröffnet und fristete kaum
ihr Leben; Preußen schien von anderen deutschen Bundesstaaten, die viel energischer sich die Herstellung der neuen Ver-
kehrswege angelegen sein ließen, überholt werden zu sollen.

Auf den Straßen sah man außerordentlich wenig
Luxus; die Equipagen des Königs waren über die Maßen
einfach gehalten; eine reiche Aristokratie, die in Berlin den
Winter zugebracht hätte, existirte nicht; noch weniger eine
Bourgeoisie, die über Geld und Geschmack verfügte. Die
wenigen glänzenden Equipagen, die hier oder da einmal
auftauchten, gehörten der Diplomatie an. Brillirende
Läden oder Kaufhallen, die Pracht und Glanz verbreitet
hätten, sah man selbst unter den Linden nicht. Einzelne
Vergnügungsorte und Restaurationen waren die einzigen
Merkmale großstädtischen Gesellschaftslebens. Von den
einst berühmten „Brühl'schen Bällen", auf denen der König
mit den Prinzen in Civil erschien und damit der gesammten
Gesellschaft den Zwang der Etiquette nahm, ohne den
feinen Ton guter Sitte zu schmälern, fiel der letzte in den
Winter 1839—1840. Der König nahm an denselben
keinen Theil mehr.

An großen Theatern hatte Berlin das Opernhaus,
das Schauspielhaus und das Königstädter Theater. In
ihnen empfand man noch einige Lebenskraft, wie sie sich
denn auch das Interesse des Königs erhalten hatten.
Indessen auch sie neigten dem Verfalle zu. Im Opern=
hause herrschte Spontini; seine Compositionen bildeten
den Haupttheil des Opern=Repertoires; daneben diejenigen
Gluck's, Mozart's, Weber's. Mit Meisterhand dirigirte
Spontini sein Orchester, war aber fast Despot und in
beständigem Kriege mit Intendanz und Kritik. Eine mehr
gelegentliche, als dauernde Coalition beider brachte ihn
zum Sturz. Er hatte in einer öffentlichen Erklärung, die
sich über die Bedingungen seiner Anstellung aussprach,

nicht die strengen Grenzen der Ehrerbietung gegen den
König, der jene selbst betrieben und vollzogen hatte, eingehalten. Nichts konnte beiden Gegnern willkommener
erscheinen. Auf der einen Seite wurde die gesammte
Meute der Claque unter der Führung des bekannten
Ludwig Rellstab gegen ihn losgelassen, auf der anderen
dies geduldet. Zufällig war ich gegenwärtig. Spontini
erschien eben auf seinem Dirigenten=Stuhl im Orchester,
um die Ouverture des Don Juan beginnen zu lassen, als
sich ein Toben erhob, wie es das Opernhaus wohl ähnlich
nie gehört. Unbeirrt brachte er die Ouverture zu Ende;
als aber der Vorhang nicht gezogen wurde, vielmehr eine
Aufforderung der Intendanz an ihn erging, die Direction
des Orchesters abzugeben, verließ der alte Mann seinen
Platz, um ihn nie wieder einzunehmen. Es machte einen
tiefergreifenden Eindruck, den bewährten Meister in dieser
unwürdigen Weise niederwerfen zu sehen, ohne daß sich
für ihn eine schützende Hand erhob. Er blieb noch mehrere
Jahre lang nominell in seiner Stellung, ohne wirklich zu
functioniren, siedelte dann aber nach Paris über. Für die
Leitung des Orchesters fand sich zunächst kein ebenbürtiger
Ersatz.

Zum Personal der Oper zählten noch jene bekannten
Sänger, die einst den Ruf der Berliner Bühne weithin
begründet hatten; ich habe noch Bluhme und Wauer im
Don Juan, Bader im Cortez gehört; indessen mußte ihr
unvergleichliches Spiel und ihre Schule vergessen lassen,
daß von ihren Stimmmitteln nur ein schwacher Rest übrig
geblieben war; dagegen lernte ich Mantius und die
Sängerinnen Loewe, Faßmann und Grünwald in der

Glanzzeit ihrer Leistungen kennen. Sie blieben aber weit hinter ihren Vorgängerinnen zurück. Die Bevorzugung, die dem Ballet auf der Berliner Bühne bis auf den heutigen Tag geworden, datirt wesentlich von der Vorliebe Friedrich Wilhelm's III. für dasselbe. Je älter er wurde, desto mehr leistete er ihr Vorschub. Der eigentlichen Kunst gegenüber war darin unzweifelhaft ein Symptom für ihren Niedergang zu erkennen.

Dem Schauspiel waren allerdings Künstler wie Devrient und Frau Unzelmann schon längst verloren gegangen; indessen vertraten die Crelinger und Charlotte Hagn, Seidelmann, Rott, Weiße, Grua, Gern und Andere die Bühne, an der Iffland gewirkt hatte, so würdig und tüchtig, daß man der vergangenen Größe vergaß. Das Repertoire war ein beschränktes: alles Moderne, wenn es nur irgend Verwandtschaft mit dem „jungen Deutschland" hatte, war verbannt und wurde fern gehalten. Es war ein Ereigniß, als Anfangs 1840 das Trauerspiel Gutzkow's „Richard Savage" zur Aufführung kam. Die Censur führte unerbittlich ihren Griffel. Der König besuchte das Schauspiel eigentlich nie, desto lieber erschien er im französischen Theater, das auf seinen besonderen Wunsch seit dem Jahre 1815 stehend unterhalten wurde. Die Zeit der Scribe'schen Bühnen-Dichtungen war in vollster Blüthe. Seine „Comédies" und „Vaudevilles" wurden mit viel esprit und sehr graziös vorgeführt; einzelne der Darsteller, wie der Komiker M. Francisque, genossen einer weit verbreiteten Popularität. Wir Kriegsschüler waren in Bezug auf das französische Theater ganz besonders bevorzugt. Der König ließ der Anstalt zu jeder Vorstellung eine

größere Anzahl von Billets überweisen, so daß uns neben
der Freude an der Darstellung auch die Gelegenheit ge=
boten war, unser Verständniß der französischen Sprache
zu fördern.

Das Königsstädter Theater, am Alexanderplatz gelegen,
war in Privathänden, wurde aber vom Hofe sehr protegirt.
Es hatte seine Blüthezeit gehabt, als in ihm Henriette
Sonntag Zuhörer und Zuschauer entzückte. Nachdem sie
den Grafen Rossi geheirathet und zunächst Berlin, dann
überhaupt die Bühne verlassen hatte, kränkelte die Oper;
sie konnte mit der Königlichen um so weniger concurriren,
als ihr Repertoire zu Gunsten jener eng beschränkt war.
Selbst Künstlerinnen wie die Hänel, die 1839 und 1840
dort sang, vermochten ihr Siechthum nicht aufzuhalten.
Dagegen waren das volksthümliche Lustspiel und die Posse
ganz vortrefflich durch Fritz Beckmann vertreten, dessen
naiver Humor und geniale Komik unendlich erfrischend in
jener sonst so öden Zeit wirkten.

Andere allgemein zugängliche Privattheater existirten
damals nicht; ein viel besuchtes Local, das Gräbert'sche,
in welchem der Berliner Witz frechster Art seine burlesken
Funken sprühen ließ, verdiente kaum den Namen eines
Winkeltheaters, die Derbheit mußte den eigentlichen Humor
ersetzen. Indessen verspürte man hier noch immer den
dem localen Volksleben entnommenen eigenthümlichen Cha=
rakter, während diese Originalität einem anderen Unter=
nehmen, das, ein Erzeugniß jener Jahre, viel von sich
reden machte, bei Lichte besehen abgesprochen werden mußte.
Ein speculativer Weinhändler Namens Drucker nahm, um
seiner Waare mehr Abnehmer zu verschaffen, dazu seine

Zuflucht, daß er das sich zu dem Ende in ein großes
Auditorium verwandelnde Publikum mit politisch und sittlich
zweideutigen Erzählungen unterhielt. In beiden Richtungen
streifte er beständig die äußerste Grenze des überhaupt
Zulässigen und lag wohl namentlich hierin der Reiz, der
ihm immer von Neuem Zuspruch verschaffte.

Auch an Concerten gab Berlin nicht ein Vorbild
nach großstädtischem Maßstabe. Die Singakademie hatte
nicht mehr die Bedeutung, die ihr unter Zelter's Leitung
allgemein zugestanden war. Die nach Geburt und Schule
Berlin zugehörigen beiden Componisten Meyerbeer und
Mendelssohn lebten und wirkten fern von ihrer Heimath.
Kurschman, Kücken, Taubert repräsentirten eine mehr oder
weniger weichliche, sentimentale Romantik. Vor einer
verhältnißmäßig nur kleinen Zuhörerschaft suchte im Saale
des Hôtel de Russie Capellmeister Mocker den Geschmack
für classische Concertmusik zu pflegen. Selbst die Leistungen
der Militär = Musikchöre standen weit hinter denjenigen
österreichischer Regiments = Capellen zurück. Ueberall ge=
wahrte der Aufmerksamere Stillstand, und die Klage, daß
dies so sei, brach sich in zum Urtheil berechtigten Kreisen
mehr und mehr Bahn.

Auch die Akademie der bildenden Künste belebte nicht
mehr die Jugendkraft Schadow's. Er war alt geworden.
Die Düsseldorfer und Münchener Maler = Schulen hatten
die Berliner vollständig in Schatten gestellt. Krüger und
Magnus lieferten gute Porträts, der erstere glänzte in der
Darstellung von Paraden und Pferden; Hosemann, Hopf=
garten, Meyerheim und Andere erwarben sich Beifall, aber
Alles bewegte sich doch nur in kleinerem und unter=

geordnetem Genre. Nur die Bildhauer Rauch, Tieck, Wich=
mann, Drake hatten ihre alte Kraft bewahrt und konnten
mit Schwanthaler und Dannecker in die Schranken treten,
wie denn gerade in jener Zeit das Denkmal Friedrich's
des Großen Rauch in Bestellung gegeben wurde.

An größeren Zeitungen hatte Berlin außer der knapp
gemessenen, eigentlich ausschließlich Hofnachrichten bringen=
den „Staatszeitung" nur die „Vossische" und „Spener'sche
Zeitung". Beide wurden im Sinne eines bürgerlichen
Philisterthums geistlosester Art redigirt und suchten sich,
abgesehen von Theater=, Circus= und Concert=Artikeln, ihre
Erträge vornehmlich durch die Massenhaftigkeit der Inserate,
in Bezug welcher sie mit dem „Intelligenzblatt" concurrirten,
zu sichern. Politische Färbung oder gar politischer Cha=
rakter fehlte Beiden gänzlich. Ein kleines Blättchen, der
„Beobachter an der Spree", fand seine Verbreitung bei
dem kleinen Bürger, war vielleicht gesunder in Anschauungen
als jene, aber auch ohne irgend welche Bedeutung. Da=
gegen vertrat das „Politische Wochenblatt" als Zeitschrift
in sehr geschickter und geistvoller Weise die Ansichten der
historischen Schule, deren Anhänger sich wesentlich um
den Kronprinzen gruppirten. Von Jarcke begründet, vom
Herzog Karl von Mecklenburg, dem Präsidenten des Staats=
raths, bis zu seinem Tode gestützt, wurden die Grund=
sätze der Legitimität ebensowohl dem Liberalismus wie der
Büreaukratie gegenüber verfochten.

Je weniger nun die Berliner Tagespresse selbst bot,
desto mehr wurde der auswärtigen zugesprochen. Die
großen Conditoreien bildeten ihre Depots, um die sich die
zahlreichen Leser sammelten. Hier mischten sich die Re=

präsentanten aller gebildeten Stände; kleinere, bevorzugtere
Kreise discutirten. Es war wunderbar, wie genügsam sich
das Publikum in dunklen, dumpfen Localen begnügte, wenn
nur seinem Verlangen nach Tageslectüre entsprochen wurde.
Man saß eng zusammengedrängt und suchte in englischen
und französischen Zeitungen das zu finden, was die heimathlichen versagten. Und wie hier Comfort, Eleganz und
Ausstattung fehlten, so war es ebenso in den großen Ver-
gnügungsorten des Thiergartens „Unter den Zelten" und
„beim Hofjäger". Dieser unvergleichliche Zufluchtsort der
in Staub und Dürre verkommenden Berliner bot überhaupt einen ganz anderen Eindruck dar, als jetzt; viel
beschränkter und ungeregelter, viel weniger eingeschlossen
von Villen und Gartenanlagen, erschien der Thiergarten
als ein weit ausgedehntes Gehölz zu beiden Seiten der
Chaussee nach Charlottenburg, mit vielen Wegen und einzelnen Anlagen längs der ihn durchschleichenden Gewässer.
Der Platz, der jetzt das Siegesdenkmal umgibt, war zu
jener Zeit ein tief sandiger Detail-Exercierplatz der Garnison
und es gehörte zu den Meisterstücken der Commandeure
der Garde-Cavallerie, auf ihm im Frühjahr ihre Regimenter
dem Könige trotz seiner Beengung den damaligen Ansprüchen
gemäß vorzustellen. Wo jetzt der Schifffahrtscanal Berlin
im Süden umzieht und in großartigster Weise der Entwickelung der Stadt Direction und Förderung geboten hat,
kroch ein dunkles, schlammiges Wasser in einem ekeln Graben
durch dürre Felder dem Thiergarten zu und verdarb mit
seinen Ausdünstungen die Luft.

Man möchte sagen, wohin man sah, war Dürre und
verhaltene Bewegung. Der geistig immerhin aufgeweckten

Bevölkerung blieb nichts anderes übrig, als in dem jeden
Idealismus verspöttelnden Witze Zuflucht zu finden, der nach
und nach ein Charakterzug der Berliner geworden ist, und
der, damals naiver und harmloser als jetzt, ergötzte und sehr
anregend unterhielt.

Durch verschiedene Beziehungen fand ich Einführung
in Familien, deren gastliche Häuser mich nach und nach
vertrauter machten mit dem eigenthümlichen Reize des
Berliner Lebens. Ich wurde Kreisen nahe geführt, in
denen dem Verlangen, das mich nach der Hauptstadt als
dem Mittelpunkte geistigen nationalen Schaffens geführt
hatte, volles Genüge gegeben wurde. Es kam ja auch
bald eine Zeit, die Alles mit fortriß und zündend ergriff.
Aber die ersten Eindrücke, die Berlin zur Zeit meines
Eintreffens daselbst auf Jeden hervorrufen mußte, waren
außerordentlich sterile und enttäuschende. Dazu kam eine
überaus scharfe Sonderung der Stände. Der Officier
wurde damals noch in den gebildeten bürgerlichen Kreisen
mit großem Vorurtheil empfangen; und oft bin ich dem
Zugeständniß begegnet, wenn nähere Bekanntschaft zu
freundschaftlichen Berührungen geführt hatte, daß man
mir als Lieutenant ungern den Zutritt in die Familie
gestattet habe.

Sehr freundliche Aufnahme fand ich in dem Hause
des bekannten practischen Arztes Dr. Horn, des Vaters
des jetzigen Oberpräsidenten von Preußen. Er war damals
schon bejahrt und körperlich leidend, aber voll geistigen
Lebens, das in den pikantesten Glossen und ätzendsten
Bemerkungen petillirte. Aus einer sehr reichen Vergangen=
heit, in der er mit Hufeland, Heim, Rust und Anderen

Vertreter der glänzendsten Periode medicinischer Praxis gewesen war, und welche ganz besondere Verdienste während der Ueberhäufung Berlins mit Kranken und Verwundeten aus den Kämpfen der Freiheitskriege aufzuweisen hatte, erzählte er gern und fesselnd. Die kleinen Diners, die er sonntäglich um sich versammelte, boten die anregendste und belebendste Unterhaltung. In größeren Kreisen lernte ich interessante Persönlichkeiten der verschiedensten Kreise kennen. Ich will hier nur den häufiger Berlin besuchen= den damaligen Oberpräsidenten von Posen, nachherigen Minister Flottwell nennen, dessen schön geformter Kopf mit den mächtig sprechenden Augen imponirend anzog und dessen Verwaltung die Germanisirung der widerstrebenden polnischen Provinz mit fester Hand vorwärts trieb. So= dann den berühmten, geistig feingeschnittenen Bürgermeister von Bremen Smidt, welchem die Hansestadt nicht allein die Erhaltung ihrer Selbständigkeit während des Wiener Congresses, sondern auch ihr rasches Aufblühen nach dem Frieden zu verdanken hatte.

Ein anderes Haus, dem ich empfohlen war, war das des Generals von Reiche, eines geborenen Hannoveraners. Er hatte mit zu dem Kreise gehört, der, vorzugsweise von Scharnhorst geleitet, schon vor dem Jahre 1806 bestrebt gewesen war, die aus der französischen Kriegsführung zu entnehmenden Erfahrungen für die preußische Armee nutzbar zu machen, hatte im Stabe Bülow's während des Krieges 1813 und 1814 großen Einfluß geübt, sodann 1815 als Chef des Generalstabes beim 1. Corps dem General von Ziethen zur Seite gestanden und war jetzt hoher Officier des Ingenieur=Corps. Er berichtete in anschaulicher Weise

von seinen Begegnungen mit dem Kronprinzen von Schwe=
den, von den schweren Krisen der Schlachten von Groß=
beeren und Dennewitz, von dem eigenthümlichen Verhältniß
zu dem eitlen, nach politischem Einfluß strebenden und
schreiblustigen General von Ziethen; Erzählungen, wie sie
in den von seinem Neffen Weltzien herausgegebenen Me=
moiren Platz gefunden haben. Um den behaglichen Thee=
tisch seiner Schwester, die ihm das Haus führte, versam=
melte sich häufig auch ungeladen ein Kreis liebenswürdiger
Persönlichkeiten. Unter ihnen war unstreitig der hervor=
ragendste der General von Wolzogen, einer der letzten damals
noch lebenden Zöglinge der berühmten Karlsschule. Seine
geistvollen Gesichtszüge, seine vornehme Haltung und der
in ihr sich aussprechende freundliche Ernst trugen das
Gepräge des bedeutenden Mannes, dem es gestattet ge=
wesen war, im Rathe des Kaisers Alexander von Rußland
während der Jahre 1811 bis 1813 einen weit über die
ihm zugewiesene Stellung hinausgehenden Einfluß zu üben.
Er war zuletzt unser Militär=Bevollmächtigter am Bunde
in Frankfurt gewesen und lebte seit 1836 verabschiedet
während des Winters regelmäßig in Berlin. Neben ihm
interessirte mich ganz besonders der General Dumoulin,
der während der belgischen Revolution deutscher Comman=
dant von Luxemburg war und durch seine entschlossene
Festigkeit auch in den schwierigsten Lagen Ruhe und
Ordnung inmitten der außerordentlich erregten und unter=
wühlten Bevölkerung aufrecht erhalten hatte. Seine kurze
gedrungene Figur und sein blitzendes Auge ließen mit
voller Bestätigung auf die von ihm bewährte Entschieden=
heit und überlegene Umsicht schließen. Ein sehr gern

gesehener Gast war auch ein Oberst von Roeder, der als
Gesandter oder Ministerresident gleichzeitig ein ganzes
Mandel oder noch mehr deutsche Souveräne beim preußi=
schen Hofe vertrat und dessen launige, im ausgeprägtesten
Idiom seiner sächsischen Heimath vorgetragenen Anekdoten
der harmlosesten Heiterkeit seiner Zuhörer andauernde
Nahrung zu geben verstanden. Auch eine damals viel
genannte Reisende Fräulein von Dinklage, die den sehr
ungastlichen und unwegsamen Peloponnes durchzogen hatte
und sich eben zu einer neuen Excursion nach Egypten rüstete,
lernte ich kennen. Sie erlag den in jenen Jahren noch
sehr erheblichen Mühen ihrer Unternehmung und starb in
Cairo. Emancipirte Frauen wurden zur Zeit, wenigstens
in Deutschland, noch angestaunt; sie gehörte nicht zu den
reizvolleren Erscheinungen ihrer Kategorie.

Ausgedehnter und mannigfaltiger war der gesellige
Verkehr im Hause des sehr angesehenen und geachteten
Bankiers Alexander Mendelssohn. Jeden Mittwoch Abend
durften die Eingeführten erscheinen; man fand stets neben
den Berliner Bekannten Fremde, die dem Hause adressirt
waren. Hier sah ich auch Alexander von Humboldt, der
regelmäßig seine Parthie mit der sehr bedeutenden und
geistvollen Mutter des Hausherrn spielte. Auch der Vater
lebte noch, der bekannte Interpret des Dante, Joseph
Mendelssohn, nahm aber am geselligen Verkehr wenig
Antheil. Gelehrte und Künstler, Staatsdiener und Officiere,
Geschäftsmänner und geistvolle Müßiggänger fanden sich
in dem gastfreien Hause zusammen; es wurde musicirt
und getanzt und nie fehlte es an anregendster Unter=
haltung.

Mehr aber als das, was mir geboten war, zog mich
ein Freundeskreis an, der sich wesentlich um den damaligen
Legationsrath Guido von Usedom gruppirt hatte. Die
Persönlichkeit des Letzteren hatte etwas wahrhaft Bezaubern=
des. Der seelenvollste Adel sprach aus Wort und Blick,
aus jeder seiner Bewegungen, aus seiner ganzen Erscheinung;
sein Wissen bot reiche Fundgruben zur bereitwilligsten und
beredtesten Mittheilung; dem Idealen zugewandt in seinem
Streben wie in der Welt seiner Gedanken und seiner
Phantasie, fesselte er jeden, der nach seiner eigenen geistigen
Anlage ihm näher trat, mit magischer Anziehungskraft.
Schon in Schulpforte hatten sich ihm einzelne der Genossen
eng angeschlossen und waren so auf der Universität innig
verbunden geblieben. Das Schleiermacher'sche Haus und
ihm geistig verwandte Kreise hatten dem Freundesbunde
auch edle Frauen zugeführt; der Jakoby'sche „Woldemar"
schien dem gemeinsamen Empfinden Ausdruck und Be=
kenntniß zu geben. Das reale Leben mit seinen Anfor=
derungen hatte die Freunde auf die verschiedensten Ver=
hältnisse praktischer Berufsthätigkeit angewiesen; Usedom,
unabhängig durch einen bedeutenden Besitz, hatte länger
als sie die Freiheit idealen Schwelgens genießen können,
hatte sich dann früh verheirathet mit einer Pflegetochter
Schleiermacher's und war als Legationssecretär Bunsen in
Rom attachirt gewesen. Jetzt zurückgekehrt, war er dem Kron=
prinzen und nachherigem Könige nach Anlage und Richtung
nahe geführt, entzog sich auch den Standeskreisen nicht, auf die
ihn Geburt und Beruf hinwiesen, fand aber doch vorherrschend
in jenen alten Verbindungen den Genuß behaglichen geistigen
Beschauens und entgegenkommenden Verständnisses.

Unter den Frauen jenes Kreises waren es zwei, die
in anmuthigster Ergänzung noch enger geeint die Ver=
mittlerinnen seines Zusammenhalts und gewissermaßen
seiner Tradition bildeten. Die Freunde nannten sie den
Schwan und die Eule, so schön und würdevoll still war
die Eine, und so sinnig klug und ernst glich die Andere
dem Vogel der Minerva. Wie von selbst, ungemahnt
und ungefordert blieb alles Unedle ihnen fern; unbewußt
waren sie die Wächter der Sitte. Ein Hauch poetischer
Stimmung und klaren, heiteren Erkennens ging von ihnen
aus, beherrschte das Gespräch und den Austausch der Ge=
danken und Mittheilungen.

Das Haus der einen der beiden Freundinnen bildete
den Mittelpunkt des Verkehrs; hier wechselten in der
Unterhaltung die gewiegte Beurtheilung dessen, was der
Tag brachte an Erzeugnissen der Kunst und Literatur
oder an Begebnissen der Politik, mit dem Scherz und
Humor, die flache Gespreiztheit geißelten oder fader Senti=
mentalität den Krieg machten. Von den verschiedensten
Seiten wurde Stoff zugetragen und keiner der Betheiligten
ermüdete, sein Eigenstes zu geben; erhielt er es doch
reicher und erweitert zurückerstattet. Niemandem aber
konnte ein solcher Umgang gleichzeitig förndernder, befrie=
digender und erquicklicher sein als mir, der in langem
Entbehren geistiger Speise das Begehren derselben verloren
hatte, jetzt aber mit dem Erkennen des Versagten Ver=
langen danach stets wachsend empfand.

Der Winter von 1839 auf 1840 verging rasch; das
Frühjahr war im Anzug. Berlin hatte für mich das
Neue verloren; aus der zuerst wenig zusagenden Gewöhnung

hatte sich Behagen und Vorliebe entwickelt. Mit vollster Theil=
nahme begleitete ich Alles, was speciell den Berliner inter=
essirte. Auch in militärischen Kreisen wurde der im Februar
1840 erfolgte Tod des Dichters Gaudy besprochen. Er
war Officier gewesen, war wegen Schulden von der Garde
„zur Linie vertrieben"; die geistige Misère des Garnison=
lebens hatte ihn veranlaßt, 1833 den Abschied zu nehmen.
Wenn er sich dann auch ganz den militärischen Kreisen
ab und den literarischen zugewandt hatte, so folgte ihm
doch noch die Theilnahme aller strebenden Officiere. Ich
hatte ihn oft gesehen, ohne ihn kennen zu lernen. Sein
rothes Haar und sein sarkastisches Auge gaben ihm das
Gepräge des Satyrikers; die Lebhaftigkeit seines Gefühls=
ausdrucks ließ das innere dichterische Feuer ahnen, das
ihn verzehrte. Er starb noch nicht 40 Jahre alt; man
hatte viel von ihm erwartet, und um so mehr, als er mit
Willbald Alexis, Kopisch, Gruppe u. A. recht eigentlich
zu den Repräsentanten der Berliner schöngeistigen Richtung
jener Tage gehörte.

Gaudy war viel besprochen, dann bald vergessen
worden; dagegen wurde wenige Wochen nach seiner Be=
stattung Berlin in weiten Kreisen durch eine Persönlichkeit
in Anspruch genommen, deren Eigenthümlichkeit gerade
den Berlinern und nirgends mehr als bei ihnen absonder=
lich und fremdartig erscheinen mußte. Die berühmte
Quäkerin Mrs. Fry traf im April ein, begleitet von ihrem
Bruder Gurney, um für diejenigen Classen der Gesellschaft
einzutreten, die das Verbrechen geächtet und ausgeworfen
hatte. Ich war Zeuge einer ihrer Ansprachen, die sie im
Hotel de Russie an ein zahlreich zusammengedrängtes

Publikum richtete und dem ein unbeschreiblicher Reiz der
Milde und des verständnißvollsten Wohlwollens beiwohnte.
Der Eindruck, den ihre Worte machen sollten, verlor wohl,
weil sie jedesmal erst verdeutscht werden mußten, bevor sie
den Hörern allgemein zugänglich wurden; sie fanden aber
in der Würde ihrer Gestalt, in dem Klange ihrer Stimme,
in dem Adel ihrer Gesichtszüge eine so sprechende Ergänzung, daß Niemand sich ihrem Zauber entziehen konnte.
Und ebenso war es bei ihren Besuchen der Gefängnisse
und Strafanstalten; gewisse Verbrecher der verstocktesten
Gemüthsart waren, wenn sie ihnen zusprach, in Thränen
ausgebrochen, hatten ihre Hand, ihr Kleid geküßt. Den
Herren der Criminaljustiz, die büreaukratisch das fiat
justitia pereat mundus gehandhabt hatten, war sie zunächst schrecklich unbequem; sie konnten aber nicht anders,
als den neuen Gesichtspunkten, die ihnen gegeben wurden,
Rechnung tragen. Manche überkommene Barbarei wurde
an's Tageslicht gezogen, das ursprünglich Fremde fand
da, wo man sich besonders gebrüstet hatte, eine Pflegstätte
der Humanität zu sein, wenn auch widerstrebend, Anklang
und Boden.

Aber mehr als diese vereinzelten Vorgänge wurde die
hundertjährige Wiederkehr des Regierungsantritts Friedrich's
des Großen und die Grundsteinlegung des ihm zu errichten-
den Monuments zum Ereigniß des Tages. Nach langem
Zögern war man endlich zum Entschluß gelangt; der
Platz war bestimmt und der König, trotz der Abnahme
seiner Kräfte und wirklich körperlichen Leidens, drängte
darauf, mit der Feier, die den Charakter einer nationalen
haben sollte, am 1. Juni vorzugehen. Für alles wirklich

Volksthümliche war aber fast der Maßstab verloren ge=
gangen; es mußten die Elemente, aus denen die Feier zu
construiren war, erst wieder wach gerufen werden. Die
alten städtischen Gliederungen, die Zünfte und Innungen
hatten keine Kraft mehr; die Gewerbefreiheit hatte sie
lahmgelegt; das Vereinsleben, wie es die Neuzeit hervor=
gerufen, war noch vollständig unbekannt. Man zweifelte
vielfach am Gelingen, hörte auch ebenso oft von dem
Versuche, die Feier noch über eine militärische hinaus
auszudehnen, mit Geringschätzung sprechen. Indessen, so
entschieden war das Bedürfniß einer lebendigen Betheiligung
aller Classen der Nation an der Bethätigung ihres Lebens,
daß, kaum nachdem nur der Anstoß gegeben worden war,
sich eine alle Welt überraschende Regsamkeit und ein Be=
mühen entwickelten, das, ich möchte sagen, fast bestürzt
machte. Es zeigte sich nach langen Jahren zum ersten
Male ein ungestümes Verlangen nach Hervortreten und
Sichgeltendmachen in Schichten, denen jede Berechtigung
dazu gleichsam als selbstverständlich abgesprochen war.
Ein großartiger Zug der Gewerke wurde vorbereitet, mit
kunstreich gefertigten Emblemen, mit Fahnen und Läufern,
welche letztere man aus dem Königreich Sachsen hatte
kommen lassen. Die Schützengilde zog mit aus. Kunst
und Wissenschaft, die Schulen und die Universität sandten
ihre Vertreter. Die Veteranen aus der Staatsdienerschaft
und der Armee, die noch unter Friedrich gedient hatten,
den ehrwürdigen Staegemann an der Spitze, stellten sich
ein. Vom herrlichsten Wetter begünstigt, vollzog sich die
Feier auf dem wundervollen Platze, den jetzt das Monu=
ment einnimmt, unter allgemeiner, begeisterter Theilnahme.

Der Minister Rochow, der Gouverneur Müffling sprachen, der Bischof Neander segnete, die gesammte Garnison war in Parade aufgestellt, die sämmtlichen Prinzen waren gegenwärtig und vollzogen die üblichen Hammerschläge. Nur der greise König konnte nicht an der Stätte, wo der Grundstein geweiht wurde, erscheinen; er ließ sich nur für einen Augenblick an sein Fenster im Palais, das jetzt, umgebaut und erweitert, der Kronprinz bewohnt, bringen und schaute herab, müde und ruhebedürftig, aber gewiß mit dem Gefühle der Erhebung und Befriedigung, daß es ihm vergönnt war, an dem Tage, welchen er der dank= baren Erinnerung Friedrich's geweiht hatte, die Monarchie desselben nicht allein unangetastet, sondern vergrößert, zugleich aber in Frieden gesegnet und geachtet dastehen zu sehen. Des Königs Ende war nicht mehr fern.

Das Pfingstfest hatte mich mit einem Gefährten zu einer Excursion nach der Insel Rügen verlockt. Einige Studenten, die den gleichen Zweck verfolgten, hatten sich uns angeschlossen. Die Schiffer in Swinemünde wollten uns nicht hinüberbringen, die See war sehr bewegt, nach= dem es Tags vorher gestürmt hatte, und der Wind war nicht günstig. Wir mußten nach Peenemünde gehen, von dort ward die Ueberfahrt in einem leichten Segelboote ermöglicht; wir wurden an der Küste von Mönchgut an's Land gesetzt. In ausgelassenster Stimmung durchzogen wir die Insel; es waren helle warme Frühlingstage, Laub, Himmel und See hatten ihr frischestes Farbenkleid an= gelegt. Da, im Begriff von Putbus aus über Greifswalde zurückzukehren, erfuhren wir, daß am ersten Pfingsttage, am 7. Juni, der König verschieden sei. Wir eilten, ohne noch Sinn und Geschmack für Reisefreuden zu haben, nach Berlin zurück. Es ist mir unvergeßlich, wie verändert ich die Stadt fand. Es waren nicht zwei Wochen vergangen und sie hatte sich im glänzendsten und belebtesten Schmucke der Feier gezeigt. Jetzt lag über Allem eine fast erdrückende Stille, es war, als wenn die Wagen sich scheuten, rasch zu fahren; Alles sprach mit gedämpfter Stimme; man blickte nur auf ernste Gesichter; man sah nur schwarze oder doch dunkle Kleider, auch der Aermste versuchte es, ein Zeichen der Trauer anzulegen. Der König, der 43 Jahre lang des Landes Berather gewesen, seines Volkes Freund, der schwere Tage erlebt und freudige hatte wiederkehren sehen, der nicht glänzend, nicht prächtig und strahlend seine Lebensbahn gegangen war, aber treu und gutherzig und echt, Er lag auf der Todtenbahre. Und zugleich trug Jedermann das Gefühl in sich: eine ganze Zeitperiode ist zum Abschluß gekommen; es beginnt eine neue Zeit; was wird sie bringen? — Friedrich Wilhelm IV. hatte das bekannte Testament seines Vaters veröffentlicht. Man hatte eine andere Stimme vernommen, nicht so schlicht und wortkarg, die Antwort abschneidend wie die des Vaters; die Worte des Sohnes wandten sich dem tiefinnersten Gefühle des Volkes zu, das gleichsam schlummernd gelegen, es wach rufend, es herausfordernd; sie bezeugten das un=bezwingliche Verlangen eines königlichen Herzens, sich seinem Volke nahe zu stellen, es zu sich heranzuziehen als den Theilhaber seiner königlichen Aufgabe, wie sie ihm der Vater hinterlassen hatte.

Es folgte unsere Vereidigung, die Ausstellung der königlichen Leiche auf dem Paradebette, die Einsegnung

derſelben, dann ihre ſtille, ernſte, nächtliche Ueberführung
nach Charlottenburg. Alles ergriff mich auf's Tiefſte.
Die allgemeine Trauer, die ſich derjenigen der königlichen
Familie anſchloß, ließ mir den Gedanken zur Klarheit
werden, der mir bis dahin kaum deutlich geweſen, daß ich
als Preuße mittrauerte, daß ich vollſtändig Preuße ge=
worden, daß auch ich den Landesvater begrub. Ich hatte
mein Dienſtverhältniß unbewußt wohl nur als ein iſolirt
auf Grund einer eingegangenen Verpflichtung gebundenes
angeſehen; jetzt empfand ich den Pulsſchlag gemeinſam mit
dem, was mich umgab, und wurde dieſem unwillkürlich
vollſtändig zu eigen.

Unſer Jahrescurſus auf der Kriegsſchule war bald
beendet; Anfangs Juli kehrte ich zum Regimente zurück,
ging dann auf Urlaub nach Hannover. Mein Vater
hatte nur meines Eintreffens gewartet, um mit mir eine
Reiſe nach Bonn anzutreten. Mein Onkel Brandis war
dorthin mit ſeiner Familie vor nicht langer Zeit zurück=
gekehrt, nachdem ihn eine Berufung nach Athen als Lehrer
und Rathgeber des Königs Otto nahezu drei Jahre lang in
Anſpruch genommen hatte. Eine höchſt intereſſante Zeit lag
hinter ihm. Alles was damals an Schätzen der antiken Kunſt
in dem jungen Staate aufgeſchloſſen wurde, war ihm zugäng=
lich geweſen; in der Umgebung des königlichen Paares hatte
er das Land durchreiſt, hatte ſeine Sitten und ſeine Sprache,
die inneren Zuſtände in ihrer Zerrüttung und die Hoff=
nung ſie neu aufzubauen auf's Genaueſte kennen gelernt.
Er war mit dem lebendigſten Enthuſiasmus an ſeine
Aufgabe gegangen, und wenn er auch in manchen Rich=
tungen enttäuſcht war, ſo hatte er doch viel davon erhalten,

auch in seinem persönlichen Verhältnisse zum Könige und
namentlich zur Königin. Es wurde ihm auch in späteren
Jahren sehr schwer, die hoch gespannten Erwartungen auf
ein Minimum herabzustimmen.

Seitens meiner Verwandten wie bei meinem Vater
war das Verlangen, sich nach einer so langen und bedeut-
samen Trennung wieder zu sehen, ein sehr lebhaftes; für
mich speciell war ein erneuter Besuch Bonns und zwar
in Gemeinschaft mit meinem Vater eine ganz besondere
Freude. Ich fand alle die Stätten wieder, deren land-
schaftlicher Reiz mich als Kind, 16 Jahre früher, entzückt
und deren Romantik mich in ihre Zauberkreise gezogen
hatte. Ich fand mich ganz wieder in ihnen zurecht, konnte
jetzt auch mit dem Dampfschiffe den Rhein bis Bingen
befahren, den Niederwald besuchen; ich genoß es in vollen
Zügen, wie sie

„Märchenhaft vorüberzogen
Berg und Burgen, Wald und Au!“

ja auch die schöne Frau fehlte nicht, in deren Auge ich
das Alles glänzen sah.

In den westlichen Provinzen war die Trauer um den
verblichenen König rascher als im Osten dem Jubel gewichen, den die ersten Schritte Friedrich Wilhelm's IV.
hervorgerufen. Der schwere Druck, den die kirchlichen
Wirren auf die allgemeine Stimmung geübt, wich einem
erleichternden Aufathmen. Namentlich aber hatte die Reactivirung E. M. Arndt's Alles electrisirt. Wir waren
gerade zum richtigen Moment gekommen, um Zeugen zu
sein, wie man dem Könige diesen Act der Gerechtigkeit
dankte und wie man den nun siebenzigjährigen, aber über-

aus rüstigen und lebensfrischen Greis feierte, ihm als den
wiedergegebenen, lange Jahre im Bann gehaltenen Pa=
trioten geradezu huldigte. Als er zum ersten Male nach
Verlauf von zwanzig Jahren den Hörsaal wieder betreten
wollte, empfing ihn gleichsam die ganze Universität. Fest=
diners wurden ihm gegeben, die Studenten brachten Fackel=
zug und Nachtmusik. Deputationen kamen von allen Seiten,
ihn zu begrüßen; die Dampfschiffe wollten nicht müde
werden, wenn sie an seiner Terrasse vorüberfuhren, anzu=
halten und ihm zu salutiren; Gesangvereine und Lieder=
tafeln sangen ihm seine Lieder; an seinen Namen, an seine
Person heftete sich der allgemeine Ausbruch nationaler
Freude, die wie ein Frühlings=Erwachen erschien nach
langer winterlicher Rast.

Es war ein wunderbarer Uebergang von der Trauer
zum Jubel; von spannender Befangenheit zum Jauchzen
der Freude. Die Reactivirung Arndt's; die Berufung
Boyen's in den Staatsrath; die Ernennung Eichhorn's
zum Cultus=Minister an Stelle des kurz vor Friedrich
Wilhelm III. verstorbenen Altenstein; die Antworten des
Königs, die den beglückwünschenden Deputationen geworden
waren, Alles das hatte einen Ton angeschlagen, der un=
mittelbar zum Herzen der Nation sprach; der Huldigunsact
in Königsberg am 10. September, bei dem der König
unaufgefordert, geradezu gegen das Programm der Etiquette
und der Tradition das Wort ergriffen und in hinreißendster
Beredsamkeit sein Herrscher=Gelübde dem versammelten
Volke entgegengerufen hatte, war von einer so überwälti=
genden Wirkung, daß sich ihm auch nicht die innigste
Pietät für den alten, lieben verblichenen Herrn, nicht die

nüchternste Erwägung entziehen konnte. Alles war be=
zwungen von der Macht eines großartig aufwallenden,
begeistert entflammten, persönlichen Eintretens in die Re=
gentenpflicht Seitens des angeborenen Herrschers. Die
Unmittelbarkeit, in der der König sich gab, sowohl in seinen
vom Moment eingegebenen Worten als in dem, wie er
zwischen sich und dem Volke jede trennende Schranke bei
Seite schob, sie war es, die bezauberte und hinriß.

Der erste Act, mit dem die Nation ihm antwortete,
war der Einzug, den die Stadt Berlin dem Königspaare
bei der Rückkehr aus den östlichen Provinzen am 21. Sep=
tember bereitete; die Kunde von seiner Großartigkeit ging
durch's ganze Land; ihm folgte die Huldigung am 15. October,
ebenfalls in Berlin. Ich konnte dieser persönlich beiwohnen.

Es war fast nicht möglich, ein Unterkommen für die
Nacht zu finden! Aus allen Provinzen drängten sich die
Massen her, Berufene und Unberufene; man wollte mit
huldigen und Treue geloben, auch unaufgefordert, aus
innigstem patriotischen Verlangen. Nur mit großer Mühe
gelang es mir und meinem Freunde Grüter, hoch unterm
Dach nach hinten heraus in der Mauerstraße, in einer
Kammer ein Bett und einen Lehnstuhl für beträchtliches
Geld zu erobern; den Zutritt zu der Huldigungsfeier sicherte
uns die Uniform; Einladungen zu dem Feste, das die
Stadt und die märkischen Stände am 17. und 18. October
im Opernhause unter Zuhilfenahme eines den ganzen
Opernplatz einnehmenden, rasch aufgeführten Anbaues ver=
anstalteten, waren trotz der besten Verbindungen nicht zu
bekommen. Wir sahen uns auf den großen öffentlichen
Act der Huldigung und auf das vom Könige im Schloß

gegebene Feſt beſchränkt; erſterer gab auch ſo viel, daß
wir kaum ein Mehr verlangten. Wir hatten unſeren Platz
unmittelbar an der vorderen Freitreppe, die vom Luſtgarten
aus nach dem in gleicher Höhe mit dem Altan der erſten
Etage erbauten, mit rothem Scharlachtuch ausgeſchlagenen
Huldigungs=Throne führte. Wir überſahen den Platz vor
uns mit ſeinen vielen Tauſenden von Menſchen; ſie nahmen
ihn ganz ein vom Schloß bis zum Muſeum, vom Dom
bis zur Spree und zur Schloßfreiheit. Die Gewerke und
Schützen vom 1. Juni waren wieder da; hohe Maſtbäume
mit buntfarbigen Wimpeln bezeichneten die große breite
Brücke; auf dem Fluſſe hatte ſich Kahn an Kahn gelegt
und ſich auf's Schönſte geſchmückt; alle Gebäude, ſoweit
der Blick reichte, waren bis an die Dächer und Giebel
hinauf mit Menſchen beſetzt; vor dem Muſeum war eine
große Tribüne erbaut; ähnliche ſtanden rechts und links
bis in die Höhe des Zeughauſes und bis an den Dom
heran, überall ſah man Kopf an Kopf; zu beiden Seiten
der vorderen Freitreppe wie auf den Seiten=Freitreppen
reihete ſich Uniform an Uniform, ein bunter Glanz flim=
merte um den Huldigungs=Thron. Die Maſſenhaftigkeit
der Anſammlung Feiernder, Huldigender imponirte ebenſo
ſehr wie der Schmuck, der dem Geſammtbilde über=
breitet war.

Als dann nach längerem Harren der königliche Zug
ſich die Freitreppe herab nach dem Dom in Bewegung
ſetzte und zum erſten Male die Menge losbrach in nie
endenden Jubelruf, da durchzitterte jeden Einzelnen die
Macht des Augenblicks. Indeſſen war Manches dazu an=
gelegt, der begeiſterten Stimmung Abbruch zu thun. Der

Gottesdienst entzog den König zu lange den in Spannung
Wartenden; Regenschauer machten den Aufenthalt doppelt
empfindlich; Tausende von Schirmen wurden aufgespannt;
es war kaum möglich, den einmal gewonnenen Platz zu
verlassen; Zeichen der mannigfachsten Ungeduld wurden
laut. — Endlich hatte der königliche Zug sich nach dem
Schlosse zurückbewegt; neues langes Harren. Die Huldigung
der Fürsten und Herren, der Ritterschaften, der Geistlich=
keit und anderer Corporationen, die im Schlosse vor sich
ging, forderte neue Zeit. Endlich, endlich begann die
Ceremonie der Huldigung der Stadt und der Bürger; die
Huldigungsformel war von halber Freitreppe herab verlesen,
viel tausendfache Antwort war erklungen, da trat der
König auch hier vor und sprach jene denkwürdigen Worte,
von denen keins überhört wurde und die damals jenen
Wiederhall der Begeisterung fanden, an der Theil genommen
zu haben jedes Herz, ob es auch noch so alt geworden, sich
glücklich preisen wird.

Wir standen so günstig, daß weder unseren Augen
noch unseren Ohren irgend Etwas entgehen konnte. Wir
sahen in das edle, flammende Antlitz des Königs, seine
gleichsam gehobene Gestalt stand vor uns, der wunderbare
Wohllaut seiner Stimme tönte uns entgegen. Die kräftigsten
Männer weinten, so ergriffen waren sie; Andere umarmten
sich und dankten Gott mit lauter Stimme, daß sie diesen
Tag erlebt hätten. —

Und doch, als die Ceremonie zu Ende war, als die
Gewerke und Gilden mit Musik davon gezogen waren,
als die Menge sich verlaufen hatte, da wurde so manches
Bedenken laut, da klang auch mir so manches schwer

wiegende Wort in's Ohr, so daß das Herz, das fast ge=
waltsam erschlossen war, sich erschrocken krampfhaft zu=
sammenzog.

Wird der König Herr dieser von ihm wach gerufenen
Stimmung bleiben? Welche Thaten muß er diesen Worten
folgen lassen, wenn er den Erwartungen, die ihnen ent=
wachsen, gerecht werden will? Wem gilt denn eigentlich
dieser maßlose Enthusiasmus? Allein der Person des
Königs? Hat man nicht zu fragen, welches sind denn seine
Regierungs=Maximen? Seine Pläne und Absichten? Schon
damals, am Tage der Huldigung selbst, fehlte es nicht an
wohlmeinenden Warnungsrufen. Man fragte sich, wie sich
denn der Standpunkt des Königs, den er in der ablehnen=
den Antwort eingenommen, die er dem preußischen Land=
tage auf dessen Bitte um Gewährung von Reichsständen
gegeben, aufrecht erhalten lassen würde, wenn er gleichzeitig
durch sein persönliches Auftreten politische Hoffnungen und
damit Leidenschaften entfesselte? Man sagte es offen, daß,
jemehr die Nation erregt werde durch die begeisternde
Führerschaft, die der König übernommen, desto schwieriger
würde es sein, sie auf Wege zu leiten, deren es mit
seinen Ideen und Wünschen entwöhnt sei. — Solche
Bedenken wurden zunächst noch überhört, ja herbe
zurückgewiesen; die unbewußte Freude, der Jubel ver=
urtheilten sie; es dauerte nur kurze Zeit, und ihre
Berechtigung brach sich Bahn. Nur ein gewaltiger,
seine Zeitgenossen weit überragender Charakter konnte
die Saat, die der König in jenen Tagen in die
Herzen seiner Unterthanen ausgesäet, zu gedeihlicher
Frucht bringen. Die Erregung war zu gewaltig, es

mußten Thaten folgen, wenn sie zum Heile des Ganzen fruchtbringend werden sollte.

Es schien eine Zeit lang, als wenn Verwickelungen der äußeren Politik sofort die Gelegenheit geben könnten, dem Taumel des Enthusiasmus, der die Nation erfaßt hatte, Directive und Sammlung zu geben. Den Zwistig= keiten gegenüber, welche zum Kriege zwischen dem Sultan und seinem Vasallen, dem Vicekönig von Egypten Mehemed Ali, geführt hatten, nahm Frankreich eine von den übrigen Großmächten vollständig abweichende Stellung ein. Seine Isolirung war zur Demüthigung geworden, als die letzteren ihren Willen durch eine gemeinsame Action zu Gunsten der Türkei durchgesetzt hatten. Das Verlangen nach einer ausgleichenden Genugthuung hatte die eitle Nation, von Thiers geleitet, im höchsten Grade aufgeregt, und der Ruf nach der Rheingrenze ertönte durch die Organe aller Parteien. Man war in Preußen, und speciell in Berlin, auf's Aeußerste gespannt auf die Entwickelung. Die Nach= richten aus Frankreich wurden mit lautester Ungeduld erwartet, mit Ungestüm geradezu verschlungen. Die Lese= cabinets in den Conditoreien waren noch mehr überfüllt als sonst; wer die betreffende Zeitung zuerst erfaßt, sprang auf einen Stuhl oder Tisch, und las sie vor. — Es war in diesen Tagen, daß das Becker'sche Rheinlied, so unbe= deutend an sich), einen so durchschlagenden Erfolg hatte; man sang es überall, selbst in den sonst so zahmen Cirkeln der Theetische; die verschiedensten Melodien tauchten auf und keine wollte dem patriotischen Fluge entsprechen, der Alles mit sich fortzureißen verlangte.

Nirgend wurde natürlich die Frage: ob Krieg oder

Frieden? mehr besprochen, als in den jungen militärischen
Kreisen. Wir sahen uns schon auf dem Marsche an den
Rhein, inmitten einer Auszeichnung und Beförderung ge-
benden Verwendung.

Indessen das Ministerium Thiers war am 21. October
zurückgetreten, der nüchterne Guizot übernahm die Leitung
der französischen auswärtigen Politik und das Kriegs-
geschrei verhallte. Das einzige Resultat, das Preußen
der Krisis abzugewinnen verstand, war der Versuch, einen
Druck auf die deutschen Bundesstaaten zum Zweck einer
strengeren und exacteren Durchführung der Bundes-Kriegs-
verfassung auszuüben. Nachdem man sich mit Oesterreich
verständigt hatte, wurde der Oberst von Radowitz vom
Könige an die verschiedenen Höfe entsandt, um in jenem
Sinne zu wirken und sie für Schritte bei der Bundes-
versammlung günstig zu stimmen, welche die Einzelstaaten
nöthigen sollten, der vereinbarten Bereithaltung der Con-
tingente und des Kriegsmaterials gewissenhaft nachzu-
kommen.

Radowitz war im December auch in Hannover eingetroffen, hatte den König Ernst August überaus bereit-
willig gefunden, auf die von ihm vertretenen Ideen einzugehen, und den Erfolg gehabt, daß dieselben sofort in's
Concrete übertragen wurden. Mein Vater schrieb mir
darüber. Ernst August hatte die eingehende Bearbeitung
anderweitiger Friedensetats befohlen; Vorschläge zur Erweiterung der Vorrathsbestände, zur rascheren Completirung
der Mannschaften mußten mit höchster Beschleunigung aufgestellt werden. Es war dem königlichen Herrn willkommen,
Handhaben zu gewinnen, seine widerstrebenden Stände zu

größeren Geldbewilligungen für seine Armee, die er auf
einen höheren Friedensfuß gebracht haben wollte, zu zwingen.
Ein Brief meines Vaters lautet wie folgt:

„Ernst August ist Soldat und eines durchbringenden,
energischen und gesunden Verstandes. Er hat in langen müßigen
Jahren sich mit dem Gedanken assimilirt, daß er das Königreich Hannover regieren, eine Armee halten müsse, es möge
ihm kosten, was es wolle. Und diesen Zweck verfolgt er aus-
dauernd und halsstarrig, wie sein ganzes Gemüth ist. Es
scheint mir, daß er die jetzigen Zeitläufte benutzen will, seine
Armee zu verstärken, wenigstens um acht Escadrons; seine
Artillerie soll stets bereit sein, nach vier Wochen 36 mit Allem
versehene Geschütze in's Feld zu stellen; dazu gehören im
Frieden 2001 Mann, statt der jetzigen 1370; die Infanterie
will er um sechs Landwehr-Regimenter vermehren. Zu dem
Allen werden etwa 500,000 Thaler mehr auf das jährliche
Militär-Budget, ohne das erste Einrichtungs-Capital, gebracht
werden müssen. Diese Summen aber können Wir von Unseren
getreuen, selbst allergetreuesten Ständen wohl nicht erhalten,
ohne daß der Bundestag als Ober-Militär-Behörde nachhilft.
Solche Schritte bearbeiten Wir jetzt.

„Es ist einmal gewiß, daß die militärischen Einrichtungen
in allen Mittel-Staaten des Bundes den Militär-Bundes-
bestimmungen nicht entsprechen. Es ist keiner der Staaten im
Stande, in vier Wochen sein Contingent marschiren zu lassen,
zehn Wochen später eine Verstärkung von einem Drittel
des ersten Contingents marschfertig zu haben und alsdann
alle sechs Wochen ein Sechstel als Ersatz absenden zu können.
Sollen diese Bestimmungen eingehalten werden, so muß die
Bundes-Militärbehörde andere Maßregeln treffen, und die
Regierungen gegen ihre Stände, welche sich gewaltig in Oppo-

fition setzen werden, unterstützen. Und gerade dies ist es
— ich halte mich davon überzeugt — was Wir wollen."

Aehnlich wie hier in Hannover lagen die Dinge auch in
anderen deutschen Staaten und so gewann der erste Schritt,
den Friedrich Wilhelm recht eigentlich in deutschem Sinne
und im deutschen Interesse deutscher Einigung und Kräf-
tigung that, einen feindseligen Charakter ständischen Rechten
gegenüber. Fast überall in den deutschen Mittelstaaten
waren zu jener Zeit die Landesvertretungen im Kampf
mit den Regierungen, sei es über die Auslegung von Ver-
fassungs-Paragraphen, sei es in Bezug auf Schmälerung
oder Erweiterung einseitiger Rechtsansprüche. Die öffentliche Meinung stand, man kann es dahingestellt sein lassen,
ob mit Recht oder mit Unrecht, auf Seite der Landesvertretungen und der Wahlkörper, die sie geschickt hatten.
Machte der Bundestag seinen Einfluß zu Gunsten der
Regierungen in einer Richtung geltend, so wirkte das zurück auf das Gesammtverhältniß zwischen Ständen und
Regierung. Nicht der Zweck, nicht das Ziel jener Einrichtungen wurde gewogen, sondern allein die Stärkung,
welche der Regierung zu Theil wurde. Hatte nun der
Bundestag seinen Rückhalt an Preußen und speciell hier
am Könige, so trat dieser, wenn auch sein Streben noch
so gerechtfertigt, noch so getragen war von dem lebendigsten
Interesse für das gemeinsame Vaterland, weil es ausschließlich die Mitwirkung der Regierungen in Rechnung
stellte, in einen entfremdenden Gegensatz zu den Bevölkerungen. Man könnte den Mißerfolg Friedrich Wilhelm's, der seine Gesammtregierung begleitete, in dem
Angedeuteten charakterisirt sehen. Er wandte sich einerseits

mit seiner ganzen eminenten Persönlichkeit unmittelbar an
das Volk und rief sein: „Erwache" bis in die untersten
Schichten hinein, mißachtete aber gleichzeitig die dem
Volke selbst innewohnenden treibenden Gewalten und er-
kannte als seine berechtigten Organe einzig und allein die
Souveräne und ihre Regierungen an.

Für den Augenblick war die politische Gefahr, welche
die in alle Kreise durch das erste Auftreten des Königs
geworfene Erregung nach Außen hätte ableiten können,
beseitigt; die ganze Spannung wandte sich wieder den
inneren Verhältnissen zu. Ich hatte mein Studium wieder
aufgenommen, die mir lieb gewordenen Kreise wieder aufgesucht. Die Physiognomie Berlin's hatte sich wesentlich
verändert; an die Stelle einförmigen Abspinnens des All-
täglichen war eine überall bemerkbare Unruhe getreten.
Man verlangte danach, daß der König bestimmte Stellung
zu den großen Fragen der Gegenwart nähme; die Berufung
einzelner hervorragender Männer gab darüber keinen Aufschluß; vertraten dieselben doch die verschiedensten Richtungen. Auf der einen Seite gehörten die Brüder Jacob
und Wilhelm Grimm zu den sieben Professoren, die 1837
den gegen die Aufhebung des hannover'schen Staatsgrundgesetzes gerichteten Protest unterschrieben hatten und die
deshalb von Göttingen entlassen waren; ihnen folgte aber
unmittelbar ihr Landsmann Hassenpflug, dessen Regiment
in Kassel den Ruf ungebundenster Willkür hinterlassen
hatte. Rückert und Tieck wurden willkommen geheißen
als deutsche Dichter, denen man auch die neue Ehre gern
bereitet sah und die in Berlin zu wissen schmeichelte; als
aber Stahl und Schelling erschienen, da wollte man in

ihnen Repräsentanten von Richtungen sehen, die denen, welche in Preußen vorherrschend Geltung gehabt hatten, entgegentraten, sie zu bekämpfen auserfehen schienen. Man verlangte nach Beseitigung oder doch Einschränkung der Censur; was in dem Sinne gegeben wurde, erfolgte zögernd und zurückhaltend. Man vermißte eine kühn hervortretende Leitung der öffentlichen Angelegenheiten mit schöpferischen Gedanken, man verlangte dringend nach dem bestimmenden, Ziel und Färbung gebenden Steuermann. Und weil dies in der Heimath nicht erfolgte, weil das neu erwachte Interesse sich getäuscht sah, so wandte man sich um so lebhafter erregt den außerpreußischen Vorgängen zu. In den deutschen Mittelstaaten, in Belgien sah man constitutionelle Monarchien aufgerichtet und in Wirksamkeit, man suchte dort die Muster, die man auf Preußen passend wähnte und denen gemäß man die Modelung der eigenen Gestaltungen fordern zu können vermeinte. Das Interesse für die neue politische Entwickelung hatte unendlich erweiterte Kreise erfaßt; die Unterhaltung beschäftigte sich fast ausschließlich mit ihr; nur die Wenigsten gelangten zu klaren Anschauungen, zu einer festen Abgrenzung ihrer Grundsätze, aber außerordentlich Viele gaben sich Wünschen und Tendenzen hin, die freiheitliche Institutionen anstrebten, ohne dieselben ihren Vorstellungen in bestimmter Form vorzuführen. Zeitschriften wie die „Hallischen Jahrbücher" fanden einen Boden, der, zu ihrer Aufnahme bereit, wuchernd meistens ungesunde Frucht entkeimen ließ. Es fehlte alle Gegenwirkung und auch jeder Impuls, dieselbe hervorzurufen, weil alle organischen Maßnahmen zurückgehalten wurden.

Wer jene Jahre in Berlin mit durchlebt, ihren Ein=
fluß mit voller Empfänglichkeit entgegen genommen hat
und jetzt auf sie zurückblickt, der wird sich der Ueberzeugung
nicht entschlagen können, daß, wenn der König eine Mit=
betheiligung der Nation an der Gesetzgebung, wenn er
ihren Vertretern das Steuerbewilligungsrecht zugestehen,
die Volksvertretung aber nach ständischer Gliederung und
nicht nach den Grundsätzen einer Repräsentativ=Verfassung
an sich heran treten lassen wollte, er mit den dazu führen=
den Schritten unmittelbar nach seiner Huldigung hätte
vorgehen müssen. In dem Momente konnten sie noch
Boden gewinnen, würden dem stürmenden Drange der
Bewegung, die er selbst hervorgerufen, Genüge gethan
haben. Der König übernahm dann die Leitung und
Führung, und schon in dem Gefühle, daß Etwas gegeben,
dessen organische Weiterentwickelung möglich, hätten sich
die Gemüther beruhigt, die Begriffe geläutert. Es galt
hier dasselbe wie im Kriege, wo nach Scharnhorst's Aus=
spruch es häufig mehr darauf ankommt, daß Etwas, als
daß das Richtigste geschieht. Dem Verhalten, dem Zögern,
dem anscheinend zurückschiebenden Versagen gegenüber bil=
dete sich jene Verstimmung und in ihrem Gefolge eine
Unzugänglichkeit für alle Pläne und Ideen des Königs,
die dann endlich das Scheitern der Letzteren zu Wege
brachte.

Wenn ich den ganzen Prozeß, welchen die Jugend
jener Tage in sich durchmachte, in meinem Innern mit=
erlebte, wenn den Anschauungen, wie sie uns damals vor=
schwebten, die Reife fehlte, so war dies die natürliche
Folge einer ohne Leitung gelassenen, großartigen Ent=

wickelung, der die gesammte Nation unterworfen war. Je
lebhafter und wärmer die Tageseindrücke in dem Einzelnen
reflectirten, desto schwieriger wurde es diesem, Maß zu
halten und auf einen Standpunkt zu gelangen, von dem
aus er den Werth der vielfach als Forderungen der Zeit
proclamirten liberalen Losungsworte unbefangen abzuwägen
vermochte. Von außerordentlicher Bedeutung wurde mir
gerade damals die Correspondenz mit meinem Vater.
Unabhängig in seinem Urtheil und frei von Vorurtheilen,
wies er immer wieder auf die praktische reale Unterlage
hin, der jede politische Entwickelung in erster Linie Rech=
nung zu tragen habe. Vom König Ernst August in einer
Dienstsache auf das Empfindlichste verletzt, hatte er seine
Verabschiedung erbeten. Sie war in einer, seine treuen
Dienste anerkennenden Weise versagt worden. Das Ge=
sammtverfahren des Königs hatte aber von Neuem dar=
gethan, daß rücksichtsvolles Wohlwollen den Schritten des
hohen Herrn vollständig fern lag. Um so entschiedener
trennte mein Vater in seinen Aeußerungen die Person von
der Sache, stellte unbedingte Ergebenheit für monarchische
Grundsätze als den Ausgangspunkt seines Handelns hin
und forderte das Gleiche von mir in meinen preußischen
Dienstverhältnissen. Er folgte meinen Mittheilungen aus
Berlin mit dem lebendigsten Interesse.

Man wird nie anerkennend und dankbar genug der
unendlichen Thätigkeit erwähnen können, die Friedrich
Wilhelm IV. in seinen ersten Regierungsjahren entwickelte.
Auf allen Gebieten, mit denen er in Berührung kam, wirkte
er belebend und erregend. Es charakterisirte das gerade
am Entschiedensten seine Persönlichkeit, und wenn man

bedenkt, wie apathisch und stagnirend während der letzten
Jahre vor seinem Regierungsantritt die allgemeinen Zustände fortvegetirt hatten, so wird man den Gegensatz zu
würdigen wissen, in den sich die neu beginnende Zeit mit
der ebenverflossenen setzte. Der König ergriff Alles mit
leidenschaftlicher Freude. Es ist bekannt, wie die groß-
artigsten Baupläne von ihm ausgingen, wie er Meyerbeer
und Mendelssohn berief, die Aufführung antiker Dramen
in's Leben rief. Im Domchor wurde alter Kirchengesang
gepflegt. Cornelius, und später Kaulbach schlugen ihre
Werkstätten in Berlin auf. Alexander von Humboldt fand
stets das Ohr des Königs, wenn es galt, seinen Schutz
oder seine Begünstigung wissenschaftlichen Unternehmungen
oder strebenden Talenten zuzuwenden. Bethanien erstand
als Mutterhaus weiblicher Krankenpflegerinnen. Wie auf
politischem, so wurde auch auf kirchlichem Gebiete die
Bewegung und der Kampf wachgerufen. Der Bau der
Eisenbahnen gewann größere Dimensionen, der Zollverein
wurde erweitert. Wohin man sah, regte sich der Unter-
nehmungsgeist.

Auch innerhalb der Armee machte sich diese charakteristische Einwirkung des Königs geltend. Es ging von
Mund zu Mund, daß die königlichen Urtheile nach den Früh-
jahrsbesichtigungen der Garde=Truppen 1841 sich auf das
Entschiedenste gegen die Paradedressur ausgesprochen, daß
sie die Forderungen des Waffengebrauchs und des Krieges
als maßgebend für die Anlage der Uebungen bezeichnet
hatten, daß sie das Terrain berücksichtigt haben wollten.
Der König befahl, ihm Vorschläge für eine zweckmäßigere
Uniformirung und Ausrüstung aller Waffen vorzulegen;

Mann und Pferd sollten erleichtert werden, dem Körperbau des Soldaten entsprechend sollte das breite Riemenzeug, das seine Brust einengte, verschwinden, sollte die Belastung mit dem Tornister und mit der Munition anderweitig geregelt werden, aus den Exercitien mit dem Gewehr sollte Ueberflüssiges verschwinden, das bis dahin mit der ent= setzlichsten Quälerei dem Mann eingedrillt war. Boyen war nach des General von Rauch's Tode zum Kriegs= minister ernannt; sein Einfluß machte den Mißbräuchen ein Ende, welche die Ableistung der Dienstpflicht der ein= jährigen Freiwilligen zu einer bloßen Spielerei herab= gedrückt hatten. Er stellte die Bedeutung, welche das System der allgemeinen Dienstpflicht sowohl dieser Kategorie von Dienstpflichtigen an sich, wie ihrer militärischen Aus= bildung zuwendet, in's richtige Licht und sorgte dafür, daß den Landwehrofficieren schon im Frieden die entsprechende Verwendung als Compagnieführer gegeben wurde. Der König hatte bei allen diesen Maßnahmen mit dem sehr entschiedenen Widerstande einer großen Zahl einfluß= reicher Persönlichkeiten zu kämpfen. In seiner unmittel= baren Nähe wurden Stimmen laut, die den „altpreußischen Geist" und die „altpreußische Disciplin" gefährdet mein= ten, und die in dem Tragen des Gewehrs mit dem rechten Arm die Quintessenz aller kriegerischen Befähi= gung sahen.

Auch die geringen Geldbezüge der niederen Officier= chargen suchte der König zu verbessern. Das Monats= gehalt des Seconde=Lieutenants wurde um drei Thaler erhöht, und so das der Infanterie von 17 auf 20 Thaler, das der Cavallerie auf 23 Thaler gebracht. Die jüngere

Hälfte der Premier=Lieutenants, die bis dahin nur das Gehalt des Seconde=Lieutenants bezogen, wurde auf gleichen Fuß mit der älteren Hälfte gebracht. Wie nothwendig dies war, möge man danach erwägen, daß die Zahl der Officiere, die eben zu Premier=Lieutenants befördert waren und doch schon zwanzig Jahre und darüber als Officiere dienten, nicht gering war. Um den Lieutenants, die schon die Campagne mitgemacht hatten und noch nicht zum Hauptmann oder Rittmeister hatten befördert werden können, gerecht zu werden, wurde denselben eine außer= ordentliche Zulage von zehn Thalern monatlich bewilligt. Die Armee nahm diese Zugeständnisse mit lebhaftem Danke entgegen.

Mir war für die drei Monate nach Schluß des zweiten Cursus der Kriegsschule bis zum Beginn des dritten, zu einer Reise nach dem deutschen Süden, Urlaub bewilligt worden. Mit einem Paß wohl versorgt ging ich, nachdem dem Regimente ein Besuch abgestattet war, nach Dresden, machte einen Abstecher in die sächsische Schweiz, fuhr nach Prag und erreichte glücklich Wien. Es war das nicht so einfach, wie heut zu Tage. Eine Eisenbahn hatte ich nur zwischen Leipzig und Dresden benutzen können. Die Schwierigkeiten, die dem Reisenden durch die Polizei und die Steuerbehörde bereitet wurden, waren namentlich im Kaiserstaate ganz entsetzlich. Nicht allein, daß man an der Grenze durchsucht wurde; wo ein Nachtquartier genommen ward, mußte der Paß zur Polizei gebracht werden, er blieb dort bis zur Abreise; an den Thoren von Prag und Wien wurde der Reisende von Neuem der strengsten Controle unterzogen. Man forscht

namentlich auch danach), ob nicht verbotene Bücher und
Schriften, ob nicht Briefe, die ausschließlich mit der Post
versendet werden sollten, mitgeführt wurden. Man mußte
sich der peinlichsten, sich bis auf die Unterkleider erstrecken-
den Revision unterstellen. Dazu waren die österreichischen
Posten unbequem. Ich war von Prag bis Wien zwei
Tage und zwei Nächte gefahren, und kam wie gerä-
dert an.

Indessen wie rasch lassen Jugend und Frohsinn dies
Alles vergessen. Wie viel Neues und Schönes hatte ich
gesehen! Dresden mit seinen Kunstschätzen und seiner Terrasse, die Bastei mit dem herrlichsten Sonnenuntergange,
das Schlachtfeld Culm, Prag, die alte Czechenstadt, und
nun das heitere, fröhliche Wien. Mit wahrhaft andächtiger
Gewissenhaftigkeit und gut vorbereitet hatte ich in Dresden
und Prag Alles besucht, was Malerei, Sculptur und
Architektur Schönes und Interessantes darboten. In der
Kaiserstadt gab es dessen allerdings auch die Fülle, aber
das Anziehendste war doch das unbefangene, heitere Genuß-
leben der gesammten Bevölkerung. Gleich am ersten Abend
hörte ich im alten Kärntnerthor-Theater den „Don Juan".
Das war eine andere Theilnahme des Publikums, als in
dem steifen, kritisch zugeknöpften Berlin; hier waren Wechselbeziehungen zwischen Orchester, Bürgern und Publikum,
die nach allen Seiten belebten und elektrisirten. Wer
konnte da unberührt bleiben! Und wie hier die Oper als
ein Lebenselement der Wiener sich mir darstellte, so sah
ich überall nur naive unbekümmerte Lebenslust; ich mochte
dem Wogen und Treiben am Prater oder in Hietzingen,
bei Strauß und Lanner, im Volksgarten oder in der

Biern, in Raymund's Zauberopern oder im Theater der
Leopoldsstadt beiwohnen, sie nahm mich vollständig mit,
die unüberwindliche Jugendfrische, die gutherzig und an=
spruchslos das alte Wien so glücklich machte.

Ich hatte einen früheren Bekannten, einen jungen, sehr
ausgezeichneten und liebenswürdigen Arzt angetroffen, der
mit zahlreichen Genossen aus allen Theilen Deutschlands,
durch die damals an der Universität lehrenden Heroen
seiner Wissenschaft, Skoda, Rokitansky und Oppolzer ange=
zogen, in Wien seine Studien vervollständigen wollte. Er
war vorzüglich orientirt, und von ihm geleitet gelang es
mir in drei Wochen, die ich der Donaustadt bestimmt hatte,
das Nützliche mit dem Angenehmen in bestes Einvernehmen
zu bringen. Ich gewann den vollsten Eindruck von der
Eigenthümlichkeit Wiens der übrigen deutschen Welt gegen=
über, wie sie jetzt wesentlich abgeschwächt sein mag. Die
alte Residenz der Habsburger, von der aus sie ihre Haus=
politik getrieben und in der sie den Anprall des Ostens
zurückgewiesen, war damals noch mit all' ihren geschicht=
lichen Erinnerungen erhalten; und wenn auch der Kaiser
Ferdinand persönlich den Eindruck eines körperlich und
geistig verkommenen Epigonen machte, so wurde man doch
auf das Gewaltigste erfaßt von all' den Erinnerungen, die
in der Kaiserburg wie bei den Kapuzinern, im Zeughaus
wie im Schloß Belvedere, ja überall in der engen alten
Stadt deutlich und leserlich geschrieben standen. Von den
Wällen, welche den Türken Widerstand geleistet hatten,
hatte man noch den Ueberblick über das Gewimmel der
Glacis und der Vorstädte, konnte den Weg verfolgen, auf
dem der bedrängten Stadt Entsatz geworden, sah auf die

vielen Verzweigungen der Donau, längs deren Ufern deutsche Cultur nach dem Osten vorzudringen sucht, und erfreute sich an den Contouren der Alpen. Die Repräsentanten des Orients und der zahlreichen Völkerstämme des slavischen und magyarischen Ostens gaben mit ihren mannigfaltigen Trachten dem bunten Leben auf den Straßen, den Plätzen, den Kaffee's und den verschiedenen Stätten des Handels und Verkehrs einen besonderen Reiz. Die Uniformen der alten österreichischen und ungarischen Regimenter, der Nobelgarde und Schloßgarden erinnerten an das wenn auch oft gebeugte, doch nie gebrochene Oesterreich. Man fühlte es überall, daß man sich inmitten einer vollständig anderen Welt bewegte, als im übrigen Deutschland, einer Welt, innerhalb deren das deutsche Element nur eines der vielen, aus deren Mischung und Beeinflussung sie erwachsen, war und die in viel engeren Wechselbeziehungen zu außerdeutschen, slavischen, magyarischen, italienischen und romanischen Lebenskreisen stand, als unser Norden. Fast schien es da eine Anomalie, wenn das Burgtheater das reinste und beste Deutsch darbot, wenn man in ihm eine geläutertere Weise, unsere Muttersprache vorzutragen, fand, als in den Residenzen an der Spree und an der Elbe. Freilich belästigten dann auch wieder die Einseitigkeit und Engherzigkeit der Theater-Censur, wie denn der schöne Chor im Don Juan: „Es lebe die Freiheit!" nicht mit diesem Text, sondern statt seiner mit dem: „Es lebe die Schönheit!" gesungen werden mußte.

Auch Ausflüge in die engere und weitere Nachbarschaft konnte ich machen, nach Laxenburg und Baden, nach Wien-Neustadt und nach dem Schneeberg, der

bestiegen wurde und uns den köstlichsten Einblick in
die österreichische Alpenwelt darbot. Ueberaus belebt
und befriedigt, wurde es mir schwer, mich von Wien
zu trennen; indessen es mußte doch sein, und so be=
stieg ich das Donau=Dampfschiff, um aufwärts Linz zu
erreichen.

Zweite Abtheilung.

Aus Briefen an den Vater

1841—1848.

„Briefe gehören unter die wichtigsten Denkmäler, die der einzelne Mensch hinterlassen kann. Lebhafte Menschen stellen sich schon bei ihren Selbstgesprächen manchmal einen abwesenden Freund als gegenwärtig vor, dem sie ihre innersten Gesinnungen mittheilen, und so ist auch der Brief eine Art von Selbstgespräch, denn oft wird ein Freund an den man schreibt, mehr der Anlaß als der Gegenstand des Briefes. Was uns freut oder schmerzt, drückt oder beschäftigt, löst sich vom Herzen los und als dauernde Spuren eines Daseins, eines Zustandes sind solche Blätter für die Nachwelt immer wichtiger, je mehr dem Schreibenden nur der Augenblick vorschwebte, je weniger ihm die Folgezeit in den Sinn kam.

Was wir durch Mittheilung älterer Briefe gewinnen, ist: uns in einen früheren, vorübergegangenen Zustand unmittelbar versetzt zu sehen. Hier ist nicht Relation noch Erzählung, nicht schon durchgedachter und durchgemeinter Vortrag; wir gewinnen eine klare Anschauung jener Gegenwart; wir lassen sie auf uns einwirken wie von Person zu Person. Es ist der schönste, unmittelbarste Lebenshauch."

Goethe.

Linz, den 21. August 1841.

Gestern bin ich hier mit dem Dampfschiff von Wien angekommen. Die Fahrt mit demselben war durch mehrere ungünstige Umstände, wie widriger Wind und Nebel, sehr in die Länge gezogen; sie dauerte 2½ Tag; sie war dadurch, daß man gar nicht darauf eingerichtet war Leute zu beherbergen, nicht wenig fatiguant, aber dennoch außerordentlich befriedigend; ich bin wohl und heiter wie fast nie zuvor. Es hatte sich auf dem Schiffe eine so höchst angenehme Gesellschaft zusammengefunden, daß uns die Zeit unter Scherzen und Amüsements der mannigfaltigsten Art auf das rascheste verschwunden ist. Wien habe ich ungern verlassen; ich habe dort viel in dem Kreise von Landsleuten — Norddeutschen — gelebt und außerordentlich heitere Stunden zugebracht. So habe ich mit drei Braunschweigern und einem Hessen eine weitere Ausflucht nach dem Schneeberge gemacht, die mir unvergeßlich sein wird, sie gehörte zu dem Heitersten, was ich je erlebt habe. Kurz, ich kann Dir nur mit der höchsten Befriedigung bis jetzt von meiner Reise schreiben. Ich habe Viel gesehen und Manches gelernt. Herz, Gemüth, Phantasie und Verstand haben ihre Rechnung gefunden. Wie

oft habe ich Euch zu mir gewünscht, um mit Euch den
Genuß des vielen Schönen, was Natur und Kunst in
Wien gethan haben, zu theilen! — Den Eindruck, den
mir ganz Oesterreich gemacht hat, Dir darzulegen, ver=
schiebe ich auf mündliche Unterhaltung. Es ist ein ge=
waltiger Unterschied zwischen uns Norddeutschen und dem
hiesigen Volke, und ich lobe mir das meinige! Unsere
Zustände erscheinen hier in einem viel edleren und höheren
Lichte, als wenn man in ihnen lebt.

Insbruck, den 4. September.

Ich bin ganz entzückt und begeistert von der Schön=
heit Tyrols. Ich bin mit meinen (Dir schon früher er=
wähnten) Reisegefährten theils gegangen, theils gefahren;
von Linz nach Gmunden und Ischl, St. Wolfgang, Salz=
burg, wo wir, um die himmlische Umgebung der Stadt
zu genießen und auch gefesselt durch alte und neue Be=
kannte, zwei Tage blieben. Dann sind wir über Hallein,
Berchtesgaden, Golling, St. Johann nach Gastein gegangen;
dort einen Tag geblieben; dann durch die Pinzgau nach
Zillerthal gewandert und von da gestern hierher gelangt.
Dieses im Kurzen eine Uebersicht unserer Reiseroute, in
welcher natürlich einer Menge von Excursionen keiner Er=
wähnung geschehen konnte. Ich will gestehen, daß ich auf
dieser Reise mehr hätte lernen können, namentlich was
militaria anbetrifft — mehr Freude hätte sie mir schwerlich
zu bringen vermocht.

Morgen gedenken wir nach Botzen und Meran auf=
zubrechen; dort muß ich von meinen Gefährten Abschied
nehmen, um auf dem geradesten Wege hierher zurückzu=

kehren, und dann so rasch wie möglich über Tegernsee
nach München zu reisen, und von dort über Nürnberg
und Göttingen, wo ich meinen guten Pastor Stephan be=
suchen will, nach Hannover zu eilen; in 18 bis 20 Tagen
darf ich also hoffen Euch an mein warmes Herz drücken
zu dürfen!

Berlin, den 17. October.

Seit dem 15. Morgens bin ich hier. Wie ich es beab=
sichtigt hatte, blieb ich in Hildesheim bei den Cousinen, wo
ich zum ersten Male die jüngste derselben sah und zwar
mit Thränen in den Augen über den Schmerz, den eine
Freundin erlitten, [bis zum Abgange der Abendpost nach
Magdeburg]. Meine Hoffnung, noch mit dem Morgenzuge
des folgenden Tages nach Berlin befördert zu werden,
wurde getäuscht, da hier noch kein Anschluß der Post
an die Fahrt auf der Eisenbahn bewerkstelligt ist. Ich
fuhr nun um 5 Uhr Nachmittags aus Magdeburg und
war um 6 Uhr früh in Berlin, so daß wir 19¾ Meilen
in 13 Stunden zurückgelegt hatten. Diese schnelle Be=
förderung besteht erst, seitdem die Eisenbahn zwischen
Magdeburg und Berlin ganz befahren wird. — Ich sage
Dir und all' den Meinen den unaussprechlichsten Dank
für die alte Liebe und treue Freundschaft, mit der Ihr
mich aufgenommen und beglückt habt. Ich habe auf's
Neue so durch und durch den Werth der Heimath und
des väterlichen Hauses gefühlt, und wenn mich auch die
Zukunft in Kreise führen sollte, die Euch noch fremder
sind, mein Herz, ganz wie es ist, wird Euch nie abtrünnig
gemacht werden können.

Den 6. November.

Seit dem Montag dieser Woche besuche ich nun die Vorlesungen des dritten Coetus der Kriegsschule. Sie bieten in mehreren Beziehungen Neues und Bedeutendes. Was mich besonders anzieht und worin Gegenstand und Lehrer gleich interessant sind, das ist die Kriegsgeschichte vom Major Hoepfner vorgetragen. Er giebt uns nicht etwa nur ein abrégé der Kriegsgeschichte von 1740, sondern, nachdem er eine kurze Einleitung über die militärische Kritik gegeben hatte, trägt er uns den Feldzug von 1757 mit der größten Gründlichkeit vor. Wenn er diesen einen Feldzug des 7jährigen Krieges beendet hat, so beabsichtigt er die Geschichte des Feldzuges 1813 und später die des Jahres 1831 aus dem Kriege der Russen gegen die Polen folgen zu lassen. Hoepfner ist anerkanntermaßen ein Mann von sehr vielen Kenntnissen und er hat diese für seinen Vortrag in ein schönes Gewand gekleidet.

Den 24. November.

Das militärische Publikum wird sehr durch eine Erscheinung der Literatur beschäftigt. Es sind nämlich unter dem Titel „Militärische Briefe eines Verstorbenen" die bittersten auch geistreichsten Angriffe gegen neuere Schriftsteller und gegen hiesige militärische Zustände und deren Leiter erschienen. Man hält bald den General v. Müffling, bald den Capitän von Moltke vom Generalstabe, bekannt durch einen mehrjährigen Aufenthalt in der Türkey und durch ein außerordentlich lesenswerthes

Buch über denselben, für den Autor. Auch Bismark*) soll nicht unangefochten bleiben.

Ebenso sehr beschäftigt uns eine Broschüre, welche angeblich von einem Franzosen verfaßt sein soll, „Preußisches Soldatenthum"; unsere officiellen militärischen Blätter sprechen sich äußerst heftig gegen dieselbe aus. Sie ist nicht mit Gründlichkeit, dagegen aber an manchen Stellen mit Phrasenreichthum geschrieben; dennoch ist sie nicht ohne Werth und enthält viel Wahres, was man aber nicht gern hört.

Uebrigens ist es hier still. Die Bühne brachte Aufführungen, die seit langer Zeit verboten waren, wie Egmont von Goethe und die Stumme von Portici. —

Mein Leben geht seinen gewöhnlichen Gang der Ruhe. Von Krieg spricht hier Niemand mehr und man verwundert sich nur über die vielen kriegerischen Anstalten, die in den Bundesstaaten getroffen werden. Wie Du die Gründe derselben in Hannover schilderst, so werden sie auch wohl in Baiern, Hessen ꝛc. sein. Die königliche Gewalt benutzt auf kluge und politische Weise die öffentliche Meinung, die mal mit ihr gegen Frankreich und gegen den Fortschritt ist, um sich zu verstärken und zu konsolidiren. Man baut nicht allein in Frankreich Wälle um Paris. Traurig ist es, immer überall zu bemerken, daß man, sich auf die Gewalt stützend, nicht auf das Recht der Sache, sich dem Gange der Zeit entgegenstemmt, statt ihn zu leiten und an der Spitze desselben ihn zu regeln und zu verhüten,

---

*) Graf — Würtembergischer General - Lieutenant und Militär-Schriftsteller.

daß er falsche Wege einschlägt. — In England ist man doch am klügsten und wird am weitesten kommen.

Den 25. Januar 1842.

Deine Aeußerungen über meine Dir zurückgelassene Arbeit haben mich sehr erfreut. Bei der geringen Aussicht, die ich habe, jemals Führer zu werden, muß es mein Streben sein, einen guten Gehülfen desselben aus mir zu machen; und ein solcher, ein Generalstabsofficier wird doch wohl oft auf die allgemeinen Grundgedanken der militärischen Handlungen zurückgehen müssen, um die des Führers zu moderiren, respektive in die gehörige Form zu bringen. Ich bin mit dem Studium des Jahres 1813 besonders beschäftigt und fühle mich außerordentlich angezogen. Eine Geschichte desselben von Sporschill leistet mir neben dem Vortrage vortreffliche Dienste. Ueberhaupt kann ich mich in hohem Grade zufrieden aussprechen, indem ein durchaus angenehmes geselliges Leben und mich erfreuende Beschäftigung mit einander wechseln.

Der Carneval ist ziemlich lebhaft, namentlich in musikalischer Beziehung, obgleich die Oper ganz darnieder liegt. Alles konzentrirt sich um Liszt und es wird jetzt beinahe langweilig, nur ihn und allein ihn besprochen und verehrt zu sehen. Der Berliner hat seinen Charakter abgethan; aus dem ewig Kritisirenden, nie Zufriedenen ist ein exaltirter Enthusiast geworden. Namentlich geht dieser Enthusiasmus bei den Damen wirklich in's Lächerliche und Unpassende. Die Thorheit ist so groß, daß sie sich schwer in Worte bringen läßt. Prinzessinnen und Schau-

spielerinnen, blue stockings und Hausmütter, alte Jung=
fern und eben in die Welt tretende Backfische liegen zu
seinen Füßen und haschen nach seinen Blicken. —

In den nächsten Tagen werde ich wohl Gelegenheit
haben, mit einem Adjudanten des Prinzen August darüber
zu sprechen, welcher Zeitpunkt wohl der günstigste für eine
Reise hierher für Dich wäre; ich glaube beinahe Mitte
Mai. Dann inspicirt der Prinz hier, und jedenfalls wird
Dir derselbe, auch ohne daß die Zeit der Uebungen ist,
Alles, was Du zu sehen wünschest, vorführen lassen. —

Ich weiß nicht, ob Du die hier erscheinende militärische
Zeitschrift „das Archiv für Ingenieure und Artillerie" kennst.
Sie hat neuerdings viel Ruf bekommen, namentlich dadurch,
daß ihr gestattet ist, eine löbliche Ausnahme von der üb=
lichen Geheimnißkrämerei zu machen. Die Redakteure sind
anerkannt tüchtige Leute, namentlich auf dem Gebiete der
Praxis. Der eine derselben sagte mir vor einigen Tagen,
daß es sie so sehr erfreuen würde, falls Du Etwas dem
Drucke übergeben wolltest, es in ihrer Zeitschrift zu
eben. —

Die Zahl der hier verbotenen Bücher und Broschüren
mehrt sich fast täglich. Dennoch erscheinen immer neue,
zum Inhalt des Tages Interessen habend; namentlich
Gedichte.

Den 12. Mai 1842.

Hier ist Alles in Bewegung und der größten Auf=
regung; fast kein anderer Gedanke, wie der an Hamburg,
kann Platz gewinnen, kein anderes Wort, als eins, was

jene unglückliche Stadt betrifft, wagt sich hervor. Man
hat sich jedoch aus der ersten Bestürzung sehr bald er=
mannt und, dem wahrhaft großen Beispiele des Königs
folgend, drängt sich Alles zur Hülfe und zum Beistand.
Schon am 9. (Montags) erließ unser Ministerium des
Innern einen Aufruf zur Hülfe; an demselben Tage ordnete
der König eine Kirchenkollecte an und schickte Beamte nach
Hamburg, denen er 25000 Thaler zur Disposition stellte,
um wenigstens gleich etwas Hülfe zu bringen. Zugleich
gingen auf seinen Befehl 20000 Brode aus den hiesigen
und den Bäckereien Magdeburgs dahin ab; 500 wollene
Decken gleichfalls. Am Montag früh war eine Compagnie
Pioniere (60 Mann) von hier, ein Bataillon Infanterie
und zwei Compagnien Pioniere von Magdeburg abge=
gangen. Die Dampfschifffahrt auf der Havel von Pots=
dam nach Hamburg, und auf der Elbe von Magdeburg
dorthin kommt der schnelleren Beförderung zu Statten.
Am 10. ging ein neues Dampfschiff mit zwei Schlepp=
schiffen von hier ab; es enthielt Kleidungsstücke, Decken 2c.,
die schon seit dem vorigen Tage zusammengebracht waren.
Sie konnten diese indessen lange nicht fassen und schon
am 11. sind 6 andere Schiffe befrachtet worden. Die
Stadt Berlin hat aus ihren Communal=Mitteln augen=
blicklich 10000 Thaler dem Magistrate zur Verwendung
disponibel gestellt. Die Einsendungen von Geldmitteln
von Privaten sind sehr bedeutend. Ein Comité hat sich
schon am 10. gebildet, das sie in Empfang nimmt und
verwendet. Die Kaufmannschaft ist zusammengetreten und
hat mit der Hamburger direct berathen, wie ihre Hülfe am
geeignetsten sein würde. Alles ist enthusiasmirt durch das

Benehmen der Hamburger. Gestern las ich einen Brief
von dort, der die traurigsten Nachrichten enthielt, ein
fürchterliches Bild der Zerstörung, für das uns aller
Maßstab fehlt! Mehrere Kähne mit Fremden und sich
Rettenden sind verbrannt. — Unsere Zeitungen sind voll
mit Anerbietungen, Vorschlägen zur Hülfeleistung. Künst=
ler veranstalten Concerte, verlosen ihre Gemälde, ihre
Statuen, um den Erlös den Unglücklichen zuzuschicken.
Die Universität ist zusammen getreten. — Ich habe die
rührendsten Bilder gesehen, wie ganz Unbemittelte, wie
Kinder mit freudestrahlendem, begeistertem Gesicht ihre Gabe
brachten. Nicht Einer ist theilnahmslos. — Am Montag
Abend war hier schon die Nachricht vom Einhalten des
Feuers. Die Staatszeitung enthielt die erste Nachricht.
Wir lasen sie in einem großen Kaffeehause, in dem Alles
gedrängt war. Ein Freund von mir bekam sie zuerst in
die Hände, als sie ankam; er mußte auf den Tisch springen
und das zahlreiche Auditorium trug ihn fast im Triumph
von dannen. Man kann den Berliner in solchen Augen=
blicken lieb gewinnen. — Lebewohl, liebster Vater, ich
schreibe Dir eilig, aber ich glaubte Dir würden baldige
Nachrichten von hier angenehm sein.

Den 5. Juni.

Deinen Brief und die Papiere für den Major Slevogt
habe ich erhalten und letztere befördert. Gestern sprach
ich den Major und er sagte mir, daß er Dir selbst schreiben
würde. Er erzählte mir dann, daß er Deine Mittheilungen
dem Prinzen August vorgelegt, der sehr viel Interesse

dafür bezeigt hatte, und daß dieselben im nächsten Hefte des Archivs erscheinen würden.

Wegen des bevorstehenden Manövers am Rhein wird in diesem Jahre die Kriegsschule früher wie gewöhnlich geschlossen, am 4. Juli. Es folgt dann die Uebungsreise; willst Du nach derselben nach Berlin kommen, falls dann der König und der Prinz August hier sein werden — so kann ich vielleicht mit Dir in Magdeburg am 15. oder 16. Juli zusammentreffen. —

Die Hugenotten, die hier zum ersten Male in Scene gesetzt worden sind, haben das Publikum sehr angezogen. Madame Schroeder=Devrient ist eigens von Dresden dazu erschienen, Herr Meyer Beer dirigirt selbst und es ist, was Dekorationen rc. anbetrifft, Alles geschehen was die Aufführung brillant und großartig machen könnte. Ich habe sie mit großer Befriedigung gesehen, obgleich ich sie schon von Hannover und von Wien her kannte. — Ueberhaupt ist das Publikum sehr beschäftigt, theils durch die Oper, dann aber auch durch die Ernennungen, deren jeder Tag fast neue bringt und vor einigen Tagen wieder durch die Creirung einer neuen Klasse zum Orden pour le mérite für Künstler und Gelehrte. Das Ganze war in das größte Dunkel bis zur officiellen Bekanntmachung gehüllt.

Den 2. Juli.

Was Deine Reise zu den Königs=Manövern am Rhein anbetrifft, so kannst Du Dir denken, welche Freude es mir machen würde, Dich zu begleiten. In jeder Beziehung könnte es mir nicht nur angenehm, sondern

viel mehr voller Genuß und Freude sein. Ich glaube
nicht, daß mir der Urlaub abgeschlagen werden würde,
und ich bin daher bereit, mein lieber Vater; bitte Dich
aber nochmals auf das Inständigste, Dich bei dem Ent=
schluß zu dieser Reise durch Nichts bestimmen zu lassen,
als durch Deine eigene Neigung zu derselben, namentlich
mich und meine Zukunft dabei durchaus nicht mitreden
zu lassen. Erholung wird sie Dir kaum sein. Glaubst
Du aber durch sie wirkliche Freude und Stärkung zu
haben, unternimmst Du sie mit wahrer Lust, so bin ich
gewiß der, der keine größere Freude kennt, als Dir vielleicht
die Mühseligkeiten erleichtern zu können und unter Deinen
Augen zu lernen.

Aschersleben, den 18. Juli.

Am Sonnabend bin ich hier eingetroffen, wohl und
heiter. In Wittenberg lag Dein Brief für mich bereit;
da ich aber für meine Person nicht dort in Quartier lag,
so gelangte er erst einige Tage später an mich und so
konnte ich nicht gut eher antworten, als bis mich die Winde
in meinen Hafen Aschersleben geführt hatten. — Wir ver=
ließen am 7. 7. Berlin; empfingen auch am nämlichen
Tage noch in Luckenwalde unsere weiteren Ordres und
unsere Aufträge für den folgenden Tag. Dieselben wurden
von Tag zu Tage erneuert, mußten des Morgens zu
Pferde, Nachmittags auf dem Papiere ausgeführt werden
und waren meistens schwierig und viel Zeit erfordernd.
Jeden Abend vor 8 Uhr mußten die gelösten Aufträge
in's Hauptquartier eingeschickt sein. Die Officiere waren

in Abtheilungen zu 3, 4 oder mehreren abgetheilt und
bildeten dieselben den Generalstab von den verschiedenen
Heerestheilen, Avantgarde, Gros, Reserve. Ich war für
die ersten fünf Operationstage mit noch drei Officieren
der Cavallerie-Reserve des Corps, später für die anderen
drei Tage, wo wir in zwei Corps operirten, dem Gros
des Westcorps zugetheilt. Vier oder fünf Officiere waren
täglich in's Hauptquartier commandirt. Dies Commando
hat mich zwei Mal getroffen. Die Reise hat mir sehr
viel Vergnügen gemacht und mir zugleich eine Befriedigung
gegeben, die ich kaum gehofft hatte. Das ist die, in
meinen Bestrebungen anerkannt zu werden und das auf
eine so hübsche Weise, daß es mich außerordentlich frappirt
hat. Der Officier, der das Ganze leitete, der Major
Fischer vom großen Generalstabe, kannte uns alle nicht;
er war in die Stelle eines Obristlieutenant's getreten,
der erst in den letzten Wochen unseres Aufenthalts in
Berlin nach Breslau abgegangen war. Einer der Aufträge, die er gab, war der, an Ort und Stelle bei Warten-
burg einen Vortrag über die Schlacht, die daselbst stattgefunden hat, zu halten; ihm waren dazu von unserem
Lehrer der Kriegsgeschichte einer meiner Kameraden und
ich vorgeschlagen. Wir bekamen in Folge dessen für den
fünften Operationstag den Auftrag, ein Krokis vom Schlachtfelde zu liefern und ebenso eine Relation der Schlacht.
Wir theilten uns die Arbeit ein, so daß wir beide dies
Krokis, der eine aber die Terrainbeschreibung und die
Einleitung zur Schlacht, der andere die Relation selbst
bearbeiten sollten. Das erste fiel durchs Loos auf mich,
das zweite auf meinen Kameraden. Wir schickten unsere

Arbeiten ein und glaubten die Sache sei abgemacht. Uns
überraschte daher am folgenden Tage der Auftrag, den
Vortrag in der That zu halten, zugleich mit dem Com=
mando in's Hauptquartier. Sämmtliche Officiere stellten
sich ein und ich mußte alsbald beginnen; wir waren beide
glücklich, und von der Zeit an hat uns der Major mit
Freundlichkeit und Auszeichnung überhäuft. Der letzte
Beweis davon war für mich der, daß er mich aufforderte,
ihm meine Meldung zum topographischen Bureau, die
etwa im Januar des künftigen Jahres erfolgen würde, zu
übersenden, damit er sie selbst dem General Krauseneck
übergeben könnte, und meinte er, er hoffe, daß ich in zwei
Jahren dazu einberufen würde. Gleich das erste Jahr
einberufen zu werden, ist eine große Seltenheit und wäre
mir nicht einmal angenehm, da doch manche Vorstudien,
namentlich die der Kriegsgeschichte nothwendig sind. Ich
sagte dem Major, ich hoffte diesen Herbst nach dem Rhein
zu gehen, worauf er meinte, er riethe davon ab, da man
vor allen Dingen suchen müsse, sich ein gutes Zeugniß als
praktischer Officier zu gewinnen, und man auch den
Schein vermeiden müsse, daß man den praktischen Dienst
nicht liebe, den ich leicht auf mich laden könnte, wenn ich
jetzt, nach dreijähriger Abwesenheit vom Regimente, schon
wieder um Urlaub nachsuchte. Ich sagte ihm darauf,
unter welchen Verhältnissen ich die Reise machte, ohne
Deinen Stand zu nennen, worauf er mich aufforderte, ihm,
wenn ich doch hinkommen sollte, aufzusuchen, wo er mich
dann dem General Krauseneck persönlich vorstellen wollte.
Ich habe Dir diese ganze Verhandlung mitgetheilt, damit

Du ganz über die Sachlage urtheilen kannst; ich habe mittlerweile mein Urlaubsgesuch eingereicht.

Den 7. October.

Gestern Mittag bin ich wohlbehalten und ohne alle Abenteuer zurückgekehrt. In Hildesheim mußte ich bis Mittwoch Abend bleiben, weil eine Aenderung im Posten= lauf mich getäuscht hatte. Es war mir indessen so an= genehm dort, daß ich es leicht vergaß, daß ich noch um einen Tag länger von Aschersleben getrennt war. Mein Commandeur hat mich hier freundlich empfangen und meine Kameraden wollen natürlich alle sehr viel von den Manövern und den Begebnissen am Rhein hören und ich darf nicht aufhören zu erzählen. — In jeder Beziehung, theurer Vater, muß ich Dir meinen herzlichsten und innigsten Dank sagen für die mit Dir gemachte Reise. Mich hat namentlich das Zusammensein mit Dir und bei einer solchen Gelegenheit außerordentlich glücklich gemacht.

Den 29. November.

Der Dir erwähnte lange Bericht über das Manöver, welchen ich dem Brigade=Commandeur überreichte, hat mir ein sehr freundliches Antwortschreiben eingetragen. — Die Verlobung meines Vetters mit der „lieblichsten Blume des Harzes" findet vor Deinem strengen Richterstuhle keine Gnade? Und doch muß ich Dir aufrichtig gestehen, liebster Vater, obgleich ich jetzt noch weit davon entfernt bin, Deine Liebe zu mir und Deine Consequenz mit ein=

ander in Streit zu bringen, käme ich auch einmal „noch
vor dem 40. Jahre" in eine ähnliche Lage wie Fritz, ich
würde eine Verlobung auf Dein väterliches Ungehaltensein
hin wagen, in der Hoffnung, Dich bald wieder zu ver=
söhnen! Es erhält nicht ein Jeder sein Herz so lange
frisch und jung wie Du, und ich möchte fürchten mit dem
40. Jahre ein ausgebrannter Krater zu sein. Ueberhaupt
beneide ich Dich jetzt oft um Deine jüngeren Jahre. Du
lebtest in einer bewegten Zeit damals, in die Du selbst
mit eingriffst, Du machtest selbst mit die Geschichte, die
wir jetzt mühsam studiren und zu begreifen suchen. Dein
Studium war Dein Leben; Deine Gedanken mit dem
Praktischen eng verwachsen, untrennbar. Dein Handeln
kam aus Deinem vollen Selbst und war Eins mit ihm
und mit der Zeit. Unsere jetzige Zeit ist nicht weniger
bewegt, sie schreitet vielleicht noch rascher wie die damalige;
aber anderen Ständen liegt das Machen der Zeit ob, als
dem der Soldaten. Wir leben in zwei Welten, die fast
vollständig von einander getrennt, die eine ist der maschinen=
mäßige, technische Dienst, die andere ist die abstrakte, die,
gerade weil sie abstrakt, weil sie nicht mit unserem praktischen
Thun eng verwebt ist, oft des Halts entbehrt und gar
wenige Nahrung giebt. Wir bauen uns Wünsche und
Ideale auf, geben ihnen Formen, die wir, gerade weil sie
des reellen Halts entbehren, oft wieder zerschlagen müssen,
und mit denen wir oft unser Bestes zertrümmern. Wir
sind zum Zuschauen verdammt und oft nicht einmal im
Stande, das zu sehen, was vorgeht. Viel glücklicher ist
der Schiffer in seinem Boot auf der See, auch wenn diese
tobt und er drin untergeht, als der, dessen Nachen zer=

schlagen ist und der am Strande den Kampf der Wellen
anschauet und nicht Hülfe bringen kann.

Den 19. Februar 1843.

Mein Zeugniß von der Kriegsschule ist erst vor etwa
zehn Tagen angekommen und wirklich recht gut ausgefallen.
Es war begleitet von einem Schreiben des Prinzen Carl,
worin dieser unserem Commandeur befahl, mich in seinem
Namen für die „ausgezeichneten“ Resultate meiner wissen=
schaftlichen Bestrebungen zu belobigen. Es thut mir leid,
Dir, lieber Vater, nicht Beides übersenden zu können.
Ersteres ist schon mit meiner Meldung zum Topographischen
Bureau unterwegs, letzteres hat das Regiment zurück=
gefordert.

Ich habe nie des Zeugnisses und der Zufriedenheit
Anderer wegen in Berlin gearbeitet, sondern um meinet=
willen und hat diese letztere Rücksicht auch immer den
Ehrgeiz zurückgedrängt, aber es macht mir die Anerkennung
doch große Freude und um so größere, wenn Du sie nicht
allein als die meinige theilst, sondern mir auch Deinen
Beifall dazu giebst.

————

In Ermangelung von Briefen aus den Jahren 1843
und 1844, so wie zum besseren Verständniß des Ganzen,
diene Folgendes:

Anfang des Jahres 1844 erfolgte die Commandirung
zum topographischen Bureau, welches Commando 3 Jahre
in Anspruch nahm. Im Sommer fanden die Landes=Ver=
messungen und =Aufnahmen statt; im Winter wurden die=
selben ausgearbeitet; im Frühling traten Dienstleistungen

bei verschiedenen Waffengattungen ein, so im Frühjahr 1845 bei der Artillerie in Burg.

Am 13. April dieses Jahres fand Hartmann's Ver= lobung mit seiner jüngsten Cousine in Hildesheim statt, welcher im Oktober dieses Jahres die Feier in der Familie und im Herbste 1847 die Veröffentlichung folgte.

Bei Freienwalde a. O., Juni 1844.

Soll ich meine Arbeit schildern? — Denkt Euch mich in einem grauen Sommerrock mit vielen Taschen, die voller Instrumente, voller Frühstück stecken; eine leichte Sommer= mütze auf dem Haupte und im Gesicht nur noch Auge und Bart; die Hände verbrannt — als trügen sie dänische Handschuhe — und so, mit unendlich langen Schritten über Haide und Moor, durch Gärten und Wälder, über Hecken und Zäune schreitend, dann habt ihr ein Bild von mir. Ein zweiter Sancho Panso folgt mit einer großen ledernen Tasche auf dem Rücken, den Meßtisch auf den Schultern und mit einem ausgezeichneten Sonnen= resp. Regenschirm bewaffnet — wandernder Baldachin getauft —, mein Bursche ist's, Herr Mathias Kilian Schmidt aus Neigendorf bei Magdeburg, den die Dummheit und die Gefräßigkeit auf dem Gesichte zu lesen, der aber eine kreuzbrave Haut ist. Und so ist nun kein Baum, kein Berg, kein Gehöfte in der Gegend vor mir sicher, es wird mit unendlichen Schritten und immer auf dem gera= desten Wege erreicht, trotz Gräben und Barrikaden und Schmidt stürmt immer mit. — So ziehe ich nun von sechs Uhr Morgens bis Nachmittags vier Uhr umher.

Dann wird gespeist, geschlafen, gezeichnet, simulirt oder spazieren geritten. So einen Tag wie alle Tage. Dabei fühle ich mich kräftig an Geist und Körper und schaue in's Leben hinein mit Lust und mit Muth. Ich kämpfe ja für eine schöne Zukunft und, bei Gott! das macht fröhlich und frisch!

Burg, den 1. April 1845.

Ich habe heute mein Commando für diesen Sommer bekommen, welches mir Arbeit am Rhein ertheilt. Ich soll mich am 1. Juni in Cöln melden.

Den 16. April.

Mein lieber, lieber Vater, tausend Dank für Deinen Brief! Tausend, tausend Dank für Deine Liebe, mit welcher Du Louise in Deine Arme geschlossen hast! . . . . Ich gewinne hier eine allgemeine Uebersicht über den Mechanismus des artilleristischen Dienstes; auch als Cavalerist kann man Manches daraus lernen, namentlich auch, daß man die Anforderungen an die Arbeitsfähigkeit der Leute bedeutend steigern kann, und wie man bei Weglassung einer Menge von Nebensachen, die allerdings das militärische Aeußere heben, auch bei geringerer Begünstigung durch das Material, durch Zeit-Eintheilung und Benutzung viel leisten kann. —

Wir haben hier bedeutende Unruhe und Besorgnisse wegen des hohen Wasserstandes der Elbe gehabt. Die Burger Dämme sind ¼ Meile von der Stadt, die in der Niederung liegt, entfernt; der Wasserandrang war so mächtig, daß an einzelnen Stellen nur noch 6″ Damm-

höhe über demselben war und Tag und Nacht die umsich=
tigste Wache gehalten werden mußte, um Dammbrüche zu
vermeiden. Ein Geschütz unserer Batterie war zum Signa=
lisiren requirirt. Die Stadt war in großer Aufregung,
namentlich als die Nachrichten von den Dammbrüchen
ober= und unterhalb einliefen und als bald Cadavers von
Vieh und selbst von Menschen, bald Betten und Meubles
vom Wasser ausgeworfen wurden. Ein sehr starker Damm=
bruch oberhalb Magdeburg, ein zweiter unterhalb bei
Glindenburg, mögen uns wohl gerettet haben. Der erstere
hatte alle Communikation mit Magdeburg unterbrochen; die
Reisenden wurden in Gerwisch, 1½ Stunde von dort, in
Kähne gepackt und das Wasser stand so hoch auf der
Chaussee, daß erstere auf dieser fuhren. Gerwisch selbst
war halb unter Wasser, und da seine Häuser aus Lehm
gebaut, sind dieselben größtentheils zusammengesunken. Jetzt
wo sich das Wasser verlaufen, sieht man wie die Chaussee
auf einer bedeutenden Strecke gänzlich ruinirt ist, Brücken
gesprengt sind und das anliegende Land natürlich unendlich
gelitten hat.

Der Oberst von Strotha, unser Brigadier, hat die
große Wasserfläche zu Rikochottirungs=Versuchen benutzt.
Er ließ mit der 7pfündigen Haubitze und dem kurzen
24 Pfünder nach einer auf 1000 Schritt auf dem Wasser ver=
ankerten Scheibe werfen, bekam aber, des starken Sturms
wegen, der neben seinen Einflüssen auf die Flugbahn,
auch die vollständige Etablirung der Scheibe verhinderte,
nur ein sehr geringes Resultat. Die Würfe wurden auf
3000 Schritt beobachtet; wir erwarten die zusammenge=
stellten Resultate.

Bei Aggerhof im Juli.

Es ist keine Lust hier zu arbeiten; es ist das An=
strengendste und Peinigendste, was ich bisher in meinem
Leben that. Ich arbeite den ganzen Tag, ohne rechte
Fortschritte zu machen. Natur und Menschen vereinigen
sich hier, das rasche Arbeiten zu verhindern, und doch wird
es verlangt. Dazu habe ich eine Erkältung, die mir
rheumatische Schmerzen brachte. Ein alter hiesiger Arzt
ließ mich schröpfen und gab mir eine Mixtur, doch ohne
Erfolg, so daß ich mich rasch entschloß, nach Bonn ging
und dort durch Dr. Nasse's und der Tante Brandis gütige
Pflege so rasch genas, daß ich nach wenigen Tagen, trotz
Regen und Wind meine Arbeit fortsetzen konnte.

Mein Hauptmann war vorher bei mir; war auch
recht sehr zufrieden, meinte aber doch, ich habe wenig ge=
arbeitet. Du kannst Dir also meine Qual und innere
Unruhe denken, nun vom Körper in Stich gelassen zu sein.
Wie erfinderisch ist nicht die Phantasie, der einmal eine
bestimmte Richtung gegeben! Indessen glaube ja nicht,
daß sich meine Gedanken jetzt noch damit beschäftigen.
Thätigkeit ist das beste Mittel gegen Krankheit, geistig
wie körperlich. Auch sitzen mir Kopf und Herz noch
auf der rechten Stelle, ich fühle nur, wie mit der erhöhten
Lebensfreude auch der Lebensernst zunimmt. — Seit
ich Ursache habe um jede Zeitverzögerung, einer Zukunft
wegen, besorgt zu sein, sehe ich jede Wolke am Himmel,
jeden Schmerz, und sei er im großen Zeh, als feindliche
Dämonen an! Doch, lieber Vater, mißversteh mich auch
nicht — die Waagschale des Ernstes ist noch nie so tief

gesunken, daß sie jene der Freude nicht hätte in die Höhe
schnellen können. Und ich hätte doch nimmer dem höheren
Aufschwung, dem höheren Stadium entsagen können, und
dürfen, um geringere Mühen und Arbeiten durchzu=
kämpfen! — Darum sei mir nicht böse! Du rufst mir
Geduld zu! Du solltest sehen wenn ich mit meinem treff=
lichen „Löwe" unter dem Regenschirm stehe und Unrichtig=
keiten in den Vorarbeiten, woran sie keinen Mangel leiden,
entdeckt habe, nicht wissend, wie sie korrigiren! — wie ich
dann alle guten Sprüche aus meinem Schnurzsack heraus=
hole — wenn mir dann aber Dein altes herrliches:
„patience is a damned negative virtue and I thank God
that I have none!" einfällt und mit einem gesunden Fluch
Wetter und Arbeit verwünsche — und wieder von Neuem
beginne Schritte zu zählen; Winkel zu messen; das Naß=
geregnete abzutrocknen; das Falsche zu radiren — bis
man endlich zu neuen Fehlern, zu neuen Regenschauern
kommt. —

Ich habe mittlerweile Aggerhof verlassen und mein
jetziges Quartier ist ein früheres Zollhaus auf einer Höhe,
jetzt Wirthshaus. Die Gäste, welche einkehren, reizen mich
wenig, ihnen etwas meiner Zeit zu schenken, obgleich ich
unter den Rheinländern und namentlich unter den Bauern
mehr Leute mit erweitertem Gesichtskreis gefunden habe,
als bei uns. Die hiesigen Lande waren früher bergisch,
daher finden sich denn auch viele Protestanten; so ist die
Gemeinde, in der ich jetzt wohne, protestantisch und sind
darum die Zugehörigen bei Weitem besser unterrichtet wie
ihre Nachbarn; dagegen hat sich unter ihnen der pro=
testantische Fleiß nicht verbreitet. Vor 6 Uhr geht hier

Niemand an die Arbeit; Frühstück, Essen, Kaffeetrinken und Abendessen nimmt sehr viel Zeit weg und das, was sie beschicken, ist wenig. Nirgends kann der Beweis besser geführt werden wie hier, daß ein gewisser Wohlstand dazu gehört, um Fortschritte in dem zu machen, was man treibt. Der hiesige Ackerbau wird außerordentlich schlecht betrieben. Du solltest die Früchte auf dem schönsten Lehmboden sehen — schlechter wie bei uns in der Mark! Große Flächen liegen als Haide, neben ihnen der Beweis, daß sie selbst Weizen tragen könnten. Du findest aber auch Niemanden, der auf seinem Besitz zwei Pferde hätte; außer nur einem Ochsen höchstens ein Pferd. Ich bin fest überzeugt, daß man ausgezeichnete Geschäfte machen könnte, ginge man hierher mit den neuen Erfahrungen und Fortschritten der Oeconomie und mit Dienstleuten aus unserer Gegend, die wissen, was Arbeit ist.

Brühl, den 12. September.

Mein letzter Brief war aus dem Zollhaus. Wie stürmte und regnete es dort gegen die dünnen aufweichenden Lehmwände! Bald trat dann besseres Wetter ein, und ich konnte ein anderes Quartier, näher bei Siegburg nehmen. Dann trat der wunderschöne Herbst ein. Ich kann Dir kaum beschreiben, wie der wohl that; diese klaren Tage mit ihrem Himmel ohne ein Wölkchen, mit Wärme und mit den schönen Aussichten auf Land und Lenz, die ließen dann bald die Mühseligkeiten vergessen, und wenn ich auch von Hell- bis Dunkelwerden arbeitete, so geschah es ohne Anstrengung und mit frohem Sinn. Am 10. habe ich dann die Arbeit auf dem Felde beschlossen und bin nun

seit heute Nachmittag hier, nachdem ich meine neuen Auf=
träge in Cöln in Empfang genommen habe. Meine
Sektion hat Brühl etwa im Mittelpunkt und umfaßt das
Terrain von der Höhe des Vorgebirges bis an den
Rhein. —

Neues von hier wirst Du mehr wissen wie ich,
namentlich von dem Aufenthalt der Königin Victoria.
Die großen Concerte in Bonn hatten hier enormes Leben
hervorgerufen; Alles strömte hierher, um hungrig und
durchnäßt sich den ganzen Tag herumzutreiben, ohne den
Hunger in den übermäßig gefüllten Gasthäusern stillen,
ohne sich die Kleider trocknen zu können!

Hermühlheim bei Cöln, den 4. October.

In Brühl bin ich noch vielfach unter Menschen
gekommen; die kurzen Tage machen schon die Arbeitszeit
kürzer, und damit das Bedürfniß andere Leute zu sehen
dringender. Wenn mich auch keine neue Bekanntschaft
interessirt oder gefesselt hat, so bin ich doch durch das
heitere rheinische Leben angezogen und durch den Verkehr
mit Geschäftsleuten um manchen Blick in rheinisches Recht
und rheinische Zustände bereichert. Als Officier hier in
Garnison stehen, möchte ich nicht. Die allgemeine Achtung,
die unser Stand in den östlichen Provinzen genießt, die
Zuvorkommenheit, mit der sich ihm jeder Kreis und jede
Familie dort öffnet, fehlen hier doch sehr.

Berlin, den 25. November.

Meine Arbeit geht langsam, doch leidlich von Statten.
Beinahe 6 Stunden täglich zeichnen ist etwas viel, und

namentlich im Verhältniß zu den wenigen Stunden Tages, die man jetzt hat; indessen fühle ich weder Augen= noch Brustbeschwerden und hoffe zu rechter Zeit fertig zu werden. — Mein geselliges Leben hat noch keine rechte Gestaltung wieder gewonnen. Es fehlt mir der frühere Mittelpunkt der Geselligkeit, das Haus der beiden Freundinnen. Bald da zum Thee, bald dort zum Diner macht keine große Freude; nirgend hört man etwas Neues, was man nicht schon selbst tausendmal gedacht hätte; nirgend eine neue Anschauungsweise voll Lebenskraft und Frische. Religiöse und politische Bewegungen verfehlen ihre Einwirkung auf die meisten Gemüther hier nicht, berühren mich indessen wenig, da sie mir in der gereichten Form mehr als unangenehm sind. Eine warme Innerlichkeit bei den Einen und Patriotismus bei den Anderen scheint zu fehlen; die Meisten schreien, höhnen, spotten und jubeln mit, ohne es sich klar gemacht zu haben, was sie wollen, und was ihre Demonstrationen für Folgen haben. — Jenny Lind füllt das Opernhaus und noch immer ist es unmöglich, Billets zu guten Plätzen zu bekommen. — Zum Studiren bin ich noch nicht gekommen, doch hoffe ich es nachzuholen und mich wieder über den Clausewitz herzumachen; dort findet man immer des Stoffs zum Denken die Menge, zugleich mit fertigen Resultaten. Wenn nur der Tag anstatt 12 Stunden 36 hätte und man dabei auch nimmer das Bedürfniß nach Schlaf empfände.

Den 29. December.

Für mich selbst bleibt mir kaum etwas anderes zu wünschen, als daß mir das erhalten werde, was das alte

Jahr dem neuen zuträgt. Ist doch mein Leben so voll
Schmuck und innerer wahrer Freude, schlägt doch jeder
Puls so voll Wärme und Glückseligkeit, daß ich mir einen
größeren Reichthum im Innern kaum denken kann. Was
wäre mir alles dieses ohne Deine Liebe, ohne Deine
Billigung! Es schwände mir die Blume, der das Licht
entzogen wird. Die laß mir auch im nächsten Jahre
und ich gehe ohne Zagen meinen Schritt auf der betretenen
Bahn fort.

Den 10. Januar 1846.

Das neue Jahr beginnt hier laut und fast kriegerisch.
Die Unruhen im Posen'schen, die dort entdeckten weit=
verzweigten Verschwörungen haben bedeutende militärische
Maßregeln nöthig gemacht. Es hat sich um nichts
weniger gehandelt, als um die Ueberrumpelung der
Festungen Thorn und Graudenz, die Besitznahme der
dortigen Vorräthe, um mit diesen die Insurrektion in
Russisch=Polen zu beginnen. Der Commandant von Thorn
hat die Stadt in Belagerungszustand erklärt, und das
21. Infanterie= und das 3. Dragoner=Regiment sind mit
einer reitenden Batterie in's Großherzogthum abmarschirt.
Die Reserven beider Regimenter, sowie der Garnisonen
von Thorn und Graudenz sind eingezogen, um jene zu
verstärken. Man hat durch diese Maßregeln die Unruhen
im Keime erstickt; indessen mehren sich doch die Anzeichen,
wessen wir uns im Falle eines Krieges von Seiten der
Polen zu versehen haben.

Ueberhaupt wächst die Unzufriedenheit im ganzen Lande.
Die Landtagsabschiede haben von all' dem Erwarteten nichts

gebracht; ihre Bescheide erklären sich entschieden gegen jede Fortbildung unserer Landstände in irgend freierer, sie lassen dasselbe dagegen hoffen in aristokratisch = ständischer Weise. Man glaubt dadurch aber mehr verloren, als gewonnen zu haben. Man sähe lieber eine absolute Herrschaft, die getragen durch eine aufgeklärte öffentliche Meinung, vor der Jedermann billige und gerechte Berücksichtigung nach seinen Fähigkeiten und Rechten findet, als das Emportragen einiger Magnaten, die man in unserem Lande für politisch ungebildet hält. Andererseits glaubt man das Bestreben zu erkennen, die religiöse Meinung als Maßstab bei der Beurtheilung der Diener des Staats, als entscheidend über ihre Fähigkeiten hinzustellen, sowie gegen die Entsittlichung dadurch zu arbeiten, daß man die orthodoxe Anschauung des 17. Jahrhunderts wieder zur Geltung zu bringen suche. Communistische Umtriebe spuken überall und vergebens wird jene Richtung einen Einfluß auf die Klasse der Bevölkerung gewinnen, wo diese Umtriebe außerordentliche Verbreitung finden. Die Regierung will auf keinem Gebiete von der historischen Entwickelung lassen, wo rasche Entschlüsse auf das Dringendste verlangt werden. Trotzdem herrscht eine Angst vor dem Proletariate und seinem Begehren, die oft fast lächerlich ist. Ueberall ist Ungewißheit und Unsicherheit. — Unsere äußere und innere Politik oscillirt; regt überall auf und verliert ihre Stützen, nicht wissend wohin sie steuert.

Ich habe die feste Ueberzeugung, wir stehen am Vorabende bedeutender Ereignisse; wohin diese die Zukunft tragen werden, wer kann das bestimmen?

Du hast mich durch Deine Aeußerungen über Louise
sehr erfreut. Du giebst ihr die Prädikate, die auch mir
an ihrer Persönlichkeit immer das Anziehendste bezeichnen.
Ihr Wesen hat meinen Geist wie mein Herz für sich
gewonnen. In dem Jahre, während dessen Dauer unsere Correspondenz nun besteht, haben wir uns unendlich
viel gesagt, tausend Gegenstände abgehandelt und uns
über sie geeinigt, und ich habe in dem Geben dessen, was
mir der vielleicht geprüftere und gebildetere Verstand sagte
und in dem Empfangen dessen, wie es ein unbefangenes,
feinfühlendes, liebendes Gemüth anschauet, eine Befriedigung und ein Glück gefunden, die gewiß durch unser
ganzes Leben hindurchtönen werden. Ich möchte um
keinen Preis diese Correspondenz entbehrt haben. — Meine
Ansichten und Meinungen über Politik sind im Innern
verschlossen und gehen selten über die Schwelle ihres Ver-
ließes als Worte hinaus. Wohl wünschte ich, ich könnte
mich für das Bestehende enthusiasmiren, wohl wünschte
ich, ein Scherflein zu seiner Weiterentwickelung beitragen
zu können. Leider ist das nicht möglich. Mich hat die
Berliner Tadelsucht nicht angesteckt; aber ich glaube, einen
gesunden Blick, ein gesundes Urtheil und gesunde Lebenskraft zu haben, und alle drei müssen sich durch die Krankheit unserer Zustände und durch die unfruchtbaren Kuren,
die man damit vornimmt und durch die man sie nur verschlim-
mert, unsympathisch berührt fühlen. Es treibt dies mehr und
mehr den Mann dazu, seinem eigenen Ich in sich, unbe-

14*

kümmert um das Draußen, die bestmöglichste Ausbildung
zu geben; mögen mich die Verhältnisse so stellen, daß ich
dabei mit Liebe meinem Stande angehören kann. — Vor
einigen Tagen war mein Obrist hier. Er hat mir gesagt,
ich solle in Aschersleben während der Monate März, April
und Mai Dienst thun. Es geschieht mir dadurch ein
großer Gefallen. Es kommt mir dabei besonders darauf
an, dem Officiercorps wieder näher zu treten, oder
wenigstens die Gefahr, ihm ferner zu werden, zu vermei=
den. Man kann doch nicht wissen, was die Zukunft bringt
und Wohlgelittensein in seinem Officiercorps ist doch die
beste Basis für die Zukunft.

Aschersleben, den 7. März.

Beurtheile nicht, wenn ich Dich bitten darf, nach
meinem Zögern mit dem Briefschreiben die Freude an
den Tagen, die ich mit Euch sein konnte. — Von Hildes=
heim aus war es wohl nicht nöthig Dir zu sagen, daß
es mir gut gehe. Ich bin dort außerordentlich vergnügt
gewesen, nicht ausgelassen froh, aber so unendlich glücklich,
daß es mir fast vorkam, als wäre mein ganzes Sein zu
sehr von diesem Glücke durchglüht, so daß, sollte es gestört
werden, jenes darüber zusammenbrechen müßte.

Ich kann Dir nicht genug rühmen, wie ich hier von
allen Seiten freundlich und zuvorkommend aufgenommen
bin. Mir fehlt hier freilich viel, was mich sonst erfreut,
aber ich kann mich durchaus nicht fremd und unangenehm
fühlen, wo die Verhältnisse zu meinen Kameraden so un=
verändert gut sind. Meine Pferde habe ich etwas her=

untergekommen gefunden, jedoch bessert es sich schon durch
die Pflege des eigenen Burschen. — Heute erwartet mich
hier das Vergnügen eines großen Balles, der auch viele
der mir bekannten Familien der Nachbarschaft hier vereinigen wird. Ich werde eine Menge Leute wiedersehen
und freue mich recht darauf. —

Die Angelegenheiten in Posen und Krakau beschäftigen
uns natürlich sehr. Nach den Zeitungen scheint es, daß
das eigentliche Unternehmen vollständig gescheitert ist und
die letzten Spuren davon theils sich im Sande verlaufen
werden, theils noch durch einzelne tragische Akte der
regierenden Gewalten ihr Ende angewiesen erhalten werden. Einen anderen Charakter würde freilich Alles
nehmen, sollte sich jetzt in Frankreich irgend eine Regierungsveränderung vorbereiten; Gerüchte, man wolle einer
solchen Eventualität jetzt schon vorbeugen, indem man
Truppen zusammenzöge, scheinen mir vollständig unbe-
gründet. —

Lieber Vater, ich hatte Dir schon erzählt, daß meine
letzte topographische Sommerarbeit mich in die Eifel führen
wird. Mein Freund Luck hat mir vorgeschlagen, mit ihm
zusammen eine Reise durch Holland und Belgien zu machen
und es so einzurichten, daß wir zum rheinischen großen
Musikfest in Aachen, wo wir uns in denselben Tagen zu
melden haben, eintreffen.

Aachen, den 1. Juni.

Unsere Reise war im Ganzen sehr von gutem Wetter
und glücklichen äußeren Umständen begünstigt. Dank sei
es den Eisenbahnen, daß wir in kurzer Zeit so sehr Vieles

und so sehr Schönes sehen konnten, mehr als ich hoffen konnte als ich Euch verließ. — Wir fuhren per Post über Minden und Münster und ohne Aufenthalt über Wesel nach Emmerich und Arnheim, wo uns die holländische Eisenbahn aufnahm, welche uns Dienstags Abend um 6 Uhr nach Amsterdam lieferte. Wir waren dort bis zum Mittwoch Abend und fuhren dann per Eisenbahn nach dem Haag. Der Donnerstag wurde ganz dieser Residenz und ihren Kunstschätzen überlassen, so daß wir erst Freitag Nachmittag in Rotterdam per Diligence ankamen. Andern Morgen ging's durch gleiche Gelegenheit weiter nach Antwerpen, wo wir Sonnabend Nachmittag und den ganzen Sonntag zubrachten. Abends spät fuhren wir noch per Eisenbahn weiter nach Gent, blieben dort den Montag, fuhren Abends nach Brügge; sahen dort Morgens und Mittags das Sehenswertheste; erreichten dann noch Ostende und blieben hier zur Nacht. — Mittwoch ging's nach Brüssel, Donnerstag dort, Freitag nach Waterloo; dann über Brüssel zurück nach Hamm. Am Sonnabend fuhren wir per Dampfschiff die Maas hinunter nach Lüttich, hatten Zeit die Sehenswürdigkeiten dieser prächtigen, lebendigen Stadt zu genießen, und waren Abends per Eisenbahn noch hier. Da ist das Skelett unserer Reise; Du wirst mir Recht geben, es ist beinahe zu viel für 14 Tage, und Manches hat rascher übergangen werden müssen, als es verdiente. Wären die Reisegelegenheiten nicht in jeder Beziehung dem Reisenden zum raschen Fortkommen günstig, so daß die auf die Zurücklegung der Distancen verwendete Zeit auf ein Minimum reducirt ist, und hätte man nicht nach und nach gelernt, jede disponible Zeit auf das Best-

möglichste zu nutzen, so würde Jenes noch in viel höherem
Grade der Fall sein. So sind wir außerordentlich kon=
tentirt von der ganzen Reise und bedauern nur, daß wir
die Eindrücke sich haben gar zu sehr jagen lassen müssen,
und daß wir nicht manchen durch öfteres Sehen, uns haben
treuer machen können. Das gewaltige Handelsleben in
Amsterdam und Rotterdam; die Reste des Mittelalters in
Antwerpen, Gent und Brügge; die prächtigen und reichen
Residenzen des Haag und Brüssels; die See bei Scheve=
ningen und Ostende; das reiche Fabrikleben Lüttichs und
die reizenden Ufer der Maas; wir wissen nicht, welchen
Bildern, die unser Gefühl und unsere Phantasie in sich auf=
nahmen, wir den Vorzug geben sollen. Alle haben uns so viel
Neues geboten, das uns bald zum Staunen und zur Be=
wunderung hinriß, bald bis zum Entzücken erfreute; bald uns
geistig interessirte, bald auch Herz und Gemüth erquickte, daß
das Eine immer den Anderen den Rang streitig macht.
Soll ich aber dennoch sagen, was meinem Gedächtniß am
prägnantesten gegenwärtig blieb, so sind es die Bilder
vom Rotterdamer Hafen, der katholische Gottesdienst in
der Kathedrale zu Antwerpen, das leuchtende Meer bei
Ostende (denke Dir unser Glück!) und das Wandern auf
dem Schlachtfelde bei Waterloo! Mit wahrer Andacht bin
ich hier an die Monumente herangetreten, bin von la
Haye sainte nach Hauggnemont, von dort zurück nach
Pappelotte, la Haye und Frichemont gepilgert, und dachte
Dein, mein heißgeliebter Vater, unendlich oft. Hier,
dachte ich, muß eine Batterie gestanden haben, dort fanden
wir eine neue herrliche Position für andere. — Du glaubst
nicht wie dies Schlachtfeld von Fremden besucht wird;

die ganze Gegend lebt von ihnen. Leute, die sich als Gardes präsentiren, die gefundene Kugeln und Adler verkaufen, und Bettler verlassen den Reisenden keinen Augenblick. In Mont St. Jean sind mehrere Hôtels entstanden; dem besten gegenüber findest Du ein großes Schild von John Cotton, der in englischer Sprache sich als Garde, seine Zeichnungen als beachtenswerth und sein Lager von garantirten Reliquien der Schlacht als empfehlenswerth für Kauflustige empfiehlt. Da findest Du Adler, Cürasse, Helme und Czakos und Kugeln jeglichen Calibers; er meinte, man würde deren noch nach Jahrhunderten finden. Ich empfahl ihm von Neuem Kugeln vergraben zu lassen, damit diese Artikel seinen Kindern nicht ausgingen. Die Leute versicherten uns, es kämen an Sommertagen oft an hundert Wagen zur Besichtigung des Schlachtfeldes. — Auch habe ich mir in Brüssel place royale No. 8 angesehen, das der Familie des Grafen d'Algambe noch zugehörige Haus; in dem einen Flügel desselben ist jetzt das hôtel de Flandres. Die Familie gilt für eine der orangistischen, der alte Graf lebt noch, soll einen bedeutenden Theil seines Vermögens verloren haben; seine beiden Töchter sind verheirathet, die eine an einen Ausländer. Das ist Alles was ich über die Dir damals so befreundete Familie erfahren konnte. —

Die größte Thätigkeit habe ich von allen belgischen Städten in Lüttich gefunden, und macht diese Stadt hierdurch, wie durch ihre schöne Lage, durch ihre schönen Plätze und herrlichen Kirchen einen höchst anziehenden Eindruck. Wo uns das Glück nicht begünstigte, das war bei dem Bestreben, die bedeutenden Festungen zu sehen. In Antwerpen schlug es uns der Commandant geradezu ab; in Lüttich wollte sich unser ein belgischer Officier erbarmen, hielt aber nicht Wort und blieb aus. Herrlich ist die Eisenbahnfahrt von Lüttich nach Aachen, durch 22 Tunnels, bei deren Verlassen sich jedes Mal den überraschten Augen ein neues Bild entfaltet, bald freund= lich, bald wild und überaus romantisch. —

Hier war Alles voller Leben und Unruhe; am Abend unserer Ankunft ward Jenny Lind ein Ständchen gebracht. Tags darauf begann das eigentliche Musikfest. Wir bekamen noch Billets zu den Concerten, deren erstes die Aufführung einer Symphonie von Mozart und die Haydn'= sche Schöpfung brachte. Mendelssohn dirigirte. Alles ging vortrefflich. Man wurde wirklich hingerissen. — Am zweiten Tage wurden die Ouverture zum Oberon, eine Motette von Cherubini, die C=Moll=Symphonie von Beethoven, das Alexanderfest von Händel von mehr als 600 Mitwirkenden aufgeführt. Das war wirklich groß= artig, aber ein bischen Viel! —

Heute haben unsere Arbeiten begonnen, die mich hoffentlich höchstens bis zum 4. hier halten werden, wo ich denn nach Reiferscheidt abgehen werde. Du kannst Dir denken, daß wir in doppelter Unruhe leben; in Anspruch genommen von der großen Anzahl der hier zu demselben Zwecke versammelten Kameraden, von der neuen Arbeit und vom Musikfeste.

Hellenthal, den 16. Juni.

Mein Aufenthaltsort ist ein ziemlich großes Dorf im

engen Thale der Olef. Es ist der einzige Ort meiner
Sektion, der ein leidliches Bette und überhaupt Unterkunft
für Fremde enthält; in meinen ferneren Quartieren Udenbrecht
und Bertheid erwarten mich nur Strohlager, und wer weiß
auf diesen was für Geschöpfe, die unwillig über den Ein-
dringling mich nicht wenig plagen werden. Reiferscheidt,
das ehemalige Besitzthum des Grafen Salm, enthält freilich
auch ein Wirthshaus, aber ein wenig empfehlenswerthes,
und da Hellenthal gleich ungünstig für meine Arbeiten
liegt, aber in der genannten Beziehung besser ausgestattet
ist, so ging ich von Aachen direkt hierher. — Der Weg
über Monjoie und Schleiden ist theilweise sehr schön; an
einer Stelle bei Eiruhn, wo man von einer Höhe von
800 Schritt in's Roenthal hinabsteigt, hat die Gegend und
namentlich die Straße vollständig den Charakter des Hoch-
gebirgs. — Mein Olefthal ist bis Hellenthal aufwärts
durch eine große Anzahl Eisenhämmer, die namentlich in
Händen von Refugiés sind, die sich nach Aufhebung des
Edikts von Nantes hier niederließen, belebt. Wenn man
die Höhen weiter ansteigt, ist Alles öde und traurig, aber
oft wild romantisch. Strecken Landes, die alle 15 bis
20 Jahre einmal beackert werden, und Haide bedecken die
bedeutenden Höhen und ihre kühnen Abfälle in die Thäler.
Neulich habe ich von einem meiner höchsten Punkte die
ganze Reihe der Gipfel des Siebengebirges gesehen, so
hoch steige ich an; ich bin jetzt schon zu der Höhe von
2000 Schritt über den Nullpunkt des Amsterdamer Pegels
gelangt. Zwei der schönsten Ruinen, die ich je sah, habe
ich in der Sektion und schon aufgenommen, Reiferscheidt
und Wildenburg, letztere eine chemals zum Kloster Stein-

feld gehörige Kellerei. Das Schloß Reiferscheidt hat einen
enormen Umfang und die noch stehenden Gewölbe zeugen
von seiner ehemaligen Schöne; ich sehe einer mir in Aus=
sicht gestellten Chronik mit Spannung entgegen. An
Naturschönheiten fehlt es mir daher nicht, Umgang dagegen
vollständig. Dagegen geht die Arbeit gut von Statten.
Die großen Massen, nicht von hundert Ortschaften bedeckt,
lassen sich leichter auffassen und rascher zu Papiere bringen, als
das unendlich durchschnittene Terrain des vorigen Jahres.
Dagegen ist es eben so fatiguant; viermal in einem Tage
die Höhe von 400 Schritt über dem Thal hinan zu steigen
und wieder herab, auf den steinigsten, unebensten Wegen,
in dieser bedeutenden Hitze, die wir, freilich mit Kühlung
bringendem Winde, seit der ganzen Zeit meiner Anwesenheit
hier haben, zusammen mit den vielen Wegen an den
Hängen, auf der Höhe und im Thal und dessen oft steil
ansteigenden Nebenthälern, ermüdet sehr, ist aber doch
nicht über meine Kräfte. Ich habe schon so viel gearbeitet,
daß ich hoffen kann, wenn das Wetter nicht zu schlecht
wird, Ende Juli im Gebirge fertig zu sein. Am 29. dieses
Monats erwarte ich meinen Inspekteur, der die schlechten
Quartiere nicht liebt, und gewiß in meine Sektion nicht
zweimal kommt. — Was ich am meisten entbehre ist eine
Zeitung; ich höre von der ganzen übrigen Welt fast
nichts.

Udenbrecht, den 11. Juli.

Ich bin seit Mittwoch hier; habe bis dahin in
Hellenthal gearbeitet. Dort war mein Quartier gut: die

Arbeit erhielt in Athem und man entbehrte die Gesellschaft
Anderer nicht sehr und wenn ich sie haben wollte, so fand
ich in meinem Bürgermeister, in meinem Pastor immer
freundliche Leute, die auch recht unterrichtet und gebildet
waren und nur den einzigen Fehler hatten, daß sie Einem
gar zu viel sauren Wein aufnöthigten; wollte ich weiter
gehen, was auch zwei Mal geschehen ist, so besuchte ich
in Schleiden meinen Nachbarn und Konkurrenten, den ich
schon lange kenne.

Jetzt sieht es anders um mich aus, jetzt wohne ich
oben auf der sehr markirt ausgesprochenen Wasserscheide
zwischen Maas (Roer) und Mosel (Kill) etwa 2100 Schritt
über dem Meere. Du kannst Dir denken, daß hier Luxus
und Lebensverfeinerung, wie Alles was in das Fach
schlägt, nicht gerade ihre Wohnstätte aufgeschlagen haben.
Mein Eifeldorf ist groß. Der arme Pastor, der hier Jahr
aus, Jahr ein hauset. Die Häuser sind erbärmlicher und
vom Winde zerzauster wie in Polen, mit Strohdächern,
nach der Höhenseite bis auf die Erde hinunter, und noch
mit dichter Hecke umgeben; Schmutz und Häßlichkeit bis
zum Ekel; eine rohe stumpfe Nation; Armuth und Mangel
an Intelligenz; welch ein Unterschied zwischen hier und
dem kaum 1½ Meile entferntem Thale. Auch das
überwindet man bei und durch angestrengte Arbeit. Mein
Stübchen ist gut, das Essen den Hunger stillend; mein
„Löwe" und ich vertragen uns herrlich, weiter sehe und
spreche ich Niemanden. — Weit sehe ich in's Land hinein,
namentlich von einem etwa eine Viertelstunde oberhalb
gelegenem Punkte, dem weißen Stein; nördlich in die
Zerklüftung und Zersplitterung meiner Sektion, südlich in

die vulkanische Eifel mit ihren vielen isolirten Kuppen,
mit Plateaus, auf denen sich diese Kegel ganz sonderbar
ausnehmen. Das Killthal soll sehr schön sein. Meine
Gegend ermangelt dadurch der Schönheit so sehr, daß ihr
das Leben und der Anbau fehlen. Auf der einen Seite
nur Wald, auf der anderen nur kahle, öde Höhen, die
ihre Abfälle krallenähnlich durch einander und in einander
schieben, man weiß kaum, wie sie sich wieder zu einander
finden.

Wie die Gegend zersplittert ist, so war sie auch in
den vielfältigsten Händen. Du findest auf einer Quadrat=
meile fünf bis sechs ehemalige reichsunmittelbare Herren.
Dort war ein Dorf Salm=Reiferscheidt'sch, hier ein anderes
Luxemburgisch; ein drittes hatte sich unter Jülich'schen
Schutze begeben, ein anderes gehörte zu Schleiden, der
Residenz des Grafen von der Mark, „des Ebers der
Ardennen", jetzt im Besitz des Herzogs von Aremberg;
ein fünftes dem Reichsfreiherrn von Haag. Die französische
Revolution hat alle diese Grenzlinien weggewischt und
deßwegen ist die französische Herrschaft hier in so gutem
Andenken, weil sie einestheils dem argen Treiben dieser
kleinen Dynasten und ihrer Stellvertreter ein Ende machte
und den ihnen zu leistenden Frohnen, anderntheils weil
sie den Fabriken des Thales und den Eisenhämmern be=
deutenden Absatz verschaffte. Man vergißt darüber das Ueble,
was sie brachte. Die Vertreibung gerade dieser reichen
Dynasten, die die Einnahme aus ihren Besitzungen auch
hier verzehrten, was jetzt in Brüssel oder Cöln geschieht,
das Verfallen ihrer Schlösser, die noch bis 1800 bewohnt
waren, und namentlich die unendliche Zersplitterung des

Eigenthums und das freie Schalten, was jene Herrschaft jedem Eigenthümer mit demselben gab, wodurch die hiesigen Wälder so ziemlich ruinirt sind, ist ein kaum berechenbarer und wieder gut zu machender Verlust. In dieser letzteren Beziehung geschieht jetzt viel durch neue Bepflanzung, aber sie kommt kümmerlich fort; an vielen Stellen ist vom Felsen der Humus weggewaschen, fast überall fehlt der Schutz, den sonst der alte Bestand dem jungen Zuwachs gab. Die Regierung und der Herzog von Aremberg thun alles Mögliche, um den Verlust wieder einzubringen.

Man kann nicht sagen, daß die preußische Regierung hier populär wäre; die Fabriken gehen nicht, besonders weil ihnen der Absatz fehlt und weil die englische Konkurrenz ihnen zu großen Abbruch thut, ein Nachtheil, der nicht uns, sondern den englischen Kapitalien und ihren Steinkohlen zuzuschreiben ist; anderntheils sind die Abgaben für dieses arme Land unverhältnißmäßig groß, selbst höher als zur Zeit des französischen Besitzes, zur Zeit der Kriege. — Man geht von hier sehr viel nach Amerika.

Cornelimünster, den 4. August.

Auf meiner Reise von Schleiden nach Bonn passirte ich auch Euskirchen und Brühl; an beiden Orten besuchte ich meine Wirthe von 1842 und 1845. In Bonn aß der alte Arndt mit uns; er ist so frisch und kräftig wie je; er läßt Dich herzlich grüßen. In Aachen traf ich am 30. Juli ein, nachdem mich unterwegs vielfache Gespräche über das Erdbeben unterhalten hatten. Dasselbe

scheint sich die ganze Mosel und dann den Rhein herunter=
gezogen zu haben. Reisende aus Elberfeld und dem
Siegen'schen erzählten, daß man auch dort dadurch er=
schreckt worden sei. In Aachen soll ein ältlicher, schwäch=
licher Kurgast durch die Erschütterung umgeworfen sein
(si fabula vera).

In Aachen traf ich noch die letzten Züge der Pilger nach
den ausgestellten Heiligthümern. Die Eisenbahnen konnten
nicht Extrazüge genug geben, um die Menschen hin und
zurück zu schaffen; man berechnet die Fremden an einem
Sonntage auf 28000; und so ging das drei Wochen.
Am 31. wurden die Heiligthümer wieder mit großen Feier=
lichkeiten verschlossen. Ich habe in Aachen theils gezeichnet,
theils in dem Kreise meines Capitäns recht sehr angenehm
gelebt. — Heute bin ich hierher gegangen, einem kleinen
Orte dicht hinter dem Eingange in die Eifel, berühmt
wie Aachen durch seine Reliquien, die gleichfalls nur alle
sieben Jahre gezeigt werden. Sie bestehen in dem Schürz=
tuch, mit welchem Christus vor dem Abendmahl den
Jüngern die gewaschenen Füße getrocknet, in der Hälfte
des Gewandes, in das der Leichnam im Sarge gehüllt
war, und in dem Schweißtuch, das demselben auf der
Stirne lag. Auch diese stammen von Karl dem Großen,
dem sie Harun=al=Raschid zum Geschenk machte. Die
hiesige Kirche ist schön und groß; die ehemalige Reichs=
abtey ist in der französischen Zeit für 40000 Frcs. verkauft,
trotz der herrlichsten Baulichkeiten, und ist jetzt eine große
Wollenweberei. — Morgen werde ich meine Feldarbeit
beginnen, und habe ich nur den einen Wunsch, daß die
fürchterliche Hitze etwas nachlassen möge.

Viegt, den 18. August.

Du hattest mich lange und recht, recht sehnsüchtig
auf einen Brief warten lassen, fast vier Wochen; man
zählt die Tage in der Einsamkeit, ohne den unbedeutend=
sten zu vergessen. Doppelt erfreut war ich nun nach
Empfang der guten Nachrichten, die gleichzeitig mit
besseren aus Hildesheim eintrafen, und dann nach langer
Zeit einmal wieder recht frische Freude in mein Inneres
hinein strahlen ließen. — Ich bin jetzt in einem lang=
gedehnten Dorfe am Viegtbach, mit vielen Etablissements,
Eisen= und Messing=Hämmern, Bleischmelzen, Tuchfabriken,
Papiermühlen. Der Viegtbach ergießt sich mehr unterhalb
bei Stolberg in die Jade, die von Münster herunterkommt.
Mein Quartier ist gut, im Gasthause, das indessen einem
Oberförster gehört, der selbst mit drin wohnt und gewisser=
maßen den Wirth macht; er ist 71 Jahre alt, unverhei=
rathet und eine originelle Persönlichkeit. Sein mageres,
faltenreiches Gesicht mit langem weißen Bart gleicht mehr
dem Antlitz eines Gemsbockes, als dem eines Menschen;
man sieht auf allegorischen Bildern so wohl den Winter
abgebildet. Dabei ist er aber frisch, lebendig und recht
gebildet und jederzeit ein sehr gefälliger und angenehmer
Gesellschafter. Ein zweiter Hausgenosse ist ein Forstbeamter,
der hier gleichfalls schon 12 Jahre wohnt; ein kleines
gefälliges Männchen, das mir für meine Arbeit recht
nützlich ist. So finden wir uns zu allen Mahlzeiten
zusammen und die langen Abende, die der September
doch schon bringen wird, hoffe ich, sollen nicht zu schwer
auf den Ermüdeten liegen.

Nach Bonn reiste ich am 1. September. Der Onkel hatte eigentlich gewünscht den Tag der silbernen Hochzeit nicht zu Hause zu feiern, er meinte er wolle nicht, daß die Leute kämen und ihm sagten, wie alt er geworden sei, aber die Tante war doch anderer Meinung gewesen. Ich fand mehrere Engländer dort, unter anderen einen Capitän Chapman von der Artillerie, der wirklich außerordentlich freundlich und liebenswürdig war. Er nannte sich einen genauen Freund Dickson's, und obgleich er sich nicht erinnere Dich je gesehen zu haben, so habe er doch Deinen Namen sehr oft nennen hören und könne sagen, „no body's name stands higher in our army."

Ich war dem Wunsche der Vettern nachgekommen, sie bei einer kleinen Aufführung zu unterstützen, die am ersten Abend viel Scherz bereitete. Man kann sich aber keinen wöhnlicheren, gemüthlicheren Abend denken als den des folgenden Tages, den wir ganz unter uns verlebten; keinen, an dem man von dem Brandis'schen Familienleben ein schöneres Bild des allergrößten, inneren Glückes hätte gewinnen können.

Stolberg, den 2. October.

Von Viegt ging ich nach Schevenhüth, einem kleinen Dorfe im Wachthale, gleich betriebsam wie Viegt, ebenso im engen Terraineinschnitt hübsch und freundlich gelegen. Ich war so meiner östlichen Grenze ganz nahe gekommen und nahm nun das nordöstliche Viertel meiner Section in Arbeit. Die Terrain= und Ausbau=Verhältnisse waren dieser dort günstiger und ich konnte nach acht Tagen hierher gehen. Hier nun treten mir nochmals recht unangenehme Schwierigkeiten entgegen. Die auf eine halbe Stunde ausgedehnte, im engen Thale gelegene Stadt, die früher 115 Kupferschmieden hatte, jetzt mit aller Energie wieder sich dem Bergbau und der Fabrikation seiner Erzeugnisse widmet, macht sich jetzt freilich recht hübsch auf dem Plan, hat aber manchen Fußtritt und Schweißtropfen haben wollen, bevor sie so weit gedieh. Dazu kamen neu angelegte Chausseen und Eisenbahnen, die eingetragen werden mußten; kurz ich hatte recht viel zu thun, bis ich gestern dem Capitän melden konnte, daß ich fertig mit der Arbeit sei. Ich erwarte ihn heute, um dann noch in eine dritte Sektion zu gehen.

Gleich in den ersten Tagen des Septembers hatte der Direktor unserer Abtheilung seine Inspektions-Rundreise gemacht und das schmeichelhafteste Schreiben der Welt war für mich das Resultat derselben. —

Hier lebt man in Saus und Braus. Aus dem Rhein, Mosel und Aarthale tönen die Jubelrufe der Weinlesenden zu uns herüber und den armen Weinbauern ist auch ein so lange ihnen nicht gewordener Segen zu wünschen. An mir muß die Weinlese, wie so manches Sehenswerthe hier, vorübergehen, ohne daß ich daran Theil nehme oder Einsicht thue. Ich habe keine Ruhe, denn wenn es auch ein sehr angenehmes Gefühl ist, nach der Beendigung einer so unangenehmen Arbeit wie der hiesigen sich etwas ausruhen zu dürfen, so treibt die neue doch gleich wieder in's Geschirr, bis dann die Beendigung dieser endlich aus dem Joche spannt.

Im Stillen hoffe ich am 20. dieses Monats fertig zu sein und Euch dann mit der ganzen Freude, diese Jahre geschlossen zu haben, entgegen zu eilen.

Berlin, den 27. November.

Die Leute sagen mir von allen Seiten, ich hätte die besten Aussichten in den Generalstab commandirt zu werden. Ich mag nicht recht daran glauben, um, sollten sie betrogen werden, nicht allzusehr getäuscht zu sein. Es sind eine Menge Konkurrenten; es möchte leicht eine Härte, vielleicht ein Unrecht gegen den Einen sein, würde der Andere vorgezogen; ich wollte um Alles, es wäre erst entschieden. Ich habe mir mit zwei befreundeten Kameraden S. und L. ein Repetitorium für die zu erwartenden Arbeiten einge= richtet, und wir arbeiten ziemlich viel dafür.

Ich lebe sehr häuslich; meine Stube ist wohnlich und warm und da zieht mich denn Weniges nach Außen. Neulich habe ich mir das Modell der Schlacht bei Waterloo oder des Dir bekannten einen Theils derselben angesehen. Es ist doch allerliebst gearbeitet und manches darin auch für den Soldaten, der noch keine Schlacht sah, instruktiv; so das Placiren der Geschütze und wieder deren Munitions= wagen; was mich aber am meisten interessirte, waren die relativen Höhen=Verhältnisse, die so sehr anschaulich daraus hervorleuchten; man sieht genau, wie sie den Engländern vor der Einsicht und dem Feuer Deckung geben, was mir auf dem champ de bataille selbst nicht so klar gewor= den war.

Den 12. December.

Ich freue mich unendlich auf Weihnachten. Ginge mir nur nicht so viel im Kopfe herum! Unser Dirigent hat freilich im Auftrage des Generals uns wiederum durch einige Belobigungsschreiben erfreut, von denen S. und ich allerdings das beste bekommen haben. Das schraubt die Hoffnung für das Frühjahr nur noch höher, um dann vielleicht desto tiefer zu sinken!

Den 16. Januar 1847.

Verzeihe, daß ich Dir nicht schon früher meine herzlichste Freude darüber ausgesprochen habe, daß Dein Unwohlsein so rasch gehoben wurde und Deine Genesung gute Fortschritte macht. Unsere Arbeiten haben mich die letzten Tage so in Anspruch genommen, daß ich in Wirklichkeit keine Zeit fand. Ich habe die beiden letzten Nächte bis nach zwei Uhr gearbeitet und war dann so ermüdet, daß ich Dir in der Stimmung nicht meine, aus der Tiefe des Herzens kommende, Freude sprechen lassen konnte. Hoffentlich ist von der ganzen Krankheit bald nichts mehr übrig, als die Erinnerung an einen bösen Augenblick, den auch eine frohe Gegenwart bald verdrängt. Wie wünschte ich nicht, daß ich Etwas zu dieser beitragen könnte. — Wenn ich mein Commando erlange, mein lieber Vater, so soll es mich namentlich auch deswegen beglücken, weil ich hoffe, Dir eine Freude dadurch machen zu können. Ich wünschte nur, ich könnte dieser Hoffnung mehr Raum

geben. Unser Obrist ist der einsylbigste Mann von der
Welt, und man ahnet nicht, ob er mit den Einzelnen zu=
frieden ist oder nicht. Zu den vier Auserwählten hat
man mich zwar gesetzt; werde ich aber Einer von den
aller Wahrscheinlichkeit nach allein auserkorenen Zweien
sein? Das ist schwer zu beantworten. Ich bitte Dich
nicht zu bestimmt darauf zu rechnen, und namentlich,
wenn meine Hoffnung fehlschlagen sollte, die Sache nicht
zu ernst zu nehmen. Bedenke, daß ich der jüngste Officier
von sämmtlichen Konkurrenten bin, daß mir Manches im
Wege steht, namentlich jetzt, wo man so großen Werth
auf das Französische zu legen scheint, das ich seit Jahren
vernachlässigt habe.

Unsere erste Arbeit war die Beschreibung einer der
von uns im letzten Sommer aufgenommenen Sektionen.
Seitdem manövriren wir an der Katzbach und der wüthen=
den Reiße. Heute hatten wir eine Avantgarde von sechs
Bataillons und acht Escadrons mit zwei Batterien zu
führen und in ein wohl ausgesuchtes Bivouak zu geleiten.
Zudem war uns aufgegeben, ein curriculum vitae in
französischer Sprache abzufassen und womöglich heute ab=
zugeben. Wir sollten den Gang, den unsere Bildung
genommen, darin auseinanderlegen. Morgen machen wir
die fünfte Arbeit; dann noch ebenso viele, von denen zwei
der General giebt.

Der Regimenterwechsel, in Intervallen von vier Jahren,
ist befohlen. Ein Geheimer Rath aus dem Finanz=
ministerium sagte mir, daß der kriegsministerielle Vorschlag
dem Finanzminister zur Begutachtung vorgelegen habe
und dort beifällig aufgenommen sei. Der Anschlag auf

das Militärbudget, der dadurch heibeigerufen ist, soll nach
seiner Aussage 300,000 Thaler betragen. Officier= und
Unterofficier=Umzugsgelder, ferner der Transport der Effekten
und Vorräthe mögen diese bedeutende Summe wohl hervor=
rufen. Die Armeecorps sind aufgefordert worden, bezüg=
liche Vorschläge über die Reihenfolge der Regimenter,
wie sie aus dem Corpsverbande ausscheiden sollen, zu
machen. —

Von den vielen kursirenden Gerüchten, die sich hier
einander jagen, ist kaum eins wiederzuerzählen. Die Noth
tritt hier wenig zu Tage, soll aber in den entlegeneren
Stadttheilen außerordentlich groß sein. Alles klagt; die
Kaufleute, daß sie nichts verkaufen; die Arbeiter, daß sie
nichts zu arbeiten, die jungen Herren, daß sie nichts
zu tanzen haben; die Leckerbissenhändler, daß ihre Lecker=
bissen Niemand essen will. —

Die Taufe der Festung Boyen ist heute im Militär=
wochenblatt vollzogen. Drei Bastions heißen nach des
Ministers Vornamen, die drei anderen sind „Recht, Licht
und Schwert" getauft. Wenn man nicht mit denen
im Bunde glücklich gegen Rußland ficht, dann weiß ich
es nicht.

Den 8. Februar.

Unsere Constitution! wenn man es so nennen will,
hat hier natürlich weder Hoffnungen getäuscht, noch irgend
welche erregt. Wer irgend die Richtung unseres Gou=
vernements seit Jahren denkend beobachtet und verfolgt

hat, konnte nicht mehr erwarten. Wer irgend damit ver=
traut ist, was die Zeit bedarf, was sie fordert, kann sich
keine Illusionen darüber machen, daß dieses Gesetz kein
heilbringendes sein wird. Ich habe die Ueberzeugung,
daß wir es erleben werden, daß es an sich selbst scheitert,
und mag dann von Institutionen nicht mehr begraben
werden, als wünschenswerth ist. Du wirst fragen, was
mich zu diesem Urtheil berechtigt. Es ist in Kurzem
zweierlei. Erstens ist durch das Gesetz der Aristokratie
eine neue Begründung und Kraft gegeben, die den neuen
Zeitansprüchen mehr anzupassen das Bestreben von vielen
Jahrzehnten ist. Zweitens ist dieses geschehen ohne irgend
eine Ursache; keine Gegenleistung ist von der Aristo=
kratie gefordert. Warum Ständen ein Steuerbewilligungs=
recht geben, die in den meisten Provinzen keine Steuern
bezahlen? Warum, wenn man nur Beirath zu Gesetzen
haben will, nicht alle Stände der Monarchie vertreten
lassen? Warum gerade den intelligentesten und thätigsten
Theil der Unterthanen ganz ohne Berücksichtigung lassen?
Es würde mich zu weit führen, wollte ich dieses noch
weiter begründen. Es liegt namentlich in dem Wahlgesetze,
wonach selbst seitens der Städte nur der Grundbesitz ver=
treten ist. Wie seltsam Ständen Steuerbewilligungs=
recht und das Recht der Zustimmung zu neuen Anleihen
zu geben, ohne ihnen nicht auch das Recht zu verleihen,
den Finanzetat zu begutachten; ihnen nur „zur Infor=
mation" denselben vorzulegen. Warum ein Petitions=
recht so unendlich beschränken? Die guten Stände dür=
fen nur reden, wo sie gefragt werden. Nur „in geeig=
neten Fällen" werden sie gefragt. Wird da nicht der

ganze Beirath illusorisch? Der Erlaß des Gesetzes wurde
hier zum 25. Januar erwartet, nicht etwa weil dies der
Ordenstag war, sondern weil man mit dem Ordensfeste
die Krönung Friedrich's I. als König feierte. Man kennt
des Königs Vorliebe für Erinnerungen; man wußte, daß
die Schlußsitzung des Staatsministerii in dieser Angelegen=
heit gewesen war. Der Moment, wo Preußen unter die
Reihe der Königreiche trat, schien nicht unpassend gewählt
für den Erlaß, dem man eine solche Bedeutung geben
wollte. Wenige Tage darauf, an einem gleichfalls histo=
rischen Tage, erfolgte dann auch das Erwartete. — Ich
fürchte, man hat durch das neue Gesetz Etwas erhalten,
das erst wieder weggeräumt werden muß, damit sich
später etwas Zweckmäßigeres, aber keine französische
Constitution, entwickeln könne, und erscheint mir dasselbe
als ein Hemmschuh mehr in der Fortentwickelung unserer
Geschichte, nicht als ein Anfang zu etwas Besserem.
Um Gotteswillen keine Centralisation mit dem Geldregime,
auch keine Bureaukratie, wie wir sie bis jetzt hatten, aber
auch keine Aristokratie, zu welcher die Grundlagen fehlen.
Freie Ausbildung unserer Communal= und Städte=Ver=
fassungen, Beschränkungen des unendlichen Regierens und
größere Selbständigkeit der organischen Institutionen in
ihren kleinen Kreisen, bei einem kräftigen Staatsoberhaupte,
das scheint mir im Deutschen Geiste zu liegen und für
uns am heilbringendsten und wünschenswerthesten zu sein. —
Nun komme ich zu mir selbst. Wir haben heute
die erste der beiden sogenannten Doktorfragen, das heißt
derjenigen, wozu der General die Aufgaben giebt, gelöst.
Ich arbeite schlecht. Ich habe mich selbst in einen solchen

Grad der Agitation und Unruhe versetzt, daß mir die
klare, ruhige Uebersicht, bei solchen Arbeiten so nothwendig,
fehlt. Das Urtheil unseres Obristen Stavenhagen wird,
glaube ich, nicht sehr günstig über mich lauten. In der
Taktik ist so vieles Ansichtssache und über jeden zweifel=
haften Punkt lassen sich hundert Meinungen vertheidigen.
Meine Individualität scheint zu verschieden von der seinigen
zu sein, als daß es mir gelungen wäre, seine Urtheile in
den einzelnen Aufgaben auch zu den meinigen gemacht zu
haben. Die Zahl der Konkurrenten hat sich eher gemehrt
als verringert. Es sind über 30. Bei allen den ver=
schiedenen Umständen wäre es Thorheit, sich nicht auf
jeden Fall gefaßt zu machen. Ich wollte, das hätte ich
erreicht! Ich habe mich wohl zu kühn Hoffnungen
hingegeben und diese mit meinem Innern mehr ver=
schmolzen, als ich selbst wußte. Erlange ich das bis
jetzt erstrebte Ziel nicht, so ist wenig Hoffnung vorhanden,
daß ich vor einer langen Reihe von Jahren an meine
Verheirathung denken kann. Ich kann kaum hoffen, in
späteren Jahren zum Generalstab commandirt zu werden.
Wer hier einmal fort ist, ist vergessen; die alljährlich
nachrückenden Konkurrenten machen es beinah zur Pflicht,
ihn zu vergessen. — Nehme ich an, es gelänge mir in
die Adjudantur zu kommen, so erlange ich dadurch wenig.
Ich kann dann rechnen, daß noch sechs Jahre vergehen,
ehe ich Rittmeister werde. — Bleibe ich im Regimente,
so werden wenigstens noch 11—12 Jahre vergehen, bevor
ich eine Schwadron bekomme. So sind die Verhältnisse,
nichts weniger wie ungünstig dargestellt. — Ich habe
an's Abschiednehmen gedacht. Aber was anfangen? Ich

bin zu alt geworden, um noch zu studiren. Zur Oekonomie
fehlen mir die Mittel; ich habe nicht das gelernt, um
als Techniker irgend einer Art etwas zu leisten.

Ich gebrauche den Rath eines Mannes, lieber Vater.
Ich bitte Dich um den Deinigen. Muß ich mit der
getäuschten Hoffnung, das Ziel zu erreichen, nicht allem
Glück entsagen?

Kannst Du mir irgend einen Weg angeben, durch
den ich als Nichtsoldat das erreichen kann, was zu erstreben
meine Pflicht ist? Kannst Du mir zu einer anderen Lauf=
bahn rathen, die ich mit der bisher eingeschlagenen ver=
tausche? Denke dabei nicht an mich, sondern nur an meine
Ehre und an meine Pflicht; nicht an das, was ich auf=
gebe und verlasse, sondern nur an das, was mich treiben
muß.

Den 27. Februar.

Du wirst begierig sein, etwas über meine Hoff=
nungen 2c. zu hören. Die beiden für den General an=
gefertigten Arbeiten hatten folgende Urtheile des Obristen
Stavenhagen gewonnen, mit denen sich der General ein=
verstanden erklärt hatte: „Nr. 1: Trotz der Mängel der
Arbeit zeigt sie von richtiger Auffassung des Terrains
und ziemlich guter Disponirung der Truppen. Nr. 2:
Die Arbeit scheint eine nicht mißlungene genannt werden
zu müssen, und glaube ich, daß sie zum Vortheil des Ver=
fassers spricht." Beide Urtheile waren die besten und
günstigsten, die der Obrist seiner Abtheilung hatte
angedeihen lassen. Ich habe in meinem Leben nie noch

eine schlechtere Kritik für meine Arbeiten erworben, und
betrachtet man sie ohne alle Zusammenstellung mit denen
der übrigen Officiere, so müßte man jede Hoffnung, für
den Generalstab dem General seitens der Stabsofficiere
vorgeschlagen zu werden, aufgeben. Da man indessen
wirklich uns vier bis dahin als diejenigen betrachtet hat,
aus denen die Vorzuschlagenden zu wählen seien, so sind
meine Actien allerdings sehr gestiegen, und meine Kame=
raden betrachten es als eine ausgemachte Sache, daß ich
vorgeschlagen werde. Ich muß leider anders raisoniren.
Andere Officiere, die unter der Leitung anderer Stabs=
officiere gearbeitet haben, haben so brillante Kritiken für
ihre Arbeiten erlangt; der General hat mehreren das
Allerschmeichelhafteste darüber schriftlich gesagt, daß ich
glaube, die Stabsofficiere können gar nicht anders, als
von der Vorwahl, wenn ich die vom vorigen Jahre
so nennen soll, in deren Verfolg wir so zusammengestellt
wurden, ganz zu abstrahiren und nach den Kritiken dieses
Jahres ganz andere Officiere vorzuschlagen. So sehe ich
die Sache an, und in der That ich sehe weder hier schwarz,
noch that ich es vor drei Wochen. Die Verhältnisse sind,
wie ich sie schilderte und schildere.

Den 8. März.

Am Sonnabend habe ich mich abgemeldet; es ist
mir bei dieser Gelegenheit so viel Freundliches und Gütiges
seitens meiner Oberen gesagt, daß ich eile Dir dieses als
etwas Gutes Verheißendes mitzutheilen. Unsere Stabs=

officier-Conferenz besteht aus sieben Mitgliedern; fünf von ihnen haben mir gesagt, daß sie bestimmt darauf rechneten, mich bald wieder zu sehen, und das gerade die fünf ältesten und einflußreichsten. Das hat mich dann wirklich sehr erfreut, und ich kann nach der Aeußerung Stavenhagens wohl annehmen, daß mich die Conferenz vorschlagen wird. Es kann mich darin auch noch die freundliche allgemeine Stimme, die mir von allen Capitäns das allerbeste sagt, bestärken. Es kommt also scheinbar jetzt nur darauf an, ob der General zustimmt; hat mir beim Abmelden garnichts darauf Bezügliches gesagt. Also Patience!

Aschersleben, den 15. März.

Gestern habe ich confidentiell einmal, und das andere Mal in Hieroglyphen und anonym aus Berlin die Nachricht erhalten, daß die Conferenz mich dem General vorgeschlagen hat. Gleichzeitig schreibt mir mein Freund S., daß er nicht so glücklich gewesen sei. Auch L. scheint weniger glücklich wie ich gewesen zu sein. Das Glück spielt doch dabei die größte Rolle, und das, was Du mir schon so oft als mein Erbtheil vindicirt hast, hat mich auch dieses Mal nicht verlassen. Möge es mir treu bleiben.

Finde es nicht eitel und albern, auch nicht blasirt, sondern in der Natur der Dinge begründet, wenn ich jetzt, wo der entscheidende Moment nahe ist und ich gerade wieder in dem Kreise meiner Kameraden soviel Freundliches und Zusagendes gefunden habe, nicht ohne Wehmuth

an den Abschied vom Husarenleben und von meinem lieben
Regimente denke. — Officiell kann ich mein Commando
in zwei bis drei Wochen erwarten.

Den 2. April.

Unter dem 28. vorigen Monats schreibt mir der Major
Fischer: „Ihrem Herrn Vater können Sie unter der Hand
mittheilen, daß gegenwärtig einige Aussicht vorhanden sei,
daß sein Sohn im 10. Husaren-Regimente zur Dienst-
leistung im Generalstabe commandirt werde. Da der
Vorschlag dazu indeß erst morgen an den König abgeht,
so werden Sie wohl thun, sonst gegen Niemand davon
zu sprechen." — Ich hatte gehofft, dieser Nachricht gleich
die definitive und officielle hinzufügen zu können, indessen
wird mir die Zeit zu lang und ich theile Dir dieses vorläufig mit. Daß Du Dich mit mir daran freuest, das
weiß ich, und daß ich Dir dadurch eine Freude mache,
das ist mein Stolz. All das Sorgen und Kümmern
dieses Winters wäre also unnütz gewesen! Ich bitte Dich
nur, lieber Vater, dabei nicht zu glauben, daß Du
einen Sohn habest, der sich durch Schreckgestalten ein-
schüchtern und fast betäuben ließ, die nur in seiner Phantasie existirten. Mein Freund S., der nie hinter mir
zurückgestanden, ein Mann mit Connectionen, mit Aeußerem
und durch und durch tüchtig, ist nicht commandirt; ich
durfte mich keines Vorzugs vor ihm rühmen; wer konnte
das vorher wissen, daß ich der Glücklichere? Verkenne
und mißachte nicht den Kampf in meinem Inneren, der

gewaltig genug war, und freue Dich mit mir daran, daß
Alles sich so glücklich wandte. Ich sehne mich unendlich
danach Dich wiederzusehen; ich bitte Dich auch das nicht
mißzuverstehen, weshalb ich nicht eher kam, als bis Alles
entschieden. Ich wäre nicht, wer weiß wann? wieder=
gekommen, wenn es ungünstig ausfiel; es stand das fest
bei mir; — es wäre ein unerquicklich Wiedersehen gewesen,
eins vor der Entscheidung. Ganz verstehen kann das
freilich nur der, der auch ganz in mein Inneres sah! —
Ich habe es mir unendlich sauer werden lassen; jetzt ver=
lange ich nach ungeschmälerter Freude!

Ich liege hier jetzt auf der Lauer; täglich kann ich
mein Commando erwarten; dann werde ich direkt nach
Berlin abgehen; hoffentlich giebt mir der General Ur=
laub; länger wie drei Tage kann ich aber nicht bei
Euch sein, die anderen gehören Louise; auch muß ich
dann noch hierher, denn Du giebst mir als Soldat und
Kamerad gewiß recht, daß ich von hier nicht wie die
Katze vom Taubenschlag ziehen kann. — Ich bin jetzt sehr
gut beritten.

Den 5. April.

Eben erhalte ich wirklich mein Commando; mit mir
sind noch zwei meiner Bekannten, Lieutenant Zimmermann
und von Hahnenfeld commandirt. Ich natürlich als bei
Weitem der Jüngste.

Daß ich voller Freude bin, kannst Du Dir denken;
wenn die innere Unruhe nur erst Alles ordnen ließe, was
im Kopfe herumgeht.

Berlin, den 28. April.

Freitag fand also in Aschersleben das Abschieds=
diner statt, das die Kameraden dem Lieutenant Mirus,
der in die Adjudantur commandirt ist, und mir gaben. —
Es ist nicht angenehm, die ganze Wehmuth, die der
Abschied aus einer Verbindung, der man so lange mit
ganzem Herzen angehört hat, vor so vielen Leuten zu
zeigen. Es wurde uns doppelt schwer gemacht Fassung
und Haltung zu bewahren, weil uns von allen Kameraden
die Theilnahme und die Trauer über unser Scheiden auf
das Unverhohlenste und Herzlichste gezeigt wurde. Und
als nun die Trompeten bliesen, die uns so oft zum Feste
eingeladen, die die Musik unseres Wirkens und unserer
Freuden war, als die uns auch ihr Lebewohl zuriefen;
lieber Vater, das drang recht tief in's Herz! Der Obrist
zögerte lange damit unsere Gesundheit auszubringen, und
als er es nun that, wurde er selbst so weich, daß der
ganze Kreis die Thränen in den Augen hatte. —

Montag habe ich mich hier gemeldet und die ersten
Arbeiten begonnen. Diese sind gerade nicht die inter=
essantesten. Zeitungen, die über ein Jahr alt geworden
sind, müssen durchgesehen werden, ob sich nicht ein Körnchen
Salz für unsere statistischen und litterarischen Tabellen ꝛc.
findet. —

In den Zeitungen wirst Du von unseren verschiedenen
Revolten gelesen haben. Man empfing mich in Magdeburg
mit der Nachricht, daß Berlin an 20 Enden brenne u. s. w.
Es sind hier allerdings von dem hungernden Volke arge
Sachen verübt und das Militär hat sehr ernsthaft ein=

schreiten müssen; indessen ist es zu keinem Schuß gekommen und kein Menschenleben ist zu beklagen. Man ist mit der Haltung des Militärs sehr zufrieden; es hat sich arg mitspielen lassen müssen, ohne daß es die Geduld verloren; weniger einverstanden ist man mit den Maßregeln des Gouverneurs, der den Namen der „Gouvernante" erhalten hat. Am letzten Tage war derselbe unwohl; der General von Prittwitz hatte das Commando zu übernehmen. Er theilte die Stadt in drei Theile, deren jedem er ein Cavallerie= und ein Infanterie=Regiment, unter den Generalen Stockhausen, Gerlach und Möllendorf, überwies und die starken Patrouillen dieser brachten bald Alles wieder in Ordnung.

In Stettin sind noch ernsthaftere Auftritte vorgekommen; dort hat man feuern lassen müssen. Eine kleine Revolte hatten wir auch in Aschersleben, so daß wir genöthigt waren, sehr starke Patrouillen zu geben und eine Schwadron zu konsigniren. Der Grund aller dieser Unruhen, die sich ähnlich in Landsberg, Stargard, Eisleben, Merseburg, Halle ꝛc. wiederholt haben, sind die enormen Preise der Lebensmittel, verbunden mit dem Unterlassen seitens der Behörden, zweckdienliche Anstalten getroffen zu haben, um dem Mangel abzuhelfen.

Man war hier durch die Thronrede des Königs, dann durch die Wendung, die die Debatten des Landtags anfangs nahmen, sehr aufgeregt gewesen. Die jetzt erfolgte Antwort des Königs auf die Adresse, hat die Stimmung sehr beruhigt.

Den 4. Mai.

Der Landtag geht seinen ruhigen Gang weiter; er findet mit seiner Ruhe und seiner Mäßigung viel Anerkennung. Du wirst eine heftige Debatte über die Ausschließung bescholtener Personen in den nächsten Tagen in den Zeitungen finden. Am gespanntesten ist man auf die Wahl der Staatsschuldendeputation. Man zweifelt daran, ob der Landtag sich darauf einlassen wird. Die Assembleen bei den Ministern finden noch allwöchentlich statt, auch bei Hofe geschieht viel für die Abgeordneten und man macht sich so liebenswürdig gegen sie wie irgend möglich. —

Die brillanten Aussichten, die meine Kameraden prophezeien, sind wohl etwas in preußischen Farben gemalt gewesen. Ich werde allerdings wohl in 8—9 Jahren Major zu sein hoffen dürfen, früher aber gewiß nicht. Was dann kommt, muß man abwarten. Ueberhaupt, nur nicht zuviel in die Zukunft hinein Pläne machen, wenn man nicht tausend Täuschungen entgegen leben will.

Den 4. Juni.

Hier hört man eigentlich von nichts sprechen als vom Landtage und ich glaube mit Recht. Man muß in Wahrheit sein Auftreten, doppelt ausgezeichnet durch Sachkenntniß und Beharren auf dem alten Recht, wie durch Achtung vor dem Thron und Liebe für das Regentenhaus, bewundern. — Er übertrifft meine ganzen Erwartungen, und ich bin außerordentlich erfreut, daß ich hier diese Zeit, die bedeutendste seit dem Friedensschlusse für Preußen, erlebe. Wir machen einmal wieder Geschichte und da sieht sich's gut zu. Ich bin sehr gespannt auf den Landtags= abschied.

Den 27. Juni.

Gestern haben wir die officiellen Bestimmungen für unsere Reise bekommen. Die mir gegebene Aufgabe ist die Rekognoscirung der Linie Magdeburg, Aschersleben, Stolberg, Nordhausen, Heiligenstadt, Cassel, Corbach, Siegen; besondere Aufträge habe ich dann wohl jenseits der Werra zu erwarten. Es ist unbestimmt, wohin sich dann die Generalstabsreise wenden wird, die uns nach dem Schauplatz des Manövers führen soll, da dieser noch nicht bestimmt ist; der König soll wünschen bei Cöln, General von Thile aber Coblenz vorgeschlagen haben. —

Unser Landtag ist geschlossen; die Ausschüsse sind gewählt. Die Schlußrede des Königlichen Commissarius hat erbittert; ebensosehr aber der Umstand, daß man bei den Abschiedsdiners im Schlosse die Abgeordneten mit mißliebiger politischer Ansicht nicht hat befehlen lassen. Das ist kein gutes, kein vielversprechendes, kein gehofftes, kein segnendes Ende dieses wirklich historisch wichtigen und bedeutenden Landtags.

Bonn, den 22. August.

Am 19. Mittags bin ich hier glücklich nach einer Fahrt von 36 Stunden auf der Cassel=Cölner Post und nach einem Aufenthalt von wenigen Stunden in Cöln, angekommen. — Louise war hier schon so heimisch, daß man sie für die Schwester der hiesigen Söhne halten könnte. Der Kreuznacher Aufenthalt, dem noch ein mehrtägiger mit Frankfurter Freunden auf deren Besitzthum auf dem Johannisberge folgte, scheint die letzten Spuren ihrer Krankheit verwischt zu haben; wir führen ein lustiges Leben hier und genießen das Glück, in dem Hause so theurer Verwandten, an den lieben, schönen Ufern des Rheins, vereinigt zu sein, mit vollen Zügen. —

Du wirst noch einige Nachrichten von meiner Reise zu haben wünschen. In Bischhausen, wohin ich von Heiligenstadt aus einen Abstecher machte, fand ich Alles unverändert, auch dieselbe Anhänglichkeit und Herzlichkeit, so daß mich der Besuch im höchsten Grade erfreute und erquickte. Von Witzenhausen, wo mich sehr schöne Ritte in die Gegend, wie meine Arbeiten sehr aufgehalten hatten, ging's nach Münden, von wo ich Rekognoscirungen in das Fuldathal und den Kauffunger Wald zu machen hatte. Sodann ritt ich nach Cassel. Nachdem ich einen Ruhetag dort gemacht hatte, in dem einentheils das in den letzten Tagen gesammelte Material verarbeitet werden mußte, anderntheils meine Pferde nach den starken Ritten bei der großen Hitze nach Ruhe verlangten, machte ich zwei Tage hinter einander sehr schöne Ausflüge; den einen nach den Gefechtsfeldern Sondershausen und Lutternberg und seitwärts in den Kauffunger Wald nach Groß Almerode zu; den anderen die Fulda aufwärts nach Guntershausen. Gleichzeitig hatte ich einen alten Berliner Bekannten, Sekretär bei der preußischen Legation, Grafen Flemming

16*

aufgesucht, der mit außerordentlicher Freundlichkeit das Geschäft übernahm, mich in die reizenden Umgebungen Cassels zu führen. Ich bin von der Schönheit der ganzen Gegend frappirt gewesen; wir waren einen Nachmittag nach Wilhelmsthal, um auch neben dem reizenden Schlosse dort das Schlachtfeld zu besuchen; andern Tags nach der Wilhelmshöhe, wo wir fast den ganzen Tag zubrachten. Heute vor acht Tagen ritt ich dann nach Wolfhagen und weiter nach Corbach; mit großem Interesse das Hessische und Waldeck'sche Land durchstreifend. Wie sehr interessant müßte es sein, den vielfachen Hin= und Herzügen des Herzogs Ferdinand und der Franzosen im 7 jährigen Kriege in diesem koupirten, vielfach geformten Lande zu folgen. — Dazu fehlte mir nun allerdings die Zeit; indessen kann ich mir doch sagen, ich habe recht begriffen, wie nützlich es für den Soldaten ist, mit der Karte in der Hand zu reisen.

Berlin, den 4. November.

Mein Brief an die Mutter wird Euch gesagt haben, daß ich mich wohl befinde und zufrieden mit der Gegen= wart zuversichtlich und froh dem entgegengehe, was mir die Zukunft Liebes und Schönes bringen soll. Meine dienstlichen Beschäftigungen sind mir durchaus zusagend; meine Beziehungen zu Vorgesetzten und Kameraden freund= lich. Was mir zuweilen fehlt, ist der Umgang mit Männern, die mir gleichgesinnt und gleichstrebend sind. Ich bin außer= ordentlich auf mich selbst beschränkt, und so viel dies auch in mancher Beziehung für sich haben mag, so ist mir doch der leichte herzliche Verkehr mit den Kameraden sowohl in meinem Regiment, wie später auf Kriegsschule und topo=graphischem Bureau fast ein Bedürfniß geworden, dessen Befriedigung mir in diesen neuen Verhältnissen beinahe gänzlich unmöglich gemacht ist. —

General von Scharnhorst, der heute nach Sachsen gereist ist, hatte die Güte mich zu gestern zu Tisch ein=zuladen. Er war sehr gesprächig und heiter. — Die Be=leihung des General Neumann mit einem freigewordenen, an die Krone heimgefallenen Lehne, das eine jährliche Revenue von 4000 Thaler abwirft, so wie viele andere Gnadenbezeugungen des Königs für Personen, die ihm lieb sind, werden vielfach besprochen. — Die enormen Bauten, die der König begonnen hat, treten immer mehr an's Tageslicht. Ich war gestern im neuen Museum, ein Prachtbau, fast Alles was ich dergleichen sah weit hinter sich lassend. Man glaubt in zwei Jahren damit fertig zu sein; erst dann läßt sich die Größe desselben ganz über=sehen. Eine ähnlich großartige Kuppel prangt jetzt über dem alten Schlosse, das Kuppelgewölbe der Schloßkirche abgebend, deren Bau, freilich in dem Plane des ersten Baumeisters vorhanden, bis dahin nicht ausgeführt worden war. — Das neue Krankenhaus hat viel Anlaß zu Be=sprechungen gegeben. Die Oberin desselben hat die un=umschränkteste Vollmacht; sie ist jeder Rechnungsablegung von verausgabten Summen unter hundert Thaler enthoben; 700,000 Thaler sind die Kosten des Baues. —

Die politischen und religiösen Anfregungen 2c. ruhen nicht. Erst vor kurzer Zeit hat der König bei seiner Durchreise durch Magdeburg, von der Jagd aus dem

Harz heimkehrend, harte Worte an die Abgeordneten der
Stadt gerichtet und gesagt, er wolle die Trümmer seiner
Krone daran setzen, um die Kirche, deren Schirmherr er
sei, in ihrer Unverletzlichkeit zu erhalten. —

Das lebhafteste Interesse wendet sich aber augen=
blicklich der Schweiz zu, deren Verwickelungen uns auch
große Unannehmlichkeiten, betreffs Neuchatel, bereiten können.
Mir ist die für den Augenblick angenehme Bestimmung
geworden, einentheils die Ereignisse der letzten Jahre in
der Schweiz in ein Memoire zusammen zu stellen und
daraus die neuesten Begebenheiten abzuleiten, anderntheils
die Nachrichten, wie sie von dort kommen, fortwährend
im Auge zu behalten und so in dem Laufe der Ereignisse
über den momentanen Standpunkt fortwährend Aufschluß
geben zu können. Mir macht die Arbeit sehr viel Freude.
Wer weiß, ob man nicht noch Officiere dorthin sendet
und dann auf die greift, die sich am meisten mit den dortigen
Verhältnissen beschäftigten.

Den 22. November.

Du wirst zu dem Glauben gebracht sein, man habe
mich wirklich mit einer geheimen Sendung nach der
Schweiz beauftragt und ich sei schon lange über alle
Berge. Nun der Grund meines langen Stillschweigens
war wirklich der, daß ich mehr in der Schweiz wie hier
gewesen bin. Es wurde mir der Antrag seitens des Chefs
meines Kriegstheaters und demnächst des Adjudanten
vom General gemacht, am letzten Sonnabend in der mili=
tärischen Gesellschaft des Generalstabes eine Vorlesung über

die Schweizer Angelegenheit zu halten. Ich war der Officier, der sich von Amts wegen mit diesen Verhältnissen vorherrschend in der letzten Zeit beschäftigt hatte; der Wunsch, auch über die historische Entwickelung der Gegensätze in der Schweiz bis zu diesem schroffen Gegenüberstehen in den Waffen einige nähere Aufklärung zu erhalten, lag zu nahe, als daß in jenem Antrage irgend etwas Schmeichelhaftes oder besonders Ehrenvolles gelegen hätte. Indessen ablehnen konnte ich ihn nicht; und einmal angenommen, mußte ihm auch in entsprechender und mich wenigstens nicht blamirender Weise nachgekommen werden. Theilnehmer dieser Gesellschaft sind alle Officiere der Armee, die jemals Mitglieder des Generalstabes waren oder es noch sind. Die Generale Reyher, Selasinsky, Jaenichen, Below fehlen nie; ich trat vor Leute, denen ich gänzlich fremd war. Der Gegenstand, den ich behandeln sollte, spielte so in's Politische und Religiöse hinüber, die Gruppirung der Thatsachen war so schwierig und verwickelt, daß es wirklich keine geringe Aufgabe für mich war, durch alle die Fährlichkeiten mit richtigem Takte hindurch zu steuern. Ich hatte einen großen Theil des Materials noch nicht bewältigt; dieses und die Abfassung der Abhandlung nahmen mich so in Anspruch, daß ich wörtlich Tag und Nacht gearbeitet habe; wenn ich um zwei Uhr zum Essen gegangen war, danach einen kurzen Spaziergang gemacht hatte, kehrte ich um 4½ Uhr heim, setzte mich sogleich an die Arbeit und bin an keinem der Tage vor 2—3 Uhr zu Bette gegangen.

Ich war glücklich fertig geworden, konnte Sonnabend Abend lesen und bin im Ganzen auch mit der Aufnahme der Vorlesung zufrieden. Es war ein sehr zahlreiches und brillantes Publikum, mein Obrist aus Aschersleben war auch dort. Ich hatte einen Fehler gemacht; um doch etwas Militärisches hineinzubringen, hatte ich eine ziemlich weitläufige Darstellung der Ereignisse in Wallis von 1844, die an sich ganz interessant sind, mit aufgenommen. Das zertheilte die Arbeit, schwächte den Totaleindruck. Sonst war wenigstens der Chef meines Kriegstheaters zufrieden. Ich begann mit einer Darstellung der vorhandenen, mannigfachen Gegensätze in der Schweiz, dort auf den geringsten Raum zusammengedrängt und in schroffster Weise nach Außen hin zur Geltung gebracht. Ich ging dann über zu einer Schilderung der Schweiz beim Ausbruch der französischen Revolution, stellte in kurzen Zügen die unglücklichen Jahre der helvetischen Republik, die glücklichen der Mediationsakte dar. Der Bundesvertrag vom 7. August 1815 begründet dann die neueren Ereignisse. Die Reaktion, die das Jahr 1830 hervorrief; die mannigfachen kleinen Revolutionen in den einzelnen Kantons; die Kontrerevolutionen in Zürich und Luzern; die Klosteraufhebung in Aargau, an die sich dann die Bildung des Sonderbundes, die Berufung der Jesuiten reiht, leiten die letzten Tagssatzungs-Beschlüsse ein. Ich schloß mit dem Beschluß vom 20. Juli, der die Auflösung des Sonderbundes ausspricht. — Mein maidenspeech war also glücklich zu Stande gebracht; für gestern erwartete mich aber gleich eine zweite Arbeit. Es war mir nämlich der Auftrag geworden, für das Militärwochenblatt eine kurze Abhandlung über die Militärverhältnisse der Schweiz zu schreiben. Der Auftrag kam gleichzeitig mit jenem

Antrage. Bis zu heute früh mußte die Arbeit fertig sein. Zeit war nicht zu verlieren; ich arbeitete die Nacht durch und heute früh 4½ Uhr war er fertig; in diesem Augenblick ist er schon gedruckt. Trotz der Anstrengung, die mich Beides gekostet hat, hat es mir viele Freude gemacht, und das um so mehr, wenn Du mir nicht zürnen willst, daß ich Dir nicht schrieb; es ging wirklich nicht. — Ich bin dabei sehr wohl und heiter. — Wie wir uns für die Schweiz interessiren, kannst Du Dir hiernach denken. Es würde mich außerordentlich gefreut haben, wenn man mich dorthin gesendet hätte. Gerade wir Preußen, die wir auch namentlich mit Landwehren in's Feld gehen wollen und viel zu organisiren haben werden, wollen wir kriegsbereite Corps in's Feld führen, hätten dort sehr viel lernen können. Erst wenn man die höchst complicirten Verhältnisse der Schweiz studirt, bekommt man den vollen Respekt vor dem General Dufour, der im Stande war, mit so bedeutenden Kräften nach verhältnißmäßig kurzer Zeit in's Feld zu gehen. Diese organisatorischen Verhältnisse wären wohl instruktiver und interessanter für uns gewesen als wie die taktischen; obgleich ich auch hätte sehen mögen, wie sich Milizen schlagen. Aber wohin hätte Preußen Officiere schicken sollen? Die Sympathie der Regierung ist für den Sonderbund, aber diesem, der sich gegen die gesetzmäßige Gewalt auflehnt, kann man doch nicht seine Officiere senden. Und den Radikalen! ich glaube man entließe den Officier gleich mit schlichtem Abschied, der um die Erlaubniß bäte dorthin zu gehen. Der General Pfuel hat in Neuenburg zwei Officiere, von denen der eine, sein Sohn, dort auf Urlaub, während der andere, von den Gardeschützen, dort zur

Werbung ist. Weiter möchte dort niemand von der Armee sein, höchstens im tiefsten Inkognito. Wäre ich gerade auf Reisen gewesen, vielleicht in Frankreich, ich wäre sicherlich hingegangen, hätte aber nie davon gesprochen.

Den 4. December.

Mit großer Freude und gleichem Danke habe ich Deinen Brief erhalten. — Wie gesagt, mein lieber Vater, war der Umstand, daß ich den Vortrag über die schweizerischen Zustände hielt, eine Folge meiner dienstlichen Stellung, keine Auszeichnung für mich; im Gegentheil, es wäre eine Zurücksetzung gewesen, wenn Jemand anderes damit beauftragt wäre. — Derselbe hat mir seitens unseres Chefs der historischen Abtheilung Zweierlei eingetragen, wovon ich mir einerseits Vergnügen, andererseits wesentlichen Vortheil verspreche. Das Eine ist die Offerte, einen sehr interessanten Briefwechsel zwischen kommandirenden Personen aus dem Jahre 1812 zu bearbeiten, der sich nicht für eine weitere Veröffentlichung eignet, der aber wohl mit einer kurzen Geschichtserzählung der Begebenheiten, die ihn veranlaßten, sich zu einem Vortrage in der militärischen Gesellschaft eignen möchte. Das Andere ist das Versprechen, mir ohne meine Bitte gegeben, es veranlassen zu wollen, daß ich im Frühjahr oder schon im Laufe des Winters zur historischen Abtheilung versetzt würde; wodurch mir sowohl die Garantie wird, immer interessant beschäftigt zu sein, als namentlich die Aussicht, mir den Weg zu einer Lehrerstelle an der Kriegsschule anzubahnen. —

Aengstige Dich nicht, lieber Vater, ich werde kein
Bücherwurm und kein Stubengelehrter; ich bin mit dem
Leben mit zu lieben und festen Banden verknüpft und bin
von der Frische desselben zu sehr angesprochen, als daß
ich mich hinter Mauern von Theorie und Schriften ver=
kriechen möchte. Indessen bei dem Geringen, was mir
finanziell zu Gebote steht, und bei dem großen Wunsche,
mich sobald wie möglich zu verheirathen, kann mir eine
Gelegenheit, die weite Muße, die der tägliche Dienst uns
übrig läßt, anderweitig gut zu verwerthen, nur angenehm
und erwünscht erscheinen. Ferner glaube ich, daß unsere
militärischen Wissenschaften nur dann mit wirklichem Nutzen
behandelt werden, wenn sie in den Händen von lebens=
frischen, mitten in den Truppen stehenden Männern sind. —
Meine Beschäftigung auf dem Bureau ist jetzt die Be=
arbeitung meines Vortrags als Memoire für das Kriegs=
theater und der letzten Begebenheiten in gedrängter Ge=
schichtserzählung mit Kritik. Wir haben einzelne recht
interessante Briefe aus der Schweiz erhalten; einerseits
durch den Major Fischer (Chef des Generalstabes von
Pfuel), der uns die Nachrichten seines Generals, die ihm
zugegangen waren, mittheilte; andererseits durch einen
Hauptmann von Seydlitz, der in Bern, Zürich und Luzern
kurz vor dem Ausbruch der Feindseligkeiten war. Ich
muß gestehen, daß ich von der höchsten Achtung für Dufour
durchdrungen bin. Sein Feldzugsplan ist der durchdachteste
und den Verhältnissen angemessenste, den man nur anwen=
den konnte. Zuerst schafft er sich selbst eine Handhabe,
stark genug und so organisirt, daß sie sowohl mit Ordnung
als mit Nachdruck Schläge austheilen konnte; dann isolirt

er die feindlichen, getrennten Kräfte vollständig von ein=
ander. Der Sonderbund ist schon faktisch in zwei Lager
vollständig getrennt, bevor es zu irgend einer Affaire
kommt. Freiburg ist ohne alle Nachricht von Luzern und
umgekehrt. Aber er hindert nicht allein den Verkehr dieser
beiden Hauptorte des Feindes, auch den mit den eid=
genössischen Kantons. Hierdurch erreicht er einerseits, daß
Mangel eintritt, andererseits, daß die Maßregeln des
Feindes eine Unsicherheit und Unbestimmtheit annehmen,
die ihn schon im Voraus schlagen. Sein langes Zögern
war das beste Mittel, eine fanatisirte Menge abzukühlen
und unbehaglich die Rückkehr nach der Heimath verlangen
zu lassen. In Freiburg erwartet man den Angriff schon
am 9., ruft den Landsturm in die engen Linien um die
Stadt und bringt damit von Tage zu Tage größere Ver=
wirrung und Unordnung in das eigene Lager. War das
möglich, wenn nicht die Absperrung des Ganzen eine so
vollständige war? Denn wie Dufour nun Luzern angreift,
bedroht er gleichzeitig sämmtliche Eingänge in den Landes=
Complex der fünf alten Orte, wohl wissend, daß die Ur=
kantone, wenn sie zu Hause angegriffen würden, auch,
wenigstens theilweise, abziehen würden. Der Feind war
moralisch schon geschlagen, bevor ein Schuß gefallen war.
Das leuchtet auch aus allen Maßregeln der Gegenpartei
ein. Alle die großen Vertheidigungsanstalten sind aufge=
geben von vorn herein und man zieht sich, ohne die
äußere Enceinte zu vertheidigen, in die Citadelle zurück,
wo man das Ende des Widerstandes sehr bald absehen
kann. Jeder Ausfall, auch der nach dem Aargau hin, traf
auf so überlegene Massen, daß ein Reussiren sehr unwahr=

scheinlich war. Auf beiden Seiten merkt man übrigens,
daß man es nicht mit gedienten Soldaten zu thun hat.
Der Dienst des kleinen Kriegs scheint vollständig vernach=
lässigt; die Infanterie schießt sich auf 500 Schritt herum
und die Artillerie zeigt auch nirgend eine bedeutende
Wirkung. — Ob man aber nicht aus den vorhandenen
Mitteln hätte etwas Vorzügliches bilden können, mit der
Zeit, das möchte ich nicht in Abrede stellen. Die Mannes=
zucht und Schonung des Gegners, in dem Kriege zweier
Parteien, in einem Bürgerkriege doch gewiß ohne Gleichen,
verdankt die Schweiz sicherlich namentlich Dufour. Der
einzige Fehler, der mir seinerseits gemacht zu sein scheint,
ist die nicht rechtzeitige Besetzung des Gotthardt. — Was
sagst Du aber nun zu unserer Erklärung, überhaupt zur
Diplomatie, die diesmal so vollständig zu spät kommt?
Was bezweckt denn unsere Drohung? Werden wir Neuen=
burg durch Franzosen besetzen lassen, wenn die Eidgenossen
einrücken? Sollten wir diesen Dienst von Leuten annehmen,
gegen deren Regierung wir sonst im höchsten Grade ein=
genommen sind? Oder was werden wir thun, jetzt in
dieser Jahreszeit, in dem an sich schon an Nahrungs=
mitteln nicht reichen, jetzt ausgehungerten Lande? Wie
werden wir dorthin gelangen? Wird Oesterreich in Tessin
einrücken? Werden wir den Jesuitenorden wieder herstellen?
Die Schweizer entlassen jetzt schon ihre Reserven nicht, wie
doch zuerst bestimmt war, sie sind siegesmuthig, offenbar
in ihrem Recht gekränkt. Was werden wir thun? Wir
sind natürlich Alle in der größten Spannung. —

Auf der anderen Seite scheint Hessen auch Verwicke=
lungen entgegen zu gehen, die uns nicht angenehm sein

können. Wer weiß ob wir dieses Mal nicht wirklich einmal in die Waffen treten, um wer weiß wohin zu schlagen?

Seitens des Generalstabes ist ein Officier, angeblich nach Westphalen gesandt; seine Abreise geschah ganz plötzlich. Alles ist darüber in großes Dunkel gehüllt.

Man bezeichnet hier allgemein Eueren „Wirth zum weißen Roß" als den Freund des Kurfürsten, der demselben so gute Rathschläge für den Beginn der Regierung gegeben hätte.

Druck von G. Bernstein in Berlin.

Lebenserinnerungen,

Briefe und Aufsätze

des Generals der Cavallerie

Julius von Hartmann

(† 1878).

———

II. Theil.

Berlin.

Verlag von Gebrüder Paetel.

1882.

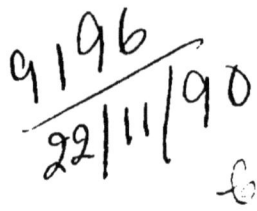

9196
22/11/90

Aus Briefen an die Braut

mit Einschaltungen aus solchen an den Vater

von 1848 bis Juni 1849.

———

Berlin, den 25. Februar 1848.

Alles Interesse ist hier jetzt durch das schreckliche Elend in Schlesien absorbirt. Es geschieht namentlich seitens der Stadt Berlin außerordentlich viel, aber, wo will das alles hin bei solch unabsehbarem Unglück? Von allen Seiten Deutschlands treffen die Spenden ein, aber kann damit ein einziger, unter unsäglichen Leiden Gestorbener wieder erweckt werden? Concerte, Theatervorstellungen, Lotterien u. s. w., alles wird erschöpft, um mildthätige Seelen zu bestimmen, etwas für die Aermsten zu thun. Ich habe auch ein kleines Scherflein beigesteuert und beklage es, nicht reicher zu sein und nicht mehr thun zu können. — Auf der andern Seite muß man natürlich auf's Höchste gespannt sein auf das, was die äußeren politischen Verhältnisse für neue Verwickelungen uns bringen. — Die gewichtigsten Stimmen sprechen sich bedenklich aus und fürchten, es möchte zu einer Krisis kommen, die sich nicht friedlich lösen wird. Wenn nicht noch entscheidende Ereignisse eintreten, über welche die menschliche Kraft keine Herrschaft hat, wie der Tod Ludwig Philipp's oder der der Königin von Spanien, so glaube ich nicht daran. Oesterreich wird in Italien nicht interveniren und die Uebergriffe der italienischen Bevölkerungen werden die

dortigen Regierungen bald genug darauf hinweisen, in ein
gutes Vernehmen mit Oesterreich zu treten. Das letztere
wird in seinen deutschen und ungarischen Provinzen, die
noch friedlich sind, den Bevölkerungen Concessionen machen,
um desto kräftiger in den von Parteiungen unterminirten
Landestheilen zu sein. — Ich komme hier oft in die hef=
tigsten Disputationen, in denen ich in ganz anderem Lichte
erscheine als man bis dahin gewohnt war mich zu sehen.
Man hält mich für illiberal, den man sonst für radikal
hielt, weil ich Oesterreich, die deutsche Macht, gegen diese
Wälschen vertheidige, weil der Schrei der Italiener „Nieder
mit den Deutschen" mein deutsches Herz verletzt und ich
mehr deutsch bin, als die, welche nur Preußen auf Kosten
Oesterreichs vergrößern möchten. Wir guten Deutschen ver=
gessen einmal wieder über den Enthusiasmus für eine gute
Sache, die ein Theil eines Volkes unter den mannigfachsten
Motiven zur Inschrift ihrer Fahne macht, das Interesse
unserer Nationalität und unseres Volkes. Die Unab=
hängigkeit Deutschlands gegen Ost und West, sein Gedeihen,
die Entwickelung seiner Freiheit, seines Rechts, seiner Kultur,
hängt davon ab, daß Oesterreich und Preußen stark
und mächtig sind. Ich wünschte allerdings, Oesterreich
hätte vor Jahren schon Veränderungen in der Verwaltung
seiner italienischen Provinzen eintreten lassen, hätte ihnen
freiere und nationalere Institutionen gegeben; aber ich bin
durchaus der Meinung, daß der jetzige Augenblick der
ungünstigste wäre Concessionen der öffentlichen Meinung
zu geben, den man nur finden kann; und daß nie ein
Heil in Institutionen gesucht werden kann, die sich die
aufgeregten Leidenschaften des Volkes auf dem Wege von

Revolutionen gewinnen, nachdem jede Autorität und Kraft
der Regierung besiegt ist. —

Ich habe Dir noch von dem Leichenbegängniß des
Feldmarschall Boyen zu berichten, wo der Generalstab in
corpore folgte. So wie der großartige Pomp und die
Pracht bei der Bestattung Berlin in Bewegung setzten, so
hatte noch mehr die Nachricht von seinem Tode die
mannigfachsten Kreise berührt. Boyen war fast mehr
beliebt und populär außerhalb der Armee, als in ihr, wo
Viele sich mit seinen Einrichtungen nicht einverstanden
erklären wollten. Sein humanes, durchaus Wohlwollen
zeigendes Auftreten gegen Jedermann, seine politischen
Ansichten, denen er im Jahre 1819 seine Stellung zum
Opfer gebracht hatte, seine Betheiligungen bei einer großen
Anzahl von Anstalten, die aus bürgerlichem Gemeinsinn
hervorgegangen waren, sein Verhältniß zu den Freiwilligen
von 1813, mit denen er sehr fraternisirte, hatten ihm die
größte Liebe beim Publikum als Minister verschafft, die
ihm auch gefolgt war, wie er diese Stellung aufgegeben
hatte. Er war ein Mann von durchaus ehrenwerthem
Charakter, thätig und dienstergeben bis zu seinem Tode.
Als Minister war er im Jahre 1840 zu alt. Er war
nicht mehr im Stande, alte Formen zu brechen und
Neues einzuführen, was doch durchaus nothwendig ist.
Ob sein Nachfolger Rohr, der selbst ein Mann von
66 Jahren, mehr wird leisten können als sich eben in den
schwierigen Geschäftsgang einzuarbeiten, vielleicht nur Veränderungen anzubahnen, muß die Zukunft lehren. Er soll
große Pläne haben, bei denen man auch immer uns nennt.
Der Generalstab soll nur eine Abtheilung des Kriegs-

ministerii, nicht mehr ein selbständiges Corps bilden.
Kraufeneck's Stelle soll nicht wieder besetzt werden, statt
seiner nur ein Abtheilungschef an die Spitze des großen
Generalstabs treten, während die Corpsstäbe selbständig
sein sollen, und was dergleichen Gerede mehr sind. Die
nächste Zukunft wird wahrscheinlich den Schleier lüften;
ich hoffe, er wird nicht zu unserm Nachtheil fallen. Der
Minister soll sehr viel Vorliebe für die französischen
Avancements-Verhältnisse und für die dortige Verwendung
der Generale haben; soll aber darin an dem Könige einen
entschiedenen Gegner finden. —

Ich sende Dir beifolgend das Militär-Wochenblatt
vom vorigen Sonnabend; Du findest eine recht wohl ge-
schriebene Vertheidigung Scharnhorst's als des Organisators
unserer Landwehr gegen Angriffe des Präsidenten Schön,
der die erste Idee des genannten Instituts für den
Minister Dohna, resp. sich selbst in Anspruch nimmt. Der
Aufsatz ist aus unserer historischen Abtheilung hervorgegangen. Mir, lieber Vater, hast Du in früheren Jahren
oft von Aeußerungen Scharnhorst's gegen Dich gesprochen,
in denen er, noch während er in hannoverschen Diensten
stand, für die Organisation eines ähnlichen Instituts entschieden hätte, wenn auch nur im Gespräch mit seinen
Freunden. Es würde mir nun höchst interessant sein,
hierüber gerade jetzt und in Bezug auf jenen Aufsatz von
S. i etwas von Dir zu hören. Vielleicht ist es Dir
auch bewußt, ob Scharnhorst schon damals sich wissen-
schaftlich und gründlich mit solchen Ideen beschäftigt und
ob er dieselb... vielleicht an die Institutionen geknüpft hat,
die der Graf Wilhelm von Bückeburg in seinem Lande

eingeführt hatte. Du würdest mir dann vielleicht erlauben, daß ich von Deinen Bemerkungen auch anderweitigen Gebrauch machte, sie vielleicht in einem kleinen Aufsatz für unser Militär = Wochenblatt zusammentrüge. Dein Name ist schon in Verbindung mit dem Scharnhorst's in des Letzteren Beschreibung des Ausfalls von Menin genannt worden, daran könnte man leicht anknüpfen. Ich habe natürlich der Redaktion des Wochenblatts noch nichts darüber gesagt; indessen, wenn Du auf meinen Vorschlag eingehen kannst und willst, so würden Deine Notizen dort gewiß im höchsten Grade mit Interesse und Dankbarkeit aufgenommen werden.

Den 26. Februar.

Du glaubst nicht, wie hier Alles in Bewegung gesetzt ist durch die Nachrichten aus Paris. Die Kaffee= häuser und Lesezimmer sind gedrängt voll Menschen, die die Zeitungen zu lesen verlangen, und die kaum im Stande sind, ihre Wünsche befriedigt zu sehen. Jeder theilt dem Andern mit, was er noch für Details gefunden hat und knüpft daran neue Combinationen und Vermuthungen. Namentlich Abends gegen sieben Uhr stürmt die Menge zu den genannten Orten, weil dann die neuen Blätter, die mit den westlichen Bahnzügen anlangen, ausgegeben werden und Jedermann sucht noch eine Zeitung zu er= haschen, in welcher er mit neugierigen Augen sucht und forscht. Auch ich war heute um die genannte Stunde zu Steheli gegangen, wo ich täglich meinen Kaffee nehme. Die Blätter langten an; man fand nicht recht was Neues;

endlich noch ein Extrablatt zu einer rheinischen Zeitung; ein
langer Doktor sprang auf einen Stuhl und mit lauter, faft
gellender Stimme, sich fortwährend übereilend, las er den
zahlreichen andächtigen Zuhörern die neueften Berichte vor.
Die lauteten allerdings bedenklich, und kaum hatte er aufgehört, so stürzte Alles auf ihn zu, um mit eigenen Augen
das kaum Geglaubte herauszufinden und sich selbft von
dem zu überzeugen, was eben die staunenden Ohren vernommen hatten. Dann entspannen sich heftige Debatten;
Leute, die sich garnicht kannten, redeten wie längst ver-
traute Freunde mit einander, mit andern disputirten sie
um Kopf und Kragen. —

Vorläufig scheint noch kein die allgemeine Ruhe
Frankreichs gefährdendes Ereigniß eingetreten zu sein; indessen sind die Leidenschaften erst einmal so aufgeregt, wie
sie in Paris augenblicklich zu sein scheinen, so giebt oft
der leifeste Anstoß die Veranlassung zu den verschiedensten
Folgen und es würde mich garnicht wundern, wenn sich
diese Folgen auch über die Grenze Frankreichs erstrecken
sollten. — Es ist eine wild bewegte Zeit und wahrlich,
wir Preußen können uns und dem Lande Glück wünschen,
daß der König im vorigen Jahre das lange gegebene
Wort, wenn auch nur halb, löfte und eine Weiterentwickelung unserer politischen Zustände anbahnte. Noch schlummert
freilich auch hier mancher Stoff, der in Gährung übergehen
und Gährung befördern könnte, aber sollte der König jetzt
das viel Gewünschte, viel Gehoffte thun, was Manches
wahrscheinlich macht, sollte er die Periodicität des Landtags aussprechen, so glaube ich, wir können mit Ruhe und
Zutrauen dem was da kommt entgegensehen, ja es vielleicht

begrüßen. Wir können es begrüßen als eine Gluth, an
der das Eisen, das eben erst geschmiedet wurde, in schöner
Form hervorgeht, die das Gold läutert und reinigt. Gäbe
der Himmel, daß der König jetzt nicht den Wünschen
seines Volkes sein Ohr verschließt, daß er muthig, trotz
der ringsumher drohenden Wolken, auf der begonnenen
Bahn fortschreitet. — Seit 1831 war der Horizont nicht
so umdüstert und die Stürme brausen und toben. Wenn
nur Alles an dem festen Tau der Gesetzmäßigkeit sein
Schiff anlegen wollte; wenn Fürsten wie Völker diesem
Anker vertrauen möchten, ich glaube die unbändigen, an
vielen Orten losgelassenen Leidenschaften würden über die
Erde wegstürmen, ohne ein Schiff loszureißen. Läßt man
das Anker fahren, will man sich stützen mit Gewalt und
Unrecht, so wird manches Schiff an Klippen zerschellt
werden.

Wer weiß, ob wir unsern Bund nicht schließen werden
unter dem sich schon entfaltenden Banner für König und
Vaterland? — Für mich wäre es ein wunderbar Ding,
sollte sich jetzt eine Campagne entspinnen. Wie kann ich
anders als es wünschen? Ich bin Soldat, ich habe mit
Enthusiasmus den Beruf dieses Standes verfolgt, ihm
meine Kräfte, meine Gedanken gewidmet. Ich war nicht
nebenher Soldat, ich war es mit Leib und Seele, und jetzt,
wo ich der Verwirklichung dessen entgegensehe, wofür ich
mich vorbereitete, wofür ich lernte und entbehrte, wofür ich
Etwas leisten zu können alle meine Kräfte anstrengte, jetzt
sollte ich sagen, oh! bliebe diese Zeit, diese lang ersehnte
Zeit fern! Und doch . . . Nun, vorläufig ist noch Friede;
noch blüht die Zeit, in der man sich an dem Glanze einer

Empfindung und an dem Feuer, das sie unserm Herzen giebt, erfreuen kann. —

Es war 11½ Uhr, da klopfte noch Bila an mein Fenster und brachte neue Nachrichten aus Frankreich. Ich reichte ihm natürlich rasch den Schlüssel herab und, eiligst in mein Zimmer dringend, schüttelte er aus. Der König hat abgedankt; der Herzog von Nemours die Regentschaft abgelehnt; die Herzogin von Orleans hat dieselbe über= nommen. Der hiesige französische Gesandte hat durch einen Courier diese Nachrichten erhalten. Was nun? Welcher Sturm von Ideen und Möglichkeiten knüpft sich an dieses Ereigniß? Wird es da überhaupt möglich sein, den Frieden zu erhalten?! Ich kann noch gar nicht an die Möglichkeit denken, daß eine Emeute, ein garnicht Vorbedachtes, ganz Unerwartetes! einen solchen Mann wie Ludwig Philipp stürzen konnte! Es ist fast zu un= glaublich und wenn wahr — ungeheuer und von un= berechenbaren Folgen!! In welch' wunderbarer Zeit leben wir!? — —

Den 28. Februar.

Am Freitag Abend kam hier per Telegraph die Nachricht an, daß das Ministerium Guizot gestürzt sei; am Sonnabend kamen die von den Details der Straßen = Emeuten; am Sonntag Mittag meldete der Telegraph die Abdankung des Königs und heute Mittag die Erklärung der Republik. Dieser Brief wird Dir nichts Neues mehr melden, aber Du wirst aus der schnellen Folge der telegraphischen Depeschen, die dann dem Publiko wieder durch Extrablätter der Staatszeitung zugingen, die außerordentliche Bewegung ermessen, in die wir alle durch die Begebenheiten in Paris versetzt sind. Unser König soll sehr erschüttert sein, eine Ministerconferenz mit Bodelschwingh und Canitz soll mehrere Stunden lang gedauert haben. — Was für Folgen können hieraus erwachsen! Wie wird der Rückschlag auf Italien und Belgien, auf Holland sein! Wir müssen jedenfalls ein Truppencorps an der Grenze aufstellen; wir werden uns gewiß nicht in die innern Angelegenheiten Frankreichs mischen, aber werden nicht die dortigen Machthaber genöthigt sein, die Leidenschaften nach Außen hin zu tragen, werden sie nicht nothgedrungen die Lombardey zu „befreien" suchen müssen, und werden wir Preußen je einen Angriff auf jene Länderstrecken dulden? Sollte man nicht an der konstitutionellen Monarchie verzweifeln! Eine Straßen-Emeute, eine reine Demonstration kann zu solchen Excessen ausarten, kann vielleicht auf viele Jahre wieder Kultur und Leben der einzelnen Völker unterdrücken! Was kann denn heilsames aus einem fast unabwendbaren Conflikt der deutschen Monarchien mit den Franzosen erfolgen? Siegen jene, so wird in ihren eigenen Ländern von Neuem der freien Entwickelung Halt geboten; siegen diese, so wird die freie Entwickelung zu frech wuchernder Entartung werden. Ledru-Rollin, Odilon Barrot und Lamartine mit zwölf Handwerkern an der Spitze der Republik! Die Tuilerien brennen, der König ist entflohen! — — Für uns Soldaten, wer weiß wie bald da der Ruf der Trompete erklingt! Vorwärts! Mich soll's nicht kümmern! ich glaube, wir können unsern Waffen vertrauen! Wir Generalstabs-

Officiere sitzen natürlich alle wie auf einer Pulvertonne, vielleicht liegt die Lunte schon an der Zündladung, um uns in alle Provinzen auseinander zu sprengen. — Die nächsten Tage werden entscheiden. —

Den 3. März.

Bevor ich zum Büreau gehe, kann ich den gestern er= haltenen Brief noch beantworten ... Meines Geburts= tages ist sonst nirgend Erwähnung geschehen, wie ich es sonst gewohnt. — Wie könnte man auch wünschen, daß von einzelnen Personen geredet würde, wo die ungeheuersten Ereignisse das Glück und den Frieden von Völkern und von Decennien in Frage stellen? Sieht man die Straßen Berlin's an, so bemerkt man keine große Veränderung, nur im raschen Vorbeigehen vernimmst Du wohl hier und dort den Namen Paris oder Louis Philipp oder Lamartine. Trittst Du indessen in die Häuser, in einen Kreis von vielleicht nur drei bis vier Personen, so gewahrst Du den Sturm, der in den Gemüthern brauset. Schlesien und Polen, Freiberg und Wedike, Leotade und Mendelssohn, Mayland und Neapel, die alle eben hier noch die allge= meine Theilnahme in vollstem Maaße in Anspruch nahmen, sind vergessen, und Paris ist der Brennpunkt aller Ge= danken, aller Befürchtungen, aller Hoffnungen, aller Sym= pathie und Antipathie. — Wie hier die Nachricht von der Proklamirung der Republik, noch durch Vieles, was sich bis dahin als unwahr ausgewiesen, entstellt, anlangte, da konnte man Gesichtszüge vollständig erstarrt in der plötzlichen Blässe liegen sehen, die das Antlitz der Meisten

überzog. Es trat ein Ereigniß an sie heran, das ihren
fesselloseften Phantasien fremd war, das die Fortentwickelung
von allen Völkern Europa's, die Fortschritte der Kultur
und der Bildung in Frage stellte, das den sorgsam und
mit Vorliebe aufgespeicherten Besitz in die brandenden
Wogen eines Kriegs, eines Weltkriegs, warf. Allmälig
hat die allgemeine Erstarrung sich gelöst, der Schrei des
Unwillens, der momentan durch alle Classen der Be=
völkerung drang, ist verklungen und Jeder sucht das Er=
eigniß auf seine Weise auszubeuten. Der Denker erwägt
die Wechselwirkung der verschiedensten Elemente, aus der
sich diese Krisis hervordrängte; der Politiker kritisirt mit
Strenge das gestürzte System, welches ihm eben noch für
seine konsequente Durchführung Achtung und Bewunderung
abnöthigte; er entwirft tausend Combinationen und versucht
aus dem Neuentstandenen andere Gebäude aufzuführen;
der Soldat sieht sich schon vom Glanz des Ruhms um=
strahlt, bald im feuchten Bivouak unter regnigtem Himmel,
ohne Etwas, seinen Hunger und Durst zu stillen, bald an
den rasch entkorkten Flaschen der Champagne, oder auf
den Boulevards von Paris jeden Harms vergessend, bald
reich belohnt rückkehrend, in den Armen der harrenden
Geliebten; der Kaufmann sieht Millionen verloren gehen,
dort sucht er aus dem Schiffbruch noch etwas zu retten,
hier zimmert er aus den geborgenen Planken noch ein
Schiffchen zusammen und steuert damit in die thurmhohen
Wogen, hoffend auf den ungeheuersten Gewinn; der Legi=
timist, der absolut Königlich gesinnte zittert auf's Neue für
seine Kleinodien, kann aber den Gedanken nicht aufgeben,
daß eine um so heftigere Reaktion in Paris folgen müßte,

als die Vorgänge ausschweifend und extrem waren; der
Radikale, der Proletarier jubelt, ihm scheint auf's Neue
der Hoffnungsstern zu leuchten; im Umsturz gewinnt der,
der nie etwas verlieren konnte, weder äußern noch innern
Besitz, am meisten; der Patriot schüttelt das Haupt und
trauert, daß in den sich ruhig anbahnenden Fortschritt, in
die friedliche Entwickelung der Institutionen seiner Heimath,
in den Aufschwung des Gewerbfleißes, in das Aufblühen
der Gesittung und der Kultur die gewaltsame Hand jener
Weltverbesserer eingreift. Die große indifferente Masse
aber, dieser Ballast der menschlichen Gesellschaft, der ohne
lebhaftes Interesse, ohne Liebe und ohne Begeisterung, nur
seinen täglichen Genüssen folgt, freut sich, daß seinen
blasirten Ohren einmal andere Melodien vorgepfiffen
werden als die gewöhnlichen, daß sich auch einmal Sans-
kulotten und Fischweiber seinen ausdruckslosen Augen präsentiren. Keiner von Allen zieht sich in sich zurück; Alle
toben und lärmen durch einander, wollen Andere zu ihrer
Meinung bekehren und für ihre Sache gewinnen. Willst
Du meine Empfindung wissen? Mich empört dieses Verbrechen an der Entwickelung der Menschheit! Ein Volk,
mit Freiheiten herrlich ausgestattet, sieht diese angetastet
durch schreienden Betrug und jahrelange Lüge; es fühlt
den unerträglichsten Druck. Nun wohl, ist ihm nicht das
Mittel gegeben, ihn von sich abzuwerfen? Der Zweck
war erreicht, wenn ein anderes Ministerium gewonnen
wurde, ein liberaleres, ein solches, das Ehre und Pflicht
höher hält als den Willen eines eigensüchtigen Königs.
Statt dessen wirft es den Thron um, verletzt das Princip
der Gerechtigkeit, welches es doch vor allen andern gewahrt

und geachtet haben will, indem es das angeborene Recht
einer Familie zum Thron mißachtet, indem es der Familie
seines Königs den rechtlich erworbenen Besitz und lang
besessene Güter mit einem Federstriche nimmt; statt dessen
stellt es alles Bestehende in Frage und zertrümmert Bau-
und Kunst-Denkmäler seiner Väter! — Ich sehe in dem
Aufgehen dieses neuen, von Vielen begrüßten Sternes nur
eine blutige Morgenröthe der Egoisten, ehrgeizigen
Schwärmer und Theoretiker heraufziehen, die einem Tage
voll Verwirrung und Unruhe, voll Sturm und Verwüstung
Platz machen wird. Den König hat die Nemesis erfaßt,
die immer der Halbheit und Unwahrheit folgt; er büßt
jetzt aber nicht seine Schuld allein, auf seine Schultern
ladet sich die Schuld vieler anderer Regierungen, der
politische Betrug, der seit 1815 das große politische System
Europas ausmachte. Möge er das alleinige Opfer sein!
An seine greisen Locken, an seine wankenden Schritte kann
ich aber nicht anders, wie mit tiefstem Mitleid denken!
Hätte ihn doch die Kugel Alibauds getroffen, wäre er doch
seinem herrlichen Sohne vorangegangen! Wahrhaft tragisch
erscheint mir seine Gestalt, ähnlich der des von seinem
Heerde vertriebenen Oedipus! Wo ist ein Schmerz, der
seinem Herzen unbekannt geblieben wäre? Wo eine Trauer,
die er nicht ertragen hätte? Und nun die Herzogin von
Orleans; ich sehe sie immer noch mit den beiden Kindern
an der Hand, umgeben von der tobenden, lärmenden
Menge in der Deputirtenkammer; mir scheint das Heer
verächtlich, das nicht für sie und das Recht ihrer unmün-
digen Kinder im Stande war sein Leben freiwillig hinzugeben. Sie scheint mir die einzige strahlende Gestalt

in dieser französischen Welt voll Greuel und Lüge. —
Nach den neuesten Nachrichten konsolidirt sich die neue
Regierung, sie entwickelt die enormste Thätigkeit. Sie
findet die bedeutendsten Sympathien im Lande und all=
gemeiner Jubel tönt ihr entgegen. Wie lange wird das
dauern? Dem Ehrgeiz und der Eigensucht ist jetzt Thür
und Thor geöffnet; es werden bald andere Männer an
die Spitze der Regierung treten; man wird von Stufe zu
Stufe bis zur Auflösung aller Bande der Gesellschaft fort=
schreiten. — Ob es Krieg giebt? Ich glaube für den
Augenblick nicht daran, zweifle aber nicht, daß er nach
Monden, vielleicht erst nach Jahresfrist ausbrechen wird.
Vorläufig werden nur die in der Rheinprovinz und West=
phalen stehenden Truppen in den Stand gesetzt, einen
naseweisen Ausbruch republikanischer Ungebundenheit in
seine Grenzen zurückzuweisen. Sie rufen ihre Reserven
ein, wodurch sie eine namhafte Verstärkung gewinnen, ver=
proviantiren und armiren die Festungen und sind auf das,
was da kommen sollte, wachsam. Ob ich mich auf den
Krieg freue? Unser König wird nichts thun, als seine
Grenzen vertheidigen; für die deutsche Selbständigkeit und
Nationalität, wer trüge dafür nicht mit Freuden alle seine
Kräfte zu dem allgemeinen Altare? — — Doch bis dahin
können noch tausend neue Begebenheiten in das rasche Rad
der Zeit eingreifen.

Den 6. März.

Wie wechseln nicht die Stimmungen und Gedanken
in dieser gewaltigen Zeit! Oft folgt man der allgemeinen

Aufregung und stürmt mit ihr fort gegen den Feind, möchte in die Zügel der Regierung hineingreifen, um sie zu bewegen, den Wünschen des Volks nachzugeben und mit ihm Hand in Hand gegen den gemeinschaftlichen Feind zu drängen. Oft ziehen sich auch ernste Falten über die Stirn; Alles scheint für die nächste Zukunft in Frage ge= stellt, nirgends darf mehr mit Sicherheit ein Plan ent= worfen werden. —

Vergegenwärtige Dir eine große Stadt mit der eigen= thümlichen Stellung Preußens zum Deutschen Bunde und zu Oesterreich; mit den tausend Wünschen für eine weitere politische Entwickelung; mit den Einflüssen, die von Außen auf diese sich geltend machen; mit den Befürchtungen und Hoffnungen, die mit den eintreffenden Nachrichten auf und abfluthen, so kannst Du Dir ein Bild entwerfen von der drängenden Menschenmasse, die Neuigkeiten erhaschen will. Und sind sie gewonnen, dann beginnt das Radotiren und Prophezeien, das Schreien durch einander, ohne daß Einer für seine Meinung, für seine Hoffnung, für seine Furcht das Publikum gewinnen könnte. Jeder will in seinem Kreise Propaganda machen und Keiner gelangt dazu. —

Von Tage zu Tage gewinnt man selbst erst mehr Einsicht und richtiges Urtheil über die Vorgänge in Paris und ihren bevorstehenden Einfluß auf die Zukunft. — Das französische Bürgerthum, mit dem Jahre 1789 an's Ruder des Staats getreten, ist vom vierten Stande, dem der Besitzlosen, von der Herrschaft verdrängt worden. Entschiedenheit und Kraft gewannen dem entnervten und entsittlichten Bourgeois in raschem Ueberfall den Sieg ab und, wohl ihnen selber überraschend, wurden Männer an

2*

die Spitze des Staats gestellt, die bis dahin nur für
Schwärmer und Theoretiker galten. — Man darf diese
Revolution nicht mit denjenigen von 1789 oder 1830
vergleichen. Während damals die Bürger, die besitzenden
Classen revolutionirten, der „tiers parti", so jetzt die kräftige, entschiedene, weniger entnervte, aber rohe Classe der
Arbeiter. Aus der untersten Tiefe des Menschenmeeres
sind damit die Wogen emporgewirbelt; die furchtbare
Gewalt, die sie hinauftrieb, wo wird sie ein Ziel finden,
wo eine Bestimmung? Die ganze unorganisirte Menge,
die nichts verlieren kann, ist an's Ruder getreten. Sie ist
rasch an's Werk gegangen, ihren Leitern Probleme und
Aufgaben zu stellen, die noch wenig vorbereitet, zu denen
noch gar keine Erfahrung gemacht war, und die seit
wenigen Jahren die Aufgabe jeder socialen Entwickelung
geworden ist, diejenige, die Verhältnisse der Arbeit zu
ordnen. Wird sie ihnen gelingen? Ich zweifle daran!
Dieselben Fragen, die dort entschieden werden, liegen auch
bei uns zur Entscheidung vor. Die Lösung derselben dort
muß den ungeheuersten Einfluß auf unsere Zustände haben.
Welche Unzahl von Fragen lassen sich da aufwerfen! Welche
Ohnmacht eine zu beantworten! Der irre Blick sieht in
eine Zukunft von Unruhe und Verwirrung umgestürzten
Glückes und auf dessen Trümmern aufgebauter neuer Zustände. —

Den 8. März.

Durch den Umsturz aller Verhältnisse in Frankreich
ist eine so ungeheure That geschehen, daß ihr Eindruck

und ihre Wichtigkeit in uns, den Zuschauern, fast jedes
andere Gefühl verdrängt. Die wahrhaft tragische Gestalt
des greisen Königs, die edle Persönlichkeit der Herzogin
von Orleans, die treulose Pflichtvergessenheit des Heeres,
die über jedes Wort unwürdige Gesinnungsuntreue der
alten Anhänger der Julidynastie treten vor dieser Begeben=
heit in den Hintergrund. Zum ersten Male sind in einem
großen Lande die Besitzlosen, die Proletarier an die Spitze
der Regierung getreten, und das nicht auf der blutigen
Straße des Schaffots und des Mordes, sondern mit all=
gemeiner Afklamation des ganzen französischen Volkes.
Ich glaube nicht, daß sich die Regierung halten wird.
Ein Kind der Straßen=Emeute, wird sie auch abhängig von
dieser bleiben; aber ich glaube, daß die zur Herrschaft ge=
langte Kaste nicht allzubald von dieser verdrängt werden
wird. Sie hat vor dem französischen Bourgeois voraus
die wüste, rohe Kraft und die größere Moralität.
Wohin soll aber das führen? Wer will das entscheiden;
tausend Antworten, tausend Gedanken, tausend Denker ge=
nügen nicht, auch nur den Weg zur Beantwortung anzu=
deuten.

Jedoch welchen Einfluß hat dies auf uns Deutsche?
Vorerst die Berauschung von Tausenden, von denen Keiner
die Bedeutung des Pariser Ereignisses richtig auffaßt,
Freiheits=Ideen, das Bedrängen der Regierungen, wo
diese nicht in dem Vertrauen des Volks wurzeln. Hie
und da wird sich auch eine geringfügige Masse der Besitz=
losen finden, die, von Schwärmern und Besitzlosen bear=
beitet, an den Gesetzen und der gesetzmäßigen Regierung
zu rütteln wagt. Der eigentliche Erfolg aber, das tiefer

begründete, aus dem Herzen des Volks mehr hervortretende Resultat, die deutsche Eroberung aber wird, mit Gottes Hülfe, die konstitutionelle Monarchie sein! — Ob diese dort so, oder hier so sich gestaltet, ob sie ständisch oder repräsentativ die Vertreter der Nation beruft, ist so ziemlich einerlei; die Fürsten werden sich nur halten, wenn sie auf diese fußend ihren Völkern Concessionen machen; und sie werden es thun, sie werden es hoffentlich thun unter dem starken schützenden Baldachin Preußens! Heute hat unser König persönlich die Ausschüsse entlassen und in herrlicher Rede die Periodicität des Vereinigten Landtags dem Lande bewilligt. Vielleicht wird das nicht die ganze Bevölkerung befriedigen, einen großen Theil gewiß. Es war das der Punkt, um den sich seit lange unsere Wünsche und unsere Befürchtungen drehten. Der König hat sich nicht abhalten lassen, durch eitle Furcht sein Geschenk könnte aussehen wie abgedrungen, seinem längst gefaßten Beschlusse getreu (seit zehn Tagen lag das Dekret unterschrieben) gerade jetzt, wo wir uns waffnen, das Wort, was sein Vater gegeben, zu lösen. In dem letzten Jahre sind, durch die Oeffentlichkeit in fast allen Verhältnissen, Vertrauen und Muth des Volks gewaltig gewachsen; es blickte mit neuem Zutrauen zu seinen durchaus liberalen Beamten und hängt im Heere fester denn je an seinem Herrscherhause. — Mag da kommen was will, wir werden uns besser schlagen wie die Franzosen. —

Was wird aber die weitere Folge sein? Eine Republik inmitten von monarchischen Staaten muß Propaganda unter den Bevölkerungen dieser zu machen suchen; sie wird es thun, um Ruhe in sich zu erlangen, um den rohen

Muth zu kühlen, der ihre berauschten Mitbürger durch=
glüht. Sie wird tausend Veranlassungen finden, hier und
dort Gleiches Anstrebende zu unterstützen, dort Mailand
gegen Oesterreich, hier Badener oder Rheinländer oder
was? gegen uns mit offener Gewalt zu halten. Ein Krieg
kann nicht ausbleiben. Ein Principienkampf auf
Tod und Leben. Ob in Monden oder in Jahren ist
gleichbedeutend, wir werden nicht viele Lustren friedlich neben
einander wohnen. — Wir können nur siegen, wenn wir
das Princip, das unser eigen ist, das der konstitutionellen
Monarchie in voller Wahrheit hinstellen und uns von ihm
durchwärmen und begeistern lassen. Ist das aber wahr,
so haben wir einen zweiten Feind an Rußland. Die
absolute Monarchie findet einen ärgeren Feind an der kon=
stitutionellen Schwester, als an der Republik, und es sollte
mich nicht wundern, wenn die beiden Extreme sich die Hand
reichten, um uns zu zerstören. Wo ist dann der Wahrer
deutscher Ehre, deutscher Sprache, deutscher Nationalität?
Preußen! Oesterreich scheint vor Altersschwäche seinem
Tode entgegen zu wanken; seine Zustände, seine Krankheit
fürchte ich am meisten.

Ich las gestern einen Brief aus Wien, der die dortige
Stimmung ähnlich der von 1809 nach der Schlacht bei
Wagram schilderte; Finanzen zerrüttet, jedes Vertrauen
gewichen, überall innere Feinde; kein Princip, das seinen
natürlichen Bundesgenossen, Preußen, unterstützen könnte!
— Wo soll das hin? — Oh! wenn doch Deutschland
eitle Eifersüchteleien fallen ließe, wenn es, das Ziel im Auge,
fröhlich Opfer bringen wollte, auch unter fremder Leitung!
Nur im Feuer schmiedet sich das Eisen; nur in der Gluth

läutert sich das Gold! Folgt der Fahne Preußens, und
der Sieg über die Feinde unserer Nationalität bringt Ein=
heit und alten Ruhm und Glanz der gemeinschaftlichen
Erde Deutschlands! — —

Der König hat es auf das Entschiedenste ausgesprochen:
„Er will nicht in das französische Wespennest hineinschlagen,
aber jeden Uebergriff auf das Ernsteste zurückweisen."
Danach treffen wir unsere Maaßregeln. Die Grenzfestungen
Saarlouis, Luxemburg und Coblenz sind vollständig armirt
und verproviantirt worden. Zum Commandanten von
Saarlouis hat man einen der entschiedensten Männer, den
Obristen von Strotha von der Artillerie ernannt. An
sämmtliche Regimenter ist der Befehl ergangen, ihre Aus=
rüstungsgegenstände des Kürzesten in marschfertigen Zu=
stand zu setzen und auf die Kriegsstärke zu kompletiren.
Die Regimenter der hiesigen Armeecorps, die bis jetzt auf
Kriegsstärke gesetzt sind, werden in wenigen Tagen ihren
Marsch nach dem Rhein antreten, und man sieht der Auf=
stellung eines Observationscorps bei Trier entgegen. —
Die Vorgänge im südwestlichen Deutschland, die in Cöln
und Hamburg haben unsere Regierung aufmerksam auf die
Sicherung der Ruhe gemacht. Auch hier in Berlin be=
fürchtet man Unruhen. Ein Handwerkerverein ist aufgelöst
und man hat Correspondenzen mit Mannheim ꝛc. gefunden.
— Die Truppen sind für diese Nacht in die Kasernen
konsignirt und scharfe Patronen sind an Infanterie und
Artillerie ausgegeben. — Der General von Krauseneck hat
ein Handbillet vom Könige erhalten, worin dieser ihn
gebeten hat, seinen Abschied nicht zu nehmen. Wenn auch
nicht im Felde, so sei doch im Rath seine Stimme und

sein Ansehen von der größten Wichtigkeit. Wir hoffen, der General bleibt. Ebenso wurde des General von Thile Abschiedsgesuch abgelehnt.

Die Prinzessin von Preußen hat einen anonymen Brief aus Paris erhalten, worin geschrieben wird, sie möge sich nicht für eine ihr liebe hohe Person ängstigen, sie sei geborgen (die Herzogin von Orleans).

Ich habe in diesen Tagen fast nichts gethan, als Zeitungen gelesen, debattirt und disputirt. Die Sache hat alle Theilnahme, die man für die leidenden Personen hatte, unterdrückt. Die Ereignisse sind zu ungeheuer! Zudem habe ich von allen Seiten Zuschriften erhalten, die Nach=richten verlangten und gleich beantwortet sein wollten. — Eine große Anzahl von Personalien sind erfolgt. —

Den 11. März.

Welche Tage der Unruhe und der Gedanken! Jedes Wort fast, das jetzt die Zeitungen enthalten, wirft neue Fragen auf, die die Zukunft lösen soll. Fast liest man die Nachrichten aus Frankreich nicht mehr und nur die aus den deutschen Ländern, welche bald Zorn, bald Mit= leid, selten etwas Beifall hervorrufen. — Mich widert „dieser großartige Aufschwung der Nation", wie ihn die Blätter nennen, an!

Es ist als wenn ein Rausch das ganze Volk ergriffen hätte, als wenn sein Blick vollständig umnebelt wäre und als wenn auch Keiner sich von dem tollen Schwindel frei halten könnte, in dem sich Alles um die neuen Götzen dreht. —

Wie oft habe ich nicht für Freiheit und Weiterentwickelung
meines Volkes geschwärmt, wie sehnlich habe ich es ge=
wünscht, die Fürsten möchte ein Gott erleuchten, daß sie
nicht in dem starren Widerstande gegen eine gesunde,
organische Heranbildung unserer Zustände befangen sein
möchten, daß sie sich selbst an die Spitze derselben stellten!
Und nun, wo in reißendem Strom, in wenigen Tagen
Jahrzehnte gewonnen zu sein scheinen, nun muß ich mit
meinem ganzen Gefühle auf das Entschiedenste diesem
Sturmlauf den Rücken kehren und verachtend den Rasenden
Theilnahme und Glückwunsch entziehen! Welche eitle
Nachahmungssucht! Welcher Mangel alles Sinnes für
Gesetzlichkeit und Ordnung! Welche Blindheit für das
Eigentlich=Gemein=Deutsche in diesem Augenblicke; welch'
rasendes Beginnen, die Brandfackel innerer Streitigkeiten
im Vaterlande aufzustecken, wo tausend Gefahren von
Außen drohen! Wo ist da alle deutsche Pietät? Wo
Sinn für Recht und Ordnung? Und von den Fürsten
hat nicht Einer den Muth zu zeigen, daß er bis dahin
mit der besten Ueberzeugung, recht gethan zu haben, regiert
habe und daß keine durch augenblicklichen Rausch hervor=
gerufene Volksmeinung im Stande sei, ihm diese Ueber=
zeugung zu rauben! Und in diesen süddeutschen Taumel
klingt das Waffengeklirr der sich waffnenden preußischen
Schaaren düster hinein. Was wollt Ihr beginnen? Zuckt
Ihr die Schwerter gegen den gemeinschaftlichen Feind?
oder wollt Ihr die Natter an des Freundes Brust tödten?
Welche Zweifel, welche Wünsche, welche Hoffnungen, welche
trübe, welche helle Aussichten eröffnen sich da! —

Auch unser Hof scheint nicht den rechten Weg zu gehen,

nicht den Schritt zu thun, der die unsinnige Menge beruhigen, nüchtern machen könnte, nämlich den Landtag einzuberufen. Ich glaube zuweilen recht schwarz in die Zukunft sehen zu müssen. — Unsere Truppen werden auf allen Seiten ver= stärkt, und ziehen sich an mehreren Orten zusammen. Es ist augenscheinlich, daß man auch im Innern Unruhen befürchtet, daß man sich für jeden Fall rüsten will, ohne auch billige Wünsche zu erhören. Die unglücklichen reli= giösen Wirren haben der Regierung das Zutrauen entzogen; der Rheinländer strebt nach den Errungenschaften der Nachbarn, unsre großen Städte wollen nicht zurückbleiben. An Staatsmännern, die den Augenblick rasch und richtig erfaßten, scheint es uns zu fehlen. Gott möge den König erleuchten! Wir Soldaten können nur als solche handeln; ich bitte den Himmel, daß meine Handlungen mit meinen Ueberzeugungen in Einklang zu bringen sein möchten. —

Den 12. März.

Du wirst meine Briefe ungenügend finden ... Ver= zeih! Mich treibt der Strudel der Zeit bald hierhin, bald dorthin und in der Aufregung, in den Gedanken an die nächste und die fernere Zukunft, nicht meiner Person, sondern des Vaterlandes und unseres Volks, verzehren sich alle freundlichen Empfindungen ... Jetzt heiter sein, mich ausgelassener Lustigkeit hingeben, wie Andere, die von Krieg und Gefahren träumen, das kann ich nicht. Ich bin gewiß nicht der Letzte, der, wenn es gilt, aufsteht und zu den Waffen greift, aber ich würde mit tiefer

Trauer den Säbel ziehen, wenn dieses meinen Mitdeutschen, Brüdern desselben Volkes gegenüber geschehen müßte! Wenn nur davon die Rede wäre, unser Land gegen Eindringlinge zu vertheidigen, den Fremden jeden Fußbreit zu wehren, wer würde lieber alle Opfer bringen! Die guten Süd= deutschen haben den Standpunkt verrückt. Ich fürchte, wir werden sie bald als Verbündete unsres Todfeinds sehen und dann wehe Deutschland! Doch fort die traurigen Bilder! Fort die Klage! —

Die Zeitungen melden, daß die meisten Mitglieder der französischen Königsfamilie in England sind. Dagegen ist es sonderbar, daß noch immer keine bestimmten Nach= richten von der Herzogin von Orleans da sind. Daß sie gerettet ist, davon hat die Regierung die bestimmtesten Nachrichten. Welch' rascher Wechsel von Glanz und Elend! Sie soll in Ems sein. — Das Geld für die Schlesier habe ich besorgt. Die Armen! Alle Theilnahme für sie ist fast verschwunden. Wer denkt noch daran! —

Man sieht hier mit einiger Aengstlichkeit seitens der Behörden der wachsenden Aufregung in der Stadt zu. Fast allabendlich sind Truppenabtheilungen in den Kasernen konsignirt und stehen für mögliche Fälle zur Verwendung bereit. Bis jetzt sind nur ganz unbedeutende Ungezogen= heiten vorgekommen. —

Vor einigen Tagen schon kamen einzelne Beförderungen in's Publikum, heute wieder; wahrscheinlich folgen ihnen in 8—10 Tagen auch die unsrigen. Vielleicht schreibe ich zum letzten Male als Husar. Es ist doch schade, gerade jetzt sehne ich mich so oft zum Regiment. —

Heute Morgen wurde ich durch ein sehr lautes und anhaltendes Rufen geweckt. Ich glaubte in der That, es sei ein Haufen revoltirenden Volkes. Ich eilte an's Fenster, konnte aber die Tumultuanten nicht wahrnehmen; ein kleines Mädchen stand unter meinem Fenster, ganz vertieft in die ihm fremden Laute, mit Sorgsamkeit sein Kaffeetöpfchen haltend, und sagte so vor sich hin, gewiß sich unbelauscht glaubend: „Revolution"! So ist dieser Gedanke schon in der Menge zu Hause geworden. — Wie ich nähere Nachricht einzog, ergab es sich, daß es die Reservemannschaften waren, die am Thore aufgestellt waren und die eben zur Eisenbahn weiterrücken sollten. Dies Einziehen der Reserven trifft Manchen sehr hart. Viele verlassen Weib und Kind und müssen fremden Händen ihr Geschäft anvertrauen. Als sie abgerückt waren, kehrte ein langer Zug von Frauen und Kindern in die Stadt zurück. Ueberall aber unter den Männern herrschte Jubel und Enthusiasmus. — Man kann annehmen, daß durch diese Einberufung in wenigen Wochen unsere Armee um etwa 60 bis 70 000 Mann verstärkt sein wird.

Gestern und heute war herrliches Wetter, und fast sollte man glauben, daß, wenn man hätte revolutioniren wollen, diese angenehme trockene Temperatur am meisten dazu hätte auffordern müssen. Tausende von Menschen wogten durch die Straßen, ohne daß irgend ein Erceß vorgekommen wäre. —

In wenigen Tagen geht von hier der Prinz von Preußen ab, um in den westlichen Provinzen die Stellung eines Generalgouverneurs einzunehmen. Seine Gemahlin wird ihm folgen. Man wird einen kleinen Hof in Cöln oder in Coblenz machen. Die Berliner sind sehr verschie=dener Meinung, ob dieses eine heilsame Maaßregel oder nicht zu nennen sei. Ich halte sie für das Erstere.

Den 16. März.

Onkel Hausmann wird Dir Grüße von mir gebracht haben. Er wird Dir auch wahrscheinlich erzählt haben, daß am Montag Abend den 14. an mehreren Stellen unserer Residenz Ruhestörungen stattfanden und daß man seitens der Behörden vielleicht zu bedeutende Militärkräfte dagegen entwickelt hatte. Am Dienstag Abend hatte man nicht so viele Truppen verwandt. Diese waren indessen dennoch in einigen Straßen jenseits der Spree, Breite= und Brüder=Straße, gezwungen gewesen, von ihren Waffen Ge=brauch zu machen, und leider wurde bei dieser Gelegenheit ein nur als Zuschauer im Schlafrock gegenwärtiger Bürger tödtlich verwundet. Damit war denn auch die Aufregung unter die Bürgerschaft geworfen. Mehrere Deputationen hatten sich zu den betreffenden Behörden begeben und um Zurückziehung des Militärs gebeten; Schutzkommissionen von Bürgern mit weißen Binden um den Arm hatten sich gebildet, und nur geringe Truppendetachements waren in Folge jener Bitten zur Besetzung des Schlosses und der Zeughäuser ꝛc. benutzt worden. Schon Nachmittags begann auf's Neue der Tumult, namentlich auf dem Schloßplatze und in den Straßen, die von dort nach der Spree führen. Man beschränkte sich darauf, die Portale des Schlosses zu

beſetzen. Die Infanterie ſtand dort Stunden lang den
tollſten Steinwürfen und Schmähungen jeder Art ausgeſetzt;
endlich entſchloß man ſich dazu, Feuer zu geben. Sobald
man das Signal dazu gab, ſtob die Menge auseinander.
Kaum war eine halbe Stunde verfloſſen, ſo war der
Schloßplatz ſchon wieder mit Tumultuanten angefüllt. Eben
wollte man feuern laſſen, als Cavallerie anlangte, aus beiden
Portalen vorbrach und einhieb. Es hat viele Verwundete
gegeben. Man verfolgte die Tumultuanten bis in die
Brüder= und Breite=Straße hinein, man ſtieß auf Barri=
kaden, und zwar ſo bedeutende, daß die Cavallerie nicht
im Stande war, ſie zu beſeitigen oder zu paſſiren.
Infanterie brach daher aus den Schloßportalen vor. Es
kam zum erſten Male zum Feuern. Eine andere
Infanterie=Abtheilung mußte gegen zwei Brücken, die
Gertraudten= und die Jungfern=Brücke, vorgehen. Beide
waren in die Höhe gezogen; bei beiden mußte die Infan=
terie Feuer geben, bevor es ihr gelang, die Tumultuanten
zu vertreiben. Es ſoll auch hier mehrere Verwundete
gegeben haben. Auf das Militär wurde aus den Häuſern
geworfen und der Steinregen hörte faſt nicht auf. Vom
Militär ſind mehrere verwundet, auch Officiere. — Bis
jetzt hat die Sache indeſſen nur den Charakter von Polizei=
ungezogenheiten. In dieſem Augenblick iſt es in gleichem
Maaße unruhig wie geſtern. Glücklicher Weiſe haben
geſtern die Bürgerkommiſſionen nichts ausgerichtet, im
Gegentheil, man hat die weißen Binden verhöhnt und
verſpottet, ſo daß die Stimme, die momentan gegen das
Militär und die Behörden herrſchte, faſt die entgegen=
geſetzte geworden iſt. Ferner ſind geſtern bedeutende

Arretirungen vorgenommen, namentlich sind mehrere Stu=
denten an der einen Barrikade verhaftet. Heute sollen
nun die Studenten, unterstützt durch hallische Commilitonen,
sich zu bedeutenden Plänen rüsten. Man wird sich blutige
Köpfe holen. Ich glaube kaum, daß man irgend Jemand
heute schonen würde. Proklamationen und Verordnungen
haben die Zuschauer gewarnt; leider stellen sich immer
neue ein. — Auch in Magdeburg sollen bedeutende Un=
ordnungen vorgekommen sein. — Ich bin damit wohl
zufrieden, meinen Säbel nicht gegen Unbewaffnete ziehen
zu müssen; indessen ist die Stellung der Officiere, die im
Dienst sind, fast noch angenehmer in diesem Augenblicke,
wie die derjenigen, die, mit der Feder beschäftigt, zusehen.
So viel wie irgend möglich, ist man genöthigt, Menschen
und öffentliche Orte zu vermeiden, weil man sich einerseits
wirklich Insulten, andererseits Gesprächen aussetzt, die man
besser nicht hört. — Wohin dies noch Alles führen soll,
weiß der liebe Himmel! — Aus Wien sind hier sehr
schlimme Nachrichten eingetroffen. Metternich hat abdicirt,
nachdem ein sehr heftiges Gefecht zwischen den Aufrührern
und den Truppen geliefert worden ist. Man hat die
Kartätschen nicht gespart; es zirkuliren die schlimmsten
Gerüchte über den Erfolg des Gefechts.

Leute, die in unseren höheren Kreisen recht wohl be=
wandert sind, klagen über die Uneinheit in den militärischen
Anordnungen daselbst. Die Wendung der Dinge in
Deutschland soll hier den allerbetrübendsten Eindruck
machen; und das gewiß mit Recht. — Ich habe gestern
einen Brief aus Kiel gelesen, wonach man dort bereit ist,
eine provisorische Regierung einzusetzen und sich von

Dänemark loszusagen. Ich wünsche, man sähe erst dem Feinde gerade in's Auge, mag es der Feind der Gesetzlichkeit und der Ordnung, oder der des Vaterlandes sein. Der jetzige Augenblick ist im höchsten Grade unbehaglich.

Den 19. März.

Wir sind in offener Revolution; gäbe der Himmel, daß es glücklich endet! Ich bin wohl und bislang sicher! Eben ist ein Waffenstillstand eingetreten, der indessen nicht von Dauer sein kann.

Den 20. März.

Ich kann nicht schreiben. Thränen sind mir näher als Worte! Ich bin gesund. Noch gehe ich mit Muth der Zukunft entgegen, obgleich man fast daran verzagen müßte. Morgen ist ein schrecklich schwerer Tag: die Bestattung der Gebliebenen. — Ich wollte tausendmal lieber auf die Geschütze des Feindes zugehen, als diesen Gang! Was ich als Jüngling mir als Schönstes träumte, ein neues Erwachen Deutschlands, ich sehe es in so ekler Form versuchen, daß ich an sein Wachen wenig Hoffnung knüpfe.

Den 20. März Abends.

Ich schreibe Dir tief betrübt. Die Vorgänge in Berlin seit dem 18. hat die Vossische Zeitung berichtet.

Einige Erläuterungen werden aber dennoch zum Verständ=
niß des Ganzen nothwendig sein. Am Freitag Abend
waren, gleichzeitig mit den detaillirten Nachrichten aus
Wien, Deputirte aus Cöln angelangt, die sehr peremptо=
rische Forderungen stellten und erklärten, daß nur die
rascheste Gewährung derselben einem allgemeinen Aufstand
in der Rheinprovinz vorbeugen könne. Der Minister von
Bodelschwingh hatte diese Forderungen entgegen genommen
und sie waren die Veranlassung der am Sonnabend Mittag
erscheinenden königlichen Bewilligungen. Im Publikum
hatte eine außerordentliche Erbitterung gegen das Militär
Platz gegriffen. Die Schutzkommissionen, die sich gebildet
hatten, hatten es nicht durchsetzen können, bewaffnet zu
werden; im Gegentheil hatte man, statt den Bürgern
Vertrauen zu schenken und ihnen die Unterdrückung der
bei ihnen durchaus keinen Anklang findenden tumultuarischen
Auftritte zu überlassen, sieben Bataillons aus Halle und
Stettin herangezogen und diese in einem concentrischen
Kreise Berlin cerniren lassen. Diese Nachricht und zudem
der Aerger, von Wien im republikanischen, weltverbessernden
Eifer übertroffen zu sein, bereiteten das Feld vor, auf dem die
unglücklichen Ereignisse vor dem Schlosse, im Moment, wie
der bessere Theil der Bürgerschaft dem Könige ein Hoch
nach dem anderen brachte, so wahrhaft panische Wuth und
Verzweiflung schufen. Diese Bemerkungen mögen die sonst
leidlich richtigen Berichte der Zeitungen ergänzen. —

Wir hatten eben unser Büreau verlassen, und traurig,
daß das vom Könige Bewilligte auf so unziemliche, un=
gesetzliche Weise abgedrungen war, gingen wir zu Tisch).
Wir saßen kaum, als wir die Menschen im wilden Laufe

aus der Gegend des Schlosses heimkehren sahen, schreiend:
„Verrath, Verrath! Zu den Waffen! Zu den Waffen!"
Wenige Minuten vergingen, als auch schon zwei Schwa=
dronen Dragoner in gestrecktem Trabe vor unseren Fenstern
vorbeiritten, um den Schloßplatz zu erreichen. Gleichzeitig
wuchsen die Barrikaden aus der Erde; tobende Haufen
durchzogen die Straßen und verfolgten die zu ihren
Truppen laufenden einzelnen Leute mit Piken, Säbeln,
Stöcken und dem wildesten Wuthgeschrei. Wir (zwei
Hauptleute vom Generalstabe, ein Major und ich) wollten
heimgehen, man hielt uns zurück und bat, wir möchten
uns den Insulten nicht aussetzen; wir wagten es, waren
aber kaum dreihundert Schritt gegangen, als uns eine
wilde Horde entgegenstürzte; vor ihr mäßigere Leute, die
uns beschworen, uns zu retten. Wir traten in ein Haus,
der Besitzer erschien und wies uns die Thüre, erklärend,
man müsse kein Mitleid mit dem Militär haben, das auf
das Volk einhaue. Wir wendeten uns auf die Straße,
wo eben einige Bekannte vorbeizogen, die uns ihre Röcke
anboten, um verkleidet zu entkommen. — Wir traten in
eine Conditorei, diejenige, wo wir regelmäßig Nachmittags
unseren Kaffee zu nehmen pflegen, und fanden dort freund=
liche Aufnahme. Gleichzeitig marschirte das Garde=Kürassier=
Regiment auf dem Gendarmenmarkt vor dem Hause auf.
Hier und in dem anliegenden Gebäude der Seehandlung
brachten wir die erste Nacht zu. Wir waren sammt der
Cavallerie für den Moment von allen anderen Truppen
abgeschnitten und sahen jeden Augenblick einem Angriff
auf die Seehandlung entgegen. Bald rückte indessen
Infanterie an, die den Gendarmenmarkt frei machte und

3*

alsbald in raschem Angriff die nächste Barrikade nahm.
Die angreifende Infanterie wurde mit einem lebhaften
Feuer aus den Fenstern der anliegenden Häuser empfangen;
Steine regneten und kein Angriff blieb ohne mehr oder
minder schwer Verwundete. Der Kampf, der etwa Nach=
mittags vier ein halb Uhr auf den verschiedenen Stellen
begann, bestand einentheils aus Gefechten, die um den
Besitz von einzelnen Punkten, welche vom Militär besetzt
und mit der fürchterlichsten Wuth angegriffen wurden,
geführt waren, anderntheils aus mehr zusammenhängenden,
um eine freie Communication im Innern eines sich an
das Schloß anschließenden Stadtraums zu gewinnen und
diesen nach und nach weiter auszudehnen.

Wäre der Kampf ein kriegsgeschichtlicher, man würde
den Heroismus und die Hingebung der Truppen, die Stand=
haftigkeit im Aushalten mit Lied und Gesang feiern, so
finden sie nur den verdienten Lohn in der Anerkennung der
Augenzeugen. Das Volk hat jetzt Götzen, deren Verehrung für
Treue und Bravour in seinem Herzen keinen Raum läßt. —
Das Zeughaus des Garde-Landwehr-Bataillons mit dem
Stall der Garde-Küraffiere am Halleschen Thor vertheidigte
ein Officier mit zwanzig Büchsenschützen vom Garde=
Küraffier-Regiment und fünfzehn Stammmannschaften des
Bataillons (Schuster und Schneider). Drei Mal brannte
das Dach des Stalls, jedes Mal wurde es gelöscht; zwei
Mal war in's Zeughaus eingedrungen, beide Male warfen
die braven Küraffiere die Gegner hinaus und hielten ihren
Posten bis zum Morgen sechs Uhr des neunzehnten, wo
wir sie entsetzen konnten. Der Posten wurde dann auf=
gegeben. Ebenso wurde die Garde-Alexander-Kaserne von

einem Officier und siebenzig Mann vertheidigt. Monbijou wurde fast nur von vier bis fünf guten Schützen gehalten. Nur ein solch' isolirter Punkt kam in die Hände des Volkes, die Kaserne der Lehr=Eskadron, die von einem Officier und zehn Mann vertheidigt war. Der Kampf in den Straßen wurde mit gleicher Erbitterung geführt. Das Feuern der Gegner aus den Fenstern war ungeheuer. Es sind, wie bis jetzt bekannt ist, fünf Officiere geblieben und gewiß fünf und zwanzig bis dreißig verwundet. Das Gefecht wurde von unserer Seite mit Infanterie und Artillerie geführt. Der Cavallerie lag ob, die Verbindung in den eroberten Stadttheilen zu erhalten, was ihr auch nur mit Opfern möglich war. Ich habe den vereinten Angriff der beiden zuerst genannten Waffen drei Mal auf dieselbe Barrikade machen sehen, bevor er gelang. Das Cölnische Rathhaus war namentlich von der Schützen= gilde der Berliner gehalten; 1500 Mann wurden nach und nach gegen dasselbe verwandt, bis es fiel. Die Besatzung wurde fast ganz niedergemacht. So waren wir überall Sieger; die Verbindung mit den herbeigezogenen Linientruppen war gewonnen und folgender Raum um vier Uhr Morgens durchaus in unserem Besitz: das Schloß mit dem Lustgarten bis Monbijou, der Stadttheil zwischen der Spree und den Linden, die Friedrichs= stadt zwischen den Linden und der Leipzigerstraße mit Ausnahme der Mauerstraße, wo sich noch Barrikaden in den Händen des Volks befanden, die Jägerstraße und der Hausvoigteiplatz, der Stadttheil um die Werdersche Kirche bis an die Linden und die Schloßfreiheit, die Brüderstraße, die Breitestraße, die Burgstraße, die Königs=

straße und der Stadttheil zwischen dieser und der Spree, der Alexanderplatz. Damit waren zwei Thore, das Potsdamer und das Brandenburger, in unsern Händen.

Die Disposition, die der General von Prittwitz zum 19. ausgab, war folgende: die Infanterie und Artillerie, verstärkt durch vier Schwadronen Garde-Ulanen und einer Schwadron Gardes du Corps, halten streng defensiv den eroberten Raum; die zwei anderen Cavallerie-Regimenter ziehen sich aus der Stadt und cerniren dieselbe, jeden Zuzug von außen abhaltend, auf dem linken Spreeufer, während die Potsdamer Cavallerie-Brigade (neun Schwadronen) dasselbe auf dem rechten Ufer beginnt. —

Wenn ich nun Einiges über mein Ergehen nachholen soll, so war es Folgendes: Meine Bitte, mir ein Pferd zu geben, war seitens des Generals, der die Cavallerie kommandirte, abgeschlagen worden; ich war bald bei seiner Truppe, bald bei der Infanterie, die von unserem Markte aus vorging. Gegen zehn Uhr waren die Linden und der Weg nach meinem Hause (Französische Straße) frei geworden, ich entsandte daher den Diener von Pertz's, zu denen ich gelangen konnte, nach meinem Pferde, das auch nach einer Stunde glücklich eintraf, und stellte mich nun zur Disposition des die Cavallerie kommandirenden Generals Graf Waldersee. Ich hatte schon vorher mit meinem Rathe der Sache dienen können; jetzt trat ich definitiv als des Generals zweiter Adjutant ein, hatte dadurch Gelegenheit, viel zu sehen und von dem Stande der Dinge Kenntniß zu nehmen. — Um ein und ein halb Uhr etwa waren wir auf dem Schlosse, um die Disposition in Empfang zu nehmen, um fünf Uhr rückte die Cavallerie

ab. Unser Stand auf dem Gendarmenmarkt war kein an=
genehmer gewesen. Es wurde aus den Häusern viel in
unsere Colonnen hineingefeuert. Die Markgrafenstraße hin=
unter sahen wir Barrikade hinter Barrikade sich aufbauen.
Die Trikolorfahne wehte von ihnen und aus den Fenstern
der illuminirten Häuser; Redner, die zu der betrunkenen
und fanatisirten Menge sprachen und Geld austheilten,
waren deutlich durch die schon gräßliche Nacht zu ver=
nehmen. Kanonendonner tönte von nah und fern; Ba=
taillonssalven wechselten mit Tirailleurfeuer. An drei
Stellen waren starke Feuerscheine am Himmel und das
Wuthgeheul der Menge übertönte noch die Musik unserer
Geschütze. Darüber stand der Mond ruhig und schön,
dem beklommenen, bald bis zur Raserei aufgeregten Herzen
eine bessere Heimath weisend. Ich werde die Nacht nie
vergessen! Die Wuth auch unserer Leute war bis auf's
Höchste gestiegen; trotz der fürchterlichsten Ermüdung, trotz
Hunger und Durst, unverdrossen kampfbegierig, rückte man
immer wieder an. Wehe denen, die in ihre Hände fielen!
In die Häuser, die namentlich ihnen Schaden zufügten,
wurde eingedrungen, und Alles, was ihnen bewaffnet
in die Hände fiel, wurde niedergemacht, wenn es nicht
durch die Officiere verhindert wurde. Das Geheul der so
Zusammengehauenen wird immer in meinen Ohren klingen.
Ich kann nicht leugnen, daß ich froh war, als wir die
Straßen hinter uns hatten und in raschem Marsche unsere
Aufstellung um Berlin nahmen. —

Die Cavallerie also nahm ihre Aufstellung vor den
Thoren, nachdem sie glücklich vom Halleschen Thor aus,
mit Hülfe eines Schützenbataillons, die in den Kasernen
zurückgebliebenen Truppen befreit hatte. Wir harrten bis
gegen Mittag, als die erste Kunde davon anlangte, daß
Unterhandlungen mit der Bürgerschaft gepflogen waren.
Um zwölf Uhr erhielten wir Befehl einzurücken. Die
Zeitung sagt, wie der Frieden hergestellt wurde. — Erlaß
mir die Schilderung der Anarchie, der tiefen Trauer des
besseren Theils der Bevölkerung, die nun folgten. — Unser
Blut war unnütz vergossen, der Lohn, der unserer harrte,
war Hohn, Spott, Verschmähung jeder Art. — Stolz
kann man zurückblicken auf die Treue und Bravour, mit
der die Truppen stritten; aber weinen möchte man, wenn
man Gesetzlichkeit und Recht, für die wir unser Blut in
die Schanze schlugen, von den Füßen des Volkes zertreten
sieht! Nirgends, nirgends sind die Truppen nicht siegreich
gewesen und morgen begräbt man ihre Todten, ohne daß
ihnen nur die mindeste Ehre seitens ihrer Kameraden
wird, ohne von denen, neben welchen sie fielen, gefolgt zu
werden. —

Was nun aus uns werden wird? Wer kann das
vorhersehen! Sämmtliche Truppen haben Berlin nach und
nach verlassen; sämmtliche Posten haben Bürger inne; nur
wir, die wir nicht in der Linie stehen, schleichen verkleidet
und möglichst geheim durch die Straßen. Nach und nach
scheint freilich der bessere Theil der Bürger die Oberhand
zu gewinnen. Die heutige Erklärung des Königs, in der

er sich an die Spitze Deutschlands, des konstitutionellen
Deutschlands stellt, hat manchen Enthusiasmus erregt; sie
kann indessen noch keine glücklichen Aussichten für die
nächste Zukunft erwecken, mag man als Patriot an das
Vaterland, als Officier an das Heer, als Mensch an die
eigene Hütte denken, die man sich aufzubauen dachte!
Man muß tief, tief trauern! —

Viele Elemente drängen hier nach einem vollständigen
Umsturz alles Bestehenden; sie sind durch das lange Zögern
mit Concessionen, durch das gewaltsame Drängen der Bevölkerung, durch Tausende von Emissären an die Oberfläche gebracht worden und es wird schwer, sehr schwer
sein, über sie wieder Herrschaft zu erlangen. —

Möchten sich doch Hannoveraner und Andere die
jetzigen hiesigen Zustände zum warnenden Beispiel recht
genau betrachten; möchtet doch Ihr die brausende Jugend
und die unwissende Menge von der Leitung der Angelegenheiten fern halten; nur da ist Gedeihen, wo es geset z-
mäßig gefördert wird.

Ich bitte, adressire an das Büreau des Generalstabs,
wenn Du schreibst. Dort wird man mich immer zu
finden wissen. Wer weiß jetzt, wo er sein Haupt am
Abend bettet! Lebe wohl!

Den 24. März.

Am Mittwoch Abend wurden 187 Leichen der Bürger 2c.
beerdigt; Einzelne waren schon in Erbbegräbnisse beigesetzt
worden. Es war zuerst die Absicht, mit ihnen gemeinschaftlich die Leichen des Militärs zu bestatten. Indessen

einer der Clubs entschied sich dagegen. Diese bestehen nicht aus den Bürgern; nicht diese kräftige Klasse der Gesellschaft hat das Heft in Händen, sie sind nur Wächter ihres Eigenthums und der Ruhe der Stadt. Den leitenden Willen haben eine Schaar von Literaten, Polen und Arbeitern und an Geist und Vermögen Bankerotten, denen sich einzelne Exaltirte und Ehrgeizige zugesellen. Sie wollten das Leichenbegängniß als eine Demonstration betrachtet wissen, die den vollkommenen Sieg des Bürgerthums über die Monarchie konstatirte, nicht als eine Feier der Versöhnung und des Friedens. So ging es denn auch ernst und ungestört vorüber. Wir, die wir zuerst befehligt waren zu folgen, erhielten Gegenbefehl. Die Todten sind im Friedrichshain beigesetzt. Täglich sterben noch Andere an ihren Wunden. — Unsere Leichen haben wir heute Morgen bestattet, außer einigen, die schon früher zur Ruhe gebracht waren; es waren im Ganzen 36, unter denen 3 Officiere, von Wulffen, Tüpke und von Zastrow. Viele Officiere liegen noch an ihren Wunden darnieder, Oberst Graf Schulenburg, Lieutenant von Rauschenplatt, von Holstein und Andere mehr.

Es hatten sich unserem Leichenbegängniß viele Bürger angeschlossen; es war ein trauriger Zug! Die Tapferen starben treu ihrem Schwur, mit echtem Männermuth, mit festem Sinn, trotzend der greulichsten Gefahr. Das ist die Ehre des Soldaten in der schönsten Form, treu seiner Pflicht, treu seinem Schwur, treu dem Gehorsam zu bleiben bis in den Tod, der jene Treue besiegelte! Sollte der Himmel wollen, daß auch mich auf gleichem Pfade der Tod ereilte, — so trauert nicht zu sehr — ich fiel

dann für das Gesetz, für die Ordnung, für meinen
König und Herrn! — —

Fern von den Ihrigen, fern von den Fahnen, denen
sie geschworen, fern von den Trommeln, die ihnen hätten
die letzten Wirbel geben müssen, wurden die Leichen der
Kameraden fast noch in stiller Nacht, zur Ruhe getragen;
viele Thränen wurden ihnen geweiht; der Geistliche sprach
an ihrem Grabe schön, sie ehrend und versöhnend. Tief
erschüttert kam ich heim. —

Die Truppen sind bei Potsdam concentrirt. Den
Dienst in der Stadt versehen die Bürger; Studenten,
Schüler, fast alle Beamte und die Schutzverwandten
(Bürger ohne Hausbesitz), die Gewerke 2c. haben sich diesem
beschwerlichen Dienste angeschlossen. Sie haben Waffen
aus unserem Zeughause bekommen und kommen im Allgemeinen ihrem neuen Amte mit großer Gewissenhaftigkeit
und Treue nach. Fortwährend, namentlich Abends und
Nachts, durchziehen starke Bürgerpatrouillen die Stadt.
Die Studenten, begeistert von der Idee deutscher Einheit,
sind die treuesten Anhänger des Königs geworden. Ich
hatte gestern im Schlosse zu thun; nur mit einer Legitimation drang ich durch. Die Posten bestanden aus
Bürgerschützen und Studenten. Dieser Wacht- und Sicher-
heitsdienst liegt natürlich außerordentlich schwer auf dem
Bürger, namentlich dem Gewerbetreibenden; seine Zeit
wird in Anspruch genommen, seine Kasse nicht minder.
Der Bürger wünscht also außerordentlich die Rückkehr der
Truppen; indessen die Clubs widersetzen sich ebenso wie
die Studenten, die diese Nebenbuhler nicht dulden wollen.

Ich war am Mittwoch in Spandau, wo noch andere

Regimenter kantonniren; mit wahrer Erquickung habe ich
dort die Truppen gesehen. Aus den Officieren ist jede
Frivolität gewichen; Ernst und Entschiedenheit, Einheit
und Festigkeit haben einen wunderschönen Geist unter
ihnen wachgerufen. Ihre Leute sind ihnen unbedingt er=
geben, und brennen vor Begier, auf's Neue die Waffe,
deren Zuverlässigkeit sie eben erprobt haben, wieder zu
gebrauchen. Das waren die ersten frohen Stunden seit
Sonnabend wieder; ich ritt erst Donnerstag früh hierher
zurück. —

Heute trage ich zum ersten Male wieder Uniform;
bis dahin hat man sich in Civil durch die Straßen
schleichen müssen, möglichst entstellt; es ist eine greuliche
Zeit! Meine treusten Freunde sind Pertz's gewesen; nicht
allein, daß sie mir in der Nacht vom Sonnabend auf
Sonntag, wo ich zwei Mal bei ihnen war, alles Liebe
thaten, auch noch die Tage nachher haben wir uns unser
Leid geklagt und es zu verjagen bestrebt. —

Die neuen Minister langen allmählich an; so brav
ihre Namen sind, so fehlt ihnen doch fast allen die Ge=
schäftskenntniß und die Routine, etwas, was gerade in
solchen Tagen, wie den heutigen, außerordentlich fühlbar
sein möchte. — In Posen sieht es sehr bedenklich aus;
die Polen machen sehr entschiedene Ansprüche; ihre Bundes=
genossen hier in Berlin werden suchen sie durchzusetzen.
Die Regierung ist in einer schrecklichen Lage; auf der einen
Seite von den Clubs gedrängt zu werden zu Gunsten der
Polen, auf der andern Seite doch gezwungen zu sein, diese
Provinz dem Lande zu erhalten. Es verlautet, daß gegen
die Polen Truppen dirigirt werden sollen. — Rußland

sieht mit argwöhnischen Augen zu uns herüber. Jede Ver=
günstigung, die den Polen würde, würde es als eine Kriegs=
erklärung ansehen. —

In Breslau ist der Anfang neuer politischer Bestre=
bungen gegeben worden. Man will die Regierung zwingen,
gleich selbständig ein neues Wahlgesetz zu geben, was sie
erst durch den Landtag berathen lassen will. Man fürchtet,
der letztere würde in das Wahlgesetz zu conservative Prin=
cipien tragen; was Breslau zu erstreben begann, setzen
die Berliner Clubs fort. Gestern schon war eine neue
Volksversammlung.

Die Minister, die jetzt am Ruder sind, scheinen den
Verlangenden das Erwünschte nicht zu befürworten; man
intriguirt gegen sie; es wird nicht lange dauern, bis sie
removirt sind und radikalere an ihren Stellen. — Fast aus
allen Häusern weht die schwarz=roth=gelbe Fahne; sind die
deutschen Farben wohl jemals mehr entweiht? Wie oft
habe ich gewünscht, man ergriffe diese Fahne mit der
vollen Freiheit und Lust des Entschlusses, mit der Gluth
der Begeisterung ihr wieder Färbung und Licht gebend,
mit der starken Hand, mit mächtigem Arm ihr neue Kraft
und neues Leben verleihend! Und nun?

Das Palais des Prinzen von Preußen lief am Montag
Gefahr, gestürmt und demolirt zu werden. Man rettete
es dadurch, daß man es zum National=Eigenthum erklärte;
es ist jetzt ein Bittschriften=Büreau mit der großen Inschrift:
„Hier wirken Leute aus dem Volke für das Volk." In
den Königlichen Schuppen ist an Artillerie = Material
wenigstens für eine halbe Million Thaler verbrannt. Der
Schaden an weiterem Staatseigenthum, der durch Brand

und Verwüstung in der Nacht vom 18./19. angerichtet wurde, wird eben so hoch und noch höher geschätzt. Ein Landwehrzeughaus ist ausgeräumt; die Eisengießerei bildet eine großartige Ruine, mehrere Wachen sind zerstört ꝛc. ꝛc. An den Tagen nach dem Sonntage rächte sich die Volks= justiz an denjenigen Bürgern, die Officiere und Mann= schaften aufgenommen und verborgen hatten oder nur in dem Gerücht standen. Man räumte ihre Effekten aus und verbrannte sie auf offener Straße. Schmach, wohin man sieht. —

Ich theile die Hoffnung betreffs Deutschlands nicht. Was in Unehre geboren ward, wem bei der Geburt das Gepräge des Unrechts gegeben wurde, macht sich nie davon los. Diese Leute kennen das Wort Pflicht nicht mehr, sie werden ohne dies auch kein Staatengebäude aufführen. Gewaltsam ist die Zeit, in der wir leben. Ich sehe keinen Frieden. —

Den 30. März.

Ich schreibe heute zum ersten Male als Premier=Lieute= nant im Generalstabe. Wie freudig ich zu anderer Zeit diese Beförderung aufgenommen hätte, so farblos ist in diesem Augenblicke jedes glückliche Ereigniß, das den Ein= zelnen betrifft. —

Die äußere Ruhe ist hier in der Stadt so ziemlich wieder eingekehrt. Heute sind, obgleich nicht ohne Wider= streben eines Theils der Einwohner Berlin's, die ersten Truppen wieder eingerückt und wir gehen wenigstens bei Tage wieder in Uniform. Um so aufgeregter und wilder tobt es unter der Oberfläche und wir sind Alle davon durchdrungen, daß wir nicht am Ende, sondern am Beginn unserer Revolution stehen. Die Bürgerschaft ist nach und nach zu der Ueberzeugung gelangt, daß ihr aus dem wüsten Umstürzen alles Bestehenden nur Nachtheil erwachsen kann. Der Wachtdienst liegt schwer auf ihren Mitgliedern und die Gefahr, die die aufgeregten, arbeitenden, besitzlosen Klassen den besitzenden bereiten, haben eine Reaktion zu Wege gebracht. Die Bürgerschaft will das politisch Errungene festhalten, es auf legalem Wege weiter ausbauen und ordnen und sieht das einzige Mittel hierzu in einem engen Anschließen an den König und einer Versöhnung mit der Armee. Sie hat begriffen, daß es nöthig war, dem maaßlosen Treiben der politischen Clubs ein Gegengewicht zu schaffen, und hat nicht ohne Geschick selbst Clubs organisirt und ihre bewaffnete Macht geordnet. Ihr gegenüber stehen im scharfen Gegensatz die arbeitenden Klassen, geführt durch selbstgewählte Leiter und durch Clubs, an deren Spitze Literaten und aus Frankreich zurückgekehrte Flüchtlinge stehen. Diese Partei hat den Vortheil der Energie, der Kühnheit, des Talents und der physischen Ueberlegenheit, ja auch der Verzweiflung. Ein Zusammenstoß beider Parteien erscheint unvermeidlich, wo dann im ersten Treffen die Bürger, im zweiten das Militär stehen wird. Wolle Gott, daß im Letzteren noch die alte Disciplin und das alte Pflichtgefühl erhalten sind.

Aus den Provinzen laufen die schlimmsten Nachrichten ein. Bauernunruhen fast überall, in Sachsen, Westphalen, Pommern, der Mark, Schlesien, der Lausitz; nicht allein, daß das Militär in eine Menge Detachements und mobile

Colonnen zersplittert werden muß, die hier und da ein=
beorderten Landwehren weigern sich auch zu erscheinen,
die Reserven, die schon eingezogen sind, verlangen in ihre
Heimath. Posen befindet sich fast gänzlich in provisorischem
Zustande. Das dort organisirte polnische Comité hat bei
den Landräthen und Behörden mehr Autorität, als die
Regierung. Es ist leichter gesagt wie gethan, Deutschland
muß Polen restituiren. Es handelt sich hier um unendlich
viel. Erstens würde uns irgend ein beifälliger Schritt,
der der Erregung und der Nationalität der Polen zu Liebe
geschähe, in einen Krieg mit Rußland verwickeln; können
wir, kann Deutschland, das sich in diesem Moment in der
fürchterlichsten Gährung, ja in Anarchie befindet, diesen
irgend mit Aussicht auf Erfolg führen? Oesterreich sind
die Hände vollständig gebunden; wir brauchen unsere
Truppen fast überall, und das großsprecherische Deutschland
thut klug, wenn es sich erst einmal gegen Westen sichert,
bevor es nach Osten Front macht. Dann zweitens, dürfen
wir die große Anzahl Deutsche, die im Großherzogthum
leben, die zwei Fünftel der Bevölkerung ausmachen, der
Rache und der Unterdrückung der Polen aussetzen? Ganze
Kreise, die Hauptstädte sind deutsch; deutsch ist dort die
Bildung, sollen wir das Alles den noch niemals ehrlich
gewesenen Polen überlassen? Drittens: dürfen wir unserem
Staate eine so ungünstige Grenze geben, wie sie mit Auf=
gebung von Posen entstehen würde? Ist nicht vorauszu=
setzen, daß die polnischen Slaven nur zu bald mit den
russischen Hand in Hand gehen würden und danach trachten,
die ihrem Leben durchaus nothwendigen deutschen Ostsee=
küstenländer sich anzueignen? Dem ruhigen, nicht leiden=

schaftlich verblendeten Urtheile scheint jedes Aufgeben von
Posen ein Verbrechen an Preußen, an der deutschen
Nationalität. Allein, womit soll Posen gehalten werden?
Kann man sich noch auf die dortigen Truppen verlassen?
Die Truppen der anderen Provinzen braucht man dort und
jeder Schritt gegen Posen ruft wieder Aufruhr und Re=
volution in den westlichen Provinzen hervor! —

Das Rheinland ist durch und durch republikanisch
gesinnt, der geringste Anstoß wird es in Flammen bringen,
und dort neigt sich Preußens Adler, vielleicht auch das
deutsche Banner tiefer zu Boden, wie irgendwo. Die
Nachrichten von dort lauten sehr schlimm. Unser Ministerium,
jetzt aus den liberalsten Elementen zusammengesetzt, genügt
den Radikalen, die jetzt die öffentliche Meinung beherrschen,
doch nicht; außerdem ist es rathlos, wo handeln so
nöthig wäre; nur Etwas thun, das Was ist viel gleich=
gültiger, anstatt der Proklamationen und Versprechungen.
Eine herrliche Zeit geht verloren, die die unterminirenden
Radikalen nur zu gut zu benutzen verstehen. Der Gegen=
stand, um den sich der Streit jetzt hauptsächlich dreht, ist
das Zusammentreten des Landtags. Die Radikalen ver=
langen ein selbständig vom Könige emanirtes Wahlgesetz
und eine Ständeversammlung nach diesem zusammentretend,
eine Constituante; die Anhänger der Monarchie und der
Gesetzmäßigkeit wollen das Wahlgesetz durch den Landtag
berathen. Für beide Ansichten spricht Vieles; das Land
hat sich fast überall für den Landtag entschieden, die Städte
fast durchgehends für die Constituante. Hiermit spricht
sich auch so ziemlich der allgemeine Charakter des Streits
aus, der jetzt ausgefochten werden soll; gegen die bis dahin

praevalirenden Interessen des Grundbesitzes, der im Land=
tage vertreten ist, erheben sich die Industriellen und die
Intelligenz und suchen nun auch gleich, Jenen Alles zu
entreißen und sich anzueignen. Auf dem Lande wird
vielfach die Reaktion sehr entschieden laut, bis jetzt fehlt
ihr noch die Einheit, und die Entschlossenheit. Das Heer,
in seinen Elementen fast durchgehends dem Lande ange=
hörig, steht auch zu diesem, außerdem durch seinen Eid
an den Thron gefesselt. —

Du wirst aus den Zeitungen entnommen haben, daß
das Aufstecken der deutschen Fahne seitens unseres Königs
nicht die gewünschte Wirkung gehabt hat. Von allen Seiten
kommen Remonstrationen und andere Leute scheinen viel
mehr Aussicht auf den deutschen Kaiserthron zu haben, resp.
auf die Präsidentschaft der deutschen Republik, als wir.

Wenn sich erst Franzose und Russe auf unserem Grund
und Boden um die Herrschaft des Continents schlagen
und ihre Principien ausfechten, dann erst wird unserem
jetzigen Herrn Anerkennung und richtige Beurtheilung
werden! Einem Manne voll der herrlichsten Gaben, voll
des redlichsten Willens, voll der edelsten Gesinnung! —

Mir persönlich geht es gut. Ich wünschte mir eine
Thätigkeit, ein Eingreifen in die Begebenheiten. Wir
müssen uns hier in der passivesten Defensive halten
und alle die Verleumdungen und Verketzerungen der Zei=
tungen u. s. w. fast ohne Murren über uns ergehen
lassen . . .

Den 2. April.

Für uns Männer ist jetzt nicht die Zeit, die alten
schönen Lieder der Liebe und Treue zu wiederholen, uns
daran zu erfreuen und zu erstarken. Die Hämmer, die
die neue Zeit schmieden, lärmen zu laut und fordern zu
sehr unsere Aufmerksamkeit, als daß wir in sie hinein
Minnelieder singen könnten. Wohl mögen auch wieder
bessere Zeiten kommen, Zeiten der Muße und der Freude;
jetzt hört man fast keine anderen Laute, als die, welche
vom Zerbrechen alter Größe, schöner Hoffnungen und ge=
liebter Pläne herrühren. Du sprichst von meinen Ansichten,
als wenn sie die Empfindungen des Augenblicks ein=
gegeben, eines Augenblicks, in dem ich gebrochen dastünde,
der mich leidenschaftlich erregt und wenig zu ruhigem Er=
wägen gemacht erblickte. Du behandelst sie, als wenn sie
mit dem günstigeren Winde auch wieder freudiger und
hoffnungsreicher dastehen müßten. Du willst mir schöne
Träume von einem großen glücklichen Deutschland vor=
spiegeln, die, ich fürchte, auch wohl Träume bleiben werden
und sich bei dem prosaischen Tageslichte, in dem wir hier
gezwungen sind die Sachen anzusehen, auch als solche
darstellen. Thue das nicht! Hoffnungen auf die Zukunft,
gewiß, die habe ich auch. Ich verzage nicht und will
auch mit einem gewissen Zutrauen auf die Entwickelung
im besseren Sinne schauen. Aber um das zu können, muß
man ein offenes Auge für die Gefahren und für das haben,
was zu thun ist, sich nicht angenehmen Bildern hingeben, die
unserer Phantasie die Feinde der Ordnung und des Rechts
vorspiegeln, um uns zu Bundesgenossen ihrer anarchischen

4*

Bestrebungen zu machen. Du mußt mir schon die An=
schauungsweise eines Preußen lassen, dem die glorreichsten
Erinnerungen von seinen Fahnen, Schwarz und Weiß,
zugetragen werden, der den deutschen Farben eigentlich ent=
fremdet ward, ja, dessen Vaterlandes Bedeutung und histo=
rische Größe der Isolirung von Deutschland entsprang. Du
mußt in mir schon den preußischen Sinn anerkennen, der
seine Fürsten, den großen Kurfürsten, den zweiten Friedrich
und Friedrich Wilhelm III., dem schwarz und weißen Banner
folgen sah und unter ihm mit ihren Heldenthaten die Welt
erfüllte. Du mußt schon zugeben, daß ich mit ganzer Seele
hoffe und verlange, und das nicht ohne Grund, dies
preußische Banner wieder aufgepflanzt zu sehen und unter
ihm die anarchischen Träume deutscher Phantasten zu ver=
nichten.

Berlin wird immer ruhiger; seine Physiognomie hat
sich fast ganz wieder in die alten gewohnten Falten zurecht
gelegt.

Den 5. April.

Auch jetzt sind wir hier wieder in einer außerordent=
lichen Spannung in Betreff unserer innern Politik. Das
Ministerium hat die Finanzlage des Staates dargelegt,
die, im Zusammenhange mit den augenblicklichen Verhält=
nissen, wo alles Vertrauen und aller Credit gewichen sind,
sehr traurig zu sein scheint. Wir wissen noch nicht Alles;
ist es wirklich so, wie die Welt es sagt, so möchte der
radikalen Opposition dadurch ein solcher Vorschub geleistet
sein, daß das Schlimmste zu befürchten ist. Wir wollen

ſehen. — Innere und äußere Feinde, wohin man blickt;
Wahn und Leidenſchaft überall, ſelbſt Unredlichkeit und
Unwahrheit — wie ſoll das enden?

Es freut mich, daß mein Premier-Lieutenant Euch
einige Freude gemacht hat. Meinen Bruder*) möchte ich
aber doch beinahe beneiden, obwohl die Ausſichten ſich
wieder friedlicher zu geſtalten ſcheinen; däniſche Miniſter
ſind hier geweſen und es iſt ſehr leicht möglich, daß man
auf alle Feindſeligkeiten verzichten wird. —

Aber nun bitte ich Dich, falle nicht auch in den Ton
unſerer Zeitungsſchreiber und der Leute, die jetzt ſchwatzen,
ohne ſich viel dabei zu denken. Wo war denn in Deutſchland eine „Knechtſchaft“. Wo iſt denn ein „kühnes Ab-
ſchütteln dieſes Jochs“?

Deutſchland war anerkannt im Allgemeinen das glück-
lichſte Land Europa's; die Gerechtigkeitspflege war unpar-
teiiſch und geachtet; Bildung und Wohlſtand wuchſen von
Tage zu Tage. Was an Unbilden und Mißbräuchen da
war, das bedurfte der Reform, nie der Revolution. Ich
fürchte, daß die Revolution, die durch unſere Gauen gezogen iſt, uns auf lange Zeit das Glück und die Ordnung
der Zuſtände entzieht, die wir bis dahin genoſſen. —

Es war ein Verbrechen, ſich ſelbſt gegen die Entwickelung aufzulehnen; das Vergangene iſt nie wieder her-
zuſtellen. Ich will nicht ſagen, daß die Entwickelung eine
nachtheilige ſein wird, wenn alle Patrioten mit in ihr
wirken und für ſie thätig ſind. Sie iſt aber eine durchaus
andere, als ich ſie dem Vaterlande gewünſcht hätte; ſie iſt

---

*) War hannoverſcher Artillerie-Officier in Holſtein.

vorschnell und verläßt die Grundlagen des Bestehenden. Ich
will mich sehr freuen, wenn nicht noch ganz Deutschland die
Zustände vom Winter 1847 zurückwünscht, um dann mit
Ruhe und Ueberlegung die Reformen durch die Gesammt=
thätigkeit Aller und nicht einer Partei zu gewinnen.

Daß diese Ansichten auch von Andern getheilt werden,
würde Euch ein Brief von Nöldechen beweisen. Er ist selbst
Gegenstand von Pöbelinsulten gewesen und schreibt tief
betrübt über die Ereignisse und besonders im Hinblick auf
die Zukunft. —

Ende voriger Woche war Stosch hier. Er war als
Courier hierher gesandt. Die Schilderungen, die er von den
rheinischen Zuständen machte, waren für einen Preußen
und einen Soldaten die allertraurigsten. Ich habe ihn
während der drei Tage seiner Anwesenheit viel gesehen.
Es war eine durchaus interessante Mission; sie führte ihn
direkt zum Könige und ließ einen Blick in unsere Staats=
lenkung hinein thun.

Während ich so sehr specielle Nachrichten vom Westen
her bekam, traf am Sonntag mein alter Freund M. aus
Bromberg hier ein; er war von seinem General hierher
gesandt worden, auch theils um zu berichten, theils um
Befehle in Empfang zu nehmen. Hier war er fast erstaunt
über unsere Ruhe, während man in der Provinz noch die
ganze Aufregung festhält, über die wir seit Tagen wieder
fort sind. In Posen macht sich — Gott sei Dank — das
deutsche Element, das dort durch eine sehr große Anzahl
Menschen repräsentirt worden ist, geltend und erklärt mit
großer Entschiedenheit, am Preußischen Vaterlande fest=
halten zu wollen. Die Bauern sind ebenfalls ganz preußisch

gesinnt, und es sind höchstens 300,000 Menschen dort, der
Adel mit seinem Anhängsel, die ein selbständiges Regime
gründen wollen. Streitigkeiten der verschiedensten Art
sind indessen schon unter ihnen entstanden. Drei Kron=
prätendenten haben sich gemeldet; und es wäre wohl
möglich, daß die vielgepriesene polnische Erhebung an
Rußlands entschiedenem Widerstande und der Standhaftig=
keit der Deutschen scheiterte. Ihr werdet in der Berliner
Zeitung alltäglich Aufsätze lesen, welche konstatiren, wie
die Polen hier die Deutschen für ihre Zwecke mit
Schmeicheleien zu gewinnen suchen, während sie sie dort
in ihrer Heimath mit Füßen treten und mißhandeln.
Einzelne Theile der Provinz befinden sich indessen im Zu=
stande vollständigster Anarchie. Die Polen haben an
einzelnen Orten vollständige Heeresschaaren organisirt und
die gesetzlichen Behörden durch andere ersetzt. Aller
dortigen Officiere Meinung ist, daß es nur eines ent=
schiedenen Auftretens der Regierung bedürfe, um mit
Hülfe der deutschen Bevölkerung die ganze Bewegung zu
ersticken.

Sehr befürchtet man, daß es zu ähnlichen Scenen
wie vor zwei Jahren in Galizien seitens der Bauern gegen
den Adel kommen möchte. Es bedürfte dazu nur weniger
Emissaire und des Anstoßes unserer Regierung. Man wird
es verschmähen. Bedeutende Truppenmassen werden zu=
sammengezogen, die Landwehren sind aufgerufen und man
rüstet sich zu allen Eventualitäten.

Die Nachrichten aus Pommern sind gut; dagegen
wird in Westphalen, der Neumark, in Schlesien und im
Eichsfelde noch immer geraubt und geplündert und die

dortigen Truppen haben alles Mögliche zu thun, um die Meuterer nur niederzuhalten.

Hier ist der Landtag, ohne daß Ruhestörungen vor=
gekommen wären, am zweiten dieses Monats zusammen
getreten. Sehr lange wird seines Bleibens nicht sein.
Seine Verhandlungen sollen nur die einer konstituirenden
Versammlung einleiten, der wir dann binnen Kurzem
entgegensehen. Der König ist in Potsdam. Er freut sich
auf seinem schönen Sanssouci der herrlichen Frühlingstage
und soll voller Fassung sein. Fünf Bataillons zu 1000
Mann und fünf Schwadronen zu 150 Pferden sind hier
wieder eingerückt. Den ersten Bataillons wurde mit einiger
Aengstlichkeit entgegen gesehen. Man fürchtete, die Arbeiter
würden sich ihrem Einrücken widersetzen; indessen erwies
es sich, daß nur ein ganz kleiner Theil sich zu diesem
Zweck am Thor versammelt hatte, der denn auch unberück=
sichtigt blieb. Dagegen mußte der Anblick des Einzugs
jeden Soldaten empören. Ungeheure Massen Volks hatten
sich zwischen die Colonnen gedrängt und machten jede
militärische Ordnung und Haltung unmöglich. Die Er=
bitterung in der Armee ist noch immer sehr groß. Der
König Ernst August von Hannover hat dem Commandeur
der Garden, General von Prittwitz, einen sehr schönen
Brief geschrieben, in dem er sagt, er habe immer mit
Freuden der preußischen Armee sich angehörig gewußt,
jetzt nach den Berliner Ereignissen nenne er sich m i t
S t o l z einen preußischen General. Er fordert dann die
Officiere auf, jetzt bei den Fahnen zu bleiben und mit
dem Abschiednehmen zu warten, bis daß sich die Verhält=
nisse mehr übersehen ließen. Prittwitz hat den Brief in

dem versammelten Officiercorps vorgelesen. Er hat viel
zur Beruhigung beigetragen und mit Enthusiasmus sprach
man von seinem Inhalt.

. Auch in meinem alten Regiment war die Erbitterung
so groß, daß Viele den Abschied nehmen wollten; ich habe
mich mit aller Entschiedenheit dagegen erklärt, schon zwei sehr
umfangreiche Briefe in diesem Sinne dahin expedirt und
hoffe, etwas dazu beigetragen zu haben, das Unzeitgemäße
eines solchen Schrittes den Kameraden vor die Augen zu
führen. Wir stehen am Beginn einer Revolution, nicht
an ihrem Ende. Jetzt handelt es sich darum die Mo=
narchie Preußen zu retten, und dafür kann, muß Jeder
wirken. Scheitern unsere Anstrengungen, treten Zustände
ein, die dem Ehrenmanne nicht erlauben, im Dienst zu
bleiben, dann ist noch immer Zeit, den Abschied zu nehmen
und sich andere Fristungsmittel, vielleicht eine andere Hei=
math zu suchen.

Die Bankerutte häufen sich, täglich werden hier mehr
bekannt. Sonderbar, die tausend und aber tausend Fahnen,
die hier von den Häusern wehen, halten die deutschen
Farben, die sie einstmals trugen, nicht treu. Die Sonne
hat das Gelb fast überall ausgezogen und es ist zu Weiß
geworden. Jetzt leckt sie auch an dem Roth, und ich
fürchte oder ich hoffe, wir werden bald wieder die Fahnen
schwarz und weiß haben. In den meisten Orten
Pommerns, der Marken und Preußens sieht man noch
keine anderen. In Aschersleben sind auch kleine Unruhen
gewesen. Zwei Officiere hatten sich unvorsichtig über die
sogenannten Freiheitsfarben geäußert, sich dadurch den Un=
willen des souveränen Volkes zugezogen, das ihre Häuser

stürmen wollte und sie zur Flucht zwang. Magdeburg ist jetzt
ganz ruhig; aber auch dort stockt jeder Handel und Alles
steht still wie hier, wo die Bürger täglich mehr wünschen,
ihre Schritte vom 19. März ungeschehen machen zu können.
Unsere Bürgergarden sehen ganz respektabel aus. Erbärm=
lich aber ist die Großthuerei der Studenten und Primaner,
bei denen man häufig fragen möchte, wo denn die Gewehre
oder Säbel mit den Jungens wohl hinlaufen wollen?
Ueberhaupt ist die Haltung der Bürgerschaft hier nur mit
Achtung zu erwähnen; ob sie im Stande sein wird, die
unteren Klassen, deren Lage eine immer traurigere wird,
niederzuhalten, wird die Zeit lehren.

. . . . Eben werden die Bürgerwehren zusammengerufen.
Eine große Fabrik steht in Flammen. Wir Soldaten
spielen jetzt natürlich nur die Zuschauer.

Den 7. April.

Frau von Goeben will diese Zeilen für Dich mit=
nehmen. Aus den Zeitungen entnahm ich, daß mein
Schwager Siemens mit in den Ausschuß der National=
versammlung in Frankfurt gewählt ist. Glück zu! Er
kann dort vielleicht Nutzen schaffen und aufkeimenden repu=
blikanischen Ideen entgegen wirken.

Wir sind mit uns selbst zu viel beschäftigt, als daß
wir großen Antheil an den Ereignissen im übrigen Deutsch=
land nehmen, mit Ausnahme natürlich meinestheils bezüg=
lich Hannovers, woher ich Deine Nachrichten mit dem
größten Interesse aufnahm. Unsere Aufmerksamkeit lenkt
sich einentheils auf die finanziellen Verhältnisse des Staates,

die anfangen sehr bedenklich zu werden, anderntheils auf Posen. Das Ministerium, welches das allergrößte Vertrauen besitzt, verlangt vom Landtage die Machtvollkommenheit, selbständig eine Anleihe negociren oder auf andere Weise für Geld sorgen zu dürfen. Verweigern ihm die Stände diese Mittel, das Staatsruder weiter zu führen, so will das Ministerium seine Demission nehmen. Was dann eintritt, weiß der Himmel! Die Menschen, die im Stande sind, jetzt das Staatsschiff zu lenken, sind nicht allzu zahlreich. Wir hoffen daher Alle, die Stände möchten das Verlangen des Ministeriums bewilligen. Der Staatsschatz, von dem immer viel die Rede war, den man für sehr beträchtlich hielt und auf den sich das Vertrauen des Landes stützte wie auf eine Grundlage von Marmor, hat sich als sehr unbedeutend im Verhältniß zu den Erwartungen ausgewiesen.

Unsere Finanz-Verlegenheiten wachsen von Tag zu Tag. Die Fabriken müssen unterstützt, große Staatsbauten angefangen und weitergeführt werden, um nur den unruhigen Arbeitern Beschäftigung zu geben. Die bedeutenden Rüstungen fordern ungeheure Kapitalien, die Wiederherstellung der Ruhe ebenfalls. Steuern gehen nicht ein. Was soll da werden? Man spricht von den größten Einschränkungen, die sich auch der Einzelne gefallen lassen will.

Aus Posen werden von Tag zu Tag die Stimmen für treuen Anschluß an Preußen lauter. Die Regierung ist endlich und Gottlob zu dem Entschluß gekommen, die Provinz festzuhalten, und auf das Entschiedenste sind die Befehle, die dahin zielen, an die betreffenden Generale gegangen. Wahrscheinlich wird es dahin kommen, daß die vorherrschend deutschen Kreise und Ortschaften von der übrigen Provinz getrennt werden.

Berlin nimmt wieder die alte Gestalt an. Man sieht wieder Gendarmen, und die Damen haben auch die Aengstlich= keit verloren und erscheinen wieder im schönen Schmuck auf der Straße. Die deutschen Fahnen verschwinden nach und nach, und das eingerückte Militär, das nichts zu thun hat, weil die Bürgerwehren die Wachen thun, ergeht sich promenirend auf den Straßen und im Thiergarten. An allen Ecken sind Anschläge und Gruppen, die diese zu lesen trachten. Auf den belebtesten Straßen hat sich eine Menge von Bilder= und Broschüren=Verkäufern etablirt, die die unter den Freiheitsbäumen der Presse in Unzahl wachsenden Pamphlets und Carrikaturen anpreisen und feilbieten. Es ist ein Jammer, daß so viel Unkraut in dem Schatten solcher Bäume erwächst! Aufläufe sind fast noch allabend= lich. Bald bezwecken dieselben die Plünderung irgend eines Ladens, bald die Vertreibung fremder Arbeiter, bald die Erlangung höheren Lohns, bald eine Demonstration gegen irgend einen Club. Im Allgemeinen kann man aber dem souveränen Volke seine Achtung nicht versagen. Es benimmt sich bei der großen Anarchie, die wenigstens zeitweise eingetreten war, mit großer Mäßigung. Die Bürgerwehren verdienen allen Respekt.

Den 13. April.

Wem soll diese Zeit nicht Sorgen und Unbehaglichkeiten bringen? Alten wie Jungen! Glücklich, wer Alles nur

im Gewande des Traumes und der Phantasie sehen kann,
dem die eckigen, verzerrten Bilder der Wirklichkeit nur als
momentan maskirte Genien erscheinen, die selbst durch die
entstellendsten Masken ihre eigentliche Natur ahnen lassen.
Man ist bei Euch so glücklich gewesen, die Zeit der Auf=
lösung aller gesetzlichen Ordnung nicht so zu erleben, wie
hier bei uns. Ihr seid nicht gezwungen, die ganze Ver=
gangenheit mit einem Striche aus Eurem Gedächtniß aus=
zustreichen und neu bis auf die tiefsten Grundlagen auf=
zubauen. Wir sind hier so weit. Auf der einen Seite
nimmt man uns alle Vorgeschichte und Vorentwickelung,
macht tabula rasa und konstruirt neue Gesetzesformen aus
Theorien und den Ausgeburten fanatischer Köpfe; auf der
anderen Seite hängt man uns, den so Entkleideten und arg
Frierenden, den deutschen Mantel um, der dem braven
festen Pommern und Märker, dem Westphalen und Magde=
burger, dem Ostpreußen und germanisirten Polen nicht
sitzen will, den er über die Schulter anblickt und nicht
recht ebenbürtig ansieht. Der Preuße schätzt den Nord=
deutschen, den Hannoveraner und Mecklenburger, die Ge=
nossen seiner Kämpfe, die Freunde seiner Stämme. Er
sieht herab auf den Süddeutschen, den er nie anders denn
als seinen Feind gekannt hat. Das Gefühl der Ratio=
nalität geht in Preußen namentlich vom siebenjährigen
Kriege aus. Wie hat er damals den Süddeutschen gejagt!
Bei Roßbach floh er, noch besser als der Franzose. Der
Sachse hielt ihm noch ehrlich Stand; die Reichsarmee
lief davon, wo sich nur ein preußischer Adler sehen ließ!
Schon 1706, in den Kämpfen des spanischen Erbfolge=
krieges, als die Preußen sich bei Turin mit hellem Ruhm

bedeckten, sahen sie die Baiern und Mainzer, die Trierer und Badener in den Reihen ihrer vor ihnen her fliehenden Feinde; als das Unglück 1806 hereinbrach, als die Größe Preußens für immer dahin schien, da hörte man nur den Hohn der Süddeutschen. Aber trotz ihrer Freundschaft mit Frankreich, aus eigener Kraft erstand Preußen auf's Neue und trotz der Schwerfälligkeit der Oesterreicher und der schwankenden Politik der Süddeutschen trug es seine Fahnen bis Paris. Und nun soll man sich hier von diesen Leuten, die in Frankfurt die Hauptstimme führen, regieren und bestimmen lassen! Nun muß man sich von Leuten ohne Mandat und Autorität Gesetze vorschreiben lassen! Ich kann nicht begreifen, wie das nicht die ungeheuerste Erbitterung hervorrufen muß; und sicherlich würde dies geschehen, hätte man nicht so außerordentlich viel mit sich zu thun. Ihr seht es jetzt an Holstein, daß mit Phrasen und Freischaaren und Großsprechereien nicht viel zu thun ist. Ich will hoffen, daß unsere guten Truppen mit den hannoverischen gemeinschaftlich im Stande sein werden, die deutsche Angelegenheit wieder herzustellen. Ebenso wird es am Rhein gehen, wenn die Franzosen vordrängen sollten; ebenso an der Weichsel, wenn die Russen uns bedrohen. Man wird singen, schreien, Turner und Burschen werden ausrücken, und das gute preußische Heer wird nachher die letzte Hoffnung sein, das ohne Enthusiasmus, aber voll treuen Pflichtgefühls und voll preußischer Vaterlandsliebe! Gäbe dann der Himmel, daß das süddeutsche Gewirre uns kräftig genug läßt, um mit Entschiedenheit und Nachdruck zu handeln.

Man hat uns nun ein Wahlgesetz gegeben, das jeden

vier und zwanzigjährigen Preußen die aktive und jedem
dreißigjährigen die passive Wahlgerechtigkeit zugesteht.
Es giebt nicht recht einen Grund, warum man die Männer
allein Wähler sein lassen will, warum die Frauen nicht
mit. Ich habe vorgeschlagen, man solle alle Frauen unter
30 Jahren und alle Männer über dreißig Jahren für
wählbar erklären. Wäre das nicht viel amüsanter? Man
könnte dann doch bunte Reihe und hübsch den Hof machen.

Das Frühjahr entfaltet hier alle Pracht, und man
müßte ein Herz von Stein und ohne Gefühl haben, wenn
die laue, duftende Luft und das reizende Grün nicht
Freude und Frieden dem Herzen eintragen sollten. Wir
setzen uns oft zu Zwei oder Drei zu Roß und holen uns
Frische und Leben aus der Natur. Sie bleibt doch immer
gleich und ist auch die treue Mutter, die nicht allein selbst
beruhigend und besänftigend zuspricht, sondern uns auch
im Geiste an die Orte versetzt, wo uns liebende Herzen
entgegen schlagen.

Meine Reise zu Euch möchte wohl vorläufig Wunsch
bleiben; was sollte auch ich Preuße mit den veralteten
Ansichten und Wünschen eines preußischen Soldaten
unter Euch aufgeregten Phantasten und Schwärmern, oder,
um mich besser auszudrücken, die Ihr mit klugem Geschick
neue Gebäude aufführt und Euch an dem Hause, das Ihr
aufführen wollt, schon im Voraus freut? Der kleine,
meine Anschauungsweise umgrenzende Kreis wird durch
das Wort bezeichnet: „Recht muß Recht bleiben!", das
vor einem Jahre von einem damals als ultraliberal ver-
schrieenen Landtags = Deputirten ausgesprochen wurde, von
Herrn von Vincke, der jetzt den Leuten lange nicht mehr

freisinnig genug ist, denn man hat den Boden des Rechts
verlassen und den der Revolution betreten. — Das paßt
nicht in Eure schöne, weite Welt! Wie sollte ich da wohl
frei athmen und unbefangen einher gehen können, jetzt,
wo sich doch immer die politische Ansicht in den Vorder=
grund drängt und besprochen sein will! Also lassen wir
die Köpfe sich noch etwas abkühlen, in Wochen wird man
ruhiger und gemächlicher zusammen sein können.

Aus Polen erwartet man hier in den nächsten Tagen
die Nachricht von einem Gefecht.

Den 19. April.

Tausend Dank für Deinen Brief. Er erfreute mich,
wie das Grün der Bäume und Wiesen das Auge erquickt
und wie die Frühlingsblüthen dem verwundeten Herzen
neue Kraft und Stärke geben. Ich sehne mich nach
Thätigkeit. Unser guter General, der nur noch mit Wider=
streben in seiner Stellung geblieben ist, bekümmert sich
wenig mehr um das Einzelne. Es liegt so sehr auf der
Hand, daß es wünschenswerth für den preußischen General=
stab der holsteinischen Truppencorps sein mußte, dort, wo
man in Verbindung mit den Hannoveranern fechten soll,
einen Officier zu haben, der die hannoverschen Verhältnisse
und die dortigen Leiter der Begebenheiten genau kennt
und dort orientirt ist; damit schien es uns allen natürlich,
daß man mich dorthin entsenden würde. Indessen fehl=
geschossen! Man giebt Solchen die bezüglichen Aufträge,
die allerdings laut ihrer Anciennetät viel mehr Berechtigung
dazu haben, indessen sich erst durch mich orientiren lassen

müssen. Es ist auch zu natürlich, daß man diese Gelegen=
heit nicht vorübergehen läßt, uns einige Kriegserfahrung
machen zu lassen. Anstatt dessen haben wir hier Arbeiten
zu machen, die vollständig der letzten Vergangenheit wie
der Zukunft fern stehen und für sich selbst gar kein Inter=
esse in Anspruch nehmen können. So habe ich jetzt die
Militärverhältnisse in der Schweiz zu bearbeiten, ein
Kamerad diejenigen Griechenlands. Ständen die Aufgaben
in Bezug zu möglicherweise bevorstehenden Campagnen in
Polen, Rußland oder Frankreich, so wäre es schon fördern=
der für uns. Die ganze Existenz hier ist durchaus unan=
genehm und hielten wir Officiere nicht noch einigermaßen
zusammen, so wäre es schwer zu ertragen.

Heute ist wieder eine außerordentlich große Auf=
regung in der Stadt. Ein Maueranschlag, der diesen
Morgen an allen Ecken zu lesen war, forderte in der ent=
schiedensten Weise die Bürger auf, mit den Arbeitern ge=
meinschaftliche Sache „gegen die Regierung und die
Großen" zu machen und „ihnen die Pest in die morschen
Knochen zu jagen". Es geht dies Hand in Hand mit
dem Verlangen nach direkter Wahlberechtigung, das in
den Arbeiterklassen laut geworden ist. Morgen wird Sei=
tens dieser eine Monstre=Petition dem Minister Camphausen
überreicht werden, die diese Berechtigung statt der indirekten
verlangt. Man sieht diesen Tag als einen entscheidenden
an. Alle Bürger werden auf den Beinen sein. Täglich
sind Umzüge und Versammlungen. Die Arbeiter feiern
fast sämmtlich und immer; einestheils haben sie keine
Arbeit, anderntheils haben sie keine Lust zu arbeiten, da
auf ihr Verlangen ihnen doch Alles gewährt wird. Bald

pressen sie dem einen, bald dem anderen Brodherrn mehr Arbeitslohn ab und vergrößern dadurch nur den Mangel aller Arbeit. Den städtischen Behörden fehlt es noch immer an Ansehen, um Ungesetzlichkeiten und Uebergriffe abzuwehren oder den Forderungen zu widerstehen.

Die sociale Bewegung hat die politische fast in den Hintergrund gedrängt und bietet weit größere Gefahren. Unsere Bürger sind noch keine Engländer, die Gut und Blut, Ehre und Leben an ihre politische Ueberzeugung und die Aufrechterhaltung der Gesetze setzen. Uebrigens benimmt sich das Volk bei diesen Vorgängen nicht ohne Laune und Humor. Die Bäcker, die zu kleine Brode nach seiner Idee gebacken hatten, mußten eigenhändig dergleichen Exemplare an die Hausthüre nageln. Das angenagelte Brod wurde bezahlt.

Am Sonntag war ich in einer großen Volksversammlung im Thiergarten unter freiem Himmel. Es wurden meistens industrielle Fragen abgehandelt. Es ging durchaus ruhig und anständig zu; man fühlte sich nichts weniger als genirt; man sah und hörte allen Anwesenden das Interesse an, sich aufzuklären und bemerkte mit Freuden die Theilnahme an dem Vorgetragenen. Die Redner waren Arbeiter, Literaten, Kaufleute, Aerzte, Advokaten ꝛc. Einzelne wirklich bedeutende Rednertalente traten auf. Es war zum Erstaunen, wie des Volkes Takt das Richtige heraus fühlte; andererseits aber wieder augenscheinlich, wie das größere Talent das richtige Urtheil wieder anders zu bestimmen wußte. Der Hauptredner war ein früherer Officier, ein Herr Held, Redakteur einer Zeitschrift „die Lokomotive". Mit der Anrede „Bürger" und mit der

„ruhmreichen Revolution" wurde natürlich enorm herum=
geworfen.

Ich war heute auch einmal wieder bei Z's. Ich
hatte ihre den meinen widerstrebende Ansichten gefürchtet,
fand aber statt dessen meistens übereinstimmende. Die
gebildeteren und bedeutenderen Leute sehen hier doch alle
recht ernst, fast schwarz in die Zukunft. Man glaubt nicht,
daß die deutsche Entwickelung ohne Konflikte zwischen
Südwesten und Nordosten vor sich gehen wird. Man ist
zu sehr empört über die Forderung Süddeutschlands in
Betreff unserer Provinz Posen, deren Verhältnisse man
dort gar nicht kennt, deren Hauptstadt ein nothwendiges
Glied in unserer Befestigungslinie gegen Osten ist, der
Befestigungslinie, die auch Deutschland schützt. Die Stadt
Posen ist zu zwei Drittheilen deutsch, durchaus preußisch
gesinnt. Ich habe einen Brief von Mirus aus Gnesen, nach
welchem unsere Truppen schon mehrere Gefechte gehabt
haben und vor Kampfbegierde brennen; die polnischen
Landwehren durchaus zuverlässig und gut gesinnt; aus der
vierten Division, etwa mit Landwehren 15,000 Mann
stark, nur vierzig Desertionsfälle vorgekommen sind; nach
welchem ferner die Polen greulich hausen, namentlich gegen
die Juden. Die Erbitterung ist auch hier gegen die Polen
außerordentlich gestiegen, und was mich anbetrifft, so würde
ich mit dem höchsten Widerwillen für die Polen gegen
die Russen den Degen ziehen, wie man es uns in Süd=
deutschland zugedacht hat. Der Haß, der hier so gewaltig
gegen die Russen laut war, ist fast ganz vergessen; die
natürliche Folge des Benehmens der Polen und der
Süddeutschen. Wie blaß werden ihre Sterne! Hecker,

5*

der europäische Mann, der Patriot par excellence — ein
Landes-Verräther! — —

Den 21. April.

Leider kann man wohl nicht voraussetzen, daß Ereignisse wie das Hildesheimer*) sich nicht noch öfter in
Deutschland wiederholen werden, wenn auch nicht am
nämlichen Orte. Man hat den Boden des Rechts und
der Gesetzmäßigkeit verloren und es sieht ordentlich komisch
aus, wie die Leute mit den Beinen zappeln, um diesen
Boden wieder zu gewinnen, wie sie sich wirklich einbilden,
daß es gelungen sei, und wie dann plötzlich ein solches
Ereigniß, über das man sich im Grunde nicht wundern
kann, sie in's Gesicht schlägt und ihnen beweist, wie boden-
los ihre Existenz ist.

Unsere Zustände unterscheiden sich wesentlich von
den Eueren dadurch, daß hier die socialen Fragen weit
mehr zur Lösung drängen als bei Euch, die Ihr nicht die
Verarmung der unteren Stände durch eine maaßlose Gewerbefreiheit und durch die Industrie gewonnen habt.
Man stellt hier jetzt den Satz auf, Jedermann könne mit
Recht vom Staat verlangen, dieser solle Sorge tragen,
daß man durch seine Arbeit ein hinlängliches (nicht
kümmerliches) Auskommen habe. Wohin die Consequenz
dieses Satzes führen kann, wer mag das entscheiden?
Vorläufig pressen die Arbeiter und Gesellen bald den
Communen, bald ihren Meistern mehr Lohn ab und

---

*) Ein vom Militär bald unterdrückter Krawall.

steigern dadurch nur die große Arbeitslosigkeit. Der
Credit ist noch immer durchaus gedrückt und die Gefahr
für unsere Zukunft liegt in dem Hunger und in der Ver=
zweiflung der unteren Stände, gleichzeitig mit der enormen
Geldkrisis. Unsere Bürger und der größere und bessere
Theil der Arbeiter schaaren sich freilich jetzt dicht um die
Erhaltung der Ordnung, indessen wie lange kann jener
den Druck, der durch diesen anhaltenden Dienst auf ihn
lastet, aushalten, und wie lange wird dieser noch gut
gesinnt sein, wenn auch er von den stillstehenden Fabriken
entlassen wird?

Wir sind hier wirklich glücklich über den gestrigen
Tag weggekommen; die in weit geringerer Anzahl als
erwartet anziehenden Schaaren wurden vor den Thoren
aufgehalten und zum Auseinandergehen veranlaßt. Die
Stadt war die Nacht auch außerordentlich ruhig. —

Vorgestern Abend langte ganz überraschend Major
Delius aus Rendsburg hier an. Er kam, um den be=
stimmten Befehl zu holen, gegen die Dänen vorzugehen;
ein Vorgehen, zu dem sich Halkett*) nicht hatte verstehen
wollen. Weigert er sich auch ferner, so gehen die Preußen
allein vor. Nach dem Ausspruch des Bundestages soll
ein preußischer General das Commando der Expedition
übernehmen und ist zu diesem Ende der General von
Wrangel dorthin abgegangen. Derselbe genießt das größte
Vertrauen in der Armee. Sein Generalstab ist vorzüglich
besetzt und wir sehen den Affairen, die heute ihren Anfang
nehmen sollen, mit großem Vertrauen entgegen. —

---

*) Befehlshaber der hannoverschen Truppen.

Gottlob hat das radikale Gebahren der Süddeut=
schen in Frankfurter Domen und badischen Volksver=
sammlungen hier in Preußen einen ganz anderen Effect
gehabt, als man erwartete. Die preußischen Erinnerungen
und preußischen Sympathien sind auf's Herrlichste erwacht.
In Posen entwickeln die Deutschen und die polnische
Bauernschaft eine Energie für Preußen, wie sie nie hätte
wach werden können, hätte man nicht ihr Nationalgefühl
mit Füßen getreten. In Westpreußen ist kein Gedanke an
irgend eine polnische Sympathie. Unsere Truppen brennen vor
Kampfbegierde und jeder ungesetzlichen polnischen Regung
wäre im Fluge ein Ende gemacht. Selbst die polnischen
Landwehren sind vortrefflich. Unser General von Pfuel
ist nach Petersburg gegangen; was sein Auftrag ist, wissen
wir nicht; möge der Himmel unsere Armee davor bewahren,
für die Polen gegen Rußland ziehen zu müssen. Ich
für mein Theil würde eher den Abschied nehmen. Die
Russen sind im Uebrigen nicht allzu sehr zu fürchten und
ich glaube nicht, daß sie an eine Reaktion, den Degen in
der Hand, bei uns denken. Sie würden dann auch die
ganze Nation auf den Beinen finden; ihre Truppen sind
über das ganze Land verbreitet, sie können aller=
höchstens am 11. Juni 150,000 Mann an unserer
Grenze haben. Die Russen sind außerdem sehr mit sich
beschäftigt; in den Ostseeprovinzen, in Litthauen, Podolien,
Wolhynien, überall gährt es, sie können die Moldau und
Wallachei nicht unbeobachtet lassen. Kurz, als Angreifende
sind sie, ohne in Verbindung mit anderen Völkern, durch=
aus nicht zu fürchten. Dagegen greifen wir sie an,
wollen wir ihre Provinzen ihnen entreißen, so ist voraus=

zuſetzen, daß alle inneren Gährungen damit zum Schwei=
gen gebracht ſind und der „heilige Krieg" mit aller
Kraft ſeitens der Ruſſen geführt werden wird. — Täglich
ziehen hier noch Polen durch; täglich verſtärken wir unſere
Kräfte im Großherzogthum. Käme es dort zum feindlichen,
ernſthaften Zuſammentreffen, es würde gräßlich ſein. Von
der Grauſamkeit der Polen, von der Scheußlichkeit, mit
der ſie jetzt ſchon Wehrloſe mordeten, hat man keinen Be=
griff. Ueberall, wo unſere Truppen bislang Gefechte
hatten, ſind ſie günſtig für uns ausgefallen. Nach
Williſen's Ausſage ſollen wirklich die Polen ihre Zuſammen=
rottungen aufgelöſt haben, ſo daß in dieſem Augenblick
die Hoffnung vorhanden wäre, daß die Reorganiſation
Poſens auf friedlichem Wege vor ſich gehen könnte. —
Gneſen ſoll die Hauptſtadt unſeres polniſchen Fürſtenthumes
werden! —

Was uns vor Allem noththut, iſt ein Kriegsminiſter.
Man muß einen guten Soldaten haben, der außerdem
auch die politiſche Bildung hat, die der neuen Zeit ent=
ſpricht und der Redner iſt. Man ſpricht von Scharnhorſt
und von Strotha, beides Artilleriſten. Williſen, von dem
viel die Rede war, wird ſich wohl in Poſen unmöglich
gemacht haben. Es iſt nicht — wie Du meinſt — mein
früherer Regiments=Commandeur, ſondern deſſen älterer
Bruder. Dieſer ſtand früher als Chef des Generalſtabes
in Poſen und hat daher ſeine Bekanntſchaft und ſeine
Vorliebe für die Polen. —

Wir Alle freuen uns täglich an dem geſunden
Sinn der Hannoveraner und wünſchen nichts mehr, als
daß es ihnen gelingen möchte, auf geſetzlichem Wege das

zu erreichen, was den Völkern Noth thut. Man büßt gar zu viel ein, wenn man einmal vierzehn Tage lang Anarchie walten läßt. —

Der Besuch von Delius hat es mich doppelt schmerzlich empfinden lassen, daß ich nicht dort bin! Otto Grüter wird in allen Berichten genannt, er hat sich sehr ausgezeichnet; indem er sich den Fliehenden entgegenwarf, brachte er sie durch Drohungen und Zureden wieder zum Stehen und gewann ihnen so einen geordneten Rückzug. Du kannst Dir denken, wie ich mich daran erfreut habe. Wir sind Alle guten Muthes und hoffen das Beste für unsere Waffen. —

So weit hatte ich geschrieben, als mein Freund Nöldechen aus Wanzleben eintrat. Ich ging mit ihm später, um im Hamburger Correspondenten weitere Nachrichten aus Hildesheim zu finden. Ich fand dort, Gott sei Dank, die Bestätigung dessen, was ich vermuthet hatte, dem dann Dein Brief die volle Bestätigung gab. Ich freue mich außerordentlich dieser Wendung und hoffe, Ihr werdet bald heimgekehrt sein und in voller Ruhe vergessen können, was vorgefallen war. Ich habe mich aber auch ganz besonders an der Energie der hannoverschen Behörden gefreut. — Wenn nicht größeres Unglück eintreten soll, so muß man jetzt Muth haben und ihn zeigen.

Den 23. April.

Ob wir Frieden behalten? Wer will das entscheiden? Ich glaube nicht, daß die Interessen Süd=West=Deutschlands und des Nord=Ost werden unter eine Kappe zu bringen sein.

Ich glaube es namentlich Posens wegen nicht. Ich glaube, daß die Verfassung, die man Deutschland geben will, so etwas Halbes und in sich Unmögliches ist, daß sich an eine Einführung derselben tausend neue Verwickelungen knüpfen werden. Die Zeit wird Deutschland zu einer einheitlichen Monarchie, oder zu einer einheitlichen Republik hindrängen. Erstere werden unsere nördlichen und öst= lichen Provinzen nur annehmen, wenn unser König Kaiser wird; Letztere ist uns gänzlich fremd. Somit glaube ich nicht, daß diese Frage auf friedlichem Wege entschieden wird. Ich bin fest davon durchdrungen, daß wir in Monaten oder erst in Jahren einen Kampf Nord=Ost= Deutschlands gegen den Süd=Westen sehen werden. Die guten Süddeutschen haben unserem Inneren so jede Sym= pathie, ja jeden Enthusiasmus genommen, daß es nicht zu verwundern ist, wenn man für die dort aufgepflanzte Fahne höchstens Indifferenz empfindet. Glaube mir, es ist nicht die Armee, es sind nicht Einzelne, die hier so denken, es ist der bessere, der ruhigere und der edlere Theil der hiesigen Bevölkerung. —

Ich habe einige liebenswürdige, aber sehr bewegte Worte von der Tante Caroline durch den Major von Roon erhalten. Sie scheint sehr erschüttert; sie schreibt: „Brandis hofft für sich und sein Geschlecht nichts mehr — aber für die Kinder. Mögen sie die Früchte eines ver= nünftigen Freiheitsbaumes ernbten!" Dann ferner: „Die zehn Plagen Egyptens schweben über uns! Nur die Liebe bleibt, sie soll desto herrlicher leuchten." Sie hat, wenn man manche ihrer Worte in anderes Deutsch übersetzt, nicht Unrecht. Die antiken herrlichen Tugenden: virtus et pietas ſcheinen mir gewichen: ſtandhaftes Ertragen, Pflichterfüllung und Anhänglichkeit, Ehrfurcht vor dem Alter und ſeinen Anſichten, vor dem Könige und dem Vater= lande! Ueberall Egoismus, jugendlich frech an die Spitze von Allem geſtellt, das erſtrebt wird. Doch genug davon. Faſt iſt es mir, als wenn ich mein beſſeres Selbſt auf= geben ſollte, wollte ich mit den Zeithelden einerlei Schritt einüben. —

Es wird ein Armeecorps von 60,000 Mann zwiſchen Bamberg und Nürnberg zuſammen gezogen werden, zu dem Preußen 20,000, Oeſterreich 20,000 Mann giebt; 20,000 ſollen vom Bunde geſtellt werden. Mein altes Regiment geht auch dorthin. Wie würde es mich erfreuen, wenn man mich auch eben dahin ſenden wollte. — Die militäriſche Thätigkeit in Schleswig und Jütland möchte ihr Ende erreicht haben. — Man ſpricht mit großer Aner= kennung von den Hannoveranern und Braunſchweigern, namentlich der 9pfdgen Batterie.

Traurig lauten die Nachrichten aus Poſen. Die Halbheit der dortigen Verhältniſſe hat die traurigſten Folgen gehabt; in der letzten Woche ſind 28 kleine Gefechte geliefert worden. Der Bürgerkrieg iſt vollſtändig da, ein Bürgerkrieg der gräßlichſten Art. —

Den 30. April.

Ich bin, wie alle Welt, die ganze Woche hindurch außerordentlich durch die Wahlen für unſere konſtituirende Verſammlung in Anſpruch genommen geweſen. Täglich wenigſtens eine vorberathende Verſammlung, die oft drei

Stunden und länger dauerte. Man hatte vielfach von militärischer Seite her Bedenken gehabt, daselbst in Uniform zu erscheinen, umsomehr, als einzelne Stimmen laut geworden waren, die den Soldaten das Wahlrecht abgesprochen haben wollten. Ich war in unseren Kreisen sehr entschieden dagegen aufgetreten, gerade bei dieser Gelegenheit auch nur scheinbar den Soldaten zu verleugnen, und hatte denen, die garnicht erscheinen, und denen, die in Civil dorthin gehen wollten, gegenüber erklärt, ich würde unbedingt in Uniform dort auftreten. Von den vielen Officieren, die in unserem Bezirk wohnen, geschah dies bei den ersten Versammlungen nur noch von Zweien, einem unserer Majors und einem Kapitän aus dem Kriegsministerio. In der Versammlung beschloß man nun, Kandidaten zu hören und sowohl solche, die sich selbst vorschlügen, als solche, die von Anderen vorgeschlagen würden.

Man hatte auch mich auf die Liste zum Wahlmann gesetzt. Das Verhältniß der Wahlen ist hier folgendes: Jeder, der ehrlich (vor den Gerichten) und kein Armengeld erhält, ist Urwähler. Für fünfhundert Einwohner wählen die Urwähler einen Wahlmann und für sechzigtausend wieder die so aus den Urwahlen hervorgegangenen Wahlmänner einen Abgeordneten. Die Urwähler aus unserem Bezirk, Leute aus allen Ständen, hatten sich natürlich wenig oder gar nicht gekannt. Man versammelte sich, um sich kennen zu lernen. Eine große Anzahl Kandidaten zu Wahlmännern wurde auf die Liste gebracht und jeder dazu verpflichtet, sich der Versammlung zu präsentiren, seine Anteriora in wenigen Worten mitzutheilen und diesen

sein politisches Glaubensbekenntniß anzuhängen. Viel un=
gewaschen Zeug wurde da vorgebracht. Es drehte sich
immer darum, ob man schon vor dem 18. März liberal
gesinnt gewesen sei; ob man schon vordem einen Polizei=
scandal gehabt hätte (als Dokument radikaler, also guter
Gesinnung); es wurde auf alle Beamten gescholten und
mit den Arbeitern kokettirt. Damit waren zwei Nach=
mittage verbracht worden. Am dritten ward dies fort=
gesetzt. Ein Kandidat nach dem anderen wurde aufgerufen,
auch ein Kapitän vom Kriegsministerium. Wie ich ihn
auf die Tribüne treten sah, dachte ich, was würdest du
wohl sagen, wenn man dich aufriefe, ging dann aber
wieder von diesem Gedanken ab, als ich plötzlich meinen
Namen nennen höre. Wer mich auf diese Liste gesetzt hat,
ich weiß es nicht. Zuerst wollte ich ablehnen, dann ging
ich und wie ich ging, dachte ich: „Nur Courage". Ich
war im ersten Moment in nicht geringer Verlegenheit; ich
war vollständig unvorbereitet; ich war in Uniform (mit
noch Zweien die einzigen Officiere in einer Versammlung
von wenigstens sechshundert Menschen).

Ich schritt rasch auf die Tribüne, fing an zu sprechen
und das Uebrige fand sich, so daß ich, ehe ich mich dessen
versah, die ganze Gesellschaft in einem Enthusiasmus und
Applaus sah, daß ich fast davor erschreckte. Sobald
das erreicht war, empfahl ich mich und kehrte auf meinen
Platz zurück. Und wenn ich nun bedachte, was ich den
Leuten gesagt hatte, so waren es wahrlich keine Schmeiche=
leien, auch kein Glaubensbekenntniß, sondern das Einfache,
daß, wenn man Staaten bauen wolle, es nöthig sei, daß
man Baumeister annähme, die zu bauen verständen, und

nicht bloß Schwätzer und Leute, die sich mit Worten um die Gunst der Menge bemühten.

Ich war plötzlich zu einer Notabilität geworden; man drückte mir von vielen Seiten die Hand; man suchte meinen besonderen Beifall für Ansichten und Meinungen zu gewinnen. Ich ließ mir das gefallen, ohne irgend noch einen Schritt zu thun, um vom Kandidaten zum wirklichen Wahlmann zu avanciren. Und so schnell schwindet Volksgunst, daß jetzt Leute der radikalsten Seite mich vollständig verdrängt haben. Heute haben um zwölf Uhr Männer meiner Gesinnung eine Separat-Berathung. Um fünf Uhr ist wiederum große Versammlung; morgen um acht Uhr beginnt die Wahl. Die radikale Partei bietet Alles auf, um den Sieg zu gewinnen. Unsere hat keine Leute, um ihr kräftig entgegentreten zu können. Es bedarf der Aufwiegelung der unteren Klassen für ein bestimmtes Princip; der „Abwüglung", wie sich jener Berliner Eckensteher ausdrückt, der sich darüber beklagt, daß er vierzehn Tage „aufgewügelt" sei und nun schon seit mehreren Wochen wieder „abgewügelt" werde. Unsere Leutchen wissen nicht unter das Volk zu treten; es scheint, als wenn man mich hätte als Wahlmann durchbringen können, wenn ich Lust gehabt hätte; indessen dann hätte ich nochmals reden müssen, hätte mich Dem ausgesetzt, unter die Zähne von allerhand Leuten zu kommen, und darnach hatte ich kein Verlangen. An der Spitze der Radikalen stehen Lehrer und Literaten, unpraktische Leute, Theoretiker, die es gewiß gut meinen, indessen gewiß nichts Gutes schaffen.

Den 2. Mai.

Am Sonntage waren Vorberathungen über Vorbe=
rathungen von zwölf bis zwei und dann von fünf bis
acht Uhr. In demselben hatte man mich dann auch auf
die engste Liste der Wahlkandidaten unserer Partei, das
heißt der Partei der konstitutionellen Monarchie, gegenüber
der republikanischen, gesetzt. Ich war als fünfter Wahl=
kandidat genannt. Gestern wurde die große Wahlschlacht
geschlagen; von halb acht Uhr Morgens bis halb zehn Uhr
Abends haben wir gesessen und gewählt und wieder
gewählt. Der Sieg entschied sich gleich mit dem ersten
Kandidaten, einem Kaufmann Haslinger, für uns. Der
zweite Kandidat, ein Kammer=Gerichts=Präsident Kosch,
wurde mit gleicher Majorität durchgesetzt. Beim dritten
Kandidaten hatte sich unsere Partei leider zersplittert; die
Gegner stellten einen unter den Arbeitern sehr beliebten
Kandidaten auf, einen früheren Unterofficier. Es kam zur
engeren Wahl, wo immer fünf als engere Kandidaten
aufgestellt werden. Wieder keine Majorität. Wir sahen,
daß wir unsere Kandidaten nicht durchbringen würden.
Wir sprangen also über auf einen Vermittelungs=Kandidaten,
der dann in der letzten Wahl, wo man zwei Kandidaten
aufgestellt hatte, mit großer Majorität gewählt wurde.
Nun kam der vierte Kandidat. Wir nahmen wieder den
von uns designirten; er fand keine unbedingte Majorität.
Die Gegner machten aber den großen Fehler, daß sie bei
ihrem Kandidaten verharrten, der selbst in den eigenen
Reihen nicht vollständigen Anklang fand. Es kam zur
engeren Wahl von fünf, — unser Kandidat siegte! Fünfte

Wahl. Mein Name war bis dahin noch gar nicht genannt; indessen wußte ich, daß die Uniform und „der junge Kerl, der so resolut gesprochen" ihnen imponirt hatten. Unsere Partei ging theilweise wieder auf den dritten Kandidaten, der nicht durchgesetzt war, zurück; es ergab sich keine Majorität. Endlich engere Wahl zu fünf. Große Majorität für mich! Glückwünsche von allen Seiten. Freude auf vielen Gesichtern und wirklich die größte in mir. — Nun kamen die Wahlen für Frankfurt. Die Majorität, die sich also konsolidirt hatte, nahm ihre alten Kandidaten mit großer Entschiedenheit wieder an. Somit bin ich Wahlmann für die beiden konstituirenden Versammlungen. Die Abgeordneten werden wir am nächsten Montag wählen. Ich bin dadurch im Stande, allen interessanten Debatten, die in dieser Woche statthaben werden, beizuwohnen. Wir werden sehr thätig sein müssen, wenn wir tüchtige Abgeordnete finden wollen.

Die antikonstitutionelle Partei ist hier sehr groß, die republikanische! Den Leuten liegt Nordamerika im Sinne. Unter achthundert Wahlmännern werden wir nur eine kleine Partei finden. Die Woche wird sehr in Anspruch genommen sein.

Den 4. Mai.

Mein lieber Vater!

Vor vier Monaten gedachten wir es anders zu machen, ich sollte zu Deinem Geburtstage mit Euch sein und wir wollten uns zusammen daran freuen, wie viel, viel froher wir ihn feierten wie im letztvergangenen Jahre. Unsere

Berechnungen sind getäuscht worden; ich kann nicht zu
Euch herüber kommen, und Dir fehlen an dem genannten
Tage außer mir noch mehr Deiner Lieben. — Wie ernst
ist nicht das Wort „Glückwunsch" geworden; sonst verband
man mit ihm doch immer den Wunsch für Jemanden, daß
er ein bestimmtes Ziel erreichen möge, das er im Auge
hatte und das Andere für ihn wünschenswerth zu erreichen
hielten. Jetzt ist ja Alles in Frage gestellt, und das Wort
„Glück" ist ein unsicheres, vages geworden. Ich will es
so nicht gebrauchen. Ich will Dir nur meine Freude, meine
innerste freudigste Empfindung aussprechen, so warm sie in
meinem Herzen lebt, daß wir Dich in unserer Mitte kräftig
und heiter, muthig und gesund wissen, daß auch Du Dich mit
uns daran erfreust. Ich will Dir meine Liebe aussprechen,
die unbegrenzteste, die sich treu bleiben wird, mag mein
Herz künftig unter einem Soldatenrock oder unter einem
Bauernkittel schlagen. Wer weiß, was aus uns wird?
Wer will das bestimmen? Wer weiß, ob und wie lange
ich noch Soldat bleiben werde? Kann ich's nicht mehr
mit Ehren sein, so gehe ich ab und werde Bauer, das
steht so fest, wie zwei mal zwei vier ist; kann ich nicht mehr
preußischer Soldat sein, Preuße durch und durch, mit
ganzem warmen Herzen, will man mich zu einem halben
Nationalgardisten und halben Soldaten machen, so gehe
ich ab, so diene ich keinen Tag länger. Ich will nichts
Halbes sein, ich will, was ich bin, von Herzen sein. Ich
bin kein Kamäleon, das sich in Alles zurecht findet, „ich
habe die Gesinnungen meines Standes", wie Friedrich der
Große von sich sagt; soll ich andere annehmen, so will ich
mir den Stand selbst wählen. — Aber was da kommt,

meine Liebe zu Dir bleibt sich treu, ewig und immer, meine Liebe und Dankbarkeit, und diese auch dafür, daß Du mich zu einem Stande bestimmtest, der, wie ich erst jetzt sehe, alles was ich bin in Anspruch nahm; dem ich von ganzem Herzen mit Leib und Seele angehöre; ich danke Dir, daß Du mich Preuße werden ließest, daß Du mich dem Lande zuführtest, dessen Geschichte und dessen Charakter mich durch und durch zu dem Seinigen machten. Ich gehe getrost für mich in die Zukunft; der unausbleiblichen Umbildung unseres Heeres sehe ich mit tief betrübtem Herzen entgegen! — Ich will Dich nicht mit Politik ermüden. Nur soviel, daß ich seit vierzehn Tagen bis über die Ohren darin stecke. —

Den 11. Mai.

Heute Mittag habe ich die bestimmte Entscheidung erhalten, daß ich nicht nach Frankfurt gehen werde; ich bin nicht zum Abgeordneten, sondern nur zum Stellvertreter gewählt worden, und das nicht hier, sondern in Freienwalde a. O. Ich bin darüber nicht niedergeschlagen und komme mir vor wie Jemand, der nach langer Unruhe und langen Diensten wieder in's Privatleben zurückgetreten ist, und dieses hat auch seine Annehmlichkeiten und seine großen Vorzüge. Die vorige Woche war eine der interessantesten meines Lebens. Schon am Nachmittage des zweiten Mai hatte eine Anzahl Abgeordneter eine Privat-Conferenz darüber, wie man es anfangen wollte, sich und die Kandidaten für die beiden Versammlungen kennen zu lernen, die hier und in Frankfurt abgehalten werden sollen.

Bevor wir noch zu einem Entschlusse gekommen waren, wurde uns die Nachricht, daß Seitens des Magistrates auf den Mittwoch eine gemeinschaftliche große Versammlung aller Wahlmänner in der Garnisonkirche angesetzt sei. Wir verfügten uns demnach auch dorthin. Indessen, trotz der bestimmtesten Zurückweisung aller der Leute, die nicht Wahlmänner waren, hatte sich doch eine so bedeutende Menge auch solcher eingedrängt, die nicht gerade Lust hatten, unsere Berathungen mit Ruhe zu vernehmen, daß wir kaum Platz hatten. Dazu kommt noch, daß die Kirche wenig akustisch ist und daß es das Interesse einer bestimmten Partei war, die Verhandlungen jedenfalls zu unterbrechen. So nahm denn bald ein solches Toben und Durcheinanderschreien überhand, daß man sich entschließen mußte, die Verhandlungen aufzugeben.

Um zwei Uhr Nachmittags versammelte man sich wieder. Wir waren gewiß eilfhundert Männer; man hatte dieses Mal den schönen Saal des Schauspielhauses gewählt, auch waren hier Versicherungen getroffen, die jedem Unbefugten den Zutritt verwehrten; dennoch kam es auch hier nur zu wenigen Bestimmungen für die Geschäftsordnung der folgenden Tage. Erst am Donnerstage begannen die ordentlichen Sitzungen, seitdem aber auch ununterbrochen. Berlin war in fünf Bezirke getheilt worden und jeder Bezirk hatte zwei Abgeordnete und zwei Ersatzmänner für die konstituirende Versammlung in Berlin zu wählen. Andererseits hatte man Berlin wiederum in sechs Bezirke getheilt, von denen jeder einen Abgeordneten und einen Ersatzmann für Frankfurt wählen sollte. Morgens von acht bis ein Uhr Mittags fanden nun immer die

Versammlungen der Gesammtheit statt; Nachmittags, in
der Regel von drei Uhr an, trat man in den Bezirken
zusammen, und weil ich als Wahlmann für Berlin und
für Frankfurt zwei Bezirken angehörte, so habe ich oft bis
acht, ja einmal bis zehn Uhr in diesen Sitzungen zuge=
bracht. Schlossen sie auch früher, so erwarteten uns
wieder unsere Urwähler, die von uns Berichterstattung
über die Ergebnisse der Tage forderten, und vor denen
ich zwei Mal noch dreiviertel= bis einstündige Vorträge
gehalten habe. Die Listen, welche seitens der Versamm=
lung der Gesammtheit für die Kandidaten ausgelegt
worden, waren ebenso wie die, welche einzelne Bezirke
ausgelegt hatten, bald mit Namen bedeckt. Die bedeu=
tendsten Männer aller Stände und aller Meinungen traten
vor uns auf und legten ihre Ansichten über die Zeitfragen
dar und unterwarfen sich den von der Versammlung ge=
stellten Interpellationen. Generäle und Arbeiter, Lehrer
und Geheimräthe, Advokaten und Literaten sprachen nach=
einander. Ich bin stets mit der gespanntesten Aufmerk=
samkeit den Verhandlungen gefolgt und habe nicht allein
mich dadurch gefesselt gesehen, sondern auch eine reiche
Ausbeute von Erfahrungen und Ideen gesammelt. Viele
der Leute, die noch in der Folge von größtem Einfluß
auf das Geschick unseres Vaterlandes sein werden, habe
ich so kennen gelernt. — Es war höchst interessant, Leute
aus allen Schichten der Gesellschaft sich in ihrer Weise
über die Begebenheiten der letzten Wochen äußern zu hören
und über das, was geboren werden soll. Unter den
Handwerkern und Fabrikarbeitern war so viel richtiger
Takt, so viel vernünftiger Sinn, daß es mich außer=

6*

ordentlich frappirt hat. War in dem früheren Leben der
Redner auch nur Etwas, was auf ihren Charakter ein
schlechtes Licht warf, so wurde es schonungslos aufgedeckt,
was oft zu den unangenehmsten Scenen Veranlassung
gab. Ueberhaupt war die Haltung im Ganzen nicht immer
die parlamentarische. Ich habe fast nie solches Toben
mit angehört wie dort. Wir bekamen nach und nach so
viele Staatsverfassungs = Entwürfe, daß man damit einen
Handel hätte treiben können. Jeder Einzelne brachte
einen neuen, Viele darunter aber höchst geistvolle. Es
drehte sich namentlich darum, daß der eine für die neue
preußische Verfassung zwei Kammern, der Andere eine
verlangte. Man hörte die bedeutsamsten Vertheidigungs =
reden für das eine wie für das andere System. Ich
wurde mehrfach (von sieben Seiten) aufgefordert, mich auf
die Kandidatenliste zu setzen; ich hatte abgelehnt, weil ich
nicht einsah, wie ich irgend Aussicht haben könnte zu
reüssiren. Indessen es sprach sich bald das Verlangen,
Officiere nach Frankfurt zu senden, so laut aus, daß man
sogar einen unserer Generale, der für sich gedankt hatte,
aufforderte, Officiere öffentlich zu nennen, die sich zu
einer solchen Sendung eigneten. Er nannte vier höhere
Officiere, die aber ohne Erfolg auftraten. — Man erkannte
wohl, daß das Uebergewicht, das Preußen, soll etwas
Vernünftiges aus der Frankfurter Geschichte werden,
durchaus auch ferner in Deutschland haben muß, sich
namentlich auch darauf stützt, daß es der rechte Arm
Deutschlands in Krieg und Frieden gewesen ist; daß es,
zuerst und allein, eine wahrhaft volksthümliche Wehrver =
fassung besaß; daß seine Grenzen die längsten nach Außen

sind, die, militärisch geschützt, auch Deutschland schützen u. s. w.
Man erkannte, daß die neu zu schaffende Heeresverfassung
es nöthig mache, unter denen, die sie berathen, auch Sach=
kenner und Leute von Fach zu haben; man erkannte, daß
bei der Regulirung der Grenzen gegen Osten, in Betreff
Posen's, man auch militärisches Urtheil herbeiziehen müsse.
Aber woher nun die Officiere nehmen? Unter den Wahl=
männern waren sehr wenige. — Wir müssen entschiedene,
frische Kräfte in's Feld stellen; mit Autoritäten der früheren
Jahre schlägt man jetzt die andrängende entschiedene Partei
nicht mehr. Wir brauchen Solche, die die politische Bil=
dung der Neuzeit haben, und die in der Entwickelung, die
angebahnt ist, das Glück der Völker sehen. — Der Poli=
tiker läßt sich jetzt nicht mehr vom Soldaten trennen.
Wir stehen nicht mehr isolirt den anderen Ständen gegen=
über; wollten wir das, so würde uns bald der Boden
unter den Füßen genommen werden. Es handelt sich
darum, dem Lande eine Wehrverfassung zu geben, die
den übrigen Institutionen desselben und ihrem Zwecke ent=
spricht. Wir müssen dafür sorgen, daß darüber Leute zu
Rathe sitzen, die nicht blos jene Institutionen im Auge
haben, sondern auch die Natur, das Wesen eines solchen
Dinges, wie es die Wehrverfassung ist. Und will man
das erreichen, dann muß man dahin gehen, wo man über=
haupt zur Erreichung dieses Zweckes etwas thun kann.
Man schlägt nur da den Feind, wo man ihn wirklich
trifft, nicht dadurch, daß man in die Luft haut. Unsere
Oberen sowie das Ministerium waren auch hiervon durch=
drungen, nur fielen sie in den Fehler, daß sie die falschen
Personen unterstützten. Nach einem General trat noch ein

Major auf. Ich muß gestehen, ich war außer mir, wie
ich ihn reden hörte: den Leuten sagen, daß man noch
einen Bruder habe, der Tischlergeselle sei, und daß künftig
keine Garden und keine Cadettenhäuser bestehen sollten;
den Leuten in abgerissenen Sätzen ein politisches Glaubens=
bekenntniß ablegen, ohne daß der Faden zu erkennen wäre,
der dem Ganzen Zusammenhang giebt, das heißt nicht,
ein Anrecht auf eine Wahl zu solchen Versammlungen ge=
winnen, wie die bevorstehenden sind. Als ich nun sah,
wie die Kandidaten beschaffen, die da als solche aufgetreten
waren, da wünschte ich, auch auf die Liste gestellt zu
werden; indessen hier war es zu spät. Ich wurde in
einem anderen Bezirke vorgeschlagen, doch hatten sich dort
die Stimmen schon so bestimmt für zwei andere Kandidaten
ausgesprochen (den Minister Camphausen und den Präsi=
denten Rönne), daß kein Gedanke war, gewählt zu werden.
Ich sprach auch hier, aber nicht für mich, sondern dafür,
daß es wichtig sei, Soldaten nach Frankfurt zu senden;
knüpfte dieses namentlich an den Dahlmann'schen Entwurf,
der in militärischer Beziehung wohl das Ungerathenste ist,
was man sich denken kann. Es ist doch schwerer, als ich
mir gedacht hatte, so frei vor einem so viel älteren und
ausgezeichneteren Publikum zu sprechen; denn in dieser
Bezirksversammlung saßen nur Leute vom alten Regime,
die denn auch nur von bedeutenden Würdenträgern als
Kandidaten Etwas wissen wollten. — Wie schon erwähnt,
das Ministerium wünschte, daß Officiere für Frankfurt
gewählt würden, und unser vom Ministerium nach Frank=
furt kommandirter Major Fischer hatte es mir direkt zur
Pflicht gemacht, Alles zu thun, um es für mich zu er=

reichen, und ich bedauere, daß es mir nicht geglückt ist. Wenn jetzt nicht Jeder mit Aufopferung aller seiner Kräfte das Seinige einsetzt, um noch Etwas zu retten, so bricht alles Historische, mag es gut oder schlecht sein, zusammen; wenn nicht Jeder durch und durch politisch ist und jeden Nerv und jede Sehne zu einem Seile werden läßt, mit dem er sich vor die Monarchie, die Schiffbruch leiden will, vorspannt, so ist diese und damit viel Edles und Großes, vielleicht ganz Deutschland, für immer verloren. Mag sein, daß es bei Euch ganz still und friedlich aussieht. Wir tanzen hier auf den brandenden Wogen und der Fels, an dem wir scheitern können, tritt so prägnant uns vor die Augen, daß es heißt: „Hand an, oder der Tod gähnt Dir entgegen!" — Hier zerren Reaktion und Revolution am Throne, Absolutismus oder Republik, und wahrlich, noch manchen Kampfes wird es bedürfen, wollen wir mit dem Aechten und Guten oben bleiben. Wer jetzt an den Groschen denkt, den er etwa dabei verausgabt, der meint es auch schlecht mit sich selbst. Er kommt mir vor, wie der, der auf einem schwankenden Balken auf dem Meere treibt, jeden Augenblick dem Versinken nahe, und doch den Schatz nicht aufgeben will, der ihn in die Tiefe zieht. — Auf Ostentation bei Austern und Champagner, auf Stutzer mit Glaceehandschuh und lackirten Stiefeln giebt man jetzt Gottlob nichts mehr, aber darauf, ob das Herz auf dem richtigen Flecke sitzt; ob es den Muth hat, das auszusprechen und zur Geltung zu bringen, was der Kopf denkt.

Den 19. Mai.

Manche Wahlversammlungen waren von Neuem noth=
wendig geworden, weil einige Personen an zwei Orten
gewählt waren. So hatten wir heute an Stelle des
Ministers Camphausen und unseres Gesandten in Nord=
amerika, ehemaligen Präsidenten unseres Handelsamtes,
von Rönne, Neuwahlen zu treffen. Bedeutende Wahl=
umtriebe sind natürlich jetzt erst recht wieder losgelassen
worden; die eine Partei hat als Kandidaten den bekannten
Jacoby aus Königsberg aufgestellt, der vor einigen Jahren
durch eine Broschüre: „Vier Fragen" ganz Preußen in
die größte Bewegung setzte, einen sehr gescheuten und ge=
achteten Mann, der aber ganz der extremen Richtung an=
gehört; die andere, worunter ich, will gern den Oberst
Stavenhagen, der erst vor wenigen Tagen wieder von
Posen zurückkam, durchbringen. Es fehlt in Frankfurt
durchaus noch an Soldaten. Stavenhagen würde einer
der entschiedensten und intelligentesten Repräsentanten
Preußens als militärischer Großmacht sein. Heute um vier
Uhr wird es sich entscheiden. Morgen dagegen wählen
wir einen Stellvertreter für die hiesige Versammlung.
Der Prediger Sydow, der gewählt war, hat für einen
anderen Wahlbezirk die Abgeordnetenstelle angenommen. Ich
bin ungewiß, wer hier obsiegen wird.

Ueber meine Stellvertreterwahl in Freienwalde nach=
träglich noch Folgendes. Während wir Anfang dieses
Monats noch nach einer Versammlung im Wahllokale
saßen, erhielt ich einen Brief vom Herrn Zenker aus
Brunow, dessen Sohn ich wohl von unseren Verhandlungen

und meinen Wünschen erzählt hatte. Der Brief forderte mich auf, mich in Freienwalde a. O. als Kandidat für Frankfurt zu präsentiren. Dort sprach ich nun wirklich für mich und so recht dreist von der Leber weg; die Aristokraten, die Grafen und Herren verwunderten sich, daß ein Officier so liberale Ideen haben könnte; indessen, er hat sie und will man jetzt noch Etwas retten, so muß man sie geltend machen. Leider mußte ich zurück, bevor gewählt wurde. Später mir zugegangene Briefe sprechen sämmtlich die Meinung aus, daß, wenn ich geblieben wäre, ich zum Abgeordneten gewählt worden wäre. Ich war zu gewissenhaft; ich war nicht genug Parteimann; kurz, ich beging eine Dummheit, ich ergriff nicht kühn das Ruder, das das Schiff durch die Stürme hätte steuern können und scheiterte; rettete indessen noch das Stellvertreteramt. Indessen, was ist das? Mein Abgeordneter Jordan wird sich eher in die Versammlungen tragen lassen, bevor er seinen Stell=vertreter einberufen läßt. Für mich wäre die Sache in außerordentlich vielen Beziehungen wünschenswerth gewesen. Zuerst hätte ich etwas leisten können mit meinen Kennt=nissen und mit dem Muth, sie auf den Markt zu bringen, ferner mit meinen Verbindungen. Der preußische Gesandte in Frankfurt, Usedom, ist mir außerordentlich befreundet; Peucker will mir wohl; mit Dahlmann, Albrecht und anderen Notabilitäten wäre ich durch Brandis und Pertz in Verbindung gebracht; Siemens fand ich vor; viele der jetzt hingehenden preußischen Abgeordneten, Flottwell, Rönne, Lette ꝛc. kennen mich. Es fehlt an Officieren! —

Meine Arbeiten bestehen jetzt in Darstellungen der blutigen Gefechte in Posen. Die dortigen Ereignisse sind

auch militärisch höchst interessant. Man hat von beiden
Seiten mit fürchterlicher Wuth und außerordentlicher
Bravour gefochten. Scenen der gräßlichsten, abschreckend=
sten Art sind dort aufgeführt worden. Es ist im wörtlich=
sten Sinne wahr, was ein Berichterstatter schreibt: „es ist
kein Fechten mehr, es ist ein Morden." Jetzt scheint Alles
beendigt zu sein. Die Truppen sind vollständig Herr. Die
polnischen Regimenter haben sich außerordentlich gut be=
nommen; es sind verhältnißmäßig sehr geringe Desertionen
vorgekommen. Jetzt kann man nun an die geschichtliche
Darstellung dieser Begebenheiten denken und damit bin ich
für das Militär=Wochenblatt beschäftigt.

Den 21. Mai.

Das Ministerium hat an das Kriegsministerium die
Aufforderung gestellt, jährlich zehn Millionen vom Militär=
budget zu ersparen; daß dies mit fünf und einer halben
Million möglich sei, hat man nach vielem Streichen an
Sinekuren, von sämmtlichen Generalkommandos, von allen
Militär=Unterrichts=Instituten, nach Reducirung der In=
fanterie=Dienstzeit auf ein Jahr herausgerechnet! —
Morgen beginnen die Verhandlungen der konstituiren=
den Versammlung. Schon bei der Eröffnung hat leider
das Ministerium eine Ungeschicktheit begangen, indem es
die Versammlung nach dem Schlosse verlegt hat, während
dieselbe in dem Gebäude der Singakademie stattfinden
sollte. Die Wahlen sind sehr schlecht ausgefallen. Das
Land, bearbeitet von den hiesigen radikalen Clubs, hat

meistens Ungebildete oder Raisonneurs gewählt, so daß man Bedenken haben kann, wie das ausfällt.

Die Aufregung des Augenblicks anbetreffend, so wird es Dir wahrscheinlich aus den Zeitungen bekannt sein, wie großen Anstand anfangs in der Bevölkerung die Rückberufung des Prinzen von Preußen seitens des Ministeriums gefunden hat. Alle die Tage, Freitag, Sonnabend, Sonntag und Montag war die größte Aufregung in der Stadt; man wollte wiederum das Palais demoliren; „friedliche" Demonstrationen von zehntausend Menschen und mehr zogen vor die Palais der Minister und verlangten Rücknahme des Beschlusses. Die ganze Bürgerwehr war auf den Beinen, selbst nicht ganz einig. Hätte sich die radikale Partei stark genug gefühlt, es wäre der glücklichste Moment für sie gewesen, um sich an's Ruder zu bringen. Man erwartete jeden Augenblick den Zusammenstoß der Parteien; die Truppen waren in den Kasernen konsignirt. Mehrere Male wurde man des Nachts durch den Generalmarsch aus dem Schlaf gerufen, und es war für mich ein unbeschreiblich angenehmes Gefühl, als ich mich ruhig auf die andere Seite legen und weiter schlafen konnte, während ich hörte, mit welcher Eile die Leute an meinem Fenster vorbei auf ihre Sammelplätze liefen. Man gewöhnt sich an Alles! Ich war so ungeheuer gleichgültig gegen dieses Toben und Treiben der Menge, daß auch nicht um eine Tertie mein Puls rascher gegangen wäre. Die radikale Partei theilte schon gedruckte Zettel aus, auf denen ein neues Ministerium der ultraradikalsten Sorte verzeichnet war. Aber gerade dieses schlug die Leute in's Gesicht. Ferner brach sich die Ueber-

legung Bahn, daß man in der That der Rückkehr des
Prinzen von Preußen nichts in den Weg legen kann; daß
es vielmehr wünschenswerth ist, daß sie so bald wie
möglich erfolge und daß das Ministerium nicht den
augenblicklich zusammengelaufenen Volksmassen, sondern
nur der Volksrepräsentation verantwortlich ist. Dann
wurde die wieder überhand nehmende Arbeitslosigkeit doch
zu fühlbar und man konnte dieselbe nur dieser neuen Auf=
regung zuschreiben. So hat sich denn die Menge beruhigt
und Berlin sein altes Gesicht von vor acht Tagen wieder
angenommen, zumal das Ministerium erklärte, nicht abtreten
zu wollen, daß der Prinz aber nicht vor vierzehn Tagen,
also nicht vor Zusammentritt der konstituirenden Versamm=
lung hier eintreffen werde. Die Anarchisten haben wirklich
eine Niederlage erlitten.

Nachmittags. — Eben komme ich aus unserer Wahl=
versammlung. Es ist uns wirklich gelungen, Stavenhagen
gegen Jacoby durchzubringen. So sind denn glücklich
vier Officiere (die Stellvertreter nicht mitgerechnet) nach
Frankfurt deputirt. Ich will wünschen, daß sie namentlich
dem militärischen Theil des Verfassungs=Entwurfes von
Dahlmann entschieden und fest entgegengetreten.

Ueber Stavenhagen's Wahl habe ich große Freude. Er
wird in Frankfurt unbedingt Bedeutendes leisten. Er ist ein
Charakter wie Eisen und ein Verstand, so scharf wie ein Schwert.

Die schleswigsche Frage verwickelt sich immer mehr
und mehr. Rußland hat vor wenigen Tagen erklärt: Es
erwarte die Räumung Jütlands bis zu einem bestimmten
Termin. Die Nichterfüllung seiner Erwartung werde es
als eine Kriegserklärung ansehen. Was dann? —

Den 24. Mai.

Du willst meine Ansichten über die augenblickliche Lage Deutschlands hören. Du vermuthest und wünschest dabei, ich möchte in dem Gange, den jetzt die Entwickelung nimmt, ein Glück, eine Bürgschaft für die künftige Wohlfahrt unseres Vaterlandes sehen. Du kommst damit wieder darauf zurück, daß mein früheres Urtheil Aufregung und Leidenschaft bestimmt hätten. Ich wollte, es wäre so! Indessen, ich weiß noch immer nicht, wie der gewaltig geschürzte Knoten gelöst werden soll, noch sehe ich irgendwo einen Alexander, der im Stande wäre, ihn zu durchhauen.

Die Nationalversammlung ist also zusammen. Ihr erstes Auftreten ist bezeichnet mit einem Siege der süddeutschen Partei durch die Wahl des Ministers von Gagern zum Präsidenten. Es ist zu vermuthen, daß in der Versammlung, die diese vornahm, namentlich die Abgeordneten aus den östlichen Provinzen Preußens und die österreichischen fehlten. Dieser Sieg wird konstatirt durch die ersten Worte, die Gagern spricht: „Wir haben unser Mandat durch die Souverainität des Volkes".

Die in Frankfurt zunächst vorliegende Frage ist: will man das Werk, das dort geschaffen werden soll, durch eine Vereinbarung mit den verschiedenen deutschen Regierungen entstehen lassen, oder soll es allein durch die Nationalversammlung errichtet und diktatorisch den Einzelstaaten auferlegt werden? Das Erstere ist das Natürlichere. Es heißt dies, was historisch begründet und berechtigt ist, die Rechte auch dieses Theils des deutschen Volkes, der Fürsten und ihrer Partei, anerkennen. Das

Zweite ist der erste Schritt zum Umsturz der Sonder=
regierungen, zu einer deutschen Monarchie, oder, da
eine solche nicht mehr Mode, zur Republik. Wunderbar
im Kontrast steht mit diesen letztbezeichneten Bestrebungen
die gleichzeitige Thätigkeit in allen deutschen Staaten,
Sonderverfassungen festzusetzen und auszubauen, also die
Individualität da erst recht aufrecht zu erhalten. Die
Wahl Gagern's zum Präsidenten hat der Partei den Sieg
gegeben, welche keine Vereinbarung will, sondern die der
Nationalversammlung eine diktatorische Gewalt beilegt.
Wie man dies zu nutzen denkt, zeigt der Wesendonk'sche
Antrag, nach welchem aus der Nationalversammlung eine
Kommission hervorgehen soll, bei der die Executiv=Gewalt
ist, die sich ein Ministerium wählt, einen Oberfeldherrn
ernennt und der sämmtliche deutsche Truppen Treue
schwören. — Es ist allerdings schwierig, der National=
versammlung irgendwie eine Garantie zu geben, daß ihre
Beschlüsse auch zur Ausführung kommen. Man muß eine
moralische Person schaffen, sei dies nun ein Direktorium
oder sonst dergleichen, bei der vorläufig die Executiv=
Gewalt wäre; aber das Natürliche und Angemessene war,
auch diese mit den Regierungen gemeinschaftlich zu kreiren,
und nicht, sie einseitig, ohne Mitwirkung dieser in's Leben
zu rufen. Geht der Wesendonk'sche Antrag durch, worauf
ich sehr gespannt bin, so fürchte ich oder wünsche ich viel=
mehr ein entschiedenes Auflehnen der Regierungen gegen
die ganze Versammlung. Ich hoffe, daß dies geschehe
unterstützt durch die Bevölkerung. Wäre ich nach Frank=
furt gegangen, Du würdest mich auf das Entschiedenste
auf der Seite der Regierungen stehen sehen; ich hätte

gewünscht, dort zu sein, gerade um mit aller Kraft für das
allein Mögliche und Rechtliche zu streiten. Erkennt die
Nationalversammlung das nicht an, was in den einzelnen
Stämmen Deutschlands lebt, daß sie als Einzelstaaten
fortbestehen wollen, so ruft sie den Bürgerkrieg hervor, so
zerreißt sie Deutschland, anstatt daß sie es einigen sollte.
Geht der oben angeführte Antrag durch, so stehen wir an
dem Vorabend eines Zerfallens Deutschlands.

Hier in Berlin scheinen sich ebenfalls zwei Parteien
schroff gegenüber stellen zu wollen. Die eine will auf den
von der Regierung vorgelegten Verfassungs-Entwurf ein=
gehen, die andere will davon gänzlich abstrahiren und
selbständig berathen. Die Regierung ist nicht geschickt
gewesen. Sie hat in ihre Vorlage Bestimmungen aufge=
nommen, die sie auch bei den Konservativen nicht recht
durchbringt, nämlich das unbedingte Veto des Königs und
in der ersten Kammer eine Art von erblichen Pairs.
Wäre sie freisinniger aufgetreten, so hätte sie sich damit
eine starke Partei, die zweifelhaft war, gewonnen und die
so nach links geht. Dennoch scheint es, als wenn die
konservative Partei die stärkere sei. Die ganze Vorlage
des Ministeriums wäre vor drei Monaten noch mit dem
größten Jubel aufgenommen worden; jetzt ist sie nicht
mehr zeitgemäß. Und diesen plötzlichen Fortschritt der
politischen Wünsche, der sich doch mehr in die Städte
drängt als auf das ganze Land erstreckt, den nenne ich
ein Unglück und zwar ein großes!

Den 25. Mai.

Wir haben wieder täglich Demonstrationen und Manifestationen. Vorgestern fand eine Besichtigung der Bürgerwehr statt. Es waren gewiß fünfzehnhundert bis zweitausend Mann, eine imposante Masse, die Unter den Linden aufgestellt war und demnächst vor dem Könige vorbeimarschirte. Man hatte den König vielfach gewarnt, diese Parade abzuhalten; im Publikum war die Besorgniß vorhanden, das Erscheinen Seiner Majestät könnte Anlaß zu einem Attentat geben; der Schwärmer und fanatisirten Polen haben wir ja genug. Dem entgegen fiel die Sache sehr gut aus. Der König wurde mit großem Jubel empfangen. Das Ganze hatte eine imponirende, würdige und durchweg anständige Haltung. Man war in eine gegen wenige Wochen vorher so veränderte Zeit versetzt, daß ich über den Eindruck, den diese auf mich machte, Thränen zurückhalten mußte. — Gleichzeitig wurde am nämlichen Orte von den Studenten, während des Vorbeimarsches der Bürger vor der Universität, der Gesetzentwurf zu der neuen Constitution verbrannt und eine schwarze Fahne wehte von dem Gebäude herab. — Abends desselben Tages wurden den Ministern und einzelnen Commandeurs der Bürgerwehr Katzenmusiken gebracht. Gestern Abend dagegen marschirten an die dreitausend Landwehrmänner vor die Palais der Minister und brachten ihnen ein Hoch.

Den 1. Juni.

Auch heute habe ich von bedeutenden Unruhen zu berichten. Zuerst gab dazu das Verlangen einer großen

Anzahl von Arbeitern, beschäftigt zu werden, Veranlassung; sie trugen es direkt der obersten Behörde, dem Arbeits= minister, vor, belagerten diesen in seiner Wohnung und ließen ihn nicht eher wieder los, bis er ihnen einen „Vor= schuß" von à Mann zehn Silbergroschen auf ihren noch zu erwerbenden Lohn gezahlt hatte. Wo war die Bürgerwehr? Weiß der Himmel! Wenigstens war sie nicht bei der Hand, um den Minister zu schützen und sein Haus zu sichern. Wo war da die Energie des Herrn Ministers? Warum ließ er nicht das Haus demoliren, bevor er den Leuten einen Groschen gab? Das war vorgestern Abend. Gestern hatte man die Entdeckung gemacht, daß bedeutende Waffensendungen aus dem Zeughause vor sich gegangen wären, daß allmählig eine militärische Wache dort dieses bedeutende Inventarium dem Lande sichere. Es war un= bedingt ein Fehler, nicht früher schon bekannt gemacht zu haben, daß man das Zeughaus bewache und Waffensen= dungen vornähme. So wurde die Geschichte gleich wieder als eine reaktionäre Maßregel dargestellt; es verbreitete sich das Gerücht, daß man das Land gegen Berlin bewaffnen wolle, daß Kanonen fortwährend bereit ständen, nicht allein das Zeughaus zu vertheidigen, sondern auch die benachbarten Straßen unter Feuer zu halten. Man brachte die auf Wagen verpackten Waffen wieder in's Zeughaus zurück; die Bürgerwehr besetzte dasselbe und unter ihren Augen zwang man die betreffenden Mannschaften zum Wieder= ausladen der Kähne, die gleichfalls mit Gewehren beladen waren. Ein neuer Beweis, wie wenig bislang die Be= hörden im Stande sind, ihr Ansehen aufrecht zu erhalten. Man hatte nicht übel Lust, das Zeughaus zu plündern;

zahllose Haufen durchzogen die Straßen; man las wieder
Aengstlichkeit und Furcht auf den Gesichtern; man hörte
viel von Republik reden, in den demokratischen Klubs
wurde geradezu aufgefordert, sie zu proklamiren u. s. w.
Geschähe dieses, so würde es ein klein wenig Blutvergießen
geben; ich würde dann den Berlinern rathen, sich etwas
auf die Beine zu begeben! Ich glaube übrigens nicht
daran, wenigstens nicht in diesem Augenblicke. Die Partei
ist nicht groß und stützt sich nur auf die Massen, die,
bildungslos, von außen bestimmt werden, aber nicht sich
selbst bestimmen. —

Ich war gestern auch in unserer Nationalversammlung.
Sie macht keinen erfreulichen Eindruck; da leuchteten keine
Köpfe mit breiter ausdrucksvoller Stirn, über die schon
aller Weltschmerz eines Denkers seine Furchen gezogen
hat; da war auch andererseits keine Eleganz, keine adlige
Haltung; man sah selbst nicht einmal leidenschaftliche Gesichter. Eine gleichförmige Masse von Unbedeutendheit und
Gewöhnlichkeit, die, höchst schwerfällig, sich weder zu äußern
noch zu verständigen weiß, die eigentlich nur dadurch zeigte,
daß sie zwei Parteien enthalte, daß die eine Seite stampfte,
wenn die andere aufstand. Möglich wohl, daß sich, wenn
man erst über die Vorfragen fort ist, noch Leute von
Entschiedenheit, namentlich auch von entschiedenem Talente,
mehr hervorthun werden, als die Wenigen sind, die die
großen Städte gewählt haben. Von unserem Adel und
größerem Grundbesitzerstande, der in die Landtage so bedeutende Männer sandte, sind Wenige da. — Nach einigen
interessanten Interpellationen an das Ministerium über die
Angelegenheit des Arbeitsministers wie über die des Zeug-

hauses begann auch eine recht wichtige Debatte darüber,
ob eine Adresse seitens der Versammlung als Antwort auf
die Thronrede erlassen werden solle oder nicht. Das
Ministerium erhob den darauf gemachten Antrag zu dem
seinigen und erklärte sein Bleiben davon abhängig, ob
man sich dazu entschließen würde, eine Adresse zu erlassen
oder nicht. Drei Minister sprachen, man replicirte; endlich
wurde die Erlassung einer Adresse mit großer Majorität
zum Beschluß erhoben.

Unser jetziges Ministerium sieht gut aus. Das fein
geschnittene, geistreiche Gesicht von Camphausen nimmt sich
gut neben der breiten kühnen Stirn von Hansemann aus;
Arnim trägt ganz das Aeußere eines fein gebildeten
Mannes; Bornemann ist freilich nicht verschwenderisch von
der Mama Natur ausgestattet, auch Kanitz gleicht keinem
Adonis und der Arbeitsminister hat nichts Charaktervolles
in seinem Aeußeren, dagegen ist die kräftige Gestalt von
Schwerin durchaus Vertrauen erweckend und Auerswald's
gescheutes Denkerauge mit etwas Schwärmerei darin beherrscht die ganze Versammlung sobald er spricht. Wenn
nicht ein Anstoß von außen kommt, so glaube ich wohl,
daß sich das Ministerium hält; es hat nicht genug mäch-
tige Redner sich gegenüber. Freilich, nachgeben muß es
in vielen Dingen, und das wird es auch. Indessen die
innere wie die äußere Politik kann hier einen ganz uner-
warteten Einfluß ausüben; da kann Schleswig, da kann
Frankfurt, da kann Paris, da kann Wien, da kann vor
Allem Berlin Leute stürzen, die bis dahin fest wie Marmor
standen. —

Hoffentlich wird sich der gesunde Sinn und der ruhige

7*

Menschenverstand in dem Urtheil der Hannoveraner auch über die Mainzer Angelegenheit*) Bahn gebrochen haben. Wenn sich die so wenig preußisch zusammengesetzte Versammlung in Frankfurt nicht gegen die Preußen erklären konnte, so müssen dieselben doch wohl nicht solche schreckliche Barbaren sein, als man glaubte. Wie schändlich sie behandelt wurden, zeigt die Todten= und Verwundeten=Liste, die die „Kölnische Zeitung" gab. Es ist freilich viel verlangt von einem Hannoveraner, der nie aus seinem Provinzial=Egoismus herausgekommen ist, daß er Preußen richtig würdigen und daß er begreifen soll, wie hannoversches und preußisches Interesse durchaus mit einander Hand in Hand gehen. Ich sollte denken, das Benehmen unserer Truppen in Berlin, in Schleswig, in Posen, in Breslau, wo du willst, wäre so ehrenwerth, daß sie sich den Anspruch erworben hätten, nicht abgeurtheilt zu werden, ohne gehört worden zu sein. Es ist auch viel verlangt von einem Hannoveraner, daß er die Verhältnisse einmal ohne Antipathie richtig erwägt, wie Mainz die bedeutendste Festung Deutschlands ist, wie sie namentlich den Eingang von Frankreich her den Franzosen verschließt, wie daher schon der Wiener Congreß, und zwar England und Rußland mit darauf drangen, daß Mainz in den Händen zuverlässiger Leute sei und mächtiger; daß man deßhalb preußische und österreichische Garnison hineinlegte, damit es uns nicht einmal wieder ginge wie in den neunziger

---

*) Es ist hier der blutige Straßenkampf gemeint, welcher am 21. Mai 1848 zwischen den Bürgern und dem preußischen Militär in Mainz stattgefunden hatte.

Jahren, wo die rothen Mützen den rothen Hosen die Thore
öffneten. Hessen kann keine so große Garnison stellen, als
Mainz bedarf, ist auch selbst so unterminirt, daß es für
seine Truppen nicht einzustehen vermag; man kennt ja den
langen Schlaf der Oesterreicher, aus dem sie immer erst
aufwachen, wenn es zu spät ist. Den Hauptnachdruck muß
man daher auf die Preußen legen. Das wissen auch die
Mainzer Jakobiner recht gut; sie haben daher schon seit
dem Frieden 1815 immer daran gearbeitet, die Preußen
aus Mainz wegzubringen, sie haben Feindschaft zwischen
Oesterreichern und Preußen zu bringen gesucht, sie haben
die Preußen gereizt und angefeindet auf jede Weise. Im
Jahre 1830 und 1831 stand es ebenso wie jetzt. Der
Gouverneur mußte mit der größten Entschiedenheit auf=
treten, um Excesse zu vermeiden. An der Treue der
preußischen Truppen verzweifelt jetzt Mancher; mögen es
auch die Mainzer thun!

In Frankfurt sind nun, Gottlob, auch unsere Abge=
ordneten aufgetreten und man kann das Vertrauen zu
ihnen, die viel bedeutender als die hiesigen sind, hegen,
daß sie nicht ohne Gewicht bleiben. —

Wie die Verhältnisse in diesem Augenblicke stehen,
so gewinnen sie ein durchaus friedliches Ansehen nach
Außen. Lamartine's Rede hat in dieser Beziehung viel
gewirkt. Jeder folgende Augenblick kann freilich den Dingen
andere Färbung geben.

Den 17. Juni.

Gestern Abend vor 10 Uhr kam ich hier nach ange=
nehmer Reise (angenehm durch gute Gesellschaft) wieder
an. Unsere Tage stürmen! Die laue liebliche Luft, der
Mondschein, der auf den Wellen spielt und der süße Gesang
der Nachtigall sind gestört durch die Gewalt des brausenden
Orkans der Zeit! —

Kaum von Euch entfernt, so begann die wilde Politik
wieder an mein Interesse Forderungen zu stellen. Die
Nachrichten aus Berlin waren die aufregendsten. Das
Zeughaus sollte gestürmt sein, die Truppen sollten die
Stadt Berlin geräumt haben, der Prinz von Preußen auf=
gefordert sein, mehr Truppen in die Stadt zu schicken; er
sollte es aber verweigert haben und es sei nun die vollste
Anarchie in der Stadt, es fliehe, was irgend fortkommen
könnte u. s. w. Das Alles wurde mit der größten Gewiß=
heit und sogar mit Details erzählt. In Braunschweig
wußte man noch mehr; man warnte uns die Reise fort=
zusetzen; auf jeder Station wurde bald etwas hinzugesetzt,
bald etwas abgenommen. Die Truppen, die das Zeughaus
besetzt hielten, sollten bald vernichtet sein, bald sich ergeben
haben. Ich erduldete in Wahrheit etwas Tortur. Im
höchsten Grade gespannt auf wirkliche, den Thatbestand
darstellende Erzählungen, langte ich hier an. Ich eilte
rasch in unsere Abendgesellschaft, wo ich auch eine Menge
Bekannte traf.

In Wirklichkeit sind die Vorgänge allerdings sehr
traurig, indessen fast mit mehr Wendung zum Guten als
zum Gegentheil. Die Einleitung zu den Vorgängen im

Zeughause berichten die Zeitungen. Diese Berichte sind indessen nicht genau, weil man es selbst nicht besser weiß. Der untere Theil des Zeughauses war genommen, Dank der schlecht geführten Bürgerwehr und den böswilligen Handwerkern, die den Sturm eher begünstigten, als hinderten. Im oberen Theile, zu dem nur steinerne Wendeltreppen führen und der auf Steingewölben ruht, so daß ein Ausräuchern nicht möglich), war eine Compagnie vom 24. Regimente unter einem Hauptmann v. R. Er war instruirt, die Etage zu halten; er war mit Patronen sowie mit Mundvorrath versehen; zu ihm konnte man vermittelst Leitern gelangen; die Treppen waren leicht zu vertheidigen, sie waren zum großen Theil durch Vorsätze von Kisten ungangbar gemacht. Die Andringenden versuchten sich auch der oberen Etage zu bemächtigen, sie schafften zwei Leitern herbei. Sie mochten sich wohl von der Unausführbarkeit ihres Ansinnens überzeugt haben. Der Hauptmann war ohne alle Nachricht von Außen; zwei Stunden etwa hatten der Sturm auf die untere Etage, bei deren Vertheidigung er durchaus unbetheiligt war, und der Tumult in ihr gedauert. Da erscheint eine Deputation aus dem Volk, ein Premierlicutenant T. an der Spitze. Er giebt sich dem Hauptmann v. R. zu erkennen, sagt, er habe versucht, ihm Entsatz zu bringen, es sei unmöglich, die Truppen hätten die Stadt verlassen, von dem Entschlusse R.'s hinge das Bestehen der Monarchie ab, würde dort Bürgerblut vergossen, so wäre das Leben des Königs gefährdet u. s. w. R. verweigert den Abzug seiner Compagnie; er fordert einen Befehl vom Kriegsministerium. Die Deputation verspricht, diesen zu beschaffen, und entfernt

sich). Bald kehrt sie wieder; sie bringt eine Art Legitimation
vom Bürgerwehrkommandeur; sie sagt, der Befehl des
Kriegsministeriums sei verloren gegangen, T. bestätigt
dies; R. erklärt sich bereit, das Zeughaus zu räumen.
Ein Student, der bei der Deputation betheiligt war, tritt
auf den Altan des Gebäudes und fragt die tobende Menge
vor demselben, ob sie das Militär ungefährdet abziehen
lassen will; diese brüllt ihm ein Hurrah entgegen; es wird
eine Chaine gebildet und R. zieht ab. Die tobende
Masse stürzt nun hinauf und raubt und plündert.
Kaum ist die Nachricht hiervon nach der Kaserne des
24. Regiments gekommen, so wird ein Bataillon zum
Entsatz beordert. Es rückt mit gefälltem Bajonette an,
zwei Schüsse fallen auf dasselbe, es antwortet nicht; im
ersten Anlauf ist das Zeughaus wieder gewonnen. Die
Menge im oberen Geschoß wird theils gefangen genommen,
theils stürzt sie sich athemlos zu Fenster und Thüren
hinaus. Die R.'sche Compagnie rückt dann auch wieder
an; ein anderer Officier hat sie raillirt; die Kameraden
vom Regiment wenden ihr den Rücken; der Kapitän wird
sofort vom Dienst dispensirt, ebenso wie der älteste
Lieutenant. Die strengste Untersuchung ist eingeleitet; T.
ist schon vernommen. Die Mannschaft der Compagnie
trifft gar kein Vorwurf. Die geraubten Waffen sind zum
größten Theile zurückgebracht worden, es fehlen nur noch
einige hundert. — Die Entrüstung über diesen Vorgang
war ungeheuer. Die Regierung hätte, den Eindruck desselben benutzend, außerordentlich viel durchsetzen können;
sie scheint es versäumt zu haben. Nur Eins hat man
gethan, man hat die Berliner Landwehr, zwei Bataillons

des 20. und eins des Garde=Landwehr=Regiments, aufge=
boten. Kanitz hat seine Demission genommen; Schrecken=
stein ist an seine Stelle berufen. Der Commandant wird
auch jedenfalls durch einen anderen General ersetzt werden.

Es scheint unbedingt, als wenn die anarchische Partei
wiederum habe einen Exceß herbeiführen wollen, um damit
für sich zu gewinnen. Die Truppen waren indessen zum
Theil zur Stadt hinausgezogen; sie bivouakirten im Thier=
garten 2c. und setzten so diejenigen in der Stadt in Zu=
sammenhang mit dem Zuzuge von Potsdam, Spandau
und Magdeburg. Erst am Freitag früh waren sie wieder in
die Kasernen gerückt. — Gestern wurde ein neuer Versuch
auf die großen Pulverhäuser gemacht, indessen gleich von
vorn herein von den dort postirten Truppen zurückgewiesen.
Man ist offenbar bei der ganzen Geschichte etwas mehr in
Schrecken und Angst gewesen, als dies gerade nothwendig.
— Die durchaus schlecht geleitete Bürgerwehr hat sich einen
neuen provisorischen Commandeur gewählt. Ich glaube
nicht, daß sie zum zweiten Male in's Zeughaus kommt. —
T., der zum Generalstabe kommandirt war, ist mir lange
bekannt. Ich hielt ihn immer für einen Ehrenmann, ent=
schieden, kräftig und gescheut. Er hatte sich indessen in
der letzten Zeit durchaus der radikalen Partei zugewandt
und dies so weit getrieben, daß ich jeden Umgang mit
ihm vermied. Die Urtheile über ihn lauten sehr hart.
Man legt ihm die unedelsten Motive unter. Ich kann
dem nicht beistimmen. Ich glaube, daß er, in Folge seiner
irrigen Ansichten wähnte, recht zu handeln. Natürlich
werden weder er noch N. im Dienst bleiben. —

Sehr bedenklich waren die Zustände freilich gewesen;

so sehr, daß einer unserer Hauptleute bereit war, mit Sack und
Pack die Stadt zu verlassen daß die Officiere wieder alle in
Civil gehen und daß Bila auch meinem Diener Befehl gegeben
hatte, sich fortzumachen. Auch in diesem Augenblick ist noch
manches Bedenkliche zur Hand; es fehlt außerordentlich an
Entschiedenheit. Indessen die größere bewaffnete Macht, die
die Behörden jetzt in die Hand bekommen werden, und
Schreckenstein's Energie flößen Vertrauen ein.

Wir sind gespannt auf die neuen Minister. Man
nennt als Minister des Auswärtigen den Grafen Bülow,
als Ministeriumsverweser für die geistlichen Angelegenheiten
Ladenberg.

Nach Schleswig sind eine Abtheilung Jäger aus
Lübben und eine Batterie schwerer Geschütze entsandt.
Die Reserven der Gardebrigade folgen. Man hat im
Ministerium des Auswärtigen die Hoffnung auf einen
baldigen Frieden aufgegeben. Die Briefe meiner Kame-
raden sprechen mit der größten Anerkennung von den
Hannoveranern ohne jede Ueberhebung oder Eifersüchtelei. —

Von meiner Reise hole ich noch Folgendes nach. In
Magdeburg traf und sprach ich Herrn von Grote; er
wollte nach Genthin und fuhr im nämlichen Zuge mit
mir dorthin, ich konnte mich indessen nicht von meiner
Reisegesellschaft trennen. Diese bestand nicht etwa aus
Damen, sondern aus einem Herrn, der, aus der Rheinprovinz, eben von Frankfurt kam; er war mit den bedeutendsten Leuten aus der Nationalversammlung bekannt
und erzählte viel von derselben. Er meinte, die Rechte
und die Linke ständen sich dort so schroff gegenüber, daß
an eine Ausgleichung beider nicht zu denken sei. Ich hatte

natürlich viel zu fragen, nach Diesem und Jenem. Unsere preußischen Abgeordneten sollen alle auf der Rechten und im rechten Centrum sitzen, nur wenige verirren sich zur Linken. Diese soll fast ganz aus Südwestdeutschen gebildet werden. Bis Magdeburg fuhr mit uns Beiden noch ein Herr, den ich für einen Süddeutschen hielt, der aber lange in Paris gelebt hatte und den mein Reisegefährte gar zu einem Polen machen wollte. Er sprach viel von Paris und den dortigen Zuständen. Er meinte, die französische Republik werde sich nicht vier Wochen mehr halten; er prophezeite uns aber einen Krieg mit den Franzosen. —

Laß mich aber noch einmal zurückblicken auf das genossene Glück! Welche Freude hatte ich auch wieder an unseren beiden Vätern! Der Deinige noch immer so schön und so unendlich liebenswürdig in seiner Resignation und der Sorge für seinen Garten. Der meinige so kräftig in seiner Erscheinung und so befriedigt durch seine reiche Thätigkeit. Welcher Genuß war es, sie sich in ihre gemeinsamen Erinnerungen an Spanien ergehen zu sehen. Beide Brüder sind schöne Typen der alten Legionsofficiere; man könnte sie sich gar nicht so denken ohne die reichen Erlebnisse und Erfahrungen ihrer Jugend. — Ich reise zu den beiden Hochzeiten in Stettin und in Brunow. Hätte ich nicht Versprechen damit einzulösen, ich könnte es in dieser Zeit nicht!

Den 25. Juni.

Nach dreitägiger Abwesenheit traf ich hier Alles viel ruhiger, als ich gedacht hatte. — Auf der Hälfte des

Weges von Stettin nach Berlin, bis wohin uns ein
schrecklich renommirender und von seinen Gefährten sehr
aufgezogener und auf's Glatteis geführter Berliner Tourist
viel Anlaß zum Lachen gegeben hatte, wurde uns die
Nachricht mitgetheilt, der Minister Camphausen habe seine
Entlassung genommen. Damit war für uns alle Behaglich=
keit gewichen; es war das ein zu bedeutendes Ereigniß
und niemand war wohl im Stande, die nächsten und
späteren Folgen desselben zu bestimmen. Ein Ministerium
ist nun noch nicht wieder gebildet; dagegen sind namentlich
die militärischen Angelegenheiten unter Schreckenstein's
Leitung in ungeschmälertem Gange. Volksversammlungen,
in denen die radikalsten Reden geführt wurden, haben doch
keine weitere Folge gehabt. Gerüchte von einem Russen=
kriege beunruhigen die Leute gewaltig. Ich glaube nicht
daran. Der Himmel hat hier endlich wieder eine klarere
Farbe angenommen. Der anhaltende und heftige Regen
hat bedeutenden Schaden gethan. Die prachtvollen Roggen=
felder, die man nicht schöner sehen konnte wie in Brunow
haben sich alle gelagert; man kann kaum noch mit alter
Hoffnung der Ernte entgegensehen, und doch ist in keinem
Jahre der Wunsch gerechtfertigter, wie in diesem, daß die
Erde den vielen Hungrigen Speise spenden möge, die, ohne
Arbeit, die Hände in den Schooß legen müssen.

Den 27. Juni.

Wir waren heute Mittag bei H.'s recht heiter, obgleich
das Gespräch sich nicht fünf Minuten frei von Politik
halten kann. H.'s sehen viel schwärzer in die Zukunft,

wie ich); sie verſetzen ſich ſchon in die Republik und ſehen
kein anderes Heil, als in den Truppen. Ich bin ſo weit
noch nicht. —

Als ich einen guten Freund Nachmittags nach dem
Potsdamer Bahnhofe geleitete, ſtiegen gleichzeitig mit ihm die
neuen Miniſter ein. Sie hatten ſich endlich geeinigt und
wollten nun zum Könige, um ſich ihm zu präſentiren. Der
neue Miniſterpräſident iſt wiederum ein Auerswald, ein
Bruder des vorigen Miniſters, bislang Oberpräſident von
Preußen. Schreckenſtein iſt geblieben, auch der Miniſter des
Auswärtigen, Schleiniß.

Den 3. Juli.

Am Dienſtag früh erhielt ich einen Brief, in dem ſich
Goeben bei mir anmeldete. Er traf auch ſelbigen Abends
ein und hat mich erſt heute Morgen verlaſſen. Wir ſind
heiter und angeregt mit einander geweſen, haben viel von
der Zukunft geſprochen und uns freundliche Bilder aus=
gemalt, und überhaupt den Blick weniger oft in den
Wirrwarr der Gegenwart, als in das Heimliche einer ruhigen
und heiteren Zukunft ſchlüpfen laſſen. — Wer kann ſich
indeſſen ganz von der übrigen Welt iſoliren? Zwei un=
geheure Begebenheiten ſcheinen dem Toben der Zeit wenig=
ſtens augenblicklich Stillſtand geboten zu haben. Die eine
iſt die Revolution in Paris. Die Niederlage der Um=
ſturzpartei in Frankreich, ihr mit der großartigſten Auf=
opferung der Fechtenden auf Seite der Ordnung und des
Geſetzes nach langem Ringen beigebracht, ſcheint viele ihrer
Angehörigen in Deutſchland ꝛc. wenigſtens momentan

muthlos gemacht zu haben. Ich muß gestehen, zum ersten Male hat mir die französische Nation eine Bewunderung abgenöthigt. Tausend Züge des bürgerlichen und militärischen Heroismus, dort von dem Erzbischofe, hier von Deputirten der Nationalversammlung, an anderen Orten wieder von den Nationalgarden, an jenen von den Linientruppen und ihren Führern ausgeübt, legen Zeugniß dafür ab, daß Frankreich trotz seiner Entsittlichung einen Reichthum von Patriotismus in sich hat, der es den edelsten Völkern gleichstellt. Durch diese Angelegenheit ist gleichzeitig der Dichter-Philosoph Lamartine in der Leitung des Reichs durch einen jungen, kräftigen Soldaten ersetzt worden. Nun haben wir den jungen, kräftigen General wieder an der Spitze, zwei Generale ebenso ehrgeizig und thatenlustig im Ministerium und den vierten an der Spitze der Nationalgarde von Paris. Läßt das nicht fast auf eine Entwickelung des europäischen Wirrwarrs in kriegerischer Weise schließen? Oder werden sich diese Leute, Cavaignac ꝛc., eben so rasch abnutzen wie Lamartine und Ledru-Rollin, werden sie dies Geschick des Talents und der Vaterlandsliebe theilen, das fast erschreckend und für die Zukunft recht bedenklich machen sollte? — Wie viele Vermuthungen und Speculationen kann man nicht daran knüpfen? Jedenfalls drängt das Ausland uns Deutsche zur Einigkeit und zum Anschluß an den geschaffenen Centralpunkt.

Das zweite große Ereigniß ist die Wahl des Reichsverwesers für Deutschland. — Daß eine Centralgewalt geschaffen werden mußte, dies lag auf der Hand; es kam darauf an, sie so zu schaffen, daß sie auch wirklich, in dem Bestehenden wurzelnd, zu Leben und Ansehen gedeihen konnte. Um dies zu bewirken, schien es mir durchaus nothwendig, sie Hand in Hand mit den Einzelregierungen gehend zu schaffen, nicht einseitig, wie es jetzt geschah. Hierzu war aber vollständig keine Möglichkeit mehr, als man sich entschloß, einseitig eine Commission niederzusetzen, die, ohne mit den Regierungen in Verbindung zu treten, vorschlug, wie man zu jenem Zwecke gelangen sollte, und auf deren Referat man dekretirte. Wurde diese Commission in Verbindung mit den Regierungen geschaffen, nahmen an dieser Abgeordnete der Regierungen Theil, so konnten die Letzteren viel bedeutendere Concessionen machen; das Wie der Wahl, auch wenn sie es ganz der Versammlung überließen, ging mit von ihnen aus, war ihrem Willen gemäß. Wenn jetzt die Versammlung auch dekretirt hätte, so war dies ein anderer Modus. Nur in der Bestimmung, wie die Centralgewalt zu schaffen sei, konnte eine Ver= einbarung zwischen Regierungen und Nationalversammlung geschaffen werden, nicht in dem Schaffen selbst. Somit ist hier ein bedeutender Fehler gemacht worden, und nicht da, wo man ihn immer sucht, was sich wahrscheinlich auch noch bemerklich machen wird. Gagern scheint mir übrigens kein kluges Spiel gespielt zu haben; er scheint um Volks= gunst zu buhlen; ich vermuthe, er hat sich selbst geschadet. Ist somit die Centralgewalt auf eine Weise geschaffen, der ich nicht meinen Beifall geben kann, der ich nie zu= gestimmt haben würde, wäre ich dort gewesen, so hat es doch meinen vollen Beifall, daß sie in einem Reichsverweser mit verantwortlichem Ministerio eingesetzt wurde. Es scheint mir dies ein großer Sieg über die republikanische Partei zu sein, wie denn die letztere auch Hölle und Teufel

in Bewegung dagegen setzen möchte. Ich hoffe, man wird
diesen Sieg weise benutzen; man wird vor allen Dingen
auch wirklich eine nationaldeutsche, und keine österreichische
oder süddeutsche Politik verfolgen. Ich hoffe, man wird
die Aufopferung Preußens, das ohne Rückhalt den Reichsverweser anerkannte und das Direktorium fallen ließ, in
dem es mit vertreten sein sollte, zu würdigen wissen und
es nicht durch Hintansetzung zu einer Opposition treiben,
zu der wohl die Elemente vorhanden sind, die aber jetzt
noch vollständig schläft. — Wenn man bedenkt, wie wenig
Oesterreich für die größere, wünschenswerthe Centralisation
Deutschlands gethan hat, wie es im Gegentheil immer
ein Hemmschuh für eine Entwickelung in diesem Sinne
abgegeben hat, wie Deutschland namentlich so unglücklich
in diesem Augenblicke an Metternich'scher Politik krankt,
so ist es fast wunderbar zu nennen, daß dennoch auf einen
österreichischen Prinzen die Wahl als Reichsverweser fällt.
— Ein großer Moment in der Geschichte Deutschlands
bleibt diese Wahl; warum füllt er das Herz nicht mit
mehr Enthusiasmus? Warum ist überhaupt aller Enthusiasmus Einem wie aus der Seele vertilgt? Zuweilen
möchte ich wie Herder in seiner Todesstunde ausrufen:
„Gott, gieb mir einen Gedanken, eine That, an der ich
mich aufrichten kann." — Wahrhaft erhebend aber sind
doch die Berichte über die Bravour und Disciplin unserer
Truppen in Holstein und namentlich über ihre Anhänglichkeit an ihre Officiere. Den gebliebenen Lieutenant
von Gauvain nahm man auf dem Rückzuge von Rübbeck
lange Zeit mit, und als es nicht mehr ging, gab man
dem Leichnam noch ein Grab, von Preußen gegraben und

zugedeckt mitten im Feuer. Kann man schöner bestattet
werden? Die Leiche des Kapitän Wormdorf wurde mit=
genommen, vier Mann trugen sie auf zwei Gewehren;
die des Herrn von Seckendorf mußte nach hartnäckigem
Handgemenge der Uebermacht gelassen werden. Unsere
Officiere schreiben ganz begeistert von unseren prächtigen
Jungens, und was dabei der Vorzug ist, es scheint doch
in der ganzen Armee zu stecken; wir haben ja dort Regi=
menter aus der Mark, aus Schlesien, aus Sachsen, aus
Pommern, und die Garden sind aus allen Provinzen
rekrutirt. —

Schreckenstein ist noch außerordentlich populär. Seine
Energie hat die Hoffnung von aller hiesigen Welt auf
ihn blicken gemacht; so nothwendig scheint uns Energie,
daß sie da, wo sie sich zeigt, als der Anker betrachtet
wird, der allein das Schiff auf dieser sturmbewegten See
retten könnte. Ich wünsche ihm vor Allem Gesundheit,
damit er auf seinem Posten bleiben kann. Die Umwand=
lungen in unserem Militär beginnen allmählich. Heute ist
die Anrede der Soldaten mit Sie befohlen. Die Budget=
kommission hat bedeutende Ersparnisse in Vorschlag gebracht:
Umwandlung der acht Armeekorps in vier Armeeabthei=
lungen, Aufhebung des Gardekorps ꝛc. Man scheint darauf
eingehen zu wollen. In wenigen Tagen ist ein ganz neuer
Modus des Officier=Rekrutements zu erwarten. Das An=
nehmen von besonderen Officier=Aspiranten wird ganz
aufhören. Berlin ist, belehrt durch Paris und Prag,
leidlich ruhig; es schläft vielleicht auch. Die Truppen
zeigen sich wieder wie früher; man hört wieder frische
Musik und ohne Gêne wird fortwährend patrouillirt. —

Wir beschäftigen uns sehr mit Kriegsplänen. Neulich haben wir die möglichen Chancen eines solchen gegen Frankreich diskutirt, in dem wir in jeder Beziehung in bedeutendem Nachtheil sein möchten; morgen werden wir die gegen Rußland besprechen. Es darf hierüber natürlich Nichts in die Oeffentlichkeit kommen; interessant ist die Sache und höchst belehrend.

Sehr gespannt war ich natürlich auf Nachrichten von Deinem Bruder aus Prag. Windischgrätz ist ein Mann, vor dem ich die höchste Bewunderung hege. Wenn wir nur mehr solcher Leute in Deutschland hätten. Es ist wahrhaft großartig, mit welcher Mäßigung der Mann noch handeln konnte, nachdem seine Frau erschossen und der Sohn lebensgefährlich verwundet war. Das grenzt an römische Tugend, virtus.

Den 11. Juli.

Gewiß wäre ich gern in Frankfurt. Es ist doch der Eintritt des Reichsverwesers in die Nationalversammlung ein großer historischer Moment. — Hier ist man ganz indifferent dagegen; im Allgemeinen regt sich das Bewußtsein des Preußenthums gewaltig und man ist auf seiner Hut. Der Erzherzog hat erst über Berlin reisen wollen; später hat er, wie es scheint auf den Wunsch unseres Hofes, den Weg über Dresden genommen. Auf weniger Menschen Schultern liegt jetzt eine solche Bürde, wie auf den seinigen; auf wenige Leute blicken so Vieler Augen, als auf ihn. Oesterreich dort, hie Deutschland; zwischen Ungarn und

den slavischen Ländern soll er vermitteln. Wird er das
Alles vermögen?

Heute früh fand hier eine sehr lebhafte Debatte in
unserer Nationalversammlung statt. Jacobi hatte eine
Adresse in Antrag gestellt, die sich der Frankfurter Ver=
sammlung gegenüber mißbilligend aussprechen sollte, daß
sie sich für einen unverantwortlichen Reichsverweser ent=
schieden habe; die ferner dem Ministerium eine Niederlage
beibringen sollte, indem sie diesem erklärte, daß der Vor=
behalt, den jenes bei der Art der Wahl des Reichsverwesers
aufgestellt hatte, ein unbegründeter sei. Das Ministerium
wollte sich nämlich gegen die Consequenzen verwahren, die
daraus zu folgern seien, daß seitens der Nationalversamm=
lung ein Mal ohne Mitwirkung der Einzelregierungen in
einer so wichtigen Sache gehandelt worden sei. Alle Par=
teien sind auf dem qui vive; und man ist auf den Aus=
gang des Aeußersten gespannt. Wahrscheinlich siegt die
Rechte; es wäre ein Sieg gegen das Aufgehen Preußens
in Deutschland und diesen wünsche ich von Herzen. —
Ich bitte Dich, laß Dich nicht ärgern, bitte nicht; es ist
jetzt so genug Aergerliches auf der Welt, vermehre Du es
nicht noch dadurch, daß Du etwas als solches ansiehst,
was am Ende keins ist. In der Politik und in der
Religion kann man Niemanden zu seinem Glauben zwingen;
es geht einmal nicht, und die Leute, die das wärmste Herz
im Busen und klaren Blick im Kopfe haben, die sich nicht
zurecht zu finden wissen in der neuen Zeit, die ja auch
ein ärgeres Labyrinth als das der Ariadne, die erscheinen
oft am engherzigsten und kältesten. Es bleibt wahr, die
Schwärmer sind nicht die besten Patrioten!

8*

Den 18. Juli.

Eben komme ich von dem Begräbniß eines Officiers
vom 3. Ulanen=Regiment. Der Verstorbene war der Sohn
des General=Lieutenants von Kracht, ein kräftiger, schöner
Mann in den schönsten, hoffnungsreichsten Jahren, den
vorschnell das Nervenfieber hinraffte. Der alte Vater ge=
leitete ihn mit zur Gruft; ein schöner, würdiger Herr, der
mit diesem Sohne das sechste Kind begrub. Noch zwei
bleiben ihm. Der Schmerz des alten Mannes war tief
ergreifend. Es war ein trüber Gang. Der Prediger hatte
zum Text seiner kurzen und manches Würdige enthaltenden
Rede, die indessen doch bei Weitem mehr hätte sein können:
„Wir gleichen dem Grase auf dem Felde, der Wind braust
darüber hin und es verdorrt." Und wie unendlich wahr
ist das gerade für die jetzige Zeit! Wenn man an ihren
Sturm denkt, der über das Gras braust, und an das
welke, matte, abgestorbene Geschlecht, welches das Gras
bildet. — Merkwürdig bezeichnend las ich heute einen
alten prophetischen Ausspruch Chateaubriand's, des edlen
Greises, auf dessen Grab auch fast Niemand eine Thräne
weint. Jener Ausspruch ging dahin, daß die Nivellirungs=
sucht immer mehr und mehr um sich greifen würde; die
Welt würde wie ein Ameisenhaufen erscheinen, aber nicht
mehr wie ein wohlgegliedertes Ganze. Poesie, Gemüth,
Kunst würden daraus verschwinden, und nur der Egoismus,
diese Mißgeburt des Strebens, sich zu einem tüchtigen
Weltbürger zu machen, würde bleiben. — Ja, dieser
Samum der Wüste, der jetzt über die Erde hinfegt, ertödtet
Alles und Niemand kann sich ihm entziehen. —

Heute sprach ich einen Officier, der von Schleswig zurückkam. Da war wieder einmal Frische und Kraft. Die Wangen waren gebräunt und jede Bewegung zeugte von Thatenlust und Thatenkraft. Da sind Mühe und Entbehrungen zu ertragen gewesen vielerlei, Gefahren so mannigfaltig! Aber was ist nicht auch damit erkauft: diese unbezahlbare Frische des Denkens und des Empfindens. Wer den Kopf nie aus Berlin heraussteckt, dem muß es in dem hiesigen wirren Treiben konfus und das Gemüth tief bekümmert werden. Jener Officier war ein als Courier von Wrangel gesandter Kapitän von uns. Er sollte gegen einige wirklich arg lautende Waffenstillstands= Bedingungen protestiren. Wrangel hat mit ziemlicher Ent= schiedenheit erklärt, wenn man nicht von diesen Bedingungen abgehe, so sei er zum Aeußersten entschlossen. — Ich bin der Meinung, daß, wenn man den Krieg fortsetzen will, man auch gefaßt sein muß, die Russen uns den Krieg erklären zu sehen. Damit würde ein Krieg auf Tod und Leben sich entspinnen und es ist die Frage: ob es weise ist, jetzt in diesem Augenblicke solche Lebensfragen zu stellen. Die Militärkommission in Frankfurt hat freilich ungeheure Rüstungen im Auge, ich möchte aber beinahe behaupten, die russischen festgegliederten Massen möchten wohl gegen die eben rasch gebildeten Schaaren unserer 38 Monarchien standhalten. Wir würden dann wohl die Kohlen aus der Asche holen müssen.

Den 19. Juli.

Die Erklärung Eueres Königs und seines Ministeriums in Betreff der Frankfurter Angelegenheit hat hier außerordentlich viel Sympathie gefunden und ohne Folgen wird dieselbe gewiß nicht bleiben. Es wäre möglich, daß sie das Bedeutendste in der deutschen Entwickelung hervorriefe, und manche Hoffnungen knüpfen sich daran.

Wir sind gespannt darauf, wie die damit angeregte Frage entschieden werden wird. Der König hat dies frank und frei ausgesprochen, was viele andere Fürsten denken. Ob es nicht klüger gewesen wäre, das in etwas anderer Weise zu thun, will ich nicht beantworten, jedenfalls war dies edel und rechtlich. Wer weiß, ob man nicht, wenn der König auf seiner Erklärung beharrt, uns zur Execution aufruft, und wer weiß, ob damit nicht gleich die erste widerstrebende Antwort von uns gegeben werden möchte? Hier regen sich jetzt gewaltig die alten Sympathien für Preußen und die Leute mögen sich hier auf die Köpfe stellen, sie mögen, wer weiß was für Metamorphosen mit sich vornehmen, sie bleiben doch immer Preußen! —

Unsere inneren politischen Verhältnisse haben sich in letzter Zeit bedeutend besser gestaltet. Das entschiedene Auftreten des neuen Ministeriums, namentlich Schreckenstein's, hat zur Consolidirung des neuen Systems augenscheinlich beigetragen, und gegen jede jetzt vorgenommene Schilderhebung der republikanischen Partei hat die Regierung hier solche Mittel in Händen, daß sie wohl nicht weit kommen möchte. Die Leute in der Kammer scheinen sich ja auch etwas mehr zu finden, sie sind wenigstens nicht mehr in dem Grade zerfahren und ohne festen Plan in Bezug auf das, was sie eigentlich wollen, wie sonst.

.

Den 25. Juli.

Das kühne Eingreifen der Frankfurter in das Preußen- thum hat hier Alles wach gerufen; der letzte reichskriegs- ministerielle Erlaß, nach welchem am 6. August dem Reichsverweser gehuldigt werden soll, ist das Signal zu einem Sturm in der Armee und der Bevölkerung geworden, den die Vorlagen, die Grundzüge zu der neuen deutschen Verfassung noch von Tag zu Tage steigern. Unser Ministerium wird das Frankfurter Ansinnen nicht zu dem seinigen machen; man wird namentlich die Armee als das noli me tangere betrachten; sollte es durch die Kammer mittlerweile gestürzt werden, was nicht unmöglich ist, sollte man es durch ein anderes, das mehr deutsch gesinnt ist, ersetzen, so wird ein allgemeiner Widerstand der Armee die Ausführung des Beschlusses unmöglich machen. In keiner Corporation hat sich die specifische preußische Ge- sinnung so erhalten, wie in der Armee; sie war es ja auch, die nicht als deutsche, sondern als preußische die Feinde schlug und das Vaterland groß machte. Nimmt man ihr die Grundlage ihrer Geschichte, giebt man ihren Fahnen eine andere Bedeutung, als die ist, die den Truppen in den Gefechten und Siegen voranleuchtete, so greift man das Leben der Armee, ihre Ehre an, und die ist sie ent- schlossen zu vertheidigen. Wir sind 220,000 Mann unter den Waffen; die besiegt man so leicht nicht, wenn sie fest und entschieden etwas wollen, und ich hoffe, man wird sie

auch nicht einmal angreifen. — Schon vorgestern ist Becke-
rath hier angelangt, um eine Vermittelung zu versuchen,
um die durch die Frankfurter Beschlüsse hervorgerufene,
bis zum Aeußersten entschlossene Stimmung etwas zu
mildern und den Frankfurtern geneigter zu machen. —
Da der Reichsverweser sein Amt in dieser Weise auffaßt,
so muß ich seine Wahl bitter beklagen.

Den 26. Juli.

Ich soll in's Seebad! Ich wünsche nur, daß uns
auch noch Zeit bleibt, mit Ruhe die Kur zu gebrauchen.
Ein Kamerad meines alten Regiments wird mit mir reisen.
Möglich, daß uns bald bestimmte Befehle direkt zurück-
fordern. — Du wirst Dich wundern, daß ich Begebenheiten
erwarte, die die Gegenwart von uns Allen verlangen.
Ich glaube daß der Physiognomie zufolge, die Frankfurt uns gegenüber annimmt, Preußen in einen Gegensatz
getrieben wird, es mag wollen oder nicht. Wir können
unsere Stellung als unabhängige Macht nicht aufgeben,
dagegen widerstrebt unsere Geschichte und die Ueberzeugung,
die im Volke mit ganz außerordentlicher Entschiedenheit
lebt. Was kann uns denn dafür geboten werden? Der
erste Schritt Peucker's, das Verlangen der Huldigung, hat
Alles wach gerufen; damit sind die Vorlagen von Dahlmann 2c. in's Publikum eingeführt, die wirklich empörend
lauten; die alten Provinzen und die Armee sind in voller
Gährung. Forderte man von ihnen heute über acht Tage
die Huldigung, wir müßten uns der entschiedensten Excesse
versehen. Es schreit kein Mensch Hurrah! Alles bricht in

ein Vivat auf den Prinzen von Preußen aus! Die Auf=
regung ist ganz ungeheuer hier. Viele Zwistigkeiten aller
Art sind vergessen, man fühlt sich wieder als Brüder, als
Preußen.

Mir sagt der aus Frankfurt hier anwesende Major
Fischer, man werde hier von der Huldigung absehen; man
würde auch nur damit die Disciplin vollständig untergraben,
die schon zuweilen locker ist. — Was wird aber das
Reichsministerium darauf antworten? Wie ich aus der=
selben Quelle erfahre, so sind Oesterreich und Baiern zu
dem Gleichen entschlossen, nämlich der Peucker'schen For=
derung nicht zu entsprechen. Man hofft dasselbe von
Hannover, Braunschweig und Mecklenburg. Wenn sich
aber schon der Widerstand gegen diese Frankfurter Be=
schlüsse geltend macht, wie nun, wenn wir gar der Reichs=
gewalt Treue schwören sollen? Unsere Regimenter weigern
den Eid entschieden; von hundert Officieren schwört in den
östlichen Provinzen vielleicht keiner, von den westlichen
höchstens zehn. — Und Dahlmann ist (ein ehrenwerther
Mann) von der Rechten. — Wir rechnen fest auf Nord=
deutschland und Baiern. Wir wollen einen vernünftigen
Föderativstaat und sind zu bedeutenden Opfern bereit;
aber es kostet einen Bürgerkrieg, wenn man das Aufgeben
der preußischen Selbständigkeit verlangt. Man hat hier
nie die hannoversche Eifersüchtelei gegen Preußen erwiedert,
man ist am entferntesten davon jetzt. Es ist zu klar,
daß in einer engeren Verbindung Norddeutschlands viel
mehr Garantie zu einem gesunden Bundesstaate sich vor=
findet, als in der von ganz Deutschland. Man fühlt hier
jetzt wieder seine Kraft; man wird sich nicht binden lassen.

Die letzten Tage haben das Verhältniß des Volkes zum
König um tausend Prozent besser gemacht; Alles steht für
ihn; die Armee verlangt nichts sehnlicher, als Preußen zu
retten. —

Usedom hat mir sehr interessante Aufschlüsse über die
Frankfurter Verhältnisse gegeben. Peucker, der ja ein an=
erkannt tüchtiger Mann ist, hat sich auf's Aeußerste ge=
weigert, das Ministerium zu übernehmen, und nur die
Huldigungsordre gegeben, um einem schlimmeren Verlangen
des Militärausschusses der Nationalversammlung zu ent=
gehen, die den Fahneneid jetzt schon verlangen wolle.
Wird Peucker sich halten? Es ist kaum zu glauben.

Gleich nach der Reichsverweserwahl ist Usedom, ent=
rüstet über die Paulskirche und Frankfurt, über Gagern
und das Gefolge des Erzherzogs, von Frankfurt abgereist
und hier angelangt. Am Montag früh war ich bei ihm;
Abends nahm er mich mit zu dem Unterstaatssecretär des
Ministeriums des Auswärtigen, dem eigentlichen Minister,
Grafen von Bülow. Derselbe wohnt in dem schönen
Palais des Ministeriums, hinter dem der prächtigste
Garten mit alten herrlichen Bäumen. Unter diesen saßen
wir und schwelgten in der göttlichen Abendluft. Da habe
ich einmal wieder einen Abend mit geistvollen, interessanten
Leuten verlebt, die die Zeit und ihr Gewoge von oben
herab ansehen und sich frei von ihrem Unrath und Schmutz
erhalten haben. Da habe ich aber auch erblickt, was
Preußen jetzt nur noch retten kann, — nur die Armee!
Jetzt muß sich's zeigen, ob wir einen Beruf zum Leben
haben, haben wir den, so werden wir auch kräftig und
verjüngt aus dem Kampfe hervorgehen; haben wir den

nicht, nun dann verdienen wir auch unterzugehen und dann mag unser Name von der Tafel der Geschichte verwischt werden. — Gebe Gott, daß unsere Regierung fest bleibt; wenn wir jetzt nicht den Mund aufthun, so wird uns das Recht dazu genommen; wenn wir jetzt zeigen, daß wir keine Thoren sind, so kann sich die Sache noch zum Besseren wenden. — Ich habe eine Arbeit zum Druck vorbereitet, die entschieden gegen den Anschluß von Preußen an Deutschland in der proponirten Weise protestirt. —

Ich schicke Dir eine kleine Broschüre, die hier vor wenigen Tagen bei Decker erschien: „Der Krieg mit Ruß= land". Der Verfasser ist ein Obristlieutenant von Gries= heim im Kriegsministerium. Es ist eine sehr hübsche Aus= einandersetzung, die hier ein solch' enormes Aufsehen machte, daß in wenigen Stunden zwei Auflagen und zwei Tage nach dem Erscheinen schon die dritte vergriffen war. Gries= heim ist schon mehrfach außerordentlich kühn und frei mit seiner Meinung hervorgetreten und jetzt hat er so recht das getroffen, was in Aller Brust laut wurde, und Jeder= mann hatte seine Schriftchen in Händen. Aus seiner Stellung heraus hätte er nicht schreiben sollen, indessen schaden wird es ihm für die Zukunft nicht, vielleicht für den Augenblick.

Den 30. Juli.

Alvensleben hat sich für Helgoland entschieden. —

Unsere Nationalversammlung ist fleißig; sie wird bald zu Ende sein. Heute hat der König zum ersten Male die Abgeordneten bei sich zur Tafel in Potsdam. Er fängt an, sich wieder öfter dem Volke zu zeigen.

Am 1. Abends traf Alvensleben in Berlein ein. Anderen Morgen begaben wir uns auf die Reise und kamen in guter Gesellschaft zu rechter Zeit hier an. Unsere Absicht war, wie Du weißt, uns schnell am 2. Nachmittags und Abends hier etwas umzusehen und am 5. mit dem Dampfschiff nach unserem Eiland abzureisen. Aber leider war, der geringen Zahl von Reisenden wegen, die Donnerstagsfahrt des Dampfschiffes ausgesetzt worden und uns wurde die traurige Kunde, daß wir bis Sonnabend warten müßten, um expedirt zu werden.

Das Erste, was wir nun am Mittwoch noch unternahmen, war eine Fahrt im Hamburger Hafen nach den in der Umwandlung zu Kriegsschiffen befindlichen Fregatten und Dampffahrzeugen. Es sind deren fünf, von denen das erste, „Deutschland" benannt, eine Armirung von acht und dreißig Geschützen erhalten hat, das zweite, „Franklin", eine Corvette von fünf Geschützen ist, während die anderen drei, die Dampfschiffe „Hamburg", „Bremen" und „Lübeck", weniger Geschütze, aber von desto schwererem Kaliber erhalten. Ich wünsche ihnen viel Glück. — Wir zogen dann durch die Stadt und fanden uns ziemlich gut nach dem Hôtel zurück. Es war ein prächtiger Abend, und der Anblick des Alsterbassins, in dem sich hunderte von Lichtern aus den ihn umfassenden Häuserreihen widerspiegelten, ein gar prächtiger. Wir hatten unsere rechte Freude daran, und die Frische des Lebens zeigte sich in diesem Bilde durch das bunte Gewoge der Spaziergänger und das

Musiciren mehrerer Banden an den verschiedenen Cardinal-
punkten des Gewimmels. Wir gingen nun nach einem der
Pavillons am Bassin und ließen die Menge vor uns
paradiren.

Am Donnerstag früh schon rüsteten wir uns zu der
Rundschau, die wir in Hamburgs Umgebungen anstellen
wollten. Vorerst wurde mit allem Comfort gefrühstückt
und ein frisches Bad genommen; dann stiegen wir zu
Wagen und fuhren in herrlichster Luft auf dem lieblichen,
durch die Kunst mannigfaltig noch verschönerten Elbgelände
bis Blankenese. Hier wurde der erste größere Halt gemacht
und der Syllberg bestiegen. Mit vollen Zügen trank das
Auge die reizenden Farben, die Aue und Berg und Fluß
und Schiff und Dorf und Wald ihm zusandten. Der
Rückweg führte uns dann zu Bauer's Garten, der in seiner
Art das Schönste und Anziehendste ist, was ich bis jetzt
sah. Später wurde in Nienstädt bei dem weltberühmten
Herrn Jakobs dinirt, dann in Flottbeck, in Booth- und
Rainviller-Garten und an Klopstock's Grabe ausgestiegen.
Es war sechs Uhr, als wir wieder anlangten. Nach langem
Spaziergange am Alsterbassin wurde dann noch ein Blick
in die Belustigungen der Matrosen und der vergnügungs-
süchtigen Hamburger gethan. Ein Tanzvergnügen im
schönen Elbpavillon gab uns Gelegenheit dazu. — Heute
Morgen sollte nun eine Fahrt in die Umgebungen Hamburgs nach der entgegengesetzten Seite von Blankenese hin
gemacht werden. Leider begünstigte uns der Himmel nicht.
Es regnete unaufhörlich und erst Mittags stiegen wir in
den Straßen, Weinstuben und schönen Gebäuden Hamburgs
umher. Heute nach Tisch wollte ich im Theater Fanny

Elsler tanzen sehen, fand aber kein Billet mehr. Mein zuweilen etwas hypochonderer Reisegefährte war klüger gewesen und war zu Wasser nach Eppendorf hinausgefahren. — Morgen früh geht's in die wogende See. Grüße die Eltern und Geschwister herzlichst. Ich bin ganz froh über den österreichischen Sieg!

Helgoland, den 6. August.

Nur wenige Worte mit diesem Schiffe. Ich bin mit schöner, glücklicher Fahrt ohne Seekrankheit hier angelangt. Helgoland ist wunderschön; trotz aller Bilder und Ansichten, die man kennt, imponirt es ungeheuer. Wir haben heute gleich das Meer in voller Aufregung gesehen. Wir fuhren etwa um zwölf Uhr hinüber zur Düne, hatten das schönste Bad von der Welt, mußten dann aber bis sechs Uhr Abends warten, bis wir zur Insel zurückbefördert werden konnten. Mir war die Zeit nicht lang. Ich schlürfte die Seeluft mit wahrer Wollust ein; der Eindruck der See und des Lebens daran macht mich fast zum Kinde, solche Freude empfinde ich. Die Rückfahrt war mit den schönsten Wellen, nicht ohne Bedenklichkeit für ängstliche Herzen. Wir waren auf einer Strecke, zu deren Zurücklegung man sonst fünfzehn Minuten gebraucht, eine Stunde unterwegs. Erst gegen acht Uhr kamen wir zum Souper. Jetzt ist es neun, der Brief muß zur Post.

Den 13. August.

Nach langem Harren brachte mir endlich das Ham=
burger Dampfschiff erst gestern Abend Briefe von Euch. —
Zunächst die Mittheilung, daß es mir gut geht,
daß mich Wasser und Luft wunderbar erquicken und er=
frischen und daß ich auch körperlich die Wirkungen des
Bades täglich mehr empfinde. — Die Verhältnisse selbst
entziehen uns jede aufregende Nahrung. Zeitungen kommen
wöchentlich nur zwei Mal mit den Dampfschiffen. Jeder,
der hierher ging, kam auch mit der Absicht, die Politik
und die Verwirrungen der Heimath sich entfernt zu halten,
und vermeidet jede dahin gehende Andeutung in den Ge=
sprächen. Fast ist Einem, der so von dieser Kost zehrte
wie ich, dieselbe hier zu spärlich zugemessen. Ich hungere
zuweilen, empfinde aber dabei, daß mir dieses Fasten nicht
schlecht bekommt. Wenn ich nun schon zwei Punkte nannte,
welche die Ankunft des Schiffes interessant machen, des
einzigen Verkehrsmittels mit dem Festlande, so wirst Du
die Wichtigkeit dieses Moments noch mehr zu würdigen
wissen, wenn Du erwägst, wie interessant für die hiesige
Gesellschaft es sein muß, wenn neue Gäste hier eintreffen.
Da werden auf die Anzahl derselben Wetten gemacht,
ebenso auf die Stunde der Ankunft des Schiffes; das ganze
Personal versammelt sich in den beiden Pavillons am
Anlandungspunkte; die Musik placirt sich, mit den besten
Noten bewaffnet, die Kanone ist geladen, die Flaggen
wehen. Schon zwei bis drei Stunden vor Eintreffen ist
das Schiff in Sicht. Endlich hat es Anker geworfen, die
kleinen Boote fahren ab, um Passagiere und Effekten

herüber zu holen. Nun wird rasch eine Gasse gebildet, durch welche die von Krankheit und Seefahrt ermüdeten Ankömmlinge durchpassiren müssen, und Jeder seine Nummer erhält. Hat man so gehörig inspicirt, gezählt und geläßtert, so stürzt Alles die große 165 Stufen haltende Treppe hinauf nach dem Oberlande und nimmt dort auf der Post Briefe und Sendungen in Empfang. Dieses sind die großen epochemachenden Ereignisse im Helgolander Bade= leben. Die dazwischen liegende Zeit wickelt sich ruhig und gleichmäßig ab. Mit dem Frühaufstehen ist es nicht weit her; man ist zu ermüdet von dem Bade und dem See= winde, und das um so mehr, als es untersagt ist, bei Tage zu schlafen. Nachdem Alvensleben und ich den Kaffee mit Ruhe eingenommen, steigen wir in's Unterland herab und lassen uns auf den schwellenden Wogen zur Düne überführen. Es ist ein großes Vergnügen, wenn der Wind günstig ist, das Segel beigesetzt werden kann, und nun pfeilschnell durch die Wellen hindurch das tanzende Schiff fliegt. Wir tanzen oft recht ordentlich zum Schrecken der Damen und zur Freude der Herren. Angelangt, eilt Alles zum Strande und bald empfängt uns die köstliche kristall= helle Welle. Sie sind hier bis jetzt so gewaltig gewesen, daß man nur mit Mühe ihnen gegenüber stehen bleiben konnte. Ich kann mich ihnen immer nur mit schwerem Entschluß entwinden. Sie überstürzen meistens den ganzen Körper und trotz ihrer geringen Temperatur von 10—13° erwärmt ihr kräftiger Schlag. Ist das Bad nun vollendet, ist ein frugales Frühstück im Dünen=Pavillon eingenommen, so führt das Boot die Erquickten wieder heim, wo neue Spaziergänge, Wasserfahrten, Conversation und Toilette die Zeit bis zum Diner um drei Uhr rasch vorübergehen lassen. Der Raum für die Spaziergänge ist nicht groß und das schlechte stürmische Wetter der letzten Tage erlaubte nur kaum immer den Männern, dieselben zu verfolgen. Wenn sie aber auch rasch zu den Schranken führen, die ihnen das wilde Meer setzt, so sind sie darum nicht weniger belohnend. Wie fesselt das ewig in Farben und Gestalten wechselnde Meer nicht den Blick! Die weiße Düne liegt der Ostseite der Insel so malerisch vor, und längs der Süd- und Südwestseite führt die große Handelsstraße von den Elb- und Weser-Mündungen nach England und Nordamerika fortwährend Schiffe der verschiedensten Größe, die dem bewaffneten wie unbewaffneten Auge fortwährend anziehende Weide verschaffen. Tritt man nun gar heran an die 200—300 Fuß hohen schroffsten Abhänge und blickt in die brausende Brandung, die fortwährend an dem schmalen Grunde, den sie der Insel gelassen hat, nagt, schaut in die Grüfte und Thore, die an der ganzen Süd- und Westseite der Insel aneinander gereiht sind, so ist man so leicht nicht im Stande, sich dem Versinken in diese Schönheit zu entziehen. Ist also die Zeit glücklich und wirklich ohne daß man ihren raschen Lauf empfindet bis zum Diner getilgt, so nimmt dieses wieder die Stunden von 3—5 Uhr in Anspruch. Hier trifft man dann mit den Herren zusammen, die sich namentlich an einander geschlossen haben. Es sind heitere, witzige und angenehme Leute, ohne daß ihr Umgang mich auf die Länge der Zeit irgend wie zu fesseln im Stande wäre. Drei schlesische Grafen, die Herren v. L. und v. O. ebenfalls aus Schlesien, ein österreichischer Graf und ein Herr v. Scheele aus Berlin,

den ich schon kannte. Diese und Alvensleben und ich
finden uns in der Regel zusammen, machen die nämlichen
Partien und amüsiren uns recht gut. Man ißt hier be=
friedigend, nur sehr stereotyp das Nämliche, viel Fisch.
Nach Tisch wird am Strande in einem der Pavillons
Kaffee getrunken, dann entweder wieder zu Wasser oder
zu Lande promenirt, bis daß der Abend herankommt, der
die ganze Gesellschaft im Conversationshause versammelt,
wo Spiel, Zeitungslesen und Conversation die Zeit kürzen.
Ich war in den ersten Tagen immer außerordentlich auf=
geregt nach dem Bade und konnte während der Nacht
nicht schlafen. Dazu kamen noch die heftigen Stürme
der vorigen Woche. Wir wohnen im Oberlande zwei
Treppen hoch; wir wählten diese Wohnung der schönen
Aussicht wegen. Die Häuser sind hier aber so leicht
gebaut, daß wenn der Wind sie von der rechten Seite
faßt, sie in einem heftigen Schwanken bleiben. Nun
hatten wir nicht allein Wind, sondern den heftigsten Sturm.
Ich glaubte in der Nacht vom 5. auf den 6. und in den
darauf folgenden Nächten jeden Augenblick, die Fenster
und Dächer müßten eingedrückt werden. Dazu kam, daß
die Bretterdecke oben das durch das Dach dringende
Wasser nicht abhielt und bald Stube und zuletzt sogar die
Betten schwammen. Ich darf indeß nicht klagen, denn
Dank dieser Stürme sahen wir am Tage das Meer in
dieser herrlichen Aufregung, in der es seine ganze Macht
und uns seine stolze Gewalt entwickelte. Du wirst in der
Zeitung gelesen haben, daß der Dienstags=Sturm auf der
Elbe so bedeutenden Schaden that; hier diente er nur um
etlichen Schrecken in die Gesellschaft zu bringen.

Einen bedeutenden Gegenstand der Unterhaltung bilden die Dänen. In der Nachbarschaft von Helgoland kreuzen jetzt drei Fregatten, die „Gefion", „Bellona" und „Thetis"; drei schöne imposante Fahrzeuge, die oft so nahe in Sicht kommen, daß die Schiffchen der Badegesellschaft sie umfahren. Sie senden dann und wann Boote aus, um von der Insel Proviant und Depeschen in Empfang zu nehmen. Man war hier zuerst besorgt, die Blokade der Elbmündung würde unsere Rückkehr nach dem Festlande bedeutend erschweren, ja vielleicht unmöglich machen. Indessen der Befehlshaber der dänischen Schiffe hat die Versicherung ertheilt, daß durch die Erneuerung oder vielmehr Erweiterung der Blokade keine weitere Behinderung für die Badegäste eintreten sollte, wie dies schon früher zugesagt wurde. Du kannst demnach auch ohne Sorgen für mich sein.

Was den Wunsch der Meinigen anbetrifft, daß ich schon vor dem 29. d. Mts. in Hannover eintreffen möchte, so kann ich demselben wirklich nicht willfahren. Mein Arzt in Berlin wünschte, ich möchte wenigstens dreißig Bäder nehmen. Wenn dieses nun auch nicht möglich sein wird, so will ich doch so viele nehmen, daß ich einigermaßen auf Erfolg rechnen kann. Wenn man einmal bei so geringen Mitteln, wie sie mir nur zu Gebote stehen, eine Badereise unternimmt, so muß man auch einige Garantie dafür haben, daß sie Nutzen bringt.

Für heute schließe ich. Eben kommt das Dampfschiff. Bringt es mir Briefe? — Du freust Dich, daß ich bei der Brentano'schen Rede in Frankfurt nicht anwesend war; ich theile diese Freude vollständig. Die Linke hat jedenfalls keinen klugen Streich gemacht, daß sie den Inhalt dieser

Rede zu ihrer Sache erhob; ich freue mich indessen doch darüber, denn auch dieser Vorfall führt wieder weiter von Undingen ab.

Den 18. August.

Seit meinem letzten Schreiben haben wir gutes Wetter bekommen; wir konnten weitere Ausfahrten unternehmen und im schönen Mondenschein Stunden auf den Felsen und Klippen zubringen. Ich erzähle Dir weiter von unserem Inselleben. Unsere Spaziergänge beschränken sich, schärfer in's Auge gefaßt, auf die an den Klippen und diejenigen in den Alleen. Denke Dir dabei nur keine prachtvolle Baumreihen. So schlimm ist's freilich nicht, wie's die Leute machen, daß kein Baum auf Helgoland sichtbar sei. Die kleinen Gärtchen der hübschen, reinlichen Häuser entfalten manchen Busch und manchen Strauch, der Anspruch auf den Namen Baum machen kann. Die genannten Alleen aber entbehren dieselben wirklich, und ihre Namen werden Dir gleich sagen, woraus sie bestehen. Die vornehmlichste ist die des Oberlandes, die ganze Länge der Felseninsel, 2300 Fuß, durchmessend, und heißt Kartoffelallee, weil sie fortwährend durch Kartoffelfelder hindurchführt. Die zweite ist die Bindfadenallee. Zwei Seiler ziehen in ihr rechts und links Bindfaden; sie führt aus den engen Häuserreihen des Unterlandes, das dem Oberlande östlich, also den Dünen zu, vorliegt, an die Felsen heran und ist die vornehmlich von den Schwachen benützte, weil sie vor Wind geschützt ist und ihre Benützung nicht das Ersteigen der bösen Treppe fordert.

Mannigfaltiger als diese Spaziergänge sind natürlich die Wasserfahrten. Die beliebteste ist die um die Insel herum, die auch am leichtesten zu bewerkstelligen ist. Nur bei sehr niedriger Ebbe und unter großer Anstrengung kann man auf den der Insel vorliegenden Felsen dieselbe auch umgehen; sonst muß man, will man den herrlichen Anblick auf ihren Kanten genießen, ein Boot nehmen, das Einen in ein und einer Viertelstunde herumfährt. Ich machte die Fahrt schon zweimal. Beide Male stiegen wir an geeigneten Punkten aus und kletterten in die vom Wasser ausgespülten Höhlen und Durchbrüche, die unendlich malerisch und pittoresk sich längs der ganzen Süd= und Südwestseite aneinanderreihen. Die ganze Insel besteht aus Thonstein, die Grotten und Kanten sind alle roth ge= färbt, das den überraschendsten und schönsten Gegensatz zu dem lieblichen Grün des Meeres, dem die schäumenden weißen Wellen entstürzen, bildet.

Auch eine weitere Fahrt in die See auf größerem Schiffe unternahmen wir schon, wo man mit einem Blicke die ganze Ansicht der Insel von der Westseite her gewinnen konnte, die bei Weitem schöner ist, als die von der Düne her, wo die bunten modernen Häuser nicht angenehm mit der einsamen, fast öden Insel kontrastiren. Solche weitere Fahrten sind dann allerdings leicht mit Anwandlungen von Seekrankheit verbunden, die sie daher weniger angenehm machen. Will man aber die Wellen des ewig bewegten Neptun's sehen, will man das Schaukeln auf ihnen ge= nießen, dann muß man hinaus. Gestern hatten wir nun noch ein specimen, eine dritte Art von Wasserfahrt; wir fuhren in großer Anzahl, mit einem Kahn mit Musik

zwischen uns, nach der Düne und nahmen dort den Kaffee.
Die Brandung des Meeres ist nirgends schöner und ge=
waltiger, als gerade dort. — Heute Abend werden wir
aber noch erfinderischer in unseren Unternehmungen sein;
wir werden im Mondschein, hoffentlich sogar mit See=
leuchten, um die Insel fahren. Ich verspreche mir sehr
viel davon. Wie unendlich schön tanzt nicht das Mondlicht
auf den Wogen. Diese Lichtreflexe, wenn Luna ihre
Strahlen auf die oft mehr, oft minder bewegten Wasser
wirft, zaubern den Anschauenden fest und bannen ihm
Gedanken und Gefühle. Jeden Abend und jede Nacht
(neulich sogar erst um ein Uhr) ward noch ein Spazier=
gang nach der Südspitze unternommen und mit nie ge=
ahntem Vergnügen in die glänzenden Fluthen, die ernst
und drohend die dunklen Felsen begrenzen, geschaut. Es
ist, als wenn die Wellen den Geliebten da oben zärtlich
umfangen, ihm die freundlichsten, süßesten Schmeicheleien
zuflüsternd.

Zweimal wöchentlich haben wir auch Tanzvergnügen,
an welchem nicht allein die Badegesellschaft, die jetzt noch
etwa 2—300 Personen umfaßt, sondern auch die Aristo=
kratie Helgolands vertreten ist. Diese liefert namentlich
eine große Anzahl Tänzerinnen, die mit recht vielem natür=
lichen Anstande dem Ganzen fast noch mehr Reiz geben,
als die übrige Gesellschaft. Du wirst Dich wundern,
zu hören, daß ich besonders am letzten Sonntage viel
getanzt habe. Ich kam erst nach neun Uhr, fand den
Ball schon bis auf drei Tänze beendigt, wollte auch diese
verschmähen, als ich den Mangel an Tänzern wahrnahm.
So tanzte ich denn sogar den Cottillon und wurde nun

so viel geholt, daß ich kaum zu Athem kommen konnte. Oh! wie eitel! „Alter schützt vor Thorheit nicht" wirst Du sagen und mit Recht, Dich aber doch freuen, daß ich mich amüsirte.

Den 22. August.

Mir geht es im Allgemeinen gut, obgleich ich oft sehr aufgeregt und angegriffen vom Baden bin. Das Wetter, das uns bislang, nachdem die ersten Stürme vorüber waren, so sehr begünstigte, ist wieder unfreundlicher geworden. In dieser Nacht und heute früh haben wir den heftigsten Sturm gehabt, so arg, daß es nicht möglich war, von hier nach der Düne zu kommen, und wir das Bad aussetzen mußten. Dafür erschien das Meer aber in einer Großartigkeit und Schönheit, wie ich es mir nie denken konnte; mit Schaum übergossen wälzte es sich in ungeheuren Wellen gegen die Felsen heran und tobte und brüllte vor Aufregung. Der Sturm war so stark, daß man nur mit äußerster Anstrengung, da wo er Einen recht faßte, aufrecht stehen konnte; gegen ihn anzugehen, war ganz unmöglich, und selbst mit ihm in der Seite war es eine wahre Arbeit, bis zur Nordspitze zu gelangen, welchen Weg ich aber dennoch zwei Mal gemacht habe. Die Expedition war zu belohnend. Hier tobte das Meer auf beiden Seiten der Schauenden, und die weiß übergossenen grünen Fluthen erneuerten allaugenblicklich das grausig prächtige Schauspiel. Du siehst, daß selbst beim schlechtesten Wetter das Auge und die Phantasie hier vollauf zu thun haben, um zu genießen, was geboten wird. Dieses wird

fast noch übertroffen durch das, was uns während der
Vollmondszeit und der ihr folgenden Tage zu Theil wird.
Wir haben zwei Fahrten um die Insel im Mondenscheine
und während seines Auftauchens gemacht, die unvergleich=
lich schön waren. Das Meer war fast ganz ruhig, dreizehn
Boote, bald enger zusammengeschlossen, bald weiter getrennt,
umruderten die Klippen bei den melodischen Tönen einer
Trompetenmusik oder eines vierstimmigen Männerchors.
Die Klippen lagen bald im tiefsten Dunkel, während
tausend Lichter auf den kaum bewegten Fluthen spielten,
bald traten sie im magischen Halbdunkel aus denselben
hervor und erschienen um so großartiger und geheimniß=
voller. Wunderbar schön schattirten sich dazu die Wolken,
aus deren Thor das Mondlicht hervorbrach, und kamen
die Boote in den Schatten, so entzauberten die Ruderschläge
tausend Funken dem leuchtenden Meere. Was die letzte
dieser beiden Partien besonders begünstigte, war der Gesang
eines Männerchors, das von Bremen herübergekommen
war und hier Concerte gab. Es sang uns die Loreley
und einige Volkslieder, während die Boote auf den Wogen
nur kaum noch fortgetrieben wurden und der Mond eben
aus dem Wolkenhause hervorlugte. Ich bin selten so
magisch angehaucht gewesen von unserer Mutter Natur und
hätte Alles in der Welt darum gegeben, Dich neben mir
zu haben. — Eine andere Seefahrt machten wir nach einem
der dänischen Kriegsschiffe, der Fregatte „Bellona." Man
empfing uns mit großer Aufmerksamkeit und führte uns
überall umher. Es ist ein stattliches Schiff; ich war
frappirt von den Dimensionen seiner Maaße 2c., obgleich
man mir sagte, es werde durch andere bei Weitem über=

troffen. 46 Geschütze sind auf ihm bereit, wie überhaupt
Alles sich im Gefechtszustande befindet. Man hat diese
kleine Flotille von drei Fregatten mit 54, 48 und 46 Ge=
schützen, einem Schooner von 10 Geschützen und zwei
Dampfschiffen hier zusammengezogen, um den deutschen,
in Hamburg ausgerüsteten, Kriegsschiffen sogleich beim
Verlassen der Elbe entgegentreten zu können und sie wahr=
scheinlich augenblicklich als gute Prise heimzuführen. Der
Kommandeur Sten Bille, der schon vor einigen Monaten
vor Friedericia von sich reden machte, war zuvorkommend
artig, mit echter Seemannsphysiognomie, ruhig, verschlagen
und kühn. Die Leute waren nicht besonders gehalten.
Wir haben fast täglich die dänischen Schiffe in Sicht;
fast täglich hören wir Schüsse von ihnen, mit denen sie
den Kauffahrern ihre Gesetze vorschreiben. — Auch ander=
weitige Unterhaltungen haben nicht gefehlt; wir haben
wieder getanzt, aber ich sehr wenig, einentheils war es
mir nicht bekommen, anderentheils hatte ich keine Lust.
Gestern haben wir sogar auf Anstiften der Gräfin H.,
deren Kreis ich mich vielfach angeschlossen hatte, Bauern=
feld's „Bürgerlich und Romantisch" mit vertheilten Rollen
gelesen. Heute Abend haben wir wieder ein Concert. Du
siehst, es fehlt mir hier nicht an Kurzweil, selbst wenn das
herrliche Meer nicht wäre, das mich indessen mehr fesselt,
als alles Andere.

Den 24. August.

Du erhältst diesen Brief später, weil das Dampfschiff,
das wegen des Sturmes nicht erschienen, erst heute ange=
langt ist und morgen wieder von dannen will. Gestern

war es nichts weniger als freundlich auf der Insel; heut
schien anfangs die Sonne und ich machte mit Alvensleben
eine Fußtour um die Insel unten, da man nur während
der Ebbe gehen kann, wo sonst die Fluth braust. Da
sieht man erst die Schönheit der einzelnen Klippenpartien
und verliert sich in den kühnen Ueberhängen ꝛc. der Felsen.
Bald schneidet sich der Himmel und das Meer wunderbar
schön durch zwei vorspringende Felsenkolosse ab, bald erblickt
man beide und die lange Wand der Felsen durch ein
riesenhaftes Thor, hier „Gebs“ genannt. Sodann fuhren
wir nach den Seehundsklippen, langen Riffen, die sich von
den Dünen aus in's Meer erstrecken und wo die Seehunde
beim Sonnenschein in langer Reihe lagern. Wir erquickten
uns an der köstlichen Luft und dem schönen Wiegen auf
dem reizenden Elemente. Heute Nachmittag regnet es schon
wieder und so hat eine Wettfahrt, die von den Schiffern
veranstaltet werden sollte, unterbleiben müssen. Wenn man
sich dem Leben auf dem Wasser entziehen muß, so fehlt
dem hiesigen Leben doch der Hauptreiz. Freilich ist das
Lesen der Komödien mit vertheilten Rollen fortgesetzt
worden, indessen die Wahl war unglücklich, und man unter=
hielt sich wohl, aber nur schlecht. — Morgen verläßt unser
Eiland ein großer Theil der Badegäste, sogar der ange=
nehmere. Mittwoch werde ich wohl folgen. — Ich habe
gar keine Nachrichten aus Berlin. Man scheint dort der
Armee wieder arg mitspielen zu wollen.

Berlin, den 3. September.

Nach meiner Heimkehr hatte ich Besuche zu machen. Ich war bei Horn's, wo viel Glück im Hause, während er doch tief erschüttert und ernst dem Bergabgehen unseres äußeren Staatslebens zuschaut. Auch bei Nöldechen's, wo sich die Unterhaltung fast nur um unsere innere Politik drehte, in welcher wir auf einem Punkte angelangt sind, der der entscheidendste seit den Märztagen zu nennen sein möchte. Ich bekomme bei solchen Gesprächen oft Sehnsucht nach der Musik des Meeres und seinen herrlichen Wellen!

Durch die Mißklänge, die von allen Seiten an mein Ohr dringen, durch das Toben des Sturmes und das Wüthen der Elemente tönt mir Deine Stimme wie besänftigende Harmonie. Die Liebe muß der Anker sein, an dem unser Lebensschiff, fest gelagert, den drohenden Stürmen trotzt. Bewahre Dir und mir die Fröhlichkeit Deines Herzens, ungetrübt durch den Ernst des Lebens!

— Du schreibst mir über Frankfurt und berichtest von den vielen lautgewordenen harten Urtheilen über Preußen. Nun hat sich dort die Nationalversammlung so außerordentlich übereilt, warum sollen es nicht noch andere Leute thun, die noch weniger in die Geheimnisse der Politik eingeweiht sind als Frankfurt? Es wäre doch seltsam, wenn die hohe wohlweise Nationalversammlung dennoch ratificirte! Hier spricht man jetzt weniger von Frankfurt, man hat mit sich selbst zu viel zu thun. — Ich wünsche oft, die Stille, die hier jetzt herrscht und die die Stille vor dem

Sturm ist, würde unterbrochen und der Kampf bräche los. Aber wer kann für den Erfolg stehen? Die Demokratie hat hier seit den fünf Wochen, die ich abwesend war, enorme Fortschritte gemacht. Was steht nicht auf dem Spiele! Könnte es vermieden werden!

Den 9. September.

Ich schrieb nicht früher, weil ich hoffte, etwas Definitives über die Entscheidungen in unserer, Alle auf's Höchste spannenden, momentanen politischen Lage mittheilen zu können. Nach der am Donnerstag erfolgten Abstimmung der Nationalversammlung, in der das Ministerium Auerswald eine bedeutende Niederlage erlitten und welche ganz Berlin in die größte Aufregung versetzt, hatte das Ministerium dem Könige seine Demission eingereicht. Der König ist in der schlimmsten Lage. Nimmt er das Anerbieten des Ministeriums an und erkennt damit zu Recht, daß die Nationalversammlung auch in Verwaltungsangelegenheiten eine bestimmende Meinung abgeben kann, so erkennt er auch damit die Souveränitäts-Prätension der Nationalversammlung an, begiebt sich in der That von dem bis jetzt festgehaltenen Boden der Vereinbarung mit dem Lande auf den der Revolution und büßt so den letzten Rest von Macht, der ihm bis jetzt geblieben, auch noch ein. Thut er das Gegentheil, hält er das Ministerium und löst er die Nationalversammlung auf, so muß er damit auch auf die Durchführung eines Kampfes mit den Waffen in der Hand gefaßt sein. Daß es zu dem letzteren kommen

muß, darüber ist man hier allgemein einig, nur bezweifeln
Viele, daß dies der richtige Zeitpunkt für die Auflösung
der Nationalversammlung und damit für das Wiederher=
stellen des Ansehens der Gesetze mit der Gewalt der
Waffen sei und wünschen diesen noch mehr hinausgerückt.
Der König hat bis jetzt gezögert zu entscheiden, hat indessen
vorläufig die Demission der Minister nicht angenommen.
Sehr wohl möglich, daß es mit dem erwarteten, aber nicht
erfolgten Eintreffen der Truppen aus Holstein zusammen=
hängt. — Es sind in und um Berlin sechzehn Bataillons,
acht und zwanzig Schwadronen und acht und vierzig Ge=
schütze concentrirt, von denen vierzehn Bataillons und
sechzehn Schwadronen zur sofortigen Verwendung dastehen
möchten. Die Macht ist hinreichend, um, wenn sie ent=
schieden und ohne jede Schonung geführt wird, Berlin
niederzuhalten; aber haben wir die Kraft, auch alle Con=
sequenzen eines solchen Kampfes auf uns zu nehmen? —
Wir stehen an dem wichtigsten Momente unserer Revolution
seit dem achtzehnten März. Wird die Nationalversamm=
lung gehen, wenn man sie auflöst? Wird sie nicht gleich
eine provisorische Regierung bilden? Was wird das Land
dazu sagen? Und wenn sich auch der König für ein
neues Ministerium entscheiden sollte, woher soll er es
nehmen? Ein Ministerium der Rechten wird sich niemals
willig finden, dem Begehren der Nationalversammlung
Folge zu leisten; eines der Linken hat eben so wenig,
wie eines des linken Centrums, irgend wie auf eine Ma=
jorität in der Versammlung zu rechnen. Mit Frankfurt
steht gleichfalls der Bruch vor der Thür. Unsere Truppen
haben die gemessensten Befehle, ihren Rückmarsch aus

Schleswig fortzusetzen. — Man ist gespannt darauf, was
Wrangel, und namentlich, was Hannover thun wird.
Hannover entscheidet augenblicklich mehr oder weniger das
Geschick Deutschlands. —

Dieser Tage wird ein von mir geschriebenes Beiheft
des Militär=Wochenblattes über die dreijährige Dienstzeit
bei unserer Cavallerie ausgegeben. Während dasselbe mir
einige kleine Verdrießlichkeiten, als gegen eine Broschüre
eines Major H. gerichtet, gemacht hat, hat es mir die
Zustimmung des Generals und Anderer eingetragen.

Potsdam, den 22. September.

Ich bin seit Mittwoch etwas in Bewegung gesetzt
worden. Die Truppen nämlich, die in diesem Augenblicke
Berlin als eherner Reif umgeben und die mit denen in
Berlin selbst unter das Commando des zum Oberbefehls=
haber sämmtlicher Truppen in den Marken ernannten
Generals von Wrangel gestellt sind, etwa 30,000 Mann,
sind in verschiedene Abtheilungen, Brigaden, getheilt, und
einer jeden solchen ist ein Generalstabsofficier beigegeben
für die unter den jetzigen eigenthümlichen Verhältnissen
vorkommenden Geschäfte; als solcher bin ich denn nach
Potsdam entsendet und habe gestern meinen Dienst ange=
treten. — Gottlob, daß ich für den Augenblick aus dem
jetzt fatalen Berlin heraus bin! Der Aufenthalt wurde
dort täglich unangenehmer. Die Krisis naht. Die Frank=
furter Ereignisse und die Ernennung Wrangel's können sie
vielleicht noch hinausschieben, indem Beides den Demokraten
etwas genommen hat. Der Riß zwischen König und

Kammer ist indessen zu gewaltig hervorgetreten; ich glaube
nicht, daß man im Stande sein wird, ihn friedlich wieder
auszugleichen. Wohin sich dann die Entscheidung wendet,
wer vermag das vorauszusagen? — Doch guten Muthes!
Ich bin nun bei den Truppen und habe bei ihnen den Platz,
der meinen Gesinnungen und Ansichten entspricht, stehe
nicht mehr wie in Berlin isolirt, wo man im Falle eines Zu=
sammenstoßes riskirt todtgeschlagen zu werden wie ein Toller.

Wrangel hat sein Hauptquartier vollständig nach
Charlottenburg verlegt. Hier ist es wie in einem Feld=
lager. Truppen aller Gattungen, Jäger, Grenadiere,
Artilleristen, Küraſſiere ꝛc. Die Ordonnanzen kommen und
gehen. Briefrelais sind eingerichtet. Parole und Feld=
geschrei werden ausgegeben ꝛc. Heute Mittag holten wir
die Gardeschützen, die von Schleswig kamen, herein. Mit
Kränzen überdeckt, Blumen an Helm und Brust, zogen die
dunklen, sonnverbrannten Schaaren ein. Es war ein
hübsches militärisches Bild. — Vorgestern Vormittag hielt
Wrangel in der Stadt Berlin eine Parade der dortigen
Garnison ab. Es war das erste Mal, daß Berlin diese
seit dem 18. März zu sehen bekam. Wrangel benahm sich
sehr geschickt und benutzte jeden Umstand, die Parade zu
dem zu machen, was sie sein sollte, nämlich eine entschiedene
Demonstration gegen die Republikaner und Demokraten.
Am Schlusse der Parade hielt er eine Anrede an die
Officierkorps, in deren Kreis sich sehr à propos eine
Masse Berliner Bürger drängte. Die Rede war sehr ent=
schieden, dabei mäßig. Großer Jubel wurde laut, als er
geendigt hatte. Sein Auftreten imponirte außerordentlich.
Auf der Parade erhielt ich den Auftrag für Potsdam.

Mein General ist ein noch jugendlicher, liebenswürdiger Mann, dessen Name hier in der Garnison und auch in der Armee einen sehr guten Klang hat. Potsdam's wahrhaft schöne Lage bietet Einem nichts, wenn man in dem Grade gespannt ist, wie wir es sind! —

Beifolgend übersende ich Euch einen Brief, den ich in die Armee geschickt habe. Er ist als Beilage zu der „Neuen Preußischen Zeitung", aber auch anderweitig, vertheilt; er wurde in Folge des bekannten Stein'schen Antrages geschrieben und gedruckt. Für die genannte Zeitung habe ich überhaupt schon mehrfach Artikel geliefert. Obgleich sie nicht ganz meine Ansichten vertritt, so nähert sie sich denselben doch am Meisten. Durch diese kleinen Arbeiten habe ich mir die Gewogenheit vieler Leute gewonnen, namentlich auch des Generals von Gerlach, der mich neulich aufforderte „Connexionen zu suchen" und mich dem russischen Gesandten und dem General-Adjutanten des Königs, General v. Rauch, vorstellen wollte. Dieser war lange Zeit unser militärischer Gesandter in Petersburg. —

Offener Brief an die Kameraden.

Bei der Auflösung fast aller gesellschaftlichen und korporativen Verhältnisse in Deutschland und bei dem Interesse, welches die Partei, die jetzt in unserem größeren Vaterlande die herrschende zu werden strebt, für dieses Zersetztwerden des Bestehenden haben mußte, konnte es auch an Angriffen, versteckten und offenen, auf die größeren stehenden Heere nicht fehlen. Die Angriffe wurden um so erbitterter und

verwegener, als die festgeschlossene Phalanx der Armee bald
noch das Einzige war, was diesen destructiven Bestrebungen
widerstand. In Wien, wie in Frankfurt, wie in Berlin,
sind es dieselben Wünsche nach Anarchie, die bald die
Führer der Truppen und sie selbst verunglimpfen hießen,
bald unter dem gleißnerischen Vorgeben, die Lage der
„geknechteten" Mannschaften verbessern, ihnen Theil an den
„Errungenschaften der glorreichen Märztage" verschaffen zu
wollen, an der Disciplin und der Anhänglichkeit für das
alte Herrscherhaus und die Fahne rütteln. Dort schürt
man den traurigen und unglücklichen Zwiespalt zwischen
der Bevölkerung und der aus ihr hervorgegangenen, in sie
zurückkehrenden Armee; man scheut sich nicht, die lügen=
haftesten Entstellungen in die Welt zu schicken, indem man
weiß, daß man in der leidenschaftlich erregten Masse Gehör
und Anklang findet; man verschmäht es sogar nicht, die
Waffenehre der eigenen Truppen anzutasten, wenn damit
nur dem eigennützigen und eitlen Streben gedient wird.
Hier redet man von Verkürzung der Dienstzeit, Herstellung
von milderen Strafgesetzen, Betheiligung beim Petitions=
und Associationsrechte ꝛc. Den Unwillen, den die Mainzer
Republikaner empfanden, als ihr schnöder, schlecht ver=
steckter Versuch mißlang, die bedeutendste Deutsche Grenz=
festung den Preußischen Händen zu entreißen: denselben
Groll empfinden fortwährend die süddeutschen und Berliner
Radikalen, wenn ihre folgerecht fortgesetzten Zersetzungs=
bestrebungen an unserer Armee wie an einem Felsen von
Granit scheiterten. Ja, Gott sei's gedankt! noch stehen wir
fest und unverrückt zum Heile des Vaterlandes und als
kräftige Wehr unseres Königs!

Der letzte Streich, den man gegen uns zu führen ver=
suchte, war das Ansinnen der Nationalversammlung an
das Ministerium: Es solle es den Officieren zur Ehrensache
machen, den Abschied zu nehmen, wenn ihre politischen
Ueberzeugungen nicht den in der Neuzeit angebahnten
politischen Entwickelungen geneigt wären! Abgesehen von
dem Rechte und der Competenz jener Versammlung, einen
derartigen Einfluß auf das Ministerium zu prätendiren,
soll die Leiterin unserer Handlungsweise, unsere höchste
Gesetzgeberin, die Ehre, das größte Gut, welches wir
besitzen, in jenem Beschluß der Nationalversammlung zur
Magd des verächtlichsten Strebens, des Verraths am
Vaterlande gemacht werden. Der war nicht dumm, der
sich den Vorschlag dazu aussann; er wußte wie hoch in
unseren Herzen die Ehre ihren Platz findet, und war mit
Recht überzeugt, konnte er die Ehre zu seiner Bundes=
genossin machen, so hatte er bald volle Gewalt über unsere
Handlungsweise. Doch die Ehre, mit der er den Bund
schloß, ist eine Afterehre, eine feile Metze, die, wenn man
ihr in's Gesicht blickt, sich bald als geschminkte und über=
tünchte Leiche zeigt. Unsere Ehre, dies heilige Gut
unseres Lebens, vor der wir uns mit Inbrunst beugen,
sie ist voll Leben und hehr und schön. Sie blickt herab
von unseren Fahnen und fesselt uns und unsere Kräfte an
sie, so lange sie noch unbefleckt und heilig wehen!

Worin muß der Officier jetzt vor Allem seine Ehre
suchen? In dem Festhalten des Platzes, den er einnimmt.

Dahin weist ihn die Erkenntniß der unendlich hohen
Bedeutung der Armee in diesem Augenblicke; eine Bedeu=
tung Preußen, Deutschland und dem Ausland gegenüber. —

Das aufgeregte Meer der Volksleidenschaften wogt und tobt. Da ist nichts mehr, was ihnen einen festen, sicheren Damm entgegensetzen kann, und Thron und Gesetz, Religion, Bildung, Kunst und Kultur laufen Gefahr, von ihnen verschlungen oder zerstört zu werden. Nur eins noch wanket nicht. Das Heer! Da ist die alte Pietät, die alte Kameradschaft, die alte Disciplin, und fest geschlossen Brust an Brust schlagen alle Herzen für das alte Regenten= haus, das alte Vaterland, den alten Ruhm der Intelligenz und der Humanität. Der Adel ist als Körperschaft ver= nichtet, seine alten ständischen Gerechtsame sind genommen, und sein Besitz ist verkümmert. Die Städte bergen die große, besitzlose Masse, die, nach Wohlleben und Müßig= gang, nach höherer Berechtigung strebend, die alten Bürger= rechte zerstörte und sich in den Rath und die Beschlüsse eindrängte. Die Dorfschaften sind den alten Verhältnissen entzogen, und ohne Halt treiben sie auf dem wilden Meere, das Schiff ohne Steuer. Die Kirche ist in sich zerfallen, und ohne alles Regiment. Selbst unser Richterstand ist zum Theil nicht frei vom Freiheitsschwindel. Ueberall sind Parteiungen; politischer Zwist und Hader vereinzelt Alles; und das Vereinzelte entbehrt des Muthes und der Kraft. Fest und einig steht allein die Armee! Nur sie ist im Stande, den Rausch des Augenblicks und den Verrath des Egoismus wieder in ihr Nichts zurückzuweisen. — Träu= mende Schwärmer, Ideologen und Phantasten im Bunde mit Republikanern, die in der Auflösung Preußens das einzige Mittel sehen, ihre Zwecke zu erreichen, verfolgen den Plan des Verschwindens Preußens in dem größeren Vaterlande Deutschland. Mächtig stürmt ihre Schaar gegen

Preußen an; bei der Auflösung seiner Zustände ist es in
Gefahr; nur die starke, kräftige Armee kann es retten, und
ihm gleichzeitig den Platz in Deutschland sichern, auf den
es die gerechtesten Ansprüche hat. — Die Erbfeinde reichen
sich in diesem Augenblick die Hände, wer kann ihnen
Widerstand leisten als wir?

Wenn so die Armee in dreifacher Beziehung der Halt
und der letzte Anker Preußens ist, dann ist es auch die
höchste Ehre, ihr anzugehören, in ihr zu wirken, mit
ihr zu siegen oder zu sterben. Ihr anzugehören! ja, mit
Leib und Seele; keinen anderen Gedanken, als für sie und
mit ihr für König und Vaterland! In ihr zu wirken,
täglich und stündlich den alten Geist auffrischend, die alte
Wehrhaftigkeit mehrend und stählend, die Kameradschaft,
die feste Anhänglichkeit der Mannschaft an den Officier
pflegend und hegend, und zu wachen über den alten Ruhm
der Treue, wie über das höchste Kleinod, was unser sein
kann. Wir preußischen Officiere sind außerordentlich be=
vorzugt vor denen anderer Armeen dadurch, daß wir in
direktem Verkehr mit der Mannschaft stehen. Wir sorgen
für ihre Bedürfnisse und sind ihre Lehrer, während in
Frankreich eigene Verwaltungsbeamte, in England besondere
Instrukteurs bestellt sind. Die bei uns seit langen Jahren
eingeführte humane Behandlung der Mannschaft, humaner
als in irgend einer Armee, hat das Band, was sie an uns
knüpft, veredelt. Mögen wir diese Vortheile fest im Auge
haben! Und nun zuletzt! Wir siegen oder fallen mit der
Armee! Hier darf kein Wunsch des Einzelnen laut werden.
Haben wir die guten Tage getheilt, jetzt wollen wir auch
die schlechten mitsammen erdulden.. Hier darf nicht das

gekränkte Ehrgefühl maßgebend sein. Wir sind einig, der
Schlag, der den Einen trifft, trifft uns Alle, und wir
gehen ihm kühn entgegen. Hier darf nicht das unüberlegte
Wort einer ganzen Nationalversammlung von dem Wege
der Treue, der Pflicht und der Ehre abwendig machen.
Wir harren aus und bleiben. Wir bleiben Alle von der
Memel bis zur Saar mit demselben Sinn für Gesetz und
Recht, mit derselben Treue und Anhänglichkeit an das alte
Herrscherhaus, mit demselben Willen, es zu vertheidigen und
für dasselbe einzusetzen Gut und Blut. Wir sind einig und
darum stark.

Berlin, September 1848.

Hartmann,
Premier-Lieutenant.

——————

Potsdam, den 27. September.

Wir waren auf Alles gefaßt. Schon am Freitag be=
fürchtete man den Ausbruch ernsthafter Unruhen. Man
hatte geglaubt, das Ministerium werde mit Entschiedenheit
auf eine Interpellation bezüglich des Stein'schen Antrages
antworten. Der neue Minister-Präsident von Pfuel ver=
schob die Antwort auf den Montag. Wir glaubten, er
habe damit beabsichtigt, mit einzelnen Fraktionen der
Kammer, die ihm schon in der ersten Sitzung ihre Unter=
stützung gegeben hatten, noch eine engere Vereinigung
einzugehen, um dann mit desto kühnerer Stirn vor die
Leute hinzutreten. Andere sagten auch, er habe nicht am
späten Abend den Kampf in den Straßen hervorrufen

wollen, dem man mit Gewißheit entgegen sah. Alles war durchdrungen davon, der König werde diesmal von seinem Rechte, allein die exekutive Macht im Staate zu sein, nicht weichen; er werde allerdings versuchen, der Majorität der Nationalversammlung sich zu vergewissern, im schlimmsten Falle aber zur Auflösung dieser Versammlung der Unbedeutendheit und Gewöhnlichkeit schreiten. Man begriff, wie dieses zum Aeußersten führen würde, aber glaubte, die Krone müsse dies wagen, um nicht Alles zu verlieren. — Wir wurden hierin bestärkt, als auch in allen wohlunterrichteten Kreisen sich dieselbe Ansicht über des Königs Entschlossenheit aussprach; als man wußte, daß der Prinz von Preußen bei der Bildung des Ministeriums mitgewirkt hatte; als die Männer, die das neue Ministerium bildeten, Leute von anerkanntem Muthe und bestimmter Gesinnung waren. In ganz Berlin theilte man diese Meinung und die verschiedenen Parteien nahmen danach ihre Maßregeln. — Wir sahen mit Gewißheit dem, was wir als nothwendige Folge voraussetzten, entgegen, als wir schon früh Montags geweckt wurden, um eben eingetroffene Befehle zu befördern und ihnen gemäß Dispositionen auszugeben. Bis in's größeste Detail war Alles für den Fall bestimmt, wenn ernsthafte Unruhen in Berlin ausbrechen sollten. Die Stadt sollte vollständig eingeschlossen werden; und wäre die Bürgerwehr nicht mehr hinreichend gewesen, die Unruhestifter zu Paaren zu treiben, so wollten wir mit Entschiedenheit, mit Granaten und Kartätschen den Insurgenten den Garaus machen. Bis um zwei Uhr war ich in voller Arbeit; Befehle rechts und links; dann packte ich meine Sachen wie zum Ausrücken, setzte die Zündhütchen auf die Pistolen und Alles war zum Abmarsche bereit. Aber anstatt der Nachricht vom Ausbruche der Unruhen erfolgte die, daß das Ministerium das Princip, um dessen Aufrechterhaltung das alte abgetreten war, aufgegeben habe und, freilich mit einer geschickten Erklärung, auf die Forderung der Nationalversammlung eingegangen wäre. Man wollte zuerst nicht daran glauben, indessen officielle Nachrichten bestätigten die Sache. Die Linke, geschickt die Umstände benutzend, um auch jeden Schein einer Niederlage zu vermeiden, erklärte sich mit dem Erlaß des Ministeriums einverstanden und sich somit als Siegerin. Man war hier entrüstet und mit Recht. Die ganze Handlungsweise der Regierung, nachdem einmal der Stein'sche Antrag vom 9. August durchgegangen war, erschien unerklärlich, die bis zum Aeußersten hinausgeschobene Krisis eine Lächerlichkeit. Man hörte die heftigsten Aeußerungen über die leitenden Persönlichkeiten. — Am anderen Tage, gestern, erschien der Prinz von Preußen auf Parade und mit heftigen Geberden und Worten gegen den kommandirenden General sich auslassend (uns freilich nicht vernehmbar), zeigte er, wie tief ihn dies erschüttert habe. Auch der König soll darüber außer sich gewesen sein. — Was wird nun kommen? Ich weiß es nicht. Unsere Corps stehen noch in ihren alten Standquartieren, Wrangel in Charlottenburg; der Boden schwindet uns mehr und mehr unter den Füßen; zum Zusammenstoß muß es kommen; wehe uns, wenn wir dann nicht mehr feststehen. Der Parteikampf ist durch jenen Erlaß des Ministeriums nur vertagt, nicht vermieden. Möge es bald zum Ausbruch kommen. Noch hat die Königliche Partei Kraft und Muth. — Die Lage des

Vaterlandes kann Einen tief niederschlagen. Wo ist
irgend Energie, wo Entschiedenheit und Kraft, wo ist
Patriotismus, wo Aufopferung, wo Fähigkeit? — Jetzt
hofft man viel von Frankfurt. Das stolze Preußen von
Frankfurt! Schmerling und Peucker haben sich dort sehr
gut benommen. Boddien, der hierher einen Bericht über
sie sandte, ist voll ihres Lobes, wie er auch den dort verwandten Truppen, namentlich den Darmstädter Schützen
Anerkennung zollt. Boddien selbst hat sich sehr ausgezeichnet. Sollte man nicht Angesichts der Leichen von
Auerswald und Lichnowsky Dekrete verfassen können und
müssen, die diese Republikaner und Demokraten nieder-
würfen, so daß sie in den ersten Jahren nicht wieder an
ein Emporkommen dächten? Morgen will mich mein General nach Berlin schicken. —

Den 28. September.

Für den Augenblick ist Berlin ganz ruhig; aber wie
verändert ist die Physiognomie der Stadt gegen andere
Zeiten; ich sah fast keinen Officier auf der Straße; anständig gekleidete Menschen verhältnißmäßig wenige, elegante
gar nicht. Equipagen und Alles, was sonst dem Treiben
auf den Berliner Straßen einigen Glanz verlieh, ist hin.
Es war mir gerade dieses Mal merkwürdig auffallend.
Man ist in Berlin doch fast allgemein der Ansicht, daß es
nur zu bald zu einem Zusammenstoß kommen wird; doch
zeigt sich Vertrauen zum Ministerium. Wrangel wacht.
Oberst Fischer sprach mit Befriedigung über die Gestaltung
der Dinge in Frankfurt. Er hofft auf die Entwickelung

bedeutender Energie und meint, daß die rasche, kräftige
Unterdrückung des Aufstandes im Badenschen auch zur
Konsolidirung der übrigen Verhältnisse Deutschlands führen
würde. Dazwischen lauten nur die Nachrichten von Cöln
und Breslau schlecht. —

Mein Leben ist noch wie im Feldlager. Die meisten
meiner wenigen aus Berlin mit hierher genommenen
Sachen stehen eingepackt; eine nur wenig gute Stube
nimmt mich auf, wenn ich nicht draußen bin. — Doch
vorgestern rief mich einer der Adjutanten des General=
kommando's noch Abends ab, ein Hauptmann von Bergh.
Er nahm mich mit zu sich; es verplauderten sich rasch
mehrere Stunden unter Betrachten von Bildern, die er
von seinen außerordentlich schönen Reisen mitbrachte; vor
Allem legte er mir eine Mappe von Oberitalien vor.
Bergh hat die Erinnerungen und Ausbeuten seiner Reisen
mit ganz besonderem Geschick und großer Vorliebe geordnet.
Jede Reise hat ihre Anzahl großer Mappen, die mit An=
sichten, Radirungen und Lithographien, mit Porträts,
architektonischen, kleinen Kupferstichen nach den bedeutendsten
Kunstwerken rc. gefüllt sind. Er war lange Adjutant des
Prinzen von Preußen und hat diesen auf vielen Reisen
begleitet; auch jetzt noch auf der nach England. Es ist
mir eine angenehme und interessante Bekanntschaft.

Den 3. Oktober.

Wenn man in diesem Momente, in dem sich freilich
Manches schon wieder mit dem Niederschreiben dieser Zeilen
geändert haben kann, wenn man gerade jetzt in die deut=

schen Wirren hineinsieht, so nehmen wir preußische Soldaten eine Stellung ein, die beinahe zu beneiden ist. Sieh' nach dem Rhein, nach Cöln, wie nach Frankfurt und Mannheim, wie sich dort die Ehrenhaftigkeit unserer Truppen im Gefechte und die Mäßigung ihrer Führer die allerhöchste Anerkennung erworben haben. Ich müßte mich sehr täuschen, wenn ich nicht nach und nach die Achtung bei den Besserdenkenden immer mehr und mehr steigen sähe und wenn nicht wirklich die Zahl derselben damit zunähme. Die demonstratio ad oculus ist gar zu gewaltig gewesen, als daß nicht selbst Blinden die Augen geöffnet worden sein sollten. Forderst Du also Anerkennung für uns, sie wird uns vielleicht schon, sie wird uns namentlich auch im Auslande. Und wird sie uns nicht, so erwäge den schönen Ausspruch Schillers:

„Wir, wir haben von seinem Glanz und Schimmer
Nichts, als die Müh und als die Schmerzen
Und wofür wir uns halten in unserem Herzen."

Und dieses „Halten in unserem Herzen" ist wahrhaftig etwas werth. Blick' um Dich und sieh', wie nur das Festhalten der Armee noch das einzige Konstante ist, wie sich an dem moralischen Nachdruck, den durch sie die Regierung erhält, einzig und allein noch die zerstörungssüchtige Wuth der Anarchisten bricht, wie der Sieg der Treue und Ehrenhaftigkeit in unseren Reihen gleichzeitig den Sieg des guten Princips in unserem Volke verspricht. Dieser einige Geist der Hingebung und Treue ist etwas Erhebendes und Beglückendes für den, der unter ihnen ist. Noch einige solche Erfolge wie die in Frankfurt und Cöln, Erfolge der ruhigen, mit Schonung, aber ernst angewandten Kraft, noch einige Erfolge mit so geschickter Hand benutzt wie dort und man kann wieder Muth gewinnen. Unsere Nationalversammlung selbst scheint in ihrer Majorität die Armee anerkennen zu wollen, aber nur in diesen Erfolgen. Das wird allerdings zu einem letzten äußersten Zusammen= stoß in Schlesien oder in Berlin führen, indessen, fechten wir auf Seiten der Majorität der Nationalversammlung, so ist damit der guten Sache eine viel größere Aussicht auf Erfolg und eine weitgreifendere Wirkung gewiß. — Ich halte die Ereignisse in Cöln für eine sehr glückliche Wendung der Dinge. Freilich ist jetzt Alles so beweglich und der Pendel, der an der Zeitenuhr schwingt, so empfind= lich, daß die unvorsichtige Handlung oder Aeußerung eines Fähnrichs Alles wieder umstürzen kann. Wir haben in der Armee indessen nach und nach gewaltige Fortschritte gemacht. Die radikalen Elemente in ihr sind theils zum Schweigen gebracht, theils ist das Bewußtsein der unge= heuren Wichtigkeit der Armee immer mehr wach geworden und man kann mit größerer Zuversicht in die Zukunft sehen. —

Unsere hiesigen Truppen beziehen jetzt weitere Quartiere, so daß es nicht mehr so leicht ist, sie auf den ersten Wink in Berlin concentrirt zu haben. Man wird indessen immer noch rechtzeitig erscheinen können, und wahrscheinlich werden sie, fällt nichts Weiteres vor, in dieser Stellung den Winter über verharren. Damit wäre denn auch mein Bleiben für Potsdam bedingt.

Gestern hatten wir eine größere Zusammenziehung von Bataillons und Schwadronen vor Wrangel, etwa

2 1/2 Meile von hier. Ich habe tüchtig reiten müssen, aber es that mir wohl, einmal wieder bei und mit den Truppen sein zu können. Es waren theils Truppen, die mit in Holstein gewesen waren. Wrangel ließ sich die Officiere und Leute, die Orden und Medaillen erhalten hatten, vor=stellen, und nachdem er dem Könige, der Armee und dem Vaterlande ein Hoch ausgebracht hatte, defilirten die Ba=taillons re. vor den mit ihren Ehrenzeichen Geschmückten vorbei; eine große Auszeichnung, die eine noch höhere Wirkung hervorgerufen hätte, wäre sie nicht mit einer gar zu auffallenden Ostentation in's Leben gerufen. Nachher wurde noch etwas manövrirt. Das Wetter war frisch und herbstlich schön. Wir waren sieben Stunden zu Pferde. Ueberhaupt ist das Potsdamer Soldatenthum nicht so eng und arm, wie es mir oft geschildert wurde und wie ich es mir dachte. Nicht allein, daß ich eine große Anzahl zuvor=kommender, angenehm gesitteter Kameraden gefunden habe, es sind mir auch schon mehrere mehr wie gewöhnlich bedeutende Persönlichkeiten entgegengetreten. Ich muß bekennen, daß ich nirgends in einer Lebenssphäre, in die ich neu hinein=trat, gleich von vorn herein solche Zuvorkommenheit, die doch nicht das Gepräge des Gesuchten trug, gefunden habe. —

Die Politik beschäftigt uns natürlich fast ausschließlich, und das um so mehr jetzt, wo unser Ministerium von Tag zu Tage mehr Beweise seiner Unzulänglichkeit giebt. Wohin wird das führen? Alles, was die Soldaten gut machen, geht wieder durch diese Herren verloren. Ich will Dich nicht quälen, indem ich meinem Unmuthe darüber Luft mache; aber unmuthig, unzufrieden bin ich.

Den 5. Oktober.

Auch wir haben hier Krawall gehabt. — Volksver=
sammlungen, die den Zweck hatten, unsere hiesigen Regi=
menter zu demokratisiren, schlugen für die Anstifter nicht
gut aus, namentlich deswegen nicht, weil sie dabei schmäh=
liche Prügel besahen. Indessen hatte bei dem letzten
Krawall, wo die herbeigerufene Garde du Corps sich leider
verspätete, die Bürgerwehr die Schuldigen arretirt; fünf
und siebenzig an der Zahl. Die Untersuchung ist einge=
leitet. Die Nachwehen dieser Krawalle spuken natürlich
noch fort und allabendlich sind Truppen in den Kasernen
konsignirt. — Sie bewähren ihre Disziplin Gott sei
Dank bis jetzt noch überall. Ihr habt aber gar keine Idee
davon, in welcher Weise die Anarchisten Alles daran setzen,
weder Geld noch Worte sparen, wie sie Beides durch ver=
kleidete Soldaten und zwar im ganzen Lande an den
Mann zu bringen suchen, um die alten Bande der An=
hänglichkeit und des Gehorsams zu zerstören. Die Truppen
liegen hier dicht gedrängt, so daß sie für den Winter die
größte Last für den noch wohlgesinnten Bauer sind und
durchaus weiter dislocirt werden müssen. Auf diese weitere
Dislocation, Unmuthigwerden der schlecht lebenden Truppen
und das Drängen der Reserven nach Haus rechnen natür=
lich unsere Widersacher. Die Officiercorps bieten Alles
auf, um die Leute zu erhalten, wie sie sind. Möge es
ihnen gelingen! Sie sind aber unmuthiger als je über
das Zögern der Regierung. Dazu nimmt die Entsittlichung
im Lande zu, wie man es sich nie hat vorstellen können.
Alle Begriffe, wie Recht, Religion, Pflicht. Gesetz :c. weichen

dem Gedanken an das liebe Ich). Predigen doch dies Ich)
alle Volksbeglücker und die Geistlichen und Lehrer; der
Egoismus ist auf das Höchste wachgerufen und gereizt. —
Jetzt sieht man wieder recht deutlich, wie inhuman es ist,
wenn man zu unrechter Zeit human sein will; jetzt sieht
man, wie nothwendig eine kräftige Regierung vor Allem
ist, will man so großartige Reformen durchführen, wie
man es hier bezweckt. — Der entscheidende Schlag scheint
sich jetzt in Schlesien vorzubereiten, die Republikaner
scheinen dort ihr Glück versuchen zu wollen. —

Der General Schreckenstein lebt jetzt hier, der König
hat ihm eines seiner Schlösser zur Wohnung angewiesen;
ich war gestern beinahe zwei Stunden lang bei ihm. Es
war mir sehr interessant, ihn über die jetzige Zeit reden zu
hören. — Die Cholera sucht uns hier recht arg heim. In
dem Hause meines Generals sind binnen vier Tagen fünf
Personen erkrankt und davon drei gestorben, die vierte wird
wahrscheinlich auch der Krankheit erliegen, so daß von der
Familie des Bedienten des Generals nur ein halbjähriges
Kind übrig bleibt. In dem Hause neben mir starben
Mann und Frau binnen vier und zwanzig Stunden. Ein
Kind folgte ihnen Tags darauf. Die hiesige nasse, von
Seen vielfältig durchzogene Gegend mag das Ihrige dazu
beitragen, die Krankheit hier mehr um sich greifen zu
lassen, als selbst in Berlin. Von den hier jetzt hausenden
40,000 Menschen sterben täglich zehn.

Den 7. Oktober.

Die Nachrichten, die heute Morgen aus Berlin anlangten, sind wieder zu traurig bezüglich der Schwäche unseres Ministeriums.

Und dabei muß man die Hände in den Schooß legen, kann nichts thun, wo das Herz zerspringen möchte, muß es mit ansehen, wie der Boden, auf dem Gesetz und Recht und Treue und Pietät stehen, mehr und mehr wankend wird, uns unter den Füßen schwindet. Eben hatten wir wieder einen Schritt vorwärts gethan; man beglückwünschte das Auftreten der Generale in Cöln und am Oberrhein; plötzlich ist Alles wieder verweht. —

Die Umgegend von Potsdam ist reizend, Sanssouci bezaubernd schön. Der König hat in der letzten Zeit im Garten zu den Füßen des Schlosses eine kleine Kirche bauen lassen, die Friedenskirche. Sie ist streng im Styl der Basiliken aufgeführt. Alles athmet hier Frieden und Ruhe, und wenn in die dichten Wald= und Orangengänge die klassische Luft aus der Zeit unseres großen Königs herüberweht, so wendet sich das dort erhoben gestimmte Gemüth hier mit seeliger Hingebung zu dem Fürsten des Friedens, der da nicht ist von dieser Welt. Ich habe fast nie in einem Gotteshause so das Wohlthuende der Stille und der Abgeschiedenheit empfunden.

Den 13. Oktober.

Wir sitzen hier noch ebenso wie vor acht Tagen, harrend und gespannt auf die Weiterentwickelung unserer

traurigen Zustände. Wie hat uns nicht Wien wahrhaft
gefoltert und thut es noch)! Es ist eine furchtbar ernste
Zeit und frivoler Lustigkeit so abhold, daß, wo sie auf=
tritt, sie mich anwidert. Nicht die Begebenheiten sind
es, die ernst und trübe stimmen, nicht das Zerschmettern
von Menschenglück und Menschenexistenz, nicht das Hin=
sinken von Thronen und das dichtgedrängte Kampfgewühl
um sie, nein — es ist das Begräbniß des Edlen und
Hohen in der Denkungsweise und der Gesittung unserer
Nation, dem wir zuschauen, ohne Demjenigen, was hier
lebendig begraben wird, Rettung und Hülfe bringen zu
können! Blicke um Dich, so weit Du in der deutschen
Geschichte willst, wo Du ein trüberes Jahr findest! Wo
sind noch Charaktere, wenn auch nur die der rohen Gewalt,
getragen von hohen Ideen, sich losmachend von dem Altare,
dem jetzt Alles opfert, dem greulichsten Eigennutz, dem
krassesten Egoismus!

Wie erbärmlich erscheint der Popanz der deutschen
Erhebung, der durch die Gassen des Vaterlandes im März
getragen wurde! Was sagen die „Wohlgesinnten“,
die damals in dem Neugeborenen herrliche Anlagen sahen
und nicht die Kraft und den Muth hatten, seine Leiden=
schaftlichkeit, ihm vom Vater, dem Geiste der Untreue
angeerbt, zu bändigen und zu zügeln! Die Thoren, die
da glaubten, einer Revolution das Halt zurufen zu
können, die sich so weit überhoben, einer Fluth das „Bis
hierher und nicht weiter“ zu ziehen, nachdem sie die Dämme,
die Jahrhunderte gezogen, eingerissen und weggerädert
hatten!

Oh! stände ich im Feldlager, dem Feinde mit ge=
schlossenem Visir gegenüber, und wäre der Moment da,
wo das Schwert, die letzte Waffe des guten Geistes,
herausgerissen wäre, bevor sie einrostet und verrostet! —

Es ist nicht allein eine historische, sondern auch eine
philosophische Wahrheit, daß in Zeiten, wo alle Bande
der Gewohnheit und Gesittung gelockert und gelöst sind,
die Zügel der Geschicke der Völker in den Händen von
Versammlungen schlaff und ohnmächtig geführt werden.
In die Hand eines Einzigen gelegt, von ihm straff ange=
zogen, kann der sturmesbeflügelte Wagen über die Klippen
und Felsen gerissen werden; er allein kann die wilden
Drachen bändigen, die hierhin und dorthin zerren. Aber
wo ist dieser Einzige! Wohin kann man mit Vertrauen
blicken? wohin mit Zuversicht schauen?

Am Dienstag war ich in Berlin; ich hatte in meiner
schriftstellerischen Thätigkeit zu thun. Bei unserer Freundin
„Flordhen" hatte ich einen gemüthlichen, sehr angenehmen
Abend. Usedom war dort. Er wird bald nach Rom
zurückgehen, indem Preußen die Anforderung, seine Ge=
sandten einzuziehen, die seitens der Centralgewalt in
Frankfurt gestellt worden war, abgelehnt hat. Usedom
war auch seitens Preußens zu dem Congreß in Insbruck
designirt, indessen es wird nicht dazu kommen, weil
England und Rußland nicht wollen. —

Mein Herz ist mehr als je geneigt, Dessen Hand
anzuerkennen, den wir weisen Menschen nur zu oft ver=
leugnen. Auch dazu mag die Zeit gewirkt haben.
Wenn man Alles, was Menschen=Witz und =Denken er=
sann, scheitern sieht an den Ereignissen; wenn wir

Menschenleidenschaft in tollem Wahnsinn sich und den Mit=
menschen das Grab graben sehen, sollen wir uns da nicht
dort demüthig neigen als schwache, ohnmächtige Geschöpfe,
hier Halt und Sicherheit für unseren Charakter von oben
erflehen? Wie tief muß sich jetzt nicht Jedem die Ueber=
zeugung aufdrängen, daß ein lebendigeres religiöses inneres
Leben unser Volk niemals würde zu diesen Ausschweifungen,
zu dieser Entsittlichung der Begriffe haben kommen lassen.
Scheint es nicht, als wenn sich England nur durch diese
tiefere Religiosität auf den Wogen des brausenden Meeres
erhielte? Das sind die Früchte davon, daß man das
kirchliche Leben zerstörte, dort durch Begünstigung der
Lichtfreunde und Sektirer, hier durch das Aufstecken der
pietistischen Fahne!

Unsere Truppen haben viel weitläuftigere Quartiere
bezogen, so daß es jetzt nicht mehr so leicht sein würde,
sie rasch zusammen zu ziehen; alle die kleinen Städte in
der Mark haben Garnisonen bekommen, um die Last der
Einquartierung den Einzelnen nicht so hart zu machen. Am
Sonntag ist unseres Königs Geburtstag; man wird auf
der einen Seite feiern, auf der anderen demonstriren; wir
müssen auf Manches gefaßt sein. Ich habe mich einem
Diner des ersten Garde-Regiments angeschlossen. Nach=
mittags wird eine Volksversammlung stattfinden, in die
man auch die Truppen wird hineinzuziehen suchen. Es
kann leicht zu Reibungen kommen.

Den 19. Oktober.

Der 15. Oktober, des Königs Geburtstag, war durch=
aus gut vorüber gegangen, die Feier hier ganz und gar
patriotisch und die Truppen zeigten einen ausgezeichneten
Geist, verträglich unter sich und ihren Officieren zugethan.
Da kam am Montag die Arbeiterunruhe in Berlin, die
hier Alles in Spannung setzte und natürlich neuerdings
die Hoffnung wachrief, daß nun der Augenblick gekommen
sei, wo man mit Entschiedenheit einschreiten könne. In=
dessen, die Bürgerwehr wurde Herr des Aufruhrs. Jetzt
hat man sich fast selbst erschrocken über die Energie, die
man entfaltet, und den Arbeitern scheinen Concessionen
gemacht werden zu sollen. Ein Mitglied der National=
versammlung hat sich bereit finden lassen, eine Petition
derselben zu überreichen, die freilich laut Majoritäts=
beschlusses zu den Akten gelegt worden ist, auf deren Er=
füllung indessen demokratische Clubs und Plakate mit aller
Energie dringen. Die Zeitungen sind fast sämmtlich unter
dem Terrorismus des Pöbels und es fragt sich, ob dieser
nicht seine Herrschaft weiter auszudehnen sich bestreben
wird. Vielleicht giebt es dann noch Etwas, was auch
uns gestattet, Fuß im Bügel zu fassen und damit Herr
des unbändigen Thieres zu werden, das nur einen kräf=
tigen Reiter gebrauchen kann. — So harrt man von Tage
zu Tage, harrt auf den Kampf — den Kampf mit seinen
Landsleuten und im eigenen Lande! —

Stosch schreibt mir aus Mannheim, wo er im Haupt=
quartier des Generals Dunker, der das dort zusammenge=
zogene Corps kommandirt, beschäftigt ist. Er hat im

11*

September eine schöne Dienstreise über Lauenburg nach Thionville und Metz gemacht und schreibt sehr zufrieden mit der Aufnahme und dem Benehmen unserer Truppen im Badenschen. Er meint, Preußen hätte dorthin keine besseren Diplomaten senden können, um seine Sachen zu führen. Sie sind jetzt mit den Truppen nach Rheinhessen gegangen.

Den 21. Oktober.

Gestern war wieder etwas Unruhe in Berlin, viel Volks auf den Beinen und Bürgerwehr in Waffen. Eines-theils hatte eine neue Verschiffung von Munition aus dem Zeughause Anlaß zu Aufregung gegeben, andererseits die Niederlegung der Präsidentschaft seitens Grabow's in der Nationalversammlung und endlich drittens, das Zusammen-treten des Demokratischen Congresses. Es sind viele öster-reichische und polnische Volksführer mit denen des Süd-westen Deutschlands dort zusammengetroffen. Man sagt allgemein, sie beabsichtigten „unserem König die Krone Deutschlands anzutragen“ und, falls er sich weigere, die Republik zu proklamiren. Wir harren ihrer. —

Ich habe noch darauf zu antworten, daß man bei Euch der Ansicht ist, das preußische Heer habe eine voll-kommen reaktionäre Tendenz. Diese Behauptung hat mich etwas echauffirt; sie zeugt von der sehr geringen Kenntniß der hiesigen Verhältnisse und von einem leeren Wiederholen der Aussagen derjenigen Zeitungen, die nun einmal den Umsturz wollen. Es ist von jeher sehr viel Liberales in dem Officiercorps gewesen. Die Begünstigung, die man auf jede Weise der Ausbildung des Einzelnen zu Theil

werden ließ, mußte dies befördern. Und so huldigt bis
auf den heutigen Tag die Armee zum entschieden größten
Theile dem Liberalismus, aber nicht dem Radika=
lismus. Die Armee hält fest zum Könige, ist aber viel
zu loyal gesinnt, um je daran zu denken, den der Bevöl=
kerung gemachten Versprechungen nur ein Jota entziehen
zu wollen. Bei der vollständigen Auflösung aller Corpo=
rationsverhältnisse hier in Preußen außer denen in der
Armee, ist es natürlich, daß die Letztere in einem entschie=
denen Gegensatze zu dem übrigen Theile der Bevölkerung
erscheint. Sie fühlt sich in sich, kennt ihre Kraft und
schließt sich nach außen ab. Somit erscheint sie für das
Alte gesinnt. Wie sie selbst noch wenig verändert und nur
dem Gesetz und der Ordnung, dem Thron und der
Integrität des Vaterlandes zugethan ist, wird sie
von allen Denen als reaktionär verschrieen, die gegen jene
gar zu gern entschiedene Angriffe führen möchten. Aber
es heißt wirklich mit unverzeihlicher Armuth sich gegen
Thatsachen ausrüsten, wenn man die ehrenvolle Haltung
unserer Armee reaktionären und selbstsüchtigen Tendenzen
zuschreibt. —

Vorigen Sonntag war ich auch in der Kirche; wie
lange war ich nicht dort! Ein anerkannt guter Redner
predigte, aber auch wirklich nur ein guter Redner, kein
Prediger. Es war nicht die Gewalt des Gotteswortes,
das aus seinem Munde erklang, sondern die Gewalt der
Vernunft. Seine Predigt hatte mir zu wenig Religion.
Sie sprach über die Furcht und war eindringlich und dem
Platze angemessen, an dem sie gehalten wurde — der
Garnisonkirche.

Den 23. Oktober.

Unsere Truppen haben, der Jahreszeit und der Dauer ihrer Concentrirung wegen, weitläuftiger dislocirt werden müssen, so daß es jetzt kaum möglich ist, sie vor Verlauf von zwei Mal vier und zwanzig Stunden vor den Mauern Berlins vereinigt zu haben. Sollten daher einmal bei uns ähnliche Ereignisse eintreten, wie in Wien, so wundert Euch nicht, wenn die Einwirkung der bewaffneten Macht auf dieselben etwas warten läßt; wir kommen endlich doch. Die Montags-Emeute wird natürlich von den Parteien ausgebeutet. Die Ereignisse in Wien, die sich ja günstig zu gestalten scheinen, werden auch hier bedeutend influiren. Bei uns sind seit zwei Tagen alle Posten von Wien aus= geblieben, das deutet auf die endlich eingetretene Cernirung der Stadt und damit auch die Niederwerfung der Revo= lution. Unsere Volksführer haben sich auch zum großen Theile dorthin begeben. Ich wollte Windischgrätz finge sie mit und —.

Durch das Schwankende in unseren Verhältnissen sind wir natürlich in großer Spannung und das Ungewisse hat etwas sehr Unbehagliches und Störendes. Das Ministerium ist noch nicht gestürzt, es hat sogar den Anschein, als würde es sich halten; indessen wird jedenfalls der General von Pfuel die Präsidentschaft niederlegen, weil er sich nicht mit des Königs Ansichten in Einklang setzen kann. Graf Brandenburg ist allerdings hier und man hat ihm auch die Stelle Pfuel's angetragen, er sich bis jetzt aber nicht entschlossen, darauf einzugehen. Brandenburg ist wohl nicht gut in Schlesien zu entbehren. Es scheint gewiß,

daß man ein Truppencorps bei Oderberg zusammenziehen
will, nominell zum Schutz der Grenze, in Wirklichkeit wohl
nur, um in Schlesien selbst Herr der Anarchie zu werden,
und diese Maßregel, die mit dem Aufbieten der Landwehr
zusammenhängt, mag der Grund zu Brandenburg's hiesigem
Erscheinen sein.

In den Zeitungen steht wieder viel davon, daß
Truppen von Hannover nach Thüringen marschiren sollen.
Das Reichskriegsministerium schleudert die Regimenter
hübsch umher!

Den 2. November.

Vielen herzlichen Dank für Deinen lieben Brief, der
mir natürlich die größte Freude bereitete. Denn, wo
fände man jetzt noch Freude und Glück, wenn es nicht in
der Tiefe des Herzens wäre? Wie Du aus dem Datum
des Briefes ersehen kannst, sitze ich noch hier, ziemlich be-
schäftigungslos, aber mehr wie je wartend, daß doch endlich
die wünschenswerthe Krisis in Berlin eintreten möchte.
Meine Schritte, nach dorthin zurückkehren zu dürfen und
für den General von Hirschfeld, im Fall des Vorrückens
gegen die Stadt, disponibel zu sein, sind vergeblich gewesen.
Ebenso sind mein Major und der Obristlieutenant von
Jordan, die den General von Reiher angingen, mich jetzt
schon zum Hauptmann vorzuschlagen, verneinend beschieden
worden. Man muß mit Ruhe ausharren. — Die neuen
Verhältnisse haben mir eine Einnahme von monatlich
sieben Thaler genommen, indem die Tafelgelder, die bisher
die Capitäns 2. Klasse und die Lieutenants des General=

stabes empfingen, mit einem Striche uns genommen worden. Mein Fuchs ist in Folge von Zwanghuf lahm, und trotz allen Dokterns will er nicht besser gehen. Ich kann ihm nicht helfen. Wenn wir ausrücken, so mag er auf drei Beinen laufen. Ich bin zu arm, ich kann mir nichts Neues kaufen!

Das sind die kleinen Leiden des menschlichen Lebens, über die man lächeln würde, wenn großartige Entwickelungen des Vaterlandes die Brust erweiterten und mit Zuversicht der Zukunft entgegen sehen ließen. So aber vermehren sie den Mißmuth und die Verstimmung. —

Ach! daß wir der Trennung ein Ende machen könnten! Du würdest nicht durch ängstliches Bangen die Sorgen des Augenblicks noch steigern, Deine Gegenwart würde mir stets Muth und Hoffnung geben, wenn sich die Wolken auch noch so dunkel um unseren Horizont lagerten!

Den 3. November.

Der Graf Brandenburg ist mit der Bildung des neuen Ministeriums beauftragt. Er ist ein natürlicher Sohn des Königs Friedrich Wilhelm II., also ein Onkel des Königs. Wie zu erwarten stand, brachte die Kundgebung dieser Berufung ganz Berlin und namentlich die Nationalversammlung in die vollste Aufregung. Eine Deputation der Letzteren langte gestern hier an, um dem Könige Vorstellungen gegen diesen Schritt zu machen und ihn zu bitten, ein volksthümliches Ministerium zu kreiren. Die Deputation wurde allerdings zugelassen, indessen wegen Mangels eines anwesenden Ministers mit ihrem Bescheide

auf spätere Zeit vertröstet. Was nun heute in Berlin
vorgegangen ist, darüber fehlen mir noch die Nachrichten.
Wir sind auf Alles gefaßt. Bleibt der König konsequent,
so beginnt der Kampf über kurz oder lang und unter den
allerungünstigsten Verhältnissen, denn das Land wird für
Brandenburg schwerlich Partei nehmen. Giebt er nach,
nun dann hat er ohne Kampf die fürchterlichste Niederlage
erlitten und fällt in die Hände der radikalen Partei in der
Nationalversammlung. Weiß der Himmel, was aus diesen
Wirrnissen wird!

Vorgestern war ich zum Prinzen Friedrich Karl ein=
geladen, in Ueberrock und Mütze, ganz sans gêne. Wie
ich eben zu ihm gehen wollte, wurde seitens der Bürgerwehr
Generalmarsch geschlagen. Man hatte einem Kaufmann
die Fensterscheiben einwerfen wollen, oder es schon gethan,
und damit war die Hülfe der Bürgerwehr requirirt. So
mußte ich denn, anstatt zu meinem Prinzen zu meinem
General, der auch Kommandant der Stadt ist. Ich wan=
derte mit ihm in den Straßen umher, wo der Tumult
losgelassen war. Erst gegen zehn Uhr konnte ich noch
zum Prinzen gehen, wo mehrere Officiere ganz behaglich
zusammen saßen, Cigarren rauchten und sich allerhand
Dinge erzählten, die mit dem Treiben um uns herum gar
keinen Zusammenhang hatten. Eine wahre Erholung!

Mein Vater schreibt mir in seinem letzten Briefe:
„Behalte Dein Herz auf der Stelle, wo es sitzt, und den
Kopf oben und kühl. Es steht Dir noch Vieles bevor!
Und Beides, Herz und Kopf, hilft für diese und für die
künftige Welt — für dieses und für das — künftige Leben.
Möge ich Dich auch in dem Letzteren wiedersehen, für das

Jetzige bin ich in der Beziehung nicht bange. — Mir geht es gut."

Den 5. November.

Wie uns Wien erregt, davon hast Du keinen Begriff; die Nachrichten von dort treiben die beiden sich gegenüber= stehenden Parteien zu immer ärgerer Reibung gegen einander. Ein entschiedener Sieg der Rechten und die Krisis ist da. — Die Zeitungen werden Dir Bericht erstattet haben über die wiederholten scandaleusen Auftritte in Berlin. Sie schweigen indessen über die Creirung zweier mobilen Co= lonnen, die eine in Schlesien, die andere in Sachsen. Mit dem Auftreten der Truppen ist in beiden Gegenden Ruhe und Unterwerfung unter das Gesetz wiederhergestellt.

Vor wenigen Tagen waren hier wiederholt Abgeordnete aus Frankfurt; sie sprachen mit viel Vertrauen von der Richtung der dortigen Entwickelung. Man ist dort mehr als je für Gesetz und Ordnung gesinnt, aber scheint der Aufgabe nicht gewachsen.

Uns beschäftigt in diesem Augenblick außerordentlich der Entwurf des Militärausschusses zu Frankfurt zu einem Reichswehrgesetz. Eine die Sache vorzüglich behandelnde Broschüre ist in Berlin erschienen: „Kritische Bemerkungen über den Entwurf des Wehrausschusses der Reichsversamm= lung zu einem Gesetz über die deutsche Wehrverfassung." Auch ich habe darüber etwas in der „Neuen Preußischen Zeitung" veröffentlicht.

Den 10. November.

Die Zeitungen, die heute in alle Welt gehen, werden
Euch die Nachricht bringen, daß Wrangel an der Spitze
seiner Truppen heute in Berlin, und zwar ohne irgend
Widerstand zu finden, eingerückt ist. Heute früh halb acht
Uhr wurde ich zum General beschieden; auf Befehl des
Staatsministeriums sollten heute Nachmittag die ganze
alte Garnison von Berlin und die Truppen, die in
Schleswig gefochten haben, nebst einigen anderen Nach=
mittags zwei Uhr zu fünf Thoren gleichzeitig einmarschiren.
Der größere Theil unserer Brigade aber blieb hier und
mit dem auch mein General und sein Stab. Zu thun
gab's aber den Tag über genug; dort mußten Ordres,
hier Contreordres gegeben werden; hier war für die Ba=
gage, dort für die zurückgebliebenen Kranken, am anderen
Orte für die Eisenbahn zu sorgen. So ist der Tag rasch
vorübergegangen mit dem einzigen Kummer, daß mein
General nicht auch nach Berlin zog und wir ihn begleiteten.
Wie sich das dort entwickeln wird, weiß der Himmel. Die
Truppen stehen in respektvoller Haltung, ihnen gegenüber
die Bürgerwehr. Die Letztere giebt sich alle Mühe, jeden
Ausbruch des Unmuths zurückzuhalten, und bislang ziehen
nur wenige Proletarierhaufen umher, die schweigend der
Befehle ihrer Häupter harren. Ein Zufall kann Berlin in
Kampf und Blut verwandeln; dann werden wir auch
wohl folgen. Möglich indessen, daß man der Gewalt
weicht und der ansehnlichen Kraft, die in Berlin entwickelt
ist, gegenüber, die Aeußerungen des Grolls auf später
verschiebt.

Meine Ansicht über die neue Phase, in die unser politisches Leben eingetreten, ist die, daß das vorige Ministerium durch Ungeschicklichkeit und Mangel jeder Entschlossenheit die Krone in die unangenehmste Lage gebracht hatte; sie mußte, wollte sie nicht Alles verlieren, entschiedenere Männer an die Spitze der Verwaltung stellen, die die Uebergriffe der Nationalversammlung sowohl, wie diejenigen des Proletariats 2c. zurückwiesen. Sie mag lange gesucht haben, den richtigen Mann zu finden. Sie suchte ihn auf der Rechten, und außerhalb der Nationalversammlung. Sie wollte nicht zu Solchen greifen, die mehr links saßen wie das vorige Ministerium, und so wählte sie Branden= burg. Das neue Ministerium, in dem auch ein Mitglied sitzt, das auf dem ersten vereinigten Landtage auf das Entschiedenste, aber ohne großes Geschick, das alte régime vertrat, Herr von Mantenffel, beginnt seine Wirksamkeit mit einem Staatsstreiche, wenigstens halte ich seinen Schritt, die Verlegung der Nationalversammlung nach Brandenburg, dafür. Jeder Staatsstreich findet aber seine Beurtheilung erst nach dem Erfolge. Gelingt er, so wird man Brandenburg in den Himmel erheben; mißlingt er, so kann es dem Könige die Krone kosten. Auf jeden Fall ist der Ungewißheit und erschlaffenden Unthätigkeit der Königlichen Partei endlich und Gott sei Dank ein Ende gemacht. Ob man der Regierung aber dazu Glück wünschen soll, das müssen erst spätere Tage lehren. Vorläufig hat nur ein Theil der Rechten die Nationalversammlung ver= lassen. Die Uebrigen, noch immer eine beschlußfähige Anzahl, sitzen noch in diesem Augenblick und tagen. Ent= scheiden wird sich die Krisis erst, wenn der 27. dieses

Monats herankommt, der Tag nämlich, zu dem die Ver=
sammlung nach. Brandenburg berufen worden ist. Gelingt
es der Regierung, dort eine Versammlung in beschlußfähiger
Anzahl zu Stande zu bringen, so wird man auch wohl
über die anderen Berge kommen. Gelingt das aber nicht,
muß man zu anderen Wahlen schreiten, dann ist es schlimm,
sehr schlimm. Sind die zurückgebliebenen Deputirten klug,
so lassen sie sich mit Gewalt von ihren Sitzen treiben.
Geschieht das, so fürchte ich, daß nur eine glückliche Ent=
scheidung im blutigen Kampfe, und zwar nicht allein in
Berlin, die Krone retten kann. — Der Umstand, daß dieser
entscheidende Schritt von einem Ministerium Branden=
burg ausgeht, entzieht leider! der Krone Viele, die sonst
treu zu ihr gestanden hätten. Die nächsten Tage sind von
der größten Wichtigkeit für die Geschichte Preußens. Was
werden die Provinzen thun? Der junge Gardefähnrich
hier in Potsdam jubelt und glaubt, es geht zu Kampf
und Sieg; die bedächtigen Leute ziehen sich mit ihrer
Meinung zurück und sehen mit tiefem Ernst der Zukunft
entgegen. — In welcher Spannung nach alledem wir
übrigens in den letzten Tagen gewesen sind, das läßt sich
nach dem Vorstehenden ermessen. Gestern Morgen wußte
ich schon als Geheimniß, daß die entfernter stehenden
Truppen in Marsch waren, ich hatte bereits eine Menge
Befehle in diesem Sinne auszufertigen gehabt, ich wußte,
daß viel auf dem Spiel stand, mit wie pochendem Herzen
mußte ich nun nicht heute Morgen die Ordre bekommen,
beim General zu erscheinen. —

Ich habe vor einigen Tagen bei dem Hauptmann
von Bergh etwas sehr Schönes gesehen. Es naht sich nämlich

der Tag der silbernen Hochzeit des Königlichen Paares. Dazu schenken ihm die Damen des Hofes ein Album. Von jedem Tage ist einer der bezeichnendsten Tage ihres gemeinschaftlichen Lebens gewählt und sein Andenken in der Darstellung einer Gegend oder dergleichen niedergelegt, dazu ein biblischer Spruch geschrieben. Das ist Alles von sehr geschickter Hand ausgeführt und wirklich höchst gelungen. Am sinnvollsten ist der Todestag der Mutter der Königin dargestellt: eine sehr zart und graziös gezeichnete Trauerweide umschließt die Theatinerkirche in München, wo sie beigesetzt ist. Man hat ordentliche Freude, wenn etwas Künstlerisches das Auge wieder einmal labt.

Nun lebe wohl! Laß uns mit Ruhe und Fassung das tragen, was uns auferlegt wird. Laß uns das Herz wach erhalten und seinen Inhalt zu frohem Gedeihen pflegen!

Den 13. November.

Ihr werdet in großer Spannung sein, Weiteres von hier zu hören. Viel, namentlich Sicheres kann ich Euch auch nicht schreiben; auch ist meine Zeit beschränkt. Unsere Truppen sind bis auf zwei Bataillons und drei Schwadronen, die die hiesige Garnison bilden, gegen Berlin hin ausmarschirt. Berlin ist in Belagerungszustand erklärt. Das Nähere wissen wir kaum. Die Stadt wird auf's Engste eingeschlossen; sie soll durch Hunger zu jeder Bedingung gezwungen werden. — Unsere Regierung ist zu diesen Schritten gezwungen worden, gezwungen durch die schiefe Stellung, in die sie das Pfuel'sche Ministerium ge-

bracht hat, durch die heillosen Uebergriffe der Nationalver=
sammlung und durch die Anarchie in Berlin und im Lande.
Wir handeln im Einklange mit der Centralgewalt in
Frankfurt.

Wir haben hier in Potsdam einen wichtigen Posten
und an Arbeit fehlt es nicht, trotz der wenigen Truppen,
die hier verblieben. Vor Allem schützen wir das Königliche
Haus. Der König mit seinen Brüdern 2c. ist in's hiesige
Residenzschloß gezogen; Sanssouci und die Schlösser sind
verlassen. Dann müssen wir mit Entschiedenheit dem
Verkehr von Magdeburg aus, woher bewaffneter Zuzug
erwartet wird, entgegentreten.

Der Würfel ist gefallen. Die Entscheidung, wer kann
sagen, wo die liegt? Wird sie das Schwert bringen? —
Bis jetzt sprechen die Berichte von unruhigen Auftritten
im ganzen Lande.

Ich lebe mit meinem General auf außerordentlich
gutem Fuß. Er zeigt mir das vollste Vertrauen und läßt
mir viel freie Hand. Ich bin glücklich, daß endlich das
Schwanken der Verhältnisse aufgehört hat und daß wir
wieder entschieden und kräftig handeln. Meine Ueber=
zeugung ist, der König konnte nicht anders handeln. Möge
seine Sache der Himmel schützen!

Berlin, den 17. November.

Da durch das Vorrücken der Truppen meine Stellung
in Potsdam voraussichtlich nicht andauern konnte, so er=
wartete ich schon eine Aenderung derselben und erhielt
denn auch am Montag Abend den Befehl des Generals

von Wrangel, nach Berlin zurückzukehren. Ich fuhr am
Dienstag Nachmittag hinüber und meldete mich sofort bei
dem General. Er war sehr freundlich und hörte meinen
Bericht sehr aufmerksam an, daß ich mir bei seiner sonstigen
schroffen Art alles Glück dazu wünschen konnte. Zum Schluß
gab er mir noch einen Auftrag für Potsdam und lud mich
auf den folgenden Tag zu Tisch ein. Ich mußte also
nochmals zurück und blieb dort bis zum Mittagszuge am
Mittwoch, der mich dann zu Wrangel's wohlbesetzter Tafel
im Königlichen Schlosse führte. Es war im hohen Grade
interessant, die wenigen Stunden dort gerade unter den
jetzigen Verhältnissen zuzubringen. Befehle wurden gegeben,
Ordonnanzen kamen, Benachrichtigungen aus dem Ministerium gingen ein, überall war Spannung in Bezug
auf die Entwickelung der bedeutenden Krisis, in der wir
uns jetzt befinden. Meine Hoffnung indessen, die mir
Wrangel eröffnet hatte, auf's Neue über mich disponiren
zu wollen, ging nicht in Erfüllung. Ich sitze hier wieder
in meiner Bibliothek und schlucke Aktenstaub, während
Andere, mit den Tagesbegebenheiten in unmittelbarer Berührung, auch wirkliche Lebenslust einathmen.

Vor meinem Fortgange von Potsdam habe ich aber
doch noch zuguterletzt recht thätig sein können, indem
wir zwei Nachmittage und Abende hintereinander unruhige
Auftritte hatten, die, als unter den Augen der Majestät
und theils gegen das Schloß selbst gerichtet, um so ernster
angesehen wurden. Die wirkliche Collision mit den Tumultuanten beschränkte sich auf die Abwehr eines Angriffes
auf eines der Portale des Schloßhofes, wobei auch einige
Schüsse aus der Menge fielen, im Uebrigen hatten wir

nur Vorkehrungen zu treffen und bedrohte Punkte durch
das bloße Aufstellen von Truppen in Schutz zu nehmen.
Es gab einige hübsche militärische Bilder, wenn die
Truppen in der schönen Einfassung der Schloßräume entweder um die Bivouakfeuer standen, oder sich um die
Kamine der Säle gelagert hatten. — Man war froh,
endlich Gewehr im Arm für den König thätig sein zu
können. — Montag früh langte in Potsdam der Befehl
an, aller Verkehr mit Berlin solle unterbrochen werden.
Dieser Befehl beruhte auf einem Mißverständniß, mußte
aber doch mit aller Strenge aufrecht erhalten werden, und
es gab zu manchen komischen Scenen Veranlassung, wenn
man Damen und besorgte Gatten zurückhalten mußte. Es
war dies eines der mir mit aufgebürdeten Geschäfte,
wenigstens in zweiter Instanz darüber zu entscheiden, ob
oder nicht, und ich habe oft innerlich recht laut gelacht,
wenn ich äußerlich streng und ernst sein mußte. Mit dem
Nachmittage trat schon wieder freier Verkehr ein und Alles
war beim Alten.

Hier in Berlin befinden wir uns denn noch im Be-
lagerungszustande, der aber mit äußerster Nachsicht geübt
wird. Die Entwaffnung der Bürgerwehr geht ihren ruhigen
Gang fort. Gestern Abend waren etwa zwei Fünftel der
Stadt abgesucht, man hatte 9600 Gewehre in Empfang
genommen, ohne irgend welchen Widerstand zu finden.

Aus den Zeitungen wirst Du ersehen haben, daß die
zur Versammlung vereinigt gebliebenen Abgeordneten
wiederholt auseinander getrieben worden sind; sie haben
einen Haupttrumpf in der Steuerverweigerung ausgespielt;
seitdem sind sie ruhig.

Die Nachrichten aus den Provinzen lauten sehr ver=
schieden. Aus Westphalen, der Mark, Pommern, Preußen
und Posen sind sie durchaus zufriedenstellend, dagegen sind
sie sehr schlimm aus Thüringen, Sachsen und Schlesien.
Der Rhein hält sich bis jetzt noch ruhig. Das Ministerium
hat Muth, und bis jetzt spricht Manches für das Gelingen
seines Beginnens. Indessen liegt die Entscheidung erst in
der Entwickelung der nächsten Tage, und ohne Besorgniß
kann man denselben nicht entgegensehen; nicht etwa, daß
es jetzt noch zum Kampfe kommen werde, nein, gerade der
passive Widerstand, der den militärischen wie administrativen
Anordnungen entgegengesetzt wird, lähmt die Kraft der
Regierung und entzieht ihr die Sympathie der Be=
völkerung.

Die ruhige Haltung der Berliner, theils durch Muth=
losigkeit, theils aber auch durch eine politische Ueberzeugung
hervorgerufen, muß die Bewunderung, oder wenigstens
doch die Verwunderung der Unparteiischen eben so sehr
hervorrufen, als das maßvolle und humane Benehmen
des Militärs bei seinem schweren und anstrengenden Werke.
Die Truppen liegen in den großen Königlichen Gebäuden
zu Hunderten, der Kälte ausgesetzt und wahrlich nicht
bequem gebettet. Verpflegt werden sie gut. — Alle Be=
sorgnisse über Untreue sind geschwunden.

Den 19. November.

Gestern besuchte mich Grüter auf dem Büreau des
Generalstabes. Fast könnte ich ihn um seinen schön durch=
lebten Sommer und seine jetzige Stellung beneiden, und

doch) — wenn ich bei dieser neidischen Regung nun erwäge,
ob ich es missen möchte, diese für Preußen so unendlich
wichtige Zeit miterlebt zu haben, ob ich), trotz des Unmuths,
den sie so hundertfältig dem Gemüthe zutrug, die ge=
waltige Erfahrung, die mir dadurch wurde, daß ich un=
mittelbar in ihr stand, aufgeben wollte, so entscheide ich
mich dagegen. Ja, ich glaube fast, es wäre mir unmöglich
gewesen, dieser Zeit fern zu bleiben und mich, in andere
Interessen verflochten, ihren Eindrücken zu entziehen.

In diesen Tagen ist ein alter Bekannter von mir ein
Opfer seiner unklaren politischen Anschauungen geworden.
Es ist ein Lieutenant v. W., der nach Vertagung der
Nationalversammlung und nach dem Einrücken des Militärs
sich zu Aeußerungen hinreißen ließ, welche des Königs
Sache so gravirten, und das zwar vor der Front des
Regiments, daß er in Folge dessen und auch schriftlicher
Exposé's hat nach Spandau abgeführt werden müssen. Ich
kenne ihn seit 1839, war mit ihm auf Kriegsschule und
hatte ihn sehr gern. Er war ein nobler, durchaus liebens=
würdiger Mensch, hat Vieles gelernt, war aber immer
unklar und konfus. Er war längere Zeit Erzieher eines
Prinzen aus kleinem Hause. Ich hoffe, daß das Kriegs=
recht nicht das Aeußerste über ihn erkennen wird. —

Unsere Verhältnisse scheinen sich zu konsolidiren; man
sieht mit mehr Vertrauen der Entwickelung entgegen als
vor wenigen Tagen. Berlin ist fürchterlich still; fast erfaßt
es Einen zuweilen krampfhaft, wenn man diese Grabesruhe
auf den sonst so lebhaften Straßen wahrnimmt. Den
Truppen wird nicht der mindeste Widerstand entgegen
gesetzt.

Ein Theil von Schlesien ist im vollen Aufstande. Am Rhein nehmen die Angelegenheiten eine sehr bedrohliche Wendung und in Thüringen haben sich starke bewaffnete Haufen von Bauern gebildet. Vier Bataillons märkischer Landwehren werden bei Wittenberg konzentrirt. Sächsische Landwehren werden ebenfalls gegen Thüringen dirigirt. Auch die Lausitz erregt Besorgniß. Eine Nachricht, die leider noch immer der Aufklärung bedarf, hat Viele alarmirt und betrübt, nämlich, daß Thüringische Bauern in einem Hohlweg zwanzig Husaren überfallen und gefangen genommen hätten. —

Die Commissäre der Reichsgewalt bestehen entschieden auf Ausführung der Beschlüsse der Frankfurter Nationalversammlung. Sie sollen sogar mit Exekution gedroht haben, und als man sie fragte, mit was für Truppen man eine solche denn vollziehen wolle, hat man erwidert: mit preußischen. Sollte man es wirklich wagen, die Brandfackel der Zwietracht in unser eigenes Heer zu schleudern? —

Ich hatte sehr viele Briefe zu schreiben. Von allen Seiten kommen die Aufforderungen, Nachrichten aus Berlin zu geben. Es haben sich aus den Zeitungen durchaus falsche Bilder in den Provinzen über den Zustand der Hauptstadt verbreitet. — Abends bin ich fast regelmäßig in einer Restauration in der Leipziger Straße, d. h. von neun Uhr an, wo man Neues erfährt, Abgeordnete von der Rechten und Ministerialbeamte findet und wo man seine politischen Sympathien und Antipathien austauscht.

Es ist merkwürdig, wie unsere Regierung namentlich bei den jüngeren Richtern und Assessoren ihre Gegner findet.

Den 21. November.

Ich bin hier wieder zum großen Generalstabe zurück=
gekehrt und in meine alte Beschäftigung bei der historischen
Abtheilung wieder eingetreten. Es ist ein eigenthümlicher
Contrast, dort das Leben nur in und aus Akten und
Büchern und draußen der Wirrwarr der Verwickelungen,
die Ungewißheit der Entscheidung, einer Entscheidung über
das Schicksal Preußens nicht allein, sondern auch Deutsch=
lands, ja vielleicht des nächsten Geschickes des gebildeten
Continents. Auf den Straßen nimmt man freilich nicht
mehr die zornglühenden Gesichter der beiden Streitenden
wahr, dort ist Ordnung und Vertrauen wiedergekehrt und
die maßvolle Haltung des Generals von Wrangel und
des Ministeriums gewinnen dem Belagerungszustand Freunde
und die Bürgerschaft Berlin's hat sich zum größten Theile
der Regierung zugeneigt. Die alte Anhänglichkeit an die
Krone und der monarchische Sinn kriechen allmälig wieder
an's Tageslicht, nachdem sie, furchtsam genug, sich lange
Zeit in den entlegensten Winkeln verborgen hatten. Es
ist jetzt mehr Leben auf der Straße als vor dem Einrücken
der Truppen, man sieht wieder anständige Personen und
allmälig auch wieder Equipagen. Man lebt so ruhig, daß
man beinahe an die Zustände vor dem 18. März erinnert
werden könnte. Geschäfte, Handel und Wandel beginnen
wieder aufzuleben; die Truppen sind nicht mehr konsignirt
und vermehren das Leben auf den Straßen. Die fliegenden
Buchhändler, sowie die ganze Straßenliteratur ist ver=
schwunden. An den Ecken sind nur noch obrigkeitliche
Ankündigungen und Plakate von Kroll und Gungl zu

lesen, das Theater ist wieder besucht; der Proletarier ist
wieder höflich geworden und die rothen Hahnenfedern sind
von den Kalabreserhüten wieder verschwunden. Aber hier
liegt auch nicht mehr die Entscheidung. Diese wird in
den Provinzen gegeben und namentlich am 27. oder an
den folgenden Tagen in Brandenburg. Die Krone hat
va banque gespielt. Jede Concession sowohl wie das
Mißlingen des Begonnenen läßt sie vollständig untergehen.
An ein Halten ist dann nicht mehr zu denken. Sie muß
somit auf dem einmal eingeschlagenen Wege vorwärts
gehen. Ihre Schritte, bis jetzt unleugbar mit großem
Geschick gethan, sind vom Glück begleitet gewesen. Die
Ruhe, die der Ueberlegung und Erwägung gelassen worden
ist, und daß es hier zu keinem Zusammenstoß kam, zeigen
überall ihre entschiedene Wirkung. Die heftigen Er-
klärungen, die von allen Seiten gegen die Regierung anlangten, machen fast überall Beistimmungen Platz. Jeder,
der hierher gesandt wurde, jede Deputation, jede Commission
nimmt von hier ein anderes Bild von den Verhältnissen
sowohl wie von dem Ministerio mit zurück, als das war,
welches mitgebracht wurde. Brandenburg ist ein Mann
ohne viel Gelehrsamkeit oder politische Bildung, aber
ehrenwerth durch und durch, entschieden consequent und
die Ruhe selbst; er ist mit einem scharfen Verstande und
vielem Wohlwollen ausgestattet, ist aber in seinem ganzen
Wesen durchaus Aristokrat. Manteuffel ist bekannt vom
ersten vereinigten Landtage her, in Geschäften bewandert
und brauchbar. Ladenberg gilt als ein Mann von vielem
Geist; er war eines der tüchtigsten Mitglieder des Ministeriums Eichhorn, aber fortwährend mit seinem Chef

gespannt; sein Name hat einen guten Klang im Lande. Strotha wurde von der Armee immer in seine jetzige Stellung gewünscht; er ist ihr durchaus gewachsen und gewinnt sich die ungetheilte Anerkennung. Rinteln soll ein tüchtiger Jurist und ein braver Mann sein. Alle fünf Männer aber verdienen die höchste Anerkennung deßhalb, weil sie den Muth hatten, dem Könige ihr Leben zu Gebote zu stellen, denn das wagen sie auf ihrer ferneren Bahn. Ebenso aber steht ihre ganze äußere Zukunft auf dem Spiele, denn das begreifen sie selbst, daß, wenn sie auch siegen, sie nicht lange im Amte bleiben können, um dann vollständig beseitigt zu werden. Der König war durch das Ministerium Pfuel in eine fürchterliche Lage gebracht. Es war eigens dazu geschaffen, daß es mit Entschiedenheit die Nationalversammlung in ihre Grenzen zurückführen sollte, und es war nachgiebiger als jedes andere. — Es war durchaus nothwendig, daß man endlich einmal dem Lande ein „Erwache" zurief; die leidenschaftliche Erregung, in der sich Alles befand, duldete gar keine ruhige Erwägung und keine von der Meinung der Nationalversammlung abweichende Weise, die Zukunft des Landes zu sehen und zu gestalten. Dies „Erwache" mußte von Leuten gesprochen werden, die dem eigenthümlichen Leben, wie es sich in der und um die Nationalversammlung gebildet hatte, vollständig fremd geblieben waren. Ich hätte allerdings dazu populärere Namen gewünscht und glaube auch, daß diesen ein sicherer Sieg zuzuschreiben gewesen wäre; aber der König war von allen seinen Anhängern verlassen. Niemand hatte mehr Muth, Niemand hatte den ehrenwerthen Charakter, den jene Fünf dokumentirten. Ich muß gestehen, daß, als ich die Namen Brandenburg und Manteuffel hörte, als ihre ersten Schritte bekannt wurden, ich gar kein Vertrauen zu dem Gelingen des Unternehmens hatte. Das maßvolle Benehmen Wrangel's und die glücklichen Resultate hier in Berlin, wo bis jetzt nicht der mindeste Exceß vorgekommen ist, trotzdem daß jetzt die ganze Bürgerwehr entwaffnet ist, etwa 22,000 Gewehre ihr abgenommen sind, trotzdem daß die Truppen mit der ganzen Erbitterung vom März her hier wieder eingezogen, haben meine Meinung vollständig umgestaltet. Dazu hat das lächerliche und gesetzlose Benehmen des Rumpfparlamentes ihm die Sympathien entzogen, die es Anfangs hatte. Ich habe jetzt alle Hoffnung! — Es wäre doch ein großartiges Resultat, wenn man ohne jedes Blutvergießen hier in diesem so unter- und durchwühlten Lande Ordnung und Gesetz wieder in Ansehen brächte und die Krone wieder auf's Neue feststellte. Es wäre ein Resultat, größer als alle die Erfolge der österreichischen Waffen. Die Haltung unserer Regimenter ist bis jetzt wahrhaft bewundernswerth, so anständig und ruhig, so gemessen und entschieden. Sie leiden hier keine Noth. Die Bürger sowohl wie das Landvolk von draußen verpflegen sie auf das Reichlichste. Aller Groll zwischen dem größeren Theile der Bürgerschaft und dem Militär ist geschwunden. Aber, wie gesagt, die Entscheidung liegt nicht hier und liegt nicht in heute oder morgen.

Den 23. November.

Berlin ist garnicht wieder zu erkennen; Stettin, Danzig, Königsberg, Posen, Breslau, alle die großen Hauptstädte der Provinzen erfreuen sich der Ruhe und der Ordnung; die Landwehren in Pommern haben sich mit wahrem Fanatismus zu den Fahnen gestellt; in Posen halten die Deutschen die Polen vollständig in Schach. Der General v. Lindheim ist zum Commandirenden sämmtlicher Truppen in Schlesien ernannt. Bei Breslau ist ein Corps mit 32 Geschützen zusammengezogen. Der Oberpräsident, der sich gegen das Ministerium erklärt hatte, ist abgesetzt; die Regierungskollegien haben sich für Brandenburg erklärt. Das Schlimmste ist Sachsen, schlimm auch durch die Unfähigkeit der dort leitenden Personen.

Die nächste jetzt erhobene Frage ist die, wird in Brandenburg eine beschlußfähige Versammlung zu Stande kommen, und zwar eine solche, mit der man regieren und verhandeln kann? Man hofft es. Es wird Alles zu ihrer Aufnahme vorbereitet. Wenn aber das nicht? Man sagt, dann würde das Ministerium provisorisch eine Verfassung oktroyiren und zwar als solche den Entwurf, wie ihn die Centralabtheilung der Versammlung angenommen hatte. Wird die das Land annehmen? Und was dann? Dies was weiter, es ist schwer zu sagen, und wohl ist es möglich, daß daran die Krone eher scheitert, als an der Steuerverweigerung. —

Ein Officier von unserem Corps ist nach Wien geschickt worden. Er sendet uns interessante Briefe, die eine Schilderung von den dortigen traurigen Verhältnissen geben,

wie sie sich kaum eine Phantasie entwerfen kann. Das
in Wien geflossene Blut hat das der Berliner gerettet. —

Ich füge noch Einiges über unsere hiesigen Truppen
bei. Wir haben hier einundzwanzig Bataillone Infanterie,
einundeinhalb Bataillon Jäger, zwei Schwadronen und
sechsunddreißig Geschütze in der Stadt und fünfundzwanzig
Schwadronen, einige Bataillons und einundzwanzig Ge=
schütze, die die Stadt cernirt halten. Die Ersteren com=
mandirt der General von Thümen, die Letzteren der
General von Prittwitz. Die Truppen in der Stadt sind
fast sämmtlich in Königlichen Gebäuden untergebracht und
zwar namentlich in solchen, deren Besitz entscheidend über
den der Stadt ist. Die Bataillons sind 802 Mann stark,
wovon die Kranken abzurechnen sind; der Gesundheits=
zustand ist durchweg gut. Die Entwaffnung der Bürger=
wehr ging so von Statten, daß man Aus= und Eingang
der zu entwaffnenden Straße stark besetzte und nun starke
Patrouillen hineinsandte, die aus den Häusern die Waffen
in Empfang nahmen, nicht das Hausrecht verletzten. Nur,
wo Demonstrationen Waffendepots vermuthen ließen, da
wurde visitirt. Potsdam ist außerdem jetzt wieder mit
dreiundeinhalb Bataillons, fünf Schwadronen und fünf
Geschützen besetzt.

Den 1. Dezember.

Beim Christmond sind wir wieder angelangt; wie
unendlich rasch ist das Jahr seinem Ende nahgerückt! Es
kommt mir vor, als wenn ich eine bedeutende Entfernung
in sehr raschem Ritt zurückgelegt hätte, ohne Athem, ohne

Raſt, ohne Gedanken, und — plötzlich aufgeſchreckt — zu
der Ueberzeugung gelangt wäre, welch' weiten Weg ich
hinter mir hätte. Wir ſind hier wirklich an einen Ab=
ſchnitt gelangt; ſo mag denn jener Eindruck erklärlich ſein,
auf den mich das Niederſchreiben des erſten Dezember
hinwies.

Das Miniſterium beſchäftigt ſich mit Herſtellung der
Ordnung und der Achtung vor dem Geſetz im ganzen
Lande und iſt damit ſehr glücklich geweſen. Mehr als es
irgend Jemand im ganzen Lande erwartet, haben die
extremen hochverrätheriſchen Beſchlüſſe der zurückbleibenden
Mitglieder der Verſammlung den guten Sinn der Be=
völkerung wachgerufen. Ein Kaufmann und Fabrikant
Jacobs in Potsdam zahlte am Tage, nachdem die Steuer=
verweigerung dekretirt worden war, vorſchußweiſe fünfzig=
tauſend Thaler Steuern ſofort.

Die Landwehren ſind ſo vollzählig und ſo eifrig auf
ihren Sammelorten erſchienen, wie die kühnſte Hoffnung
es ſich nicht dachte; die Truppen erwarben ſich überall
die höchſte Anerkennung und die Diſtrikte, wo noch
Anarchie herrſcht, werden täglich mehr und mehr durch
mobile Colonnen beſchränkt und werden bald gänzlich ver=
ſchwinden. Nur Sachſen, Theile von Schleſien und die
Moſelgegend erfordern noch einige Thätigkeit. Die Land=
wehr wird ſchon bald zum Theil wieder entlaſſen werden
können, und man hat ohne öſterreichiſche Greuelſcenen ein
viel bedeutenderes Reſultat erreicht.

Damit iſt allerdings ein großer Schritt vorwärts
gethan; indeſſen für die Zukunft noch ſehr wenig, nur ſo
viel, daß man die Zügel jetzt ſcharf angezogen halten und

dadurch mit größerer Ruhe Stürmen und Ungewittern entgegensehen kann. Das Unglück unseres Landes liegt in dem geringen Charakter unserer Nation, der allerdings nur durch eine reiflichere politische Bildung begründet zu werden vermag. Das zeigt die Unreife unseres Volkes, daß es solche Vertreter hierher senden konnte, daß es sich von diesen so lange leidenschaftlich aufregen und leiten ließ! — Wer bürgt denn dafür, daß wir nicht, wie wir in diesem Augenblicke einen Umschlag in der öffentlichen Meinung für die Monarchie und das Gesetz sehen, bald wiederum den entgegengesetzten erleben? Und keine Klasse erscheint fast deprimirter, als unsere Richter und Juristen.

Jetzt zeigt sich recht die volle Consequenz des zersetzenden Jung = Hegelianismus. Unsere Presse ist dazu so ohne Halt und Werth, daß man auch auf sie keine Hoffnung bauen kann, und dennoch ist sie so voll Einfluß. Welche Corporation sich allein bewährt hat, das ist die Armee und uns Einzelnen wird jetzt häufig eine Anerkennung zu Theil, wie man sie sich wohl nie träumen ließ. Es ist aber auch wahr, wenn man sieht, mit welcher Ordnung und Mäßigung sich unsere Leute hier und überall bei tausend Entbehrungen dem schwierigen Dienste unterziehen, so muß man mit Hochachtung und Liebe für sie erfüllt werden. —

Die Schwierigkeit unserer jetzigen Lage besteht darin, wie man über den Moment der Bildung einer neuen beschlußfähigen, traitablen Kammer wegkommen, wie man auf eine gute Weise zu einer Verfassung gelangen will. Vor drei Tagen erschienen die Abgeordneten der Linken einzeln in Brandenburg, um dort zu protestiren; sie haben sich in den Augen jedes Gebildeten selbst begraben. Aber wie nun eine andere Kammer bekommen? Gagern hat sich hier viel Mühe gegeben, zu vermitteln 2c. Indessen wir Preußen sind keine blinden Anhänger dieses Mannes, der ganz Deutschland mit in die Wirrnisse hineingezogen hat, der wohl momentan mit fortreißen, aber niemals wirklich leiten kann. Wohin hat er denn jetzt die Central-gewalt und Frankfurt geführt? Sie scheinen so ziemlich ihrem seligen Ende mit raschen Schritten entgegen zu gehen, wenn nicht noch von anderer Seite Hülfe kommt. — Unser Ministerium bleibt, trotz der Frankfurter Wünsche, und wird nicht eher abtreten, bis daß seine Aufgabe voll-endet ist, nämlich eine beschlußfähige Kammer eine kom-pakte Majorität darbietet, aus der ein neues Ministerium hervorgehen kann. Die Herren Commissäre haben ihre Flügel eingezogen, nachdem sie einen Blick in's Land, in die Armee und in die eigentliche Lage der Dinge thaten. Mir macht Alles den Eindruck, als wenn die Regierung, so sehr sie sich auch dagegen sperrt, genöthigt sein würde, eine Verfassung zu oktroyiren, sofort die neuen Wahlen dieser gemäß zu veranlassen und somit eine ganz neue Aera zu beginnen.

Hier in Berlin ist vollständige Ruhe. Ob nicht ein Mal ein Putsch versucht wird? Die Truppen sind immer darauf vorbereitet. — Wrangel wacht! — Gestern rückte hier das Garde-Landwehr-Bataillon aus Stettin ein, das schönste Bataillon vielleicht, welches die Armee hat. Es besetzte das Schloß. Vorgestern trafen die Cavallerie-Regimenter ein, die am 19. März die Stadt verließen, so daß sämmtliche Truppentheile, die damals die Garnison

bildeten, wieder hier sind und noch einige andere dazu;
nämlich zwölf und ein halbes Bataillon und etwa dreißig
Geschütze, jedes Bataillon zu Achthundert Mann.

Den 7. Dezember.

Ich habe diese Woche mehr den Freuden der Welt
gelebt, als dieses seit Monaten geschah. Theils regt die
glückliche Wendung unserer politischen Angelegenheiten
dazu an, theils brachte es der Zufall so mit sich. —
Selbst das Diner bei dem Junggesellen, wo lauter alte
Herren waren, war interessant, weil jetzt, bei der großen
Erregung des allgemeinen Interesses und allgemeinen
Nachdenkens, auch bei den vertrocknetsten Naturen kein
Gespräch unbedeutend werden kann. Abends war ich bei
Zenker's, wo der Papa, von Brandenburg heimkehrend, zum
Besuch war. Er war Stellvertreter eines Abgeordneten
zur Nationalversammlung. Dieser hatte in den letzten
Stürmen, zur Partei der Forttagenden gehörend, sein
Mandat niedergelegt und Zenker war sofort an seiner Statt
nach Brandenburg gegangen. Aber kaum vier Tage dort,
war die Auflösung der Versammlung erfolgt. Er hatte
viel zu erzählen, auch über die Aufregung in seinem Kreise
zu berichten. Dort, wie in so manchen Orten, hatte sich
zuerst die allgemeine Stimmung durchaus gegen die Regierung ausgesprochen und erst mit der Steuerverweigerung
hatte man den Degen für Krone und Thron in die Hand
genommen.

Das Vertrauen zu den Zuständen wächst mit jedem
Tage. Der Thron hat einen entschiedenen Sieg gewonnen

und hat ihn außerordentlich glücklich zu benutzen verstanden.
Der König scheint in diesem Augenblicke die Liebe und
das Vertrauen mehr als je zu besitzen. Adressen und
Deputationen in Unzahl stürmen aus allen Weltgegenden
heran, und man sieht endlich einmal wieder mit Freude
und Zuversicht in die Zukunft.

Die oktroyirte Verfassung hat im Allgemeinen die
Anerkennung der Bevölkerung. Den Wünschen des größeren
Theiles derselben entspricht sie; ein anderer Theil sieht ein,
daß sie die für den Augenblick einzig mögliche war; ver=
hältnißmäßig nur wenig zahlreiche Parteien auf der
äußersten Rechten oder äußersten Linken machen gegen sie
Opposition. Sie ist auch meiner Ansicht nach zu demokratisch,
als daß durch sie das Glück des Landes gesichert wäre.
Ueber den materiellen Inhalt des Gesetzes vergißt man
ihre formelle Entstehung und man reicht sich überall die
Versöhnungshand. Es läßt sich nicht leugnen, daß es von
dem ungeheuersten Gewinn für die Zukunft ist, daß der
König die Verfassung gab, sie sich nicht von einer konsti=
tuirenden Versammlung aufdrängen ließ. Damit ist die
Revolution faktisch beendigt; die Selbstbestimmung, die
dem Könige in den Märztagen entrissen war, hat er sich
wiedergewonnen. Er verdankt das Resultat vorerst sich
selbst — und seinem Entschlusse, einmal dem Treiben der
Leidenschaft und des Unrechts in Berlin durch kräftiges
Handeln ein Ende zu machen, dann seine Lieblingsideen
und Phantasien aufzugeben und treu seinen Märzver=
sprechungen sie mit so demokratischen Principien zu ver=
tauschen, wie sie in der Verfassung zur Anerkennung
gekommen sind. Er verdankt es dann dem Ministerium,

das in voller, ehrenwerthester Hingebung sich als Schild
vor den Thron stellte und wahrlich einen sehr gefahr=
drohenden Pfad durchlief; er verdankt es ferner der Armee,
die sich treu und glorreich bewährte. In ihr ist eine
Stimmung wie nach einem glänzenden Siege auf dem
Felde der Ehre, während es doch nur ein Triumph der
Treue und der Disciplin war. Der König verdankt seinen
Sieg aber namentlich auch den Fehlern seiner Gegner.
Bis zur Steuerverweigerung standen die Sachen für ihn
ganz schlecht. Die Letztere riß dem Lande die Binde von
den Augen und der Versammlung die Maske vom Antlitz.

Schwierigkeiten könnte uns noch Frankfurt bereiten,
dessen Desavouirung unseres Ministeriums bislang noch
keine Anerkennung fand. Mit jenen Schritten des Königs
ist allerdings dem Frankfurter Verlangen kein Genüge ge=
leistet. Das Ministerium ist nicht allein konservirt, sondern
es hat sich auch ergänzt, was auf kein Abtreten desselben
hindeutet, und darauf ging doch das Verlangen Frankfurts.
Wir sind natürlich gespannt darauf, wohin das führt.
Vielleicht begnügt sich Frankfurt hier, wie es dazu ge=
zwungen sein wird Oesterreich gegenüber.

Gagern hatte allerdings hier die Ueberzeugung ge=
wonnen, daß man mit unserer Kammer nicht weiter
kommen könne, indessen doch sehr ein Nachgeben und ein
Eingehen auf die Frankfurter Vermittelungsvorschläge ge=
wünscht. Einer unserer Generale hatte ihm gesagt: „Wenn
wir uns reinwaschen wollten, brauchten wir keine Frank=
furter Seife". Es ist wohl erklärlich, daß man hier
nicht sehr erbaut von dem Manne ist, der damals die
Souveränetät des Volkes proklamirte und späterhin den

„kühnen Griff" that. — Wir haben in diesem Augenblick noch eine bedeutende Macht auf den Beinen. Ueber 50 Landwehr=Bataillone sind eingekleidet. Ich glaube nicht, daß man lange anstehen wird, sie wenigstens theilweis wieder zu entlassen. Von allen Seiten laufen gute Nach= richten ein. Berlin macht für den Augenblick gar keine Besorgnisse. Trotzdem garnisoniren hier und in nächster Umgebung dreizehn Bataillone mehr als vor dem acht= zehnten März. Die ganze alte Garnison, Cavallerie und Artillerie inclusive, ist wieder eingerückt. Auf der Hut muß man den Wühlereien gegenüber noch immer sein, die bei dem bedrängten Unterkommen der Truppen und ihrem beschwerlichen Dienste wohl Terrain gewinnen könnten. Außer den obengenannten stehen fünf Bataillons concentrirt bei Wittenberg à portée, um eventuell gegen Berlin oder gegen Sachsen verwendet werden zu können, und von hier bis Stettin sind vier Bataillons echellonirt, an der Eisen= bahn, um ebenfalls herangezogen werden zu können.

Den 10. Dezember.

Wir haben hier jetzt das wieder erlangt, was zu entreißen namentlich Frankfurt und als dortiger Chorführer Gagern thätig waren, nämlich die Souveränetät für die Krone, nicht für das Volk. Die hiesige National= versammlung wollte sich als konstituirende geriren und jede Einsprache des Königs in ihren Willen wurde als ein Unrecht desselben hingestellt. Die Umstände haben das Ding umgedreht. Der König hat die Verfassung gegeben; sie ist ihm weder abgerungen noch abgezwängt; er hat sie

in dem Augenblicke gegeben, wo er wieder in den Voll=
besitz äußerer Gewalt getreten war, wo er auf den Händen
von 188,000 Mann seiner Armee getragen wurde. Das
ist der ungeheure errungene Vortheil. Damit ist die
Krone in dem Herzen und in dem Urtheil des Volkes so
außerordentlich groß geworden. Dies ist der Gegen=
satz: Der König gewann sich seine Souveränetät wieder
und gab eine Verfassung; Gagern mit Frankfurt aber
wollten, daß das Volk sich eine Verfassung .gäbe und die
Fürsten dieselbe nothgedrungen annähmen. Die Letzteren
würden unendlich inkonsequent werden, wenn sie gegen
das Verfahren des Königs nicht aufträten, wenn sie nicht
die Souveränetät des Volkes zu wahren trachteten. Mög=
lich ist es allerdings, daß sie schweigen in Anbetracht ihrer
effektiven Schwäche. — Gagern mag ein edler Mensch
sein, ein Mann von hohen Gaben ist er gewiß, er sowie ein
großer Theil seiner Partei haben aber den Radikalen und
Republikanern die Hand geboten und eine Revolution ge=
macht, statt daß sie auf Seite der Regierungen hätten
treten und diese zu Reformen hätten veranlassen müssen.
Es ist das ein Fehler, der sich in allen Revolutionen
wiederholt, und, um ihn zu vermeiden, bedarf es freilich
einer großartigen politischen Anschauung und einer sittlichen
Durchbildung, die den Demagogen der Neuzeit abgeht.
Die gemäßigt Gesinnten geben der Bewegung den Anstoß,
protegiren sie auf alle Weise, entwinden der Regierung
den Zügel, werden dann selbst Knechte der Bewegung, die
sie unter ihren Rudern zermalmt. Diese Schwärmer
glauben immer die Kraft zu haben, ein „Bis hierher
und nicht weiter" sprechen zu können; es geht ihnen

wie dem Phaeton. Sie stürzen und mit ihrem Sturz ver=
nichten sie Wohlstand, Glück und Gesittung. — Wohin
wäre es in Preußen und damit in Deutschland gekommen,
wenn es hier so fortgedauert hätte? Und wer hat es
effektiv gerettet? Die Treue der Armee! Jene hatten
das Vaterland und die Krone lange im Stich gelassen,
oder waren paralysirt!!

Ich bin davon durchdrungen, daß Gagern und die
Seinigen niemals die Bewunderung der Nachwelt haben
werden, weil sie ohne großartige politische Anschauungen,
nur Unterthanen des Augenblicks sich den nächsten Augen=
blick unterthänig machen wollten. Vincke und Radowitz
stehen viel erhabener da, namentlich der Erstere.

Daß Frankfurt uns hätte einen Halt bieten können,
wenn die Krone hier in dem letzten Streite unterlegen
wäre, ist ein Irrthum, der mit dem Hand in Hand geht,
dem Gagern selbst unterlag, daß man eine durch ideale
Macht geförderte Revolution in ihrem raschen Laufe auf=
halten kann. Daß Frankfurt uns eine Zeit lang ein Halt
gewesen wäre, ist ebenfalls ein Irrthum in den Thatsachen.
Der Commissär der Reichsgewalt, General v. Schaeffer,
der in Posenschen Angelegenheiten hier war, sagte in
meiner Gegenwart: Ganz Süddeutschland, mit Ausnahme
von Baiern, erhielte seinen Halt jetzt nur durch Frankfurt
und Letzteres den seinigen nur durch Preußen; wenn wir
mit ihm brächen, so stürzte dort Alles über den Haufen,
und das sagte er hier in den Tagen, wo die Krisis am
wenigsten günstig sich für den König zu entscheiden drohete. —

Ich weiß noch gar nicht, wie mein General über einen
jetzt zu ertheilenden Urlaub denkt; ich muß meine Ent=

13*

scheidung, ob ich Weihnachten kommen werde, und wann dieses geschehen kann, ganz in suspenso lassen. Du bist eine Soldatenbraut; Du mußt als solche manches Opfer bringen, sei nicht böse darüber! Dafür sind wir Soldaten auch jetzt die Lieblinge der Leute, die noch Herz und Ehre in ihrer Brust tragen; wir möchten um keinen Preis mit einem anderen Stande tauschen; versöhne auch Du Dich mit ihm!

Den 17. Dezember.

Wrangel hat den Truppenbefehlshabern die Erlaubniß ertheilt, Urlaub während der Feiertage bis zu Neujahr geben zu dürfen. Ich glaube daher wohl, daß General Reyher mir meine Bitte, zu Dir zu gehen, nicht abschlagen wird. Ich komme dann mit dem frohesten Herzen, denn ich will Dir im Geheimen erzählen, daß der General mir durch seinen Adjutanten hat sagen lassen, er werde meine Beförderung oder wenigstens den Vorschlag dazu, dem die erstere immer unbedingt folgt, nicht bis zum März, dem gewöhnlichen Termin, anstehen lassen. — Ich habe so halb und halb gedacht, in Erwägung, daß die Eltern es doch gern sehen würden, wenn wir an dem Tage des sechzig-jährigen Dienstjubiläums meines Vaters am ersten Mai in Hannover anwesend wären, daß wir den Tag unserer Verbindung so ansetzten, daß sich jenes ermöglichen ließe. — So weit für heute — will's Gott, alles Andere mündlich! Jenes nur, um Dir zu beweisen, daß meine Träume und Hoffnungen doch in einer anderen Welt leben als die ist, die

mich umgiebt; daß ich ihr mein bestes Theil widme und
von ihr wiederum Freude und Glück erhalte.

Den 10. Januar 1849.

Hier habe ich Alles beim Alten gefunden; der soit
disant Belagerungszustand hindert den Verkehr eigentlich
gar nicht; die Wahlberathungen und Wahlwühlereien be=
schäftigen alle Welt. Daneben fordert Frankfurt sein Maaß
Theilnahme. — Unsere Landwehren sind zum größten
Theil entlassen. Man hat nur per Bataillon 200 Mann
in eine Depot=Compagnie formirt und scheint die Absicht
zu haben, sich aus diesen einen Kern zu bilden, an den
sich im Fall der Noth um so fester die übrige Mannschaft
anschließen kann. Man kann dieser Idee natürlich nur
seine volle Billigung geben. — Meine Hoffnung auf bal=
dige Beförderung scheint zu Wasser geworden zu sein.

Den 11. Januar.

Heute Morgen emsig beschäftigt und schreibend, ließ
mich der General heraufrufen. Ich folgte natürlich sogleich,
mußte aber eine ganze Weile im Vorzimmer warten, und
war eigentlich höchlichst erstaunt über die erhaltene Citation.
Es war noch ein Officier ebenso beschieden und endlich
wurden wir vorgelassen und der General begann: „Meine
Herren, ich habe Ihnen zu eröffnen, daß Se. Majestät der
König die Gnade gehabt haben, Sie zu Hauptmann's zu
ernennen. Ich gratulire Ihnen von ganzem Herzen."
Mein Herz that einen gewaltigen Sprung; es schlug fast

hörbar vor Freude. Ein lang ersehntes Ziel wäre erreicht!
Wie ich Dir gestern schrieb, hatte ich für die nächsten
Wochen gar nicht an die Erfüllung dieses Wunsches ge=
dacht. Man wird es in der Armee ein enormes Glück
nennen, und das ist es auch; so viel ich weiß, bin ich der
jüngste Officier der Armee, der jetzt schon Hauptmann ist.

Warum erhielt ich die Nachricht nicht schon in Han=
nover? Mitfreude ist doch etwas gar Schönes! Ich
möchte meine eigene Freude erhöht haben durch die Derer,
die ich lieb habe!

Den 28. Januar.

Es sind mir bei Gelegenheit meiner Beförderung hier
viele Beweise von Wohlwollen und Theilnahme geworden;
auch der General von Wrangel hatte die Güte, mich zu
Tisch einladen zu lassen. Andererseits bekam der junge
Capitän auch wohl einmal schiefe Gesichter zu sehen. —

Die unglücklichen Wahlen nehmen mich schrecklich in
Anspruch, so daß mir fast zu nichts Weiterem Zeit bleibt.
Nach vielen und anhaltenden Debatten in den Vorwahl=
berathungen während der letzten Tage der vorigen Woche
schritten wir Montags zur Wahl. Wir Konservativen
hatten uns sehr fest in kompakter Majorität geeinigt und,
um auch beim Wahlakte selbst uns keine Blößen zu geben,
waren wir schon um acht Uhr Morgens in das bestimmte
Lokal gegangen. Dort saßen wir bis 4½ Uhr. Wir
hatten sechs Wahlmänner zu wählen. Die aufgestellten
Kandidaten wurden sämmtlich mit sehr bedeutenden

Majoritäten durchgebracht, was ein um so entschiedenerer
Sieg war, als unsere Gegner den bekannten Waldeck auf
die Wahl brachten und sechsmal hinter einander festhielten.
Unser Jubel war groß, nicht minder laut die Entrüstung
und wilde Wuth der Gegenpartei, so daß es fast zu
Thätlichkeiten gekommen wäre, woran es in anderen Wahl=
lokalen nicht gefehlt hat. Unter den Gewählten bin ich
der vierte; damit bin ich in all' die vielen Vorwahl=
berathungen unserer Partei hineingezogen. Dazu kommen
die Vorbereitungen für die Wahlen zur ersten Kammer, bei
denen ich auch betheiligt bin. So hatten wir denn gestern
Sitzungen von 5 bis 11 Uhr Abends, heute wieder von 8 Uhr
an. — Die Wahlen sind im Allgemeinen vorherrschend
demokratisch ausgefallen, ein Resultat, das sich in den
Provinzen vielfältig zu wiederholen scheint. Damit ist
unsere Verfassungsgeschichte in eine neue Phase eingetreten
und die Verwirrung, die daraus entstehen kann, ist kaum
abzusehen. Man muß geduldig sein! Die Abstimmung
in Frankfurt kann natürlich nur dazu dienen, noch mehr
Unruhe und Unklarheit in das Chaos der Kombinationen
und der ganzen Zukunft zu bringen. Ich glaube kaum,
daß wir Konservativen hier in Berlin auch nur einen
Gesinnungsgenossen als Abgeordneten durchbringen. Zu=
weilen ist aber auch an der Unfähigkeit und Ungelenkigkeit
unserer Partei zu verzweifeln; da ist einer empfindlich,
hier einer gekränkt; Jeder will sich hören lassen; Jeder
will seine eigene Meinung zur Geltung bringen. Ich bin
ein paar Mal bei derartigen Gelegenheiten schon so heftig
geworden, daß man frappirt wurde. Eine Freude ist dies
Wahlmann=Sein nicht, das weiß Gott.

Im Verlauf unserer Vorverhandlungen trat ein Assessor Bindewald, der ein sehr thätiges Mitglied unserer Partei und namentlich eines bestimmten Vereins in ihr, des „Für König und Vaterland“, ist, an mich heran und theilte mir mit, daß mich jener Verein als einen seiner Kandidaten für die zweite Kammer aufgestellt habe. Ich dankte ihm ganz ergebenst sowohl für seine gütige Meinung und Absicht, als für die Würde, die er mir zugedacht habe. Nein, ich will mir die ersten Tage unserer Vereinigung nicht durch die Politik trüben lassen. Du sollst mich ganz allein haben und meine Gedanken und mein Streben nicht mit jener eifersüchtigen Dame „Politik“ theilen, die nur zu herrschsüchtig sich mir gegenüber gezeigt hat, sobald ich ihr nur irgend Zutritt gewährte.

Den 7. Februar.

Gottlob sind die Wahlen vorüber, wenigstens soweit meine Mitwirkung dabei gefordert wurde. Die Vorbereitungen dabei nahmen hier bald einen widerlichen Charakter an. Die Demokraten waren von vorn herein Herren des Schlachtfeldes und standen in geschlossener Phalanx unseren Angriffen gegenüber. Sie hatten in ihre Reihen Alles einrangirt, was Anarchie, Socialismus, Kommunismus und Republik will, daneben aber auch eine Menge Solcher, die durch die Vorgänge im November in ihrem Rechtsgefühl gekränkt eine Satisfaktion für die damals aufgelöste Nationalversammlung verlangen, mit dem alten Wort im Munde: fiat justitia, pereat mundus!

Wir hatten dagegen eine große Anzahl von Fraktionen mit uns vereinigt, das eine Wort als bindend für uns anerkennend, nämlich: „die oktroyirte Verfassung vom 5. Dezember ist die Grundlage unseres neuen Staats= rechtes". Schon als wir zur Wahl schritten, wußten wir ganz genau, daß wir unterliegen würden. Als dies nun aber in der That geschah und man in Berlin in vier großen Wahlbezirken nur Waldeck, Rodbertus und Jacoby, jeden zwei Mal, und Temme, Philipps und Behrend, jeden ein Mal, gewählt sah, so war dies Resultat doch niederschmetternd; man schloß aus diesen Wahlen auf die des ganzen Landes und das bedrohte Wohl des Vater= landes schien nun wirklich am Rande des Unterganges zu stehen. Die sechs Genannten waren die Führer der äußersten Linken in der alten Nationalversammlung. Nicht allein, daß man sich durch diese Wahl des Wiedererscheinens dieser Steuerverweigerer vergewisserte, man ist auch im Stande, jetzt durch die Nachwahlen für die drei zwei Mal Gewählten etwa vergessene Männer der gleichen Richtung ebenfalls in die Kammer zu bringen.

Schon am Abende der Wahl liefen indessen gute Nachrichten aus der nächsten Nachbarschaft Berlins ein. Die konservative Partei hatte in Potsdam, Köpenick, Jüter= bock, Freienwalde, Brandenburg den Sieg davon getragen und dort ihre bedeutendsten Capacitäten, Vincke, Bismarck, Bodelschwingh, Arnim 2c. durchgebracht. Gleich günstig sind die weiteren Wahlresultate, und man kann jetzt im Allgemeinen den Ausfall der Wahlen so weit übersehen, daß nur die großen Städte radikale, das Land dagegen, das den Einfluß der kleinen Städte paralysirte konservative

Abgeordnete senden wird. Wir müssen uns zu diesem Ausfall ganz besonders Glück wünschen.

Erhielten wir eine Kammer, die die oktroyirte Verfassung verwürfe, die auf den 9. November zurückginge, was die Absicht der Linken ist, so wäre auch die Revolution, die wir eben beendigt glaubten, auf's Neue die Bedrängerin der Reformen, und wer weiß, wohin uns jene Parteien, die aus Besitzlosen und Ehrgeizigen bestehen, hinführen würden?

Von Officieren im Dienst ist bis jetzt mein alter Freund Major von Voigts-Rhetz der einzige, dessen Wahl bekannt wurde.

Den 2. März.

Obgleich hier Niemand recht an einen Krieg mit Dänemark glauben will, so sind doch alle Gemüther durch die Kündigung des Waffenstillstandes aufgeregt. Man hält dieses zusammen mit dem Benehmen Oesterreichs, uns Preußen und der deutschen Frage gegenüber. Man kann sich Beider Verhalten nicht anders erklären, als im engen Einverständnisse mit Rußland, und hier, wo sonst so wenig Sympathie für Frankfurt und dagegen die entschiedenste Hinneigung für Oesterreich und Rußland bestand, wird das Nationalgefühl gewaltig aufgestachelt und, wie es scheint, werden beide Kammern bald dem Verlangen, jenes Gefühl nach außen hin geltend zu machen, entschiedene Worte leihen. Manches deutet darauf hin, daß der König für seine Person noch immer mit Oesterreich unterhandelt, daß man bei Hofe außerordentlich geneigt ist, dem Letzteren

nachgiebig und gefällig zu sein, und schon bemächtigt sich
des Publikums in dieser Beziehung ein entschiedenes Miß=
trauen. Die letzten Abstimmungen in Frankfurt, deren
Resultat die Folge der perfidesten Koalition, die sich denken
läßt, ist, der Koalition der Linken mit den Oesterreichern,
werden das Ansehen Frankfurts gänzlich zu Grabe tragen,
und wer weiß, ob nicht bald Deutschlands Zukunft nicht mehr
dort, sondern in Berlin entschieden werden wird. Unsere
bedeutendsten Abgeordneten scheinen dies auch zu fühlen,
sie wären sonst wohl nicht hier erschienen, und zwar nicht,
um dorthin zurückzukehren, sondern um hier mit aller
Energie thätig zu sein.

Unsere Kammern scheinen bis jetzt konservative Majori=
täten zu enthalten. Die erste in bedeutender Ueberlegenheit,
die zweite weniger stark, aber doch auch geschlossen und
entschieden. Die erste umschließt eine Menge Capacitäten,
und, indem sie mit Tüchtigkeit und rasch über die Form=
fragen fortschreitend sich gleich in medias res gesetzt hat,
muß sie auch die zweite Kammer mit sich fortreißen. Wir
wollen das Beste hoffen.

Wir sind allerdings noch immer auf unruhige Auftritte
in der Stadt gefaßt, und General Wrangel hat alle Vor=
kehrungen in diesem Sinne getroffen; mehr und mehr wird
aber die Frage, ob im Inneren Ruhe und Frieden bleiben
wird, von der verdrängt, ob uns nicht bald ein auswär=
tiger Feind in die Waffen rufen wird, und man macht
sich eigentlich täglich mit dem Gedanken an eine Campagne
vertrauter. Wenn man freilich erwägt, wie kriegerisch
Alles heute vor einem Jahre aussah und wie sich diese
Gewitter verzogen haben, so kann man auch jetzt wieder

zu dem Glauben gelangen, daß der Friede erhalten werden
wird.

Den 19. März.

Der böse 18. März ist ganz gut vorübergegangen.
Freilich waren Tausende herausgeströmt, um die Gräber
der „Märzhelden" zu besuchen, indessen ohne größere
Excesse zu veranlassen. —

In den Kammern hat die Rechte noch immer die
Majorität. Vincke hält sie mit geharnischter Zunge zu=
sammen. Ich war gestern zu einer höchst interessanten
Debatte bei den Verhandlungen der zweiten Kammer
gegenwärtg. Es handelte sich um die Gültigkeits=Erklärung
der Verfassung. Sie wurde mit einer Majorität von nur
17 Stimmen durchgesetzt. Man war natürlich außerordent=
lich gespannt auf das Resultat. Vier Mal wurde mit
namentlichem Aufruf der Mitglieder abgestimmt. —

Wir Soldaten sehen mit Entzücken auf den alten
Radetzky. Er hat doch prächtig manövrirt; das war doch
einmal wieder eine Soldatenschlacht, an der sich das
Herz erfreuen konnte. Wie kühn und wohl kombinirt das
ganze Manöver! und wie schön nachher der Erfolg. Echt
à la Napoléon. Man muß vor dem General Hesse außer=
ordentliche Achtung haben, der wenigstens immer als der
Gneisenau des Radetzky=Blücher bezeichnet wird. — Welch'
ein Jammer, müßte man einmal diesen Truppen gegen=
überstehen! Welch' ein Herzensweh, forderte die Pflicht
einen Kampf mit den Oesterreichern, und doch sind wir
nicht allzu weit davon; aus dem Haupte des Kaisers kann

mehr wie eine geharnischte Minerva entspringen; möge
dann die neue deutsche Klinge so gut schlagen, wie die
alte preußische!! —

Hier ist in der großen Menge gar keine Theilnahme
für die Wahl der Frankfurter; bei den Gebildeten eine
sehr getheilte; ich möchte sagen, die große Mehrheit derselben wünscht, der König möge die Krone ausschlagen,
sie wenigstens nur mit bedeutenden Bedingungen annehmen. Wenn mich nun auch diese Kaiserwürde nicht erfreut und ich mit dem Glockenläuten in Frankfurt nicht
das Glück Deutschlands und namentlich nicht Preußens
eingeläutet sehe, so muß ich doch voll Interesse dorthin
blicken, kann den Blick nicht wenden, so wenig Erquickliches
er dort auch findet.

Den 7. April.

Wir sind hier so in Politik und Kriegsgetöse begraben
gewesen, daß wir fast unempfindlich für die neue Wärme und
Veilchen und das erste Grün unbeachtet am Wege ließen.
Ich sehe den Tagen mit Sehnsucht entgegen, wo ich
wieder Auge und Sinn für das Liebliche der Natur haben
und die Menschen mit ihrem Streben und eitlen Ringen
vergessen darf. — Wir haben eine für unsere Geschichte
wichtige Woche durchlebt. Am Montag langte die Frankfurter Deputation an. Keine übergroße Menge empfing
sie; keine Fahnen wehten; die Wagen, die ihnen der Ma-
gistrat entgegen gesandt hatte, waren fast dürftig zu
nennen. Wohl möglich, daß der Belagerungszustand einen
sehr großen Theil der Bevölkerung vom Empfange abhielt,

aber auch ohnedem würde es sich dokumentirt haben, daß
unser Volk kein Herz für die angetragene Krone, und daß
nur ein Theil der Gebildeten sich für eine kurze Zeit in
dies Kaiserthum à tout prix Hals über Kopf gestürzt
hatte. Alles blickte aber auf die Antwort des Königs.
Sie erfolgte am Dienstag. Du kennst meine Ansichten
und weißt, daß ich der Versammlung in Frankfurt nie
das angemaßte Recht der endgültigen Beschließung zugestanden habe. Auf diesem nämlichen Standpunkte bewegte
sich die preußische Note vom 23. Januar. Ihn hält auch
die Antwort des Königs fest, nur fehlt der Letzteren die
Präcision und die logische Schärfe. Man weiß nicht recht,
ob er annimmt oder nicht, während er doch auf das Bestimmteste erklären mußte, daß er nur bereit zur Annahme
sei, wenn der Verfassung, laut der man ihn gewählt habe,
die Endgültigkeit durch die Zustimmung der Einzel-Regie-
rungen gegeben sei. — Die Abgeordneten waren von der
Antwort des Königs fast niedergeschmettert. Der Rausch
der Paulskirche, noch gesteigert durch die Ovationen, die
ihnen unterwegs gebracht worden waren, war plötzlich und
unerwartet verscheucht; die kühlste Nüchternheit bildete einen
schlimmen Gegensatz. Sie wollten fast sämmtlich sofort
abreisen und nur dem entschiedenen Zureden Vincke's und
Anderer gelang es, sie wenigstens für die nächsten Tage
zu fesseln. — Ein großer Theil des hiesigen Publikums,
theils selbst im Rausch, theils verblendet durch die eitle
Aussicht, die neue Krone auf das Haupt des Königs gedrückt zu sehen, theilte ihre Empfindung. In beiden
Kammern kam es zu den heftigsten Scenen; man schrie
über das Ministerium, über den König. In der Stadt

war eine große Aufregung; nur die Truppen blieben theil=
nahmslos und, merkwürdiger Zufall, als die Abgeordneten
das in Gala erscheinende Schloß verließen, zog die Wach=
mannschaft mit dem Marsch: „Ich bin ein Preuße" 2c.
auf den Schloßplatz. Anderen Tages beschwichtigte sich
die Aufregung etwas durch die Cirkularnote, die zeigte,
daß man die Verständigung der Einzel=Regierungen und
der Frankfurter Nationalversammlung rasch und entschieden
in die Hand nahm. Dennoch kam es am Donnerstag zu
den heftigsten Debatten in der zweiten Kammer, wo In=
vektiven über Invektiven gegen die Regierung und das
jetzige Prinzip derselben geschleudert wurden und man mit
persönlichen Beleidigungen so weit kam, daß der Präsident
die Sitzung aufheben und für eine Stunde suspendiren
mußte. Ich war gegenwärtig und erzähle mündlich mehr
davon. Am nämlichen Tage verließ die Deputation
Berlin.

Was man hier bei der Wendung, die die Sache ge=
nommen hat, am meisten bedauert, das ist der Umstand,
daß nun fast aller Enthusiasmus für die deutsche Einheit
zu Grabe getragen ist. Aber ist das des Königs Schuld?
Hat die Frankfurter Versammlung ihn nicht bestattet, als
sie die Kaiserwürde zum Gegenstande egoistischen Marktens
machte und den kaiserlichen Purpur zu einem so wenig
ansehnlichen Gewande, daß man es dem Könige nicht
übel nehmen kann, daß er ihn nicht mit seinem alten
Königsmantel, gebleicht auf hundert preiswürdigen Schlacht=
feldern, vertauschen mag. Ich muß sagen, daß mir die
Kaiserwürde gar keinen Werth mehr zu haben scheint,
nachdem die sie letztlich beschließende Majorität in Frank=

furt eine so schmählich zusammen gebettelte und mit so
enormen Konzessionen zusammen gestoppelte geworden war
und nachdem die Reichsverfassung so durch die Oesterreicher
zugestutzt worden ist, daß sie dem Reichsoberhaupt kaum
einen Schatten von Macht läßt und mit ihren direkten
Wahlen ihm bald den Garaus machen wird. Wie sich
Deutschland nun einmal entwickelt hat, kann es nur ein
Bundesstaat sein, in dem die Einzelstaaten bedeutende
Berechtigungen haben und das Oberhaupt in einem Direk=
torium besteht. Ehe man nicht darauf zurückkommt, wird
entweder Nichts daraus, oder Deutschland wird in die
fürchterlichsten Wirren hineingestürzt. — Ich komme auf
einen Satz zurück, den ich Dir bei der ersten Rede
Gagern's schrieb, in welcher er sagte: „Wir sind hier kraft
der Souveränetät der Nation!" Die Rede war der Wende=
punkt in der deutschen Geschichte, sie machte das Hand in
Hand Gehen der Nationalversammlung mit den Regierungen
unmöglich.

Wird Frankfurt jetzt zu dem Aeußersten schreiten?
Werden die Conventsgelüste jetzt noch zu bändigen sein?
Werden die fünf Königreiche einig Hand in Hand mit
einander gehen? Wird man oktroyiren? Warum hat
man die Erklärung, die Brandenburg gestern in der
Kammer verlesen, der Nationalversammlung nicht als Ant=
wort gegeben? Warum hat man die kleinen Staaten so
zur unbedingten Beistimmung zu der Verfassung, wenn
auch nur indirekt, animirt und hat ihnen und sich selbst
die Situation nun so unendlich schwierig gemacht? Diese
und andere Fragen tauchen auf und man weiß sie nicht
zu beantworten.

Mich will es bedünken, als stünden wir an dem Vorabend einer Krisis. Ein Anstoß von außen würde eine Explosion in Deutschland hervorrufen, auf die ich rathen möchte, sich mit aller Entschiedenheit vorzubereiten. Möchte sie, welcher Art sie auch sein mag, doch noch wenige Wochen ausbleiben und möchte es uns vergönnt sein, uns in Ruhe, auch in Seelenruhe, einem Glücke hinzugeben, das wir uns so lange ersehnt haben.

Den 12. April.

Heute ist Alles voll von der Nachricht aus Eckernförde. Die deutschen Waffen haben jetzt Glück, dort in Italien, hier in Schleswig. Möge es ihnen in den nächsten Tagen treu bleiben, wo in Ungarn und bei Flensburg es zu entscheidenden Ereignissen kommen muß!

Jetzt, wo die Feindseligkeiten in Schleswig wirklich eröffnet sind, jetzt möchte ich es entschieden beklagen, daß der General von Reyher sich nicht für mich entschieden hat, als es galt, dem General von Prittwitz für sein Generalcommando die Officiere zu wählen. Wie mir der Chef des Generalstabes erzählte, stand mein Name mit auf der Vorschlagsliste und aus Rücksicht auf meine bevorstehende Verheirathung ward, anstatt meiner, Hauptmann Schwarz commandirt. — Ich befand mich bei dieser Angelegenheit in einer eigenthümlichen Lage. Ich fühlte mich in meinem Innern so unbestimmt und wußte nicht, was ich wünschen sollte. Jetzt aber beklage ich es, daß mir die Gelegenheit verloren geht, mich zu instruiren und eine Vorschule für ernste und doch bevorstehende Kriege zu machen. Ich bin

mir zwar bewußt, wie hart uns Beide diese Commandirung
getroffen haben würde, indessen man ist nicht Soldat ge=
worden, um auf Rosen gebettet zu sein, und wer einen
Soldaten heirathet, der muß auch darauf gefaßt sein,
wieder und wieder Trennungen zu ertragen. —

Wir machen diesmal den ersten Versuch mit unseren
Landwehren gegen einen auswärtigen Feind und sind auf
den Erfolg außerordentlich gespannt. Man ist so des
besten Mittels verlustig gegangen, die Leute wieder an
Disciplin und Ordnung zu gewöhnen. Unter den sechs
Landwehr=Bataillonen sind drei polnische, von denen viel=
leicht ein Drittel der Mannschaft im vorigen Jahre uns
im polnischen Nationalheere gegenüberstand. Die Officiere
waren indessen guten Muths. —

Der Durchmarsch der königlich=sächsischen Truppen
machte hier auch viel Lärm. Die Officiere, wenigstens
diejenigen, mit denen ich in Berührung gekommen, haben
mir einen sehr angenehmen Eindruck gemacht. Es waren
gebildete Leute, die ohne Prätension, aber mit viel Sach=
kenntniß über ihre eigenthümlichen Verhältnisse, ihre Hoff=
nungen und Befürchtungen sprachen. Die Mannschaften
waren sehr klein, jung und kümmerlich, ihre Ausrüstung
nichts weniger wie gut. Die Officiere sprachen sich auch
sehr unglücklich über die Art und Weise, wie man sie hatte
marschiren lassen, aus. Die Infanterie=Compagnien waren
nur 150 Mann stark; von diesen waren 40 Mann erst
mit dem 1. Januar und eine gleiche Anzahl mit dem
1. Februar als Rekruten zu den Fahnen gekommen. Es
klang zu komisch, wenn der gute Sachse sagte: „Ja,
plänkeln können wir nicht! Da seiend wir zu jung zu!"

Den 17. April.

Wir sind natürlich in der allergrößten Spannung über das, was nun kommen wird. Die deutschen Angelegenheiten sind wahrlich so verritten und festgefahren, daß man nirgend recht weiß, wo hinaus, oder wie zu einem friedlichen Ende gelangen? Bald redet man von Auflösung unserer zweiten Kammer, bald von einer Modification des Ministeriums. Die Schwierigkeiten unserer Lage sind außerordentlich groß. Die deutsche Frage hat die konservative Partei der zweiten Kammer vollständig auseinander gesprengt. Vincke hat, mit Lossagung von jeder Partei, schrankenlos die Opposition gegen das Verfahren der Regierung ergriffen und mit seinem großen Talente hierhin und dorthin, desorganisirend und zerreißend Blitze geschleudert. Man ist, wie ich glaube, überall so ziemlich rathlos.

Den 22. April.

Also mein letzter Brief! Nach so vielen, nach einer so langen Reihe! Endlich der letzte! Der letzte Meilenstein, den der langsame Wanderer passirt, nachdem er auf seiner langen Reise vielen vorbeiging, immer die Nummer sehnsuchtsvoll lesend, wird denn nicht bald die letzte kommen? Endlich Nummer Eins! Und rascher nimmt er den Schritt, beflügelter werden die Tritte, und „bald, bald!" sich zuraunend, fliegt er mehr als er geht. — Ja, die Reise war lang, aber oft führte sie auch durch die lieblichsten Gauen und an das Bild manchen Meilensteines

14*

knüpft sich die Erinnerung an die schönsten Tage des
Lebens. Oft waren sie die Ruhepunkte, wo das gehetzte
und eifernde Gemüth sich sammelte, den freieren Blick
wieder gewann für die Gegenwart und für die Zukunft,
wo der Geist sich erfrischte und neue Elasticität sich eintrug,
wo das Herz sich wieder öffnete dem Wohle und Wehe
Anderer und aus der egoistischen Verknöcherung heraustrat,
in die es die Reise hineindrängen wollte. Ja! der letzte
Meilenstein, und ihn hinter sich lassend, scheidet der
Wanderer mit rückwärts gewandtem Blick, fast das Auge
mit dem Naß der Wehmuth gefüllt, denn mit dem Scheiden
springt nicht eine Kette, die den freieren Herzschlag des
Gemüthes umschnürt gehalten hätte, nein, es endet die
Reihe von Merksteinen, die ein reges Streben, ein edles
Ringen sich setzte, um dann dem schönen Ziele, dem geliebten heimathlichen Heerde, sich ganz zuzuwenden! Wie
jenes Streben reich und lebenskräftig war, so war die
Reihe unserer Briefe voll Glück, voll Freude und voll eines
wirklichen Lebensschatzes. —

Aus einem am 20. Mai 1849
geschriebenen Erinnerungsblatt.

Es ging laut her am 27. April in Berlin. Die
zweite Kammer war, zu aller Welt Erstaunen, aufgelöst
worden und Bestürzung, Befremdung und Befürchtungen
aller Art gingen auf den Straßen und legten ihre Marken
auf die erregten Gesichter der Menge. — Mein General
war abwesend, sollte ich ohne Urlaub abreisen? Mein
guter Obrist half aus, gestattete den vorläufigen Antritt

des Urlaubs, und Bündel und Koffer wurden geschnürt.
Doch, Wehe! Der Kriegsminister fordert vier Officiere des
Generalstabes, um sie sofort nach allen vier Weltgegenden
senden zu können. Auch ich muß mich zur Disposition
stellen und nehme in Gedanken schon Abschied von all' den
schönen Plänen der nächsten Tage. — Doch nein, man
wählt mich nicht, und ich bin wieder frei. Nun schlägt
das Herz vor Freude und alle Elasticität der Jugend und
Frische schnellt die Gedanken wieder den früheren Bildern
entgegen. Da schallt die Kunde: Volk und Militär sind
im Kampfe! Man schießt auf dem Dönhofsplatz! Darf
der Soldat meines Königs und Herrn nun noch an sich
selbst denken? Ich eile an Ort und Stelle. Straßen=
krawall und weiter nichts! Fort zur Eisenbahn! Und
die Schnelligkeit der Maschine, sie wird überholt durch das
sehnende Herz!

Berlin, den 14. Mai 1849.

Mein theurer Vater!

Wir sind vorgestern Abend zu guter Zeit wohl und
glücklich eingetroffen. Wie zur Feier hatte selbst die öde
Mark ein schönes Kleid angelegt und der Sonnenuntergang
über den Havelseen vor Brandenburg bot ein selten an=
sprechendes Bild. Blumen und Guirlanden und freundliche
Spenden von nah und fern schmückten unsere Wände und
Tische. Ich bin heiter wie ein Kind und bewege mich,
mir selber unbewußt in Wonne und Dank! Ich habe
mich gestern gleich gemeldet und mich dem General zur

Disposition gestellt. Er meinte sehr freundlich, es sei keine
Veranlassung, augenblicklich anderweitig über mich zu ver=
fügen. —

Die Görlitzer Division, General von Holleben ist jetzt
schon im Königreich Sachsen und wird dort vorläufig
bleiben, während die Bataillons, die in Dresden gefochten
haben, das erste und dritte des Kaiser=Alexander=Grenadier
und das Füsilier=Bataillon des 24. Regiments schon wieder
auf dem Rückmarsche begriffen sind; letzteres ist über
Altenburg nach dem Rhein dirigirt. Unsere Nachrichten
von Dresden sprechen mit hoher Achtung von der Bravour
und der Haltung der Sachsen. Das Einvernehmen zwischen
unseren Truppen und den sächsischen war das Beste. Der
Moment des ersten Eintreffens des Füsilier=Bataillons
vom Alexander=Regiment war wahrhaft ergreifend. Die
Sachsen befanden sich in einer schlimmen Lage; die ersten
Helmspitzen wurden wie von den Truppen, so von der
Bevölkerung mit dem unendlichsten Jubel begrüßt. Vom
Alexander=Regiment blieben zwei Officiere, ein Lieutenant
von Liebeherr auf der Straße, im Begriff, einen Füsilier,
der sich außerordentlich exponirt hatte, zurückzuholen, und
ein Lieutenant von Külenstierna (dessen Bruder im vorigen
Jahre bei Schleswig fiel), im Häuserkampf, beim Eindringen
in ein vertheidigtes Zimmer. Die Verhältnisse in Dresden
und namentlich die Treue der sächsischen Truppen haben
außerordentlich degravirend auf die hiesigen Demokraten
gewirkt, deren Hauptleiter in Dresden anwesend waren.

Man sieht hier die Verhältnisse in Deutschland sehr
ruhig an und es drängte sich mir gestern die Ueberzeugung
auf, wie wesentlich es ist, daß gerade an dem Punkte, von

wo aus die Zügel der Regierung geführt werden, die Ruhe vollständig gesichert ist. So wird der Kopf der Leitung nicht benommen und kein Moment der Muthlosigkeit und Uebereilung, wie wir sie zu hunderten im vorigen Jahre erlebt haben, tritt ein. Ob sich endlich die verschiedenen Königreiche geeinigt haben, darüber verlautet garnichts.

Den 2. Juni.

Wir haben die engen Grenzen unseres innersten Reiches bis jetzt noch wenig verlassen. Die Besuche, die wir machten, ein Paar Einladungen, die diesen folgten, die Begebenheiten, die Schlag auf Schlag einander folgen und uns als Nachrichten zugetragen werden, konnten uns bis jetzt doch da draußen nur als Fremdlinge erscheinen lassen. Wir athmen wieder auf, wenn wir die Schwelle unserer kleinen Wohnung überschreiten, wie die Blume, die ihrem heimathlichen Klima wieder zugeführt wird. Ob wir lange in unserer friedlichen Ruhe gelassen werden, ist schwer zu errathen.

Unsere Truppen werden mehr und mehr concentrirt. Die Generale Hirschfeld I. und Holleben haben im Süd= westen bedeutende Massen zusammen. Man will jetzt das nachholen, was man im Juni vorigen Jahres versäumte. Beide Generale haben Officiere des Generalstabes verlangt. Drei solche sind in der Rheinprovinz dadurch disponible geworden, daß man von den topographischen Aufnahmen Abstand genommen hat. Ob man noch mehrere dorthin senden wird, ist die Frage. —

Unser Corps hat einen sehr harten Verlust gehabt.
Der Hauptmann von Delius, der auch Dir bekannt war,
wurde bei einer Rekognoscirung vor Friedericia durch eine
Büchsenkugel schwer verwundet und starb wenige Tage
darauf. Wir verlieren an ihm unbedingt den talentvollsten
unserer jüngeren Officiere, der sich in Schleswig, namentlich
im letzten Jahre, als Chef des Generalstabs von Bonin
außerordentlich ausgezeichnet hatte und in jeder Beziehung
zu einer bedeutenden militärischen Rolle qualificirt war.
Sein Tod ist ein Verlust für die Armee. Ich speciell
verliere einen Freund an ihm, mit dem ich manche Freude
und im März 1848 viele ernste Ereignisse unseres Lebens
theilte.

Meine letzte Arbeit für meine Abtheilung wird morgen
zum Drucke fertig; dann bin ich ganz disponible. Wird
man über mich verfügen? Ich bin der Einzige von uns,
der (außer Potsdam) noch nicht außerhalb verwendet wurde.
Ich bin natürlich sehr gespannt auf eine eventuelle Entscheidung. Indessen auch diese Spannung ist nur momentan; in unseren vier Pfählen will dieselbe mich noch
nicht erreichen.

Druck von G. Bernstein in Berlin.